财政部支持地方高校发展项目
城市公共安全与社会稳定科研基地研究成果

The Empirical Research on Private Finance and Its Legislation

胡戎恩 赵兴洪 / 著

天使抑或魔鬼

民间金融实证研究与立法

图书在版编目(CIP)数据

天使抑或魔鬼:民间金融实证研究与立法/胡戎恩,赵兴洪著.—北京:北京大学出版社,2014.9
ISBN 978-7-301-24772-3

Ⅰ.①天… Ⅱ.①胡… ②赵… Ⅲ.①民间经济团体—金融机构—金融法—立法—研究—中国 Ⅳ.①D922.280.4

中国版本图书馆CIP数据核字(2014)第203326号

书　　　　名:	天使抑或魔鬼——民间金融实证研究与立法
著作责任者:	胡戎恩　赵兴洪　著
责 任 编 辑:	田　鹤
标 准 书 号:	ISBN 978-7-301-24772-3/D·3664
出 版 发 行:	北京大学出版社
地　　　　址:	北京市海淀区成府路205号　100871
网　　　　址:	http://www.yandayuanzhao.com
新 浪 微 博:	@北京大学出版社　@北大出版社燕大元照法律图书
电 子 信 箱:	yandayuanzhao@163.com
电　　　　话:	邮购部62752015　发行部62750672　编辑部62117788
	出版部62754962
印 　刷 　者:	三河市北燕印装有限公司
经 　销 　者:	新华书店

965毫米×1300毫米　16开本　23.25印张　345千字
2014年9月第1版　2014年9月第1次印刷

定　　价: 49.00元

未经许可,不得以任何方式复制或抄袭本书之部分或全部内容。
版权所有,侵权必究。
举报电话: 010-62752024　电子信箱: fd@pup.pku.edu.cn

总　序

2010年,财政部拨款支持地方高校学科发展。这次的经费支持不是以通常的财政下拨方式进行,而是要求各校以项目形式自主申报,接受专家评审,立项后,地方财政和学校对项目经费给予1∶1配套。承蒙学校领导的支持,本人领衔申报了"城市公共安全与社会稳定科研基地"项目,最终通过了评审,有幸获得立项。我作为该央财项目负责人,为项目系列研究成果做一总序,以便读者全面了解研究背景。《天使与魔鬼——民间金融实证研究与立法》一书,是我校民营经济法治研究院院长胡戎恩副教授完成的"城市公共安全与社会稳定科研基地"项目重点课题的研究成果。该课题已经过专家评审,获得了很高的评价。

申报"城市公共安全与社会稳定科研基地"项目,首先是源于我国当前的现实需要。随着改革开放的深入和社会主义现代化建设的向前推进,中国正快速步入现代化的中期阶段。一方面,各种社会矛盾日益凸显,群体性事件越来越多,20世纪90年代初每年只有几千件,如今每年发生的群体性事件多达十几万件,社会的不稳定因素不断增积。另一方面,食品药品安全、生产交通安全等公共安全事故越来越多,恐怖主义和个人极端犯罪行为时有发生,地震等自然灾害频频出现,各种公共安全问题急剧增加,"风险社会"已经悄然来临。与此形成鲜明对照的是,我国学术界对于公共安全与社会稳定的研究还非常薄弱,仅有一些专科学校的少数学者有所涉猎,而且大多停留在技术层面。一些高校科研机构对这些过于现实的研究不够重视,认为它缺乏学术含量,研究成果得不到学术界的承认。然而,现实的需要是科研的最大推动力。要维护改革以来得之不易的社会稳定局面,不能仅仅依靠公检法司等部门"头痛医头,脚痛医脚",必须要有相关学科的专家学者主动介入,在加强理论探索的基础上,不断提高执政党维护社会稳定的执政能力和执政水平,充分发挥人文社会科学在资政维稳方面的智库作用。

其次是源于上海政法学院的发展定位及其依托的行业优势。上海政法学院是一所年轻的本科院校,诞生于20世纪80年代中期。1993年并入上海大学,成为上海大学法学院。2004年,经上海市人民政府批准,脱离上海大学,成为一所独立的市属本科院校。上海政法学院与其他高校相比有一个不同之处,就是它隶属于上海市委政法委,具有得天独厚的特殊行业背景。上海市委政法委和上海市司法局对于学校的发展非常重视,尤其对学校进行公共安全与社会稳定方面的研究大力支持。学校长期以来致力于刑法学、犯罪学的研究,取得了一大批优秀的研究成果,形成了自己的特色和优势,在国内外学术界产生了良好的影响。

最后当然与个人的研究兴趣与学术积累有关。20世纪80年代末90年代初,本人开始涉及犯罪社会学的教学与研究工作,先后在安徽师范大学和华东师范大学开设了犯罪社会学的相关课程,并出版了第一本犯罪社会学教材。但是,宥于学校的性质和发展定位的限制,使得这一研究无法深入展开。来到上海政法学院工作后,在学校领导的支持下,开始将这个个人的研究兴趣与学校的发展方向有机地结合起来,重点开展城市犯罪与社会稳定的研究,产生了一定的学术影响,《犯罪社会学》教材连续入选教育部"十一五"和"十二五"国家级规划教材,并获得2009年国家级精品教材称号。所有这些都为本项目的申报奠定了相应的基础。

项目申报获得立项后,在学校央财项目领导小组的支持下,我们立即组织队伍,明确建设目标,设置研究课题,在充分发挥上海政法学院的传统、特色和优势,整合校内外相关资源与研究力量的基础上,力图将"城市公共安全与社会稳定科研基地"建设成为国内有一定影响力的维稳智库,通过产出学术论文、研究专著和资政报告,为维护中国社会的公共安全和社会稳定提供理论与智力支持。与此同时,根据申报书的设计方案,适当支持与基地性质和主题相一致的学位点建设,并安排一定资金资助大学生的自主创新活动。

作为科研基地建设项目,一个很重要的内容是平台建设,如基地组织机构建设、研究队伍建设以及资料室建设、网站建设、办公条件建设。同时,还要开展各种学术交流活动,举办学术会议,开展学术讲座等等。但是,三年来,我们一直将学术研究置于最重要的位置,每年的研究经费绝大部分用于课题研究上。截至目前为止,共设置了3个重大课题,7个重点课题,32个一般课题,并与实际部门开展了多个横向合作课题研究。这些课题涉及公共安全和社会稳定的许多方面,包括民间纠纷调解、基层社会治理、居民维权抗争、进城农民犯罪、民间融资纠纷、金融风险与经济危机,以及大型体育活动中的聚众骚乱等等。先后有数十位教授和年轻博士参与到基地的课题研究中,这些教师本来分属于全校各个学院不同的学科和专业,通过基地把他们联系在一起,形成了一个统一的研究团队。大家朝着同一个目标前进,共同打造一个以研究城市犯罪、公共安全和社会稳定为学术主旨的科研平台。

如今,三年的研究周期即将结束。除了在学术期刊上发表的大量学术论文和向党政部门提供一批咨政研究报告外,一些专著类研究成果也将陆续出版。这些成果分属于不同的类型,有些是重大课题和重点课题的最终成果,有些是其间举办的学术会议论文集,有些是为今后同行们进一步研究提供方便的专题性资料的综述整理,有些甚至是普通大学生自主创新活动的稚嫩之声。应该说,这些不同层次学者的研究成果既有一孔之明、一得之见,也难免有这样那样的不足,其间得失,尚待相关专家的评判与读者的指教。我们希望通过这些著作的出版,不仅能集中展示该项目三年来的建设成果,而且能够为今后推进这方面研究奠定一个良好的基础。果能如此,则我们几年来在设计规划、组织管理与研究方面所付出的辛苦就算没有白费。

吴鹏森[1]
2013年仲夏于上海佘山

---

[1] 吴鹏森,上海政法学院教授,中国社会学犯罪社会学专业委员会会长,上海政法学院城市与犯罪研究所所长。

前　言

我是温州人,是上海工商联温州商会顾问,看多了身边同乡利用民间金融起家、发展、壮大,也看到了不少同乡因为民间金融而倾家荡产、身陷囹圄！民间金融的天使一面与魔鬼一面时常在我身边出现。我作为一名法律人、一名立法学者,为当代民营经济的法治状况深感内疚和惭愧！

民间金融在我国已经有四千多年历史,而国家金融在中国只有七、八十年历史。民间金融是国家金融的渊源,国家金融是民间金融的升级版！民间金融与国家金融是相辅相成长期共存的。二者不能势同水火你死我活！民间金融其积极的一面需要国家维护、保障、支持,使其成长、发展、壮大！民间金融强则民营经济强百姓富裕,民营经济强百姓富裕则国家强大。我国金融市场化与金融机构民营化,是今后我国金融体制改革的当务之急！也是我国经济社会转型发展的瓶颈问题。民间金融消极的一面,需要国家逐步规范、吸收、防范。

在此大背景下,部分立法者仍然希望以刑事制裁甚至死刑手段,打击民间金融挑战国家金融垄断的行为,维护国家金融垄断的稳定地位！无论其立法指导思想还是调整手段都是严重滞后、不合时宜的,在司法实践中也是失败的！

我国多年前已经加入WTO世界贸易组织,无论对内对外都要开放金融市场。存贷款利率市场化、汇率自由化、金融机构民营化,都是大势所趋！

我国多年前已经加入多部世界人权公约,保障中国公民经济自由是政府责任,经济自由其中就包括金融自由。

人类只有在自由状态下,才能最大程度创造财富与享受快乐幸福！

胡戎恩

目 录

总序	1
前言	1
第一章 导论	1
第一节 民间金融的概念、特征与历史演变	1
第二节 民间金融发展现状	4
第三节 民间金融与国家金融比较	5
第四节 民间金融与法律调整	6
结论	10
第二章 民间金融研究的研究	11
第一节 30年来民间金融研究概况	11
第二节 民间金融研究的主要内容和基本观点	35
第三节 高被引论文	56
第四节 民间金融研究的反思	63
第三章 民间金融与刑法规制	70
第一节 民间金融与刑法规范	71
第二节 非法吸收公众存款案实证研究	95
第三节 民间金融领域的诈骗犯罪	150
第四节 结论与建议	156
第四章 民间金融与民法规制	170
第一节 关于案例的地区性分布	170
第二节 案例在城市、农村的分布状况	172
第三节 民间金融金额分析	173

  第四节 融资人内部关系分析   174
  第五节 融资用途分析   174
  第六节 民间金融融资方式分析   175
  第七节 民间金融被融资人属性分析   176
  第八节 民间金融利息状况分析   177

第五章 民间金融的立法改革   179
  第一节 民间金融立法改革的时代背景   179
  第二节 民间金融立法改革的指导思想   185
  第三节 民间金融立法改革的路径   186
  第四节 民间金融刑法立法改革   189

第六章 民间金融个案分析
    ——浙江吴英案件   197
  第一节 吴英案件成为公共法治事件   197
  第二节 吴英案件相关判决书、裁定书   199
  第三节 吴英案件评论   228

附录   238

附件   286

本书案例索引表   357

后记   359

第一章 导　　论

第一节　民间金融的概念、特征与历史演变

一、民间金融的概念

相对于灰色金融、地下金融、非正规金融、非官方金融、非主流金融、非正式金融等概念，笔者选择民间金融这个概念，作为本书的概念。国外多将民间金融(Informal Finance)界定为"非正规金融"(informal finance)，国外非正规金融是指在政府批准并进行监管的金融活动(正规金融)之外所存在的游离于现行制度法规边缘的金融行为。姜旭朝在其《中国民间金融研究》一书中，对民间金融的定义为："民间金融，就是为民间经济融通资金的所有非公有经济成分的资金运动。"该定义主要针对中国现、当代，按照该定义，在西方国家金融系统中居主体地位的是民间金融，这显然与事实不符。复旦大学的张军教授对民间金融的定义为："一个非正规的部门，是指相对于官方的正规金融制度和银行组织而言自发形成的民间的信用部分。"这一定义指明了民间金融的非正规性，但是并未明确给出"民间"的含义，同时"官方"的含义也很模糊，民间金融显然不仅仅是个部门。吉利斯在《发展经济学》①中译本中认为，民间金融是指未纳入国家金融管理体系的非正规金融组织。该定义对民间金融的界定以是否纳入了国家的金融管理体系为标准，明确了民间金融的非监管性。但是在实际操作中又存在问题，许多金融组织获得了地方政府部门的审批，并在工商部门注册，但并未纳入国家金融织织管理体系的管理之下，将其归

---

① 〔美〕吉利斯：《发展经济学》，黄卫平译，中国人民大学出版社1996年版。

入民间金融显然不合适。对民间金融,从不同的研究视角会有不同的定义,比如可以从金融机构的功能特征、是否纳入金融监管体系、是否符合公司法和银行法的规定、产权与所有权的归属等多种角度去定义。在定义民间金融概念之前,可以先定义民间金融的特征:

(1)民间金融显然没有纳入国家金融监管体系。(2)民间金融并没有在政府登记备案或者批准。(3)民间金融在法律上没有明确保护或者禁止。(4)民间金融普遍存在并且将长期与国家金融并存。

据此,我们可以给民间金融下个新的定义:民间金融是指未被国家认可及监管的长期存在于民间的金融活动。这个概念的创新之处,在于第一次指出民间金融是长期伴随人类社会的金融活动。笔者在本书选择国家金融这个概念,与民间金融相对应。

二、一半是天使、一半是魔鬼,民间金融的属性

国外将非正规金融区分为:破坏型非正规金融(destructive informal finance),中性的非正规金融(neutral informal finance),积极型的非正规金融(positive informal finance)。借鉴国外对非正规金融的分类,可以将我国民间金融区分为:**创造性民间金融、破坏性民间金融、中性的民间金融**。这也是本书的创新,还可以将民间金融分为三类:(1)合理合法的民间金融;(2)合理不合法的民间金融;(3)不合理不合法的民间金融。民间金融具备天使与魔鬼的双重性,一半是天使、一半是魔鬼!

三、民间金融形式

民间金融形式主要有民间借贷、民间集资、私人钱庄、典当业、资金互助会、信贷公司。

民间借贷通常是指自然人之间、自然人与企业之间以及企业之间的基于双方的互信关系而发生的资金借贷行为,具有分布范围广、利率差别大、借贷金额较小、总体规模较大、程序方式简单灵活等特点。

民间集资通常是指资金拥有者自愿将自己的闲置资金交给某个体或企业使用,以换取高额回报的行为。民间集资具有涉及人数多、利率高、数额大、期限长等特点。典当业是向抵押私人物品(不动产除外)的人提供资金周转的行业。一般按抵押品的实际价值打折扣借钱,并约期赎回。

私人钱庄亦称"地下钱庄",通常是指没有经过法律授权且不受国家金融机构监管的经营吸收存款、发放贷款、结算和外汇交易等业务的金融组织。其本质就是一种类似银行的非法金融机构。

资金互助会,资金互助会有多种称呼,如台会、合会、邀会、摇会等,是一种比较高级的传统民间融资方式。它具有自愿参与、民主管理、进出自由、自给自足等特征。

信贷公司,央行试点设立由民营资本经营的"只贷不存"的商业化小额信贷扶贫模式。

民间金融在中国存在了四千年,从公元前2000多年的夏商时期,到秦朝统一货币,然后到中国盛唐,伴随着国家的统一和经济发展,以民间信贷为主要形式的民间金融日渐昌盛。尤其到了明清时代的钱庄票号,中国的民间信贷业务发展到了高潮。当时并没有官办的金融机构,基本上都是民间金融机构在货币交易和流通中发挥作用。农村主要是当铺,城市以当铺、钱庄、票号为主。中国的民间金融历史悠久,繁荣一时。尤其以近代山西的金融业为代表,可以说代表了当时世界金融的最高水平。在以民间金融业为主的时代,未曾发生过重大的金融风险和金融欺诈行为,民间金融的秩序总体上是好的。国家金融存在仅仅80年,中华民国国民政府建立以后,时逢世界经济大萧条,罗斯福在美国实行国家资本主义。国民政府为了防范金融风险,追随世界潮流,推动金融机构国营化,由国家财政出面控股银行,这是中国历史上第一次金融国营化,也是中国金融国营化的开始。金融国营化的结果,很快造就了一批官僚资本主义,他们利用对金融资源的绝对垄断,将社会财富高度集中到个人集团手中,四大家族由此产生。但是,当时还存在许多民间金融机构,私营银行、私营当铺、钱庄和票号等,仍然有生存空间。

新中国建立后,1955年,通过公私合营的形式,将所有的金融机构全部国营化,在历史上第一次彻底消灭了民间金融机构,银行归国家所有,钱庄变成了储蓄所。从历史渊源来看,民间金融在中国经济发展历史中占据主流,而国家金融则是现代以来才出现的事情,前后不过80年时间。民间金融是正源,国家金融是后来者。20世纪80年代改革开放以后,我国重新出现了民间金融活动。

第二节 民间金融发展现状

一、民间金融的经济社会制度背景

1. 民营经济高速发展而金融体制滞后

这是我国民间金融存在、发展的最主要的体制原因。我国民间金融的兴起与发展是产业领域民营化、市场化远远超前于金融领域民营化、市场化的必然现象。

2. 民间资金市场供需两旺是民间金融存在、发展的内生性原因

民间私人财富的不断增长,为民间金融的资金供给提供了源头;从需求方来讲,各类中小企业以及农户的迅速发展,形成了对民间金融的强大需求。

3. 地方政府的默许为部分地区的民间金融创造了相对宽松的环境。

二、民间金融的规模

由于民间金融的地下属性决定,这里讨论的数据都带有一定的分析与推测性质,笔者只能争取尽量符合民间金融客观事实。2011年6月份,央行曾启动民间融资现状调研。调查显示,截至2011年5月末,全国的民间融资总量约为3.38万亿元人民币,占当时贷款余额的6.7%,占企业贷款余额比重为10.2%。

银监会测算民间融资规模在3万亿元至5万亿元之间。中金公司的报告也认为,截至2012年中期,中国民间借贷余额同比增长38%,达5万亿元,约占中国影子银行体系总规模的33%,相当于银行总贷款的8%。

三、民间金融的主要发展形态

我国的民间金融有许多种类和发展形态,从组织形态上,可大体分为"无组织""有组织"两种民间金融类型。无组织的民间金融,主要是没有民间金融机构作为中介的民间借贷,借贷双方直接发生一对一的金融交易关系,资金供应者要直接承担资金使用者的违约风险和项目失败风险。一般来说,这类金融活动都是无组织且分散的,缺乏连续性,规模也较小。组织化的民间金融主要有合会、私人钱庄、农村合作基金会、当铺、民间集资、民间票据机构等形式。

第三节 民间金融与国家金融比较

作为社会主义市场经济国家的中国,集中力量办大事,国家掌控银行进而掌握资本和资源的支配权力,这对于尽快完成社会主义初级阶段建设,是非常有效的措施。但是我们也要看到,随着社会生产力发展水平不断提升,生产关系不断调整,特别是我国加入世界贸易组织之后,党的"十八大"提出国家金融本身存在的问题十分突出,带来的后果也是非常明显的。

一、国家垄断金融机制带来的效益低下

我国银行业出现大量不良资产,资本运作效益低下,其中很重要的一个原因在于国家垄断,银行运行机制陈旧,带来效率低下和成本较高。银行业的腐败问题有目共睹,腐败的根源就在于金融垄断,缺少市场竞争的驱动力。

二、国家金融垄断带来区域经济不平衡

金融资本是区域经济发展最重要的推动力,一个地区只有掌握了金融比较优势,才能赢得区域竞争优势。在国家垄断金融的前提下,各地收集上来的资金由国家统一调配,使很多地方丧失了利用自身创造金融资源发展本地经济的机会。现在很多大城市争先建设金融中心,金融中心与西部开发、中部崛起能有多少关系?国家垄断金融是加速区域经济不平衡的重要因素,这也是为什么天津、东北地区都要积极发展区域性银行的原因。区域经济发展,迫切需要中央下放一定的金融资源配置权。

三、国家金融垄断限制了民营经济的发展

因为银行是国有的,所以银行在给企业提供金融支持上,不完全是以市场利益为导向的,而是有很强的所有制歧视色彩和行政色彩。在银行的思维定式里,给国营单位贷款即使收不回来,也不存在政治问题,而给民营企业贷款一旦出现偿付能力不足,经济风险和政治风险的压力就大了。因此,我国民营经济在发展过程中,一直受到资金不足问题的困扰。大家都在说民营企业的原罪问题,民营企业缺少金融资本支持,要完成原始积累必然要采取其他一些非正常手段。所

以,国有金融垄断也是形成民营企业原罪问题的原因之一,并且一直制约着民营经济的发展。国家支持民营经济,最有效的手段就是对金融信贷的大力支持。金融是现代经济的核心,金融发展水平将决定国家的经济发展水平。建设市场经济就是要用市场化的手段,发展各个行业。加快金融业更是要建立市场化机制,打破国家垄断,发展民间金融。

民间金融与国家金融特征比较

	民间金融	国家金融
所有制特征	民间的、民营的	国有为主
市场化程度	市场供需双方选择的结果	受到较多的政府干预
规范体系	民间规范	受政府制定的法律规范
规模、业务范围	多为"本地型":中小规模	多数在全国范围经营:大规模
服务对象	中小企业、居民、农户	国有企业、大企业、大项目
所依靠的信用体系	传统的地缘、亲缘支撑的信用体系,非制度信任基础	更"现代的"的信用体系,制度化的信用基础
治理模式	多为家族式、"人治化"的组织模式	逐步建立了现代公司治理结构
利率之高低	高利率以弥补规模小和风险高的劣势,利率随行就市	受金融监管部门管制,靠规模优势弥补低利率成本
效率与安全	抗风险能力弱,虽效率较高,但法律的软约束令其风险加大	在国家信用保护、监管部门的约束与保护下,所以,较为安全,但经营效率并不理想

第四节 民间金融与法律调整

最近几年,以法律调整民间金融角度观察,再也没有比对民间金融的刑法调整更加引起争议了,现行刑法规定的非法集资犯罪包括:非法吸收公众储蓄存款罪,集资诈骗罪,擅自发行公司企业股票、债券罪,欺诈发行公司企业股票、债券罪,擅自设立金融机构罪,都是民间金融犯罪。犯集资诈骗罪被判处死刑,更是引起轩然大波! 吴英、曾成杰等人被判处死刑,已经从普通司法案件变为社会公众事件! 争议焦点从非法集资系列犯罪成立与否到集资诈骗犯罪死刑的争议,从司法到立法,从法律到经济、政治。对此学术界还没有共识,当然也有支持的,但是反对和批评的更多。争议声音还没有平息,各种民间金融犯罪,无论是数量还是金额,有增无减,每年都以惊人的速度增长! 而以集资诈骗罪被判处死刑的人,数量不断增加。以民营经济重镇浙江为例,根据浙江省高级人民法院披露①,在2007—2011的5年间,该省共有219人因犯集资诈骗罪而被判处刑罚,因集资诈骗获刑人数从2007年的8人上升到2011年的75人,5年增长人数超过了8倍。5年来判死刑的有10人。

2009年丽水杜益敏因集资诈骗7亿元被终审判处死刑;温州的高秋荷和郑存芬因集资诈骗1亿多元被判处死刑;2010年,绍兴赵婷芝因非法集资2.7亿元被判处死缓;台州王菊凤因非法集资4.7亿元被判处死刑;温州陈少雅因非法集资5亿元被判处死缓;杭州孙小明因集资诈骗1466万元被判处死缓;丽水吕伟强因集资诈骗2.6亿元被判处死缓;2011年,丽水银泰非法集资55亿元,行为人季文华被判处死刑,季林青、季胜军被判处死缓;2012年,温州永嘉青年妇女施晓洁因涉嫌非法集资7亿元、非法承兑汇票5亿元被逮捕;温州立人集团涉嫌非法集资22亿元,董事长董顺生被刑拘,企业被政府监管。从市场经济发端较早的浙江到中部省份湖南,从草原城市鄂尔多斯到云贵高原的山区县城,民间金融犯罪此起彼伏! 是哪里出了问题? 民不畏死,奈何以死惧之? 是法律出了问题,还是老百姓出了问题?

一、民间金融刑法调整——从数量到金额,有增无减

2011年最高人民法院新闻发布会,最高人民法院新闻发言人王少南介绍,近年来,非法集资犯罪活动猖獗,案件数量居高不下,据统计,2005年至2010年6月,非法集资类案件超过1万起,涉案金额1000多亿元,每年约以2000起、集资额200亿元的规模快速增加。②

非法集资形势严峻,发案数量、涉案金额、参与集资人数继续处于高位,达历年来第二峰值。非法集资部际联席会议发布了《关于办理非法集资刑事案件适用法律若干问题的意见》,同时指出当前非法集资形势依然严峻,发案数量、涉案金额、参与集资人数继续处于高位,达历年来第二峰值。非法集资案件涉及全国31个省(区、市)、87%的

---

① 参见2012-02-09 08:58:55法制网,记者陈东升、法制网实习生王春的新闻稿。
② 参见《人民法院报》2011-01-04,记者罗书臻新闻稿。

市(地、州、盟)和港、澳、台地区。据统计,2013年处置案件大概有3700多起,挽回损失64亿元。新发案件更多集中在中东部省份,跨省案件增多,影响较大,并不断向新的行业、领域蔓延。①

二、现行民间金融法律不符合市场经济规则

现行民间金融法律主要是为了维护国家金融秩序,维护金融的国家垄断,国家银行并不能满足民企的借贷需求。在本书第四章民间金融与民法规制之中,215个企业案例,其中有效案例165个,来自社会借款的有149个,占有效案例的90%,说明社会借款为民企融资的主要渠道。来自股东的借款有9件,银行借款7件。同时期,中央银行每日银行利息差收入1个亿,在广大民企度日如年的5年来,国家银行利润增长都是两位数,2007年中国银行业利润率只占全球银行利润的7%,而2011年竟然占了全球银行业利润的1/3。直到2013年,中国银行业利润增速才下降到个位数。

全国工商联2013年8月29日发布2013中国民营企业500强名单,数据显示,在整体规模逐年增长的同时,由于国际市场萎缩,国内各类生产要素价格上涨,加上部分产业产能过剩,民营企业利润持续走低。2012年民营企业500强的利润总额出现负增长,经营效率和盈利能力有所下滑。数据显示,2012年民营企业500强税后净利润为4238.44亿元,比2011年略有下降,降幅为3.39%。值得注意的是,同一天四大行中报刚好出齐,中报显示,四大行上半年共实现利润4311亿元,比民企500强干一年赚得还多。②

三、现行民间金融法律缺乏民意基础

吴英案二审宣判后,网络舆论对吴英普遍持同情态度,多数网民认为吴英罪不致死。吴英案不仅仅是个人的悲剧,它反映出的是中国民间借贷市场面临的困境,目前这种民间集资的尴尬处境如果不能得到有效扭转,将来依然会是一个高危区域。

凤凰网财经频道所做调查显示,将近九成网友(87.8%)认为,吴

---

① 参见2014-04-22-06:08,中国新闻网,记者欧阳洁新闻稿。
② 参见吴海飞:《民企500强一年总利润不及四大行半年进账》,载金羊网2013-8-30文章。

英不应该被判死刑;超过一半网民(52.0%)认为,吴英倒下的原因是制度提供空子,吴英无知中套;也有超过一半的网民(52.9%)认为,在未来民间集资将会合法化。① 姜明等36名全国人大代表,向全国人大提交了废除集资诈骗罪死刑的议案。第十二届亚布力论坛上,经济学家张维迎认为,保护吴英就是保护我们自己。

四、现行民间金融法律不符合"十八大"以来的精神

20世纪80年代以来,随着改革开放不断深入,党中央对计划和市场的认识逐步摆脱了传统观念的束缚,特别是邓小平同志1992年南方讲话时指出,市场经济资本主义能搞,社会主义也能搞。随后,党的"十四大"确定我国经济体制改革的目标是建立社会主义市场经济体制。由此,我们党对市场经济的地位和作用的认识不断深入。"十六大"提出"在更大程度上发挥市场在资源配置中的基础性作用","十七大"提出"从制度上更好发挥市场在资源配置中的基础性作用"。党的"十八大"进一步提出"在更大程度更广范围发挥市场在资源配置中的基础性作用"。这些逐步深入不断深化的认识和重要论断为十八届三中全会通过的《中共中央关于全面深化改革若干重大问题的决定》提出"使市场在资源配置中起决定性作用",在思想和理论上作了必要的准备,这标志着我们党对市场经济的认识上升到了一个新的层次,具有里程碑式的意义。产权保护与契约自由是市场经济的核心,在此基础上的民企与公民的融资的权利和自由,是公民的基本经济权利。现行宪法确立市场经济制度,就当然确认融资是公民的基本权利!而不能视融资为一种特权,永远保留给予特定的机构。立法者只能是规范融资,而无权禁止融资、垄断融资!当前需要的是尽快立法规范与保护民间金融,否则市场经济只能是渐行渐远!全国人大常委会应尽快在讨论的刑法修正案(九)中,取消集资诈骗罪的死刑规定,全面梳理民间金融法律法规违反市场经济基本精神的条款,并且立法明确规范民间金融的方方面面。如此,千千万万的吴英们的悲剧才能避免,悬于千千万万中国民营企业家头上的达摩克利斯之剑才能取下,市场经济的春天才能真正到来。

---

① 转引自《南方周末》,杨涛文章。

结　　论

笔者认为,当代民间金融法律法规,立法指导思想或许存在重大偏差。当代中国需要转型的不仅仅是经济增长方式,可能特别需要转型的是立法者的市场经济理念以及适应市场经济发展需求的立法体制。

第二章 民间金融研究的研究

研究民间金融,不仅可以从立法事件、司法事件(民事纠纷、行政纠纷、刑事纠纷)入手,而且可以从学术事件入手。伴随着民间金融的发展,我国学术界也对民间金融进行了广泛而深入的研究,生产了许多学术产品。这些学术产品,回应了时代热点,启蒙了社会公众,并可能影响执法、司法、立法机关乃至最高决策层,这本身就是一个重大的学术事件、社会事件。因此,笔者将从学术事件的角度对民间金融的研究予以研究,从知识社会学的进路审视作为一个社会现象的"民间金融研究热"。

第一节 30年来民间金融研究概况

近年来,民间金融一直是学术研究的热点,有关民间金融研究的成果可谓汗牛充栋。2013年4月,笔者以"民间金融"为关键词,在中国知网(CNKI)进行"篇名"检索,共获得1670条结果。也就是说,论文题目中含有"民间金融"的文献就有1670篇!不过如果我们换一个搜索词或者换一种检索方式,结果又会不一样。比如以"民间金融"为关键词进行"全文"检索,就能够获得7万余篇文献。

学术产出如此丰富,一方面说明民间金融领域确实蕴含着大量学术富矿——当然也不排除重复生产或者学术跟风的可能,另一方面也说明,作为现实存在的民间金融,可能仍然举步维艰,民间金融领域的问题依然亟待解决,民间金融的困境尚未破解。毫无疑问,民间金融本身的问题主要不是由学术研究造成的,但是学术研究毕竟与民间金融发展、国家的民间金融政策有着千丝万缕的联系,它不是对民间金融的被动反映,而是与民间金融制度存在着互动关系,甚至在一定程度上起到了引领或者制约的作用。也正因为如此,对民间金融研究本身进行知识社会学上的考察就显得十分必要了。民间金融到底存在哪些问题？学者们研究了哪些问题？代表了何种立场？得出了何种结论和建议？是否反映了民间金融的发展规律？是否发出了民间金融界的真实声音？要回答这些问题，我们就必须对民间金融研究进行研究。笔者以为，这样的研究进路虽然不是对民间金融本身进行直接研究，但这种"间接研究"，也能为我们打开另一扇窗，给我们另一双慧眼，让我们看到一些直接研究无法看到的事实，进而既能让我们准确把握30余年来民间金融知识生产的整体脉络和思想火花，又能让我们透过这些知识产品，体会中国现代民间金融30余年来的光荣与梦想、挣扎与彷徨，看清中国现代民间金融的发展与趋势、未来与前景。

一、样本及说明

由于有关民间金融的研究文献浩如烟海，考虑到研究精力及本章的研究视角，笔者主要以中国知网（CNKI）期刊库①收录的CSSCI（中国社会科学引文索引）②来源期刊（含扩展版）文献③为样本，进行知识社会学分析。笔者以"民间金融"进行"关键词"检索④，共获得发表于1979年至2012年间的CSSCI论文⑤290篇。排除重复发表的、分期发表的、与民间金融不相关或相关性太小的、新闻报道、学术综述、书评

---

① 之所以考察期刊库而不是学位论文库或者其他数据库，主要在于期刊论文的及时性更强，能更好地反映研究成果与时代的关系，且期刊是目前中国学术成果发表的主要阵地。

② CSSCI数据库起始年限为1998年，无法反映1979—1997年阶段的学术研究情况；而在CNKI数据库里进行CSSCI来源期刊搜索，则能够搜索出部分该阶段与CSSCI来源期刊文献质量"相当"的文献。故本书没有直接使用CSSCI数据库进行检索。

③ CSSCI遵循文献计量学规律，采取定量与定性相结合的方法，从全国2700余种中文人文社会科学学术期刊中精选出学术性强、编辑规范的期刊作为来源期刊，目前收录了包括法学、管理学、经济学、历史学、政治学等在内的25大类的500多种学术期刊。（http://cssci.nju.edu.cn/news_show.asp?Articleid=119）因此，CSSCI来源期刊文献数量适中，且收录论文质量相对较高。

④ "全文"检索的结果最多，但许多文献相关度较低，而"篇名"检索的范围又过于狭窄，故本章采用"关键词"检索；事实上作者将"民间金融"标定为关键词，也表明作者是在民间金融视角下开展研究或者将民间金融作为研究背后的理论红线。

⑤ 本章在比较宽泛的意义上界定论文，调查报告、评论均包括在内，但不包括新闻消息、学术综述和书评。

等,最终合格样本为256篇。显然,这256篇文献并非民间金融研究的全部成果。比如研究非法吸收公众存款罪、集资诈骗罪、非法集资行为、民间借贷行为的论文,当然属于民间金融研究文献,但由于这类研究更多不是在民间金融的整体视野下进行,故不专门分析这类文献。从这个意义上说,构成研究样本的256篇文献,只是大致反映了30年来民间金融研究的整体品格和基本立场——与其说本章是对民间金融研究的学术综述,不如说是对民间金融研究的鸟瞰。

二、民间金融研究概况

(一)论文发表情况

1. 发表时间

民间金融在我国并不是一个新生事物[①],不过带有现代色彩的民间金融无疑诞生于改革开放初期。故笔者主要统计了发表于1979年至2012年间的民间金融研究论文。

从图1可以清楚地看到,1979年至1987年没有被统计的论文。这到底意味着在当时的中国,民间金融尚未成为一个重要经济现象,还是尚未进入学术研究视野?由于本章研究样本局限于CSSCI来源期刊,为了回答这个疑问,笔者扩大搜索范围,对全部期刊进行了检索。然而检索结果并没有大的改变。如虽然检索到一篇1984年发表的论文,但其题目为《浅谈日本的财政投资贷款》,显然主要不是讨论我国民间金融的。不过1986年发表的论文则有两篇与民间金融有关,一篇名为《日本民间金融机关贷款管理的基本原则》,一篇名为《浅议建立资金市场的条件及其对策》。前一篇尽管考察的是日本的民间金融制度,但也表明作者可能意识到中国已经存在同样的金融现象,因而有必要研究和借鉴日本的制度;后一篇则纯粹讨论中国问题,仔细研读后就会发现,尽管该文也并非主要讨论民间金融问题,但是

---

① 参见杜伟、陈安存:《我国民间金融的历史回溯》,载《金融理论与实践》2011年第2期,第105页;储建国:《论钱会的由来及其性质和特点》,载《浙江学刊》2010年第6期,第69页;朱荫贵:《论近代中国民间金融资本的地位和作用》,载《北京大学学报》(哲学社会科学版)2012年第3期,第140页。

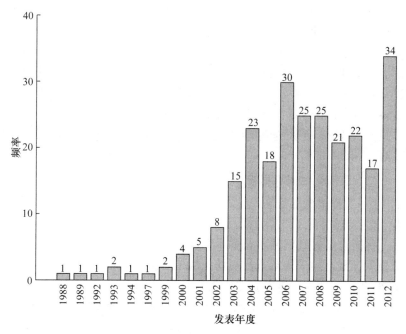

图 1　1979—2012 论文发表情况

却明确使用了"'民间金融'崛起"的提法。① 这就表明,在 20 世纪 80 年代初,民间金融已经在改革开放的中国蓬勃发展,而且成为一个重要的经济现象,部分学者也已经意识到了民间金融研究的必要性。事实上,在 1984—1985 年,温州已经出现了 4 家经当地工商行政管理部门批准公开营业的钱庄。不过当地的国有金融机构认为它们扰乱了正常的金融秩序,影响其业务的正常开展,强烈要求取缔。国有金融机构的要求,得到了监管当局的认同,于是公开营业的钱庄被迫取下牌子,转入地下经营。② 与此同时,浙江、福建等省开始出现"倒会风

---

① 参见段求平、程列:《浅议建立资金市场的条件及其对策》,载《南方经济》1986 年第 6 期,第 20 页。
② 参见何璐伶:《我国民间金融的发展历程及社会背景分析》,载《广西青年干部学院学报》2008 年第 5 期,第 69 页。

潮"。① 1988年,关于民间金融的著作②出版。不难看出,在20世纪80年代初期,民间金融至少在东南沿海经济发达地区已经发展得风生水起,甚至其风险也已初步显现,但是大多数学者还对民间金融缺少足够的学术关注,至少从学术产出上看是这样。这到底是受当时学术研究的意识形态管控所致,还是因为缺乏学术敏感抑或学术研究力量薄弱所致,我们已不得而知。但民间金融在20世纪80年代的蓬勃生长并未带来民间金融研究的欣欣向荣,却是一个事实。

民间金融研究不但未能在20世纪80年代与民间金融发展同步,甚至在整个90年代也未见明显起色。从图1可以看到,一直到1999年,有关民间金融研究的论文每年最多也就两篇。笔者同样再次将检索范围扩大到CNKI数据库的全部期刊,检索结果依然无法令人满意。而在90年代,民间金融政策、法制领域发生了几件具有里程碑意义的事件。

(1) 最高人民法院在1991年印发了《关于人民法院审理借贷案件的若干意见》(以下简称《借贷案件意见》)

《借贷案件意见》第6条规定:"民间借贷的利率可以适当高于银行的利率,各地人民法院可根据本地区的实际情况具体掌握,但最高不得超过银行同类贷款利率的四倍(包含利率本数)。超出此限度的,超出部分的利息不予保护。"这一规定,一方面将利率在4倍以下的民间借贷予以正式认可,另一方面又声明对4倍以上利率的民间借贷"不予保护"。尽管"不予保护",从解释学上讲并不能等同于非法,但在金融抑制的大环境下,4倍利率无可争议地成为合法与非法的界限——合法的民间借贷与非法的高利贷在司法认定上从此泾渭分明。

(2) 第八届全国人民代表大会常务委员会在1995年6月30日通过了《关于惩治破坏金融秩序犯罪的决定》(以下简称《金融秩序决定》)

与民间金融有关的一些行为正式被纳入刑法调整。《金融秩序决

---

① 参见王育华:《乐清县民间金融风潮的透视和思考》,载《上海金融》1989年第2期;朱德林等:《中国的灰黑色金融——市场风云与理性思考》,立信会计出版社1997年版,第38—50页。

② 参见薛健文、徐永健:《民间金融组织实例与论证》,中国能源出版社1988年版。该书是我们查到的较早研究民间金融的著作。

定》中与民间金融有关的主要有两条:"七、非法吸收公众存款或者变相吸收公众存款,扰乱金融秩序的,处三年以下有期徒刑或者拘役,并处或者单处二万元以上二十万元以下罚金;数额巨大或者有其他严重情节的,处三年以上十年以下有期徒刑,并处五万元以上五十万元以下罚金。单位犯前款罪的,对单位判处罚金,并对直接负责的主管人员和其他直接责任人员,依照前款的规定处罚。八、以非法占有为目的,使用诈骗方法非法集资的,处三年以下有期徒刑或者拘役,并处二万元以上二十万元以下罚金;数额巨大或者有其他严重情节的,处三年以上十年以下有期徒刑,并处五万元以上五十万元以下罚金;数额特别巨大或者有其他特别严重情节的,处十年以上有期徒刑、无期徒刑或者死刑,并处没收财产。单位犯前款罪的,对单位判处罚金,并对直接负责的主管人员和其他直接责任人员,依照前款的规定处罚。"

此后,1997 年 3 月 14 日,第八届全国人民代表大会第五次会议通过了修订后的《中华人民共和国刑法》(以下简称《刑法》),前述条文被悉数纳入。《金融秩序决定》第 7 条被规定在《刑法》第 176 条,《金融秩序决定》第 8 条被规定在《刑法》第 192 条。

至此,民间金融行为再次被立法划出了罪与非罪的界限,尽管这条界限与前一条界线相比显得过于模糊。

(3)国务院在 1998 年转发了中国人民银行颁布的《整顿乱集资乱批设金融机构和乱办金融业务实施方案》(以下简称《整顿金融"三乱"方案》)

该方案几乎将民间金融生存的空间压缩殆尽。

笔者认为,20 世纪 90 年代发生的这 3 起事件,表明政府对民间金融的抑制政策达到了顶峰。显然,至少从民间金融政策研究来讲,90 年代也不应该是民间金融研究的"小年"。

在经过前两个 10 年不同寻常的沉寂之后,从 2000 年开始,中国学术界对民间金融的研究兴趣与日俱增,学术产出量也迅速提升。特别是在 2003—2012 这 10 年间,每年发表的 CSSCI 论文都在 15 篇以上,2012 年更是达 34 篇之多。这期间,两个重要的案件引起了全民大讨论,可能也极大地提升了学者们的研究兴趣。一是 2003 年发生的孙大午非法吸收公众存款案;一是 2007 年发生的吴英集资诈骗案。

在本章的研究样本中,就有4篇论文涉及孙大午案,有7篇论文涉及吴英案。

总体上讲,尽管民间金融研究在20世纪并没有跟上民间金融发展的步伐,但在2000年后,我国学者开始在民间金融领域发力,收获了一批丰富的研究成果。近几年来,民间金融研究正成为一个新的学术增长点,民间金融研究可谓方兴未艾。

2. 发表平台

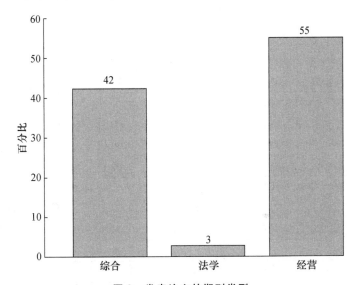

图2 发表论文的期刊类型

由于本章只考察CSSCI来源期刊论文情况,故所谓发表平台类型,主要是学术期刊。结合民间金融研究的主题,我们将期刊类型分为三类,即综合性期刊、法学类期刊、经济管理类期刊。这里的综合性期刊,是指非专门发表法学论文、经济管理论文的期刊,如各省市社会科学院主办的"社会科学"系列杂志、高等院校学报的社会科学版;法学类期刊,是指专门发表法学论文的杂志;经济管理类期刊,是指专门发表经济学、管理学论文的杂志。从图2可以看出,55%的论文发表在经济和管理类专业期刊上,42%的论文发表在综合性学术期刊上,而只有3%的论文发表在法学专业期刊上。

表1 作者学科背景与发表期刊的类型

			期刊类型			合计
			综合	法学	经管	
作者背景		计数	1	0	0	1
		行百分比	100.00	0.00	0.00	100.00
		列百分比	0.93	0.00	0.00	0.39
		总百分比	0.39	0.00	0.00	0.39
	法学	计数	9	7	5	21
		行百分比	42.86	33.33	23.81	100.00
		列百分比	8.33	100.00	3.55	8.20
		总百分比	3.52	2.73	1.95	8.20
	经管	计数	94	0	135	229
		行百分比	41.05	0.00	58.95	100.00
		列百分比	87.04	0.00	95.74	89.45
		总百分比	36.72	0.00	52.73	89.45
	其他	计数	4	0	1	5
		行百分比	80.00	0.00	20.00	100.00
		列百分比	3.70	0.00	0.71	1.95
		总百分比	1.56	0.00	0.39	1.95
合计		计数	108	7	141	256
		行百分比	42.19	2.73	55.08	100.00
		列百分比	100.00	100.00	100.00	100.00
		总百分比	42.19	2.73	55.08	100.00

$p = 0.00 < 0.01$

进一步的分析表明,具有法学学科背景的研究者的论文,33.33%发表在法学专业杂志上,42.86%发表在综合性杂志上,另有23.81%发表在经济管理专业杂志上;而具有经济管理学科背景的研究者的论文,58.95%发表在经济管理专业杂志上,41.05%发表在综合性杂志上,没有在法学杂志上发表论文。

这个结果能反映出如下两个问题:

(1)一般认为,论文发表在专业权威杂志上,会更受到更多同行的关注,且专业权威杂志的高水准,同行评审更可能——只是可能,并不绝对,比如没有人会否认《中国社会科学》的评审质量会低于专业性社科杂志——保证论文的学术质量。从这个意义上讲,经济管理学者近60%的专业杂志发表量表明,经济学、管理学视角的民间金融研究成果整体质量较高,民间金融研究在经济学界、金融学界也是一个主流的研究课题。相比较而言,民间金融研究在法学界可能还不是一个主流的研究课题,其研究成果的数量和水平都有很大的提升空间。

（2）中国目前的民间金融问题当然可以从多种学科视角进行研究,但是经济管理学视角和法学视角应该是最主要的两个视角,因此,这两个学科的对话和交流就十分重要。然而,论文发表情况表明,两个学科的学者基本上还是局限在自己的"学术圈子"里,还不习惯到对方的学术阵地上开拓领地,尤其是经济管理学者,完全没有关注法学专业杂志。但事实上,这些发表的论文几乎都涉及两个学科的问题。因此,就会出现这种情况:经济管理学者在经济管理类杂志里讨论民间金融的法律、法学视角问题①,或者法学学者在法学类杂志里讨论民间金融的经济、金融视角问题。由于各自杂志审稿人学术背景的差异,难免出现"外行审外行"的情况——经济学者审阅经济学者撰写的民间金融法律问题论文;或者法学学者审阅法学学者撰写的民间金融经济管理问题论文。显然,这并不利于民间金融学术研究质量的提高,也不利于民间金融问题的真正有效解决。因此我们呼吁,在民间金融研究领域,经济管理学界和法学界应该进一步加强合作,加深交流,取长补短,互相帮助,以芝加哥大学的经济学者和法学学者的"法律—经济"研究②为楷模,把中国的民间金融研究作为"法律—经济"研究的试验田,提高民间金融的研究水平,拓展民间金融研究的领域,真正为中国现时的民间金融困局提供智力支持。

（二）研究人员与研究机构

在我国,社会科学研究机构主要包括高等院校（包括高职院校）、

---

① 后文我们会专门讨论"合法化"一词的使用问题,事实上不少经济学、管理学学者的使用并不准确,这基本上属于学科隔膜造成的。

② 参见潘晓松:《芝加哥大学与法律经济学》,2004年浙江大学硕士学位论文。

政府设立的专门研究机构(如社科院系统、党校系统、国务院及其部委和地方政府的其他研究机构)以及民间研究机构(如非政府组织、企业设立的研究机构),这些机构里的研究人员构成了我国社会科学研究的主力军。具体到民间金融研究,司法机关的研究人员和工作人员似乎也可以作为一支单独的研究力量予以考虑。在民间金融研究方面,这些研究力量各自有什么样的表现呢?

表2 (第一)作者所属研究机构

		频率	百分比	有效百分比	累积百分比
有效		4	1.6	1.6	1.6
	高等院校	212	82.8	82.8	84.4
	政府研究机构	32	12.5	12.5	96.9
	民间研究机构	6	2.3	2.3	99.2
	司法机关	2	0.8	0.8	100.0
	合计	256	100.0	100.0	

从表2可以看出,在256篇论文中,212篇由高等院校的研究人员完成,占总数的82.8%,可以说具有压倒性优势;占第二位的是政府研究机构的研究人员,发表了32篇论文,占总数的12.5%;民间研究机构和司法机关研究人员发表的论文分别为6篇和2篇,只占极其微小的比例。

这个结果大致与我们的感观相吻合。高等院校数量众多,研究人员实力雄厚,并且以学术为志业,学术产出自然当仁不让。与高等院校相比,政府研究机构在获取研究素材,开展调研方面具有一些优势,如中国人民银行系统的研究人员就可以充分利用自身的监管地位开展调研,而且能够比较容易地利用已有数据判断民间金融的整体规模、利率水平、发展态势等。事实上也是如此,样本库中的很多研究成果都大量引用了中国人民银行的统计和调研数据。值得反思的倒是,民间研究机构的研究人员,包括民间金融机构及其从业人员,在民间金融研究方面却乏善可陈。毫无疑问,这对于民间金融发出"民间声音",或多或少都会产生一些影响。

由于不少论文作者的个人身份信息并不齐全,因此,笔者无法全面考察作者的个人身份情况。但是根据笔者的大致统计,论文作者以高等院校、政府研究机构的高级职称(教授、副教授、研究员、副研究员)人员为主,其次是博士研究生。他们是我国社会科学研究的主力军,自然也是民间金融研究的主力军。

除了研究机构的性质和研究人员的身份,我们还可以考察研究机构的地域分布,即哪些地方的研究机构的民间金融研究更加高产?或者说哪些地方的研究机构对民间金融问题可能更感兴趣?

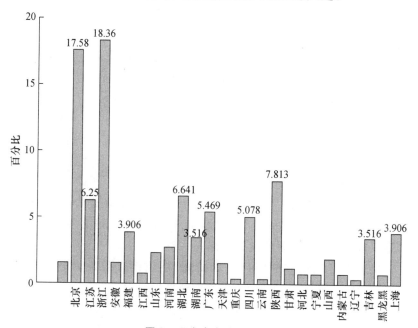

图3 研究产出地域分布

从图3可以看到,民间金融研究产出最高的地区是浙江,其次是北京。这两个地区的研究产出远远高于其他地区。位居前十(包括并列)的依次还有陕西、湖北、江苏、广东、四川、上海、福建、湖南、吉林。通过CNKI,进行进一步的统计发现,浙江的研究产出机构又高度集中在三所大学——浙江大学、温州大学、宁波大学。以浙江大学和温州大学为第一单位发表的论文各有10篇,以宁波大学为第一单位发表的论文有7篇。除了浙江的研究机构,其他高产出机构还包括:西安交通大学(11篇)、北京大学(9篇)、人民银行系统(8篇)、西南财经大学(8篇)、中央财经大学(7篇)、中国人民大学(6篇)、中国社会科学院(5篇)、南京大学(5篇)、厦门大学(5篇)、湖南大学(5篇)。

上述结果表明,民间金融研究的产出与科研机构的传统实力有关,如西安交通大学、北京大学、西南财经大学、中央财经大学都是经济与金融研究的传统名校。值得注意的是,深处内地的西南财经大学于2009年专门设立了民间金融及法律规范研究所,这是国内第一家针对民间金融及其法律规制设立的学术科研机构。① 这也应该是西南财经大学在民间金融研究中脱颖而出的原因之一。

另一个显著特征则是,民间金融发达的地区,民间金融研究也非常高产,可谓近水楼台先得月。浙江尤其是温州被公认为全国民间金融最为发达的地区,因此,浙江的研究机构基于"地缘优势"在民间金融研究方面明显占了上风。论地区的研究力量和研究实力,北京显然远远超过了浙江,但是浙江的研究产出却超过了北京;论机构研究力量和研究实力,温州大学、宁波大学与传统经济金融名校相比可能要稍显逊色,但是它们的产出却超过了不少学界翘楚。事实上浙江的研究机构也十分注重民间金融研究力量的整合。如在2012年,温州大学和温州市政府就联合成立了温州市金融研究院(温州大学金融研究院)。该研究院明确定位为"立足温州,服务地方",这必然会大大促进温州地方对民间金融问题的研究。

如果我们再对区域性研究(如研究"温州模式")成果进行统计,"地缘优势"在民间金融研究中的地位就更加突出了。

从图4可以看出,78.13%的研究不是针对特定地区的,而研究浙江地区民间金融问题的成果则占14.06%。将研究机构所在地区与研究对象地区进行交互分析的结果($P = 0.00 \leqslant 0.01$)进一步表明,专门研究浙江地区民间金融的成果,66.7%都是由浙江科研机构的科研人员完成的。应该说这个结果并不让人吃惊。浙江地区的民间金融最为发达,身居浙江的学者更可能及时、广泛地接触、了解有关民间金融的资讯,对民间金融问题的敏感度自然也更高。甚至不无可能,学者们或其亲友们都或多或少参与了民间金融实践,这必然会让他们与民间金融有千丝万缕的联系。即便他们自身与民间金融

---

① 参见高晋康、唐清利编著:《我国民间金融的规范化发展(2011)》,法律出版社2012年版,前言。

第二章 民间金融研究的研究 23

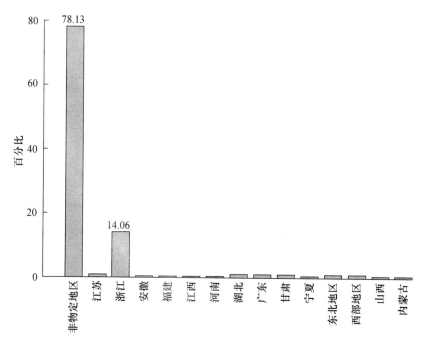

图4 地区性研究分布

实践没有关系,获得经验性资料也会比外地学者容易,从事经验性研究的成本也会比外地学者低。这些都可谓民间金融研究的地缘优势。

(三)研究进路

任何一个社会问题都可以从多个角度、多种进路进行研究。作为现阶段一个重大的经济社会问题,民间金融是否也受到了不同学科学者的关注?交叉学科视角在民间金融研究中是否流行?学者们更喜欢作应用型研究还是基础型研究?更多从事宏观层次的研究还是微观层次的研究?

1. 学科视角:单一学科或交叉学科?

从表3可以看到,本研究样本库中的研究成果主要是从经济与管理的学科视角进行研究的。也就是说,把民间金融作为一个经济现象、经济制度、经济问题进行研究的学者占绝大多数。相反,从法学视角、法律与经济交叉视角以及其他视角研究民间金融问题的学者还比较少。这可能与其他学科学者对金融知识的"隔膜"以及经济管理研究力量强大、经济管理类杂志众多有一定关系。

表3 民间金融研究的学科视角

		频率	百分比	有效百分比	累积百分比
有效	法学	21	8.2	8.2	8.2
	经管	228	89.1	89.1	97.3
	其他	5	2.0	2.0	99.2
	法律与经济	2	0.8	0.8	100.0
	合计	256	100.0	100.0	

进一步的考察发现,经济与管理学者们对民间金融的研究可谓无孔不入(下文将进一步详述),研究的主题涉及方方面面。相比较而言,法学学者们的研究触角则要狭窄得多,基本上只涵盖两方面的内容,一是民间金融犯罪问题;二是民间金融的法律规制问题。而样本库中所谓"其他"视角,一是历史学视角;二是"经济学—社会学"视角。从历史学视角切入的有4篇,主要研究我国民间金融和民间金融机构的发展历程;从"经济学—社会学"切入的论文有1篇[①],探讨了民间金融扩张的内在机理、演进路径与未来趋势,而明确使用或者声称使用"法律与经济"交叉研究视角的论文只有两篇。

以上结果再次印证了之前的判断,我国学者依然习惯于在自己的"一亩三分地"里劳作,学科之间的融合、交叉与沟通相对较少。这与前述论文发表平台的统计结果也能够印证。为了进一步验证这个假设,我们又对研究视角和作者的学科背景进行了交互分析。

从表4可以非常清楚地看到,从法学视角研究的作品,90.48%是由具有法学背景的学者完成的;从经管视角研究的作品,99.12%是由具有经管背景的学者完成的;而从法律与经济视角进行研究的,具有法学背景和经管背景的学者仅各有1位。

---

① 参见王曙光、邓一婷:《民间金融扩张的内在机理、演进路径与未来趋势研究》,载《金融研究》2007年第6期,第69页。

表4 研究视角与作者学科背景

研究视角* 作者背景 交叉制表

			作者背景			合计
			法学	经管	其他	
研究视角	法学	计数	1	19	1	0	21
		行百分比	4.76	90.48	4.76	0.00	100.00
		列百分比	100.00	90.48	0.44	0.00	8.20
		总百分比	0.39	7.42	0.39	0.00	8.20
	经管	计数	0	1	226	1	228
		行百分比	0.00	0.44	99.12	0.44	100.00
		列百分比	0.00	4.76	98.69	20.00	89.06
		总百分比	0.00	0.39	88.28	0.39	89.06
	其他	计数	0	0	1	4	5
		行百分比	0.00	0.00	20.00	80.00	100.00
		列百分比	0.00	0.00	0.44	80.00	1.95
		总百分比	0.00	0.00	0.39	1.56	1.95
	法律与经济	计数	0	1	1	0	2
		行百分比	0.00	50.00	50.00	0.00	100.00
		列百分比	0.00	4.76	0.44	0.00	0.78
		总百分比	0.00	0.39	0.39	0.00	0.78
合计		计数	1	21	229	5	256
		行百分比	0.39	8.20	89.45	1.95	100.00
		列百分比	100.00	100.00	100.00	100.00	100.00
		总百分比	0.39	8.20	89.45	1.95	100.00

$p = 0.00 < 0.01$

应该说前述统计结果对法学界是一个警醒。尽管民间金融问题首先是一个经济问题、金融问题、管理问题,但它更是一个法律问题、社会问题。事实上经济管理学者们的研究结论里几乎都涉及民间金融的法律地位、法律困境、法制化、合法化问题。但是由于他们欠缺法学背景,对民间金融的法律问题研究得还不够深入、透彻,甚至存在不少误读。在这种情况下,法学学者理应挺身而出,为民间金融研究贡献自己的力量。遗憾的是,法学学者们似乎更喜欢在自己狭窄的"专业"领域里耕耘,如民法学者讨论民间借贷问题,经济法学者、行政法学者讨论民间金融监管问题,刑法学者讨论民间金融领域的具体犯罪问题。也就是说,至少从统计出来的研究成果上来看,与经济管理学者相比,法学学者较少从民间金融的整体视野关注民间金融法律问题;法学学者之间也缺少整合,大多基于个人的研究兴趣,对民间金融的小问题进行研究。这种"小切口、深挖掘"的研究模式,当然有利于研究的深入,但是在民间金融基本法律政策尚未明晰的情况下,这种单打独斗式的精耕细作模式,也有明显的局限:

(1) 尽管法学研究不能仅仅围绕"中南海"转①,而应该为民间金融及其从业者的权利而发声,进而影响到决策者作出合理的抉择,法学学者责无旁贷,而前述研究模式不易形成合力和声势,许多真知灼见难逃埋没于电脑、纸张中的宿命。

(2) 这种研究模式不利于迅速确立有关民间金融法律问题的整体框架。

(3) 不利于与经济金融学者展开对话和交流。因此,笔者认为,法学界不同学科之间的学者,法学学者和经济学、管理学学者有必要共同携手,打通学科界限,加强"法学—经济学"整体视野下的民间金融研究。事实上,民间金融领域也应该成为中国学界大力开展法律经济学研究的一块沃土。

2. 研究类型:基础研究或应用研究?

社会科学研究一般可以分为三种研究类型,即基础研究、应用研究和综合研究,国家社科基金项目申报即采用这种分类法。其中基础研究以理论创新为主旨,强调学术观点、科研方法创新;应用研究则强调关注现实问题,以提出应用对策为主旨;综合研究综合前两者,将理论创新和应用对策相结合,在理论创新的基础上提出应用对策。

由于单篇论文不像社科项目成果那样丰富和庞杂,本研究只将研究类型分为基础研究和应用研究两种;在两种类型互相交织的情况,则根据主要类型进行归类,即如果作者主要在于提出或验证一个经济学、管理学或法学理论,则将其归入基础研究;如果作者主要在于解决

---

① 参见陈瑞华:《论法学研究方法》,北京大学出版社2009年版。

民间金融实践中的问题,提出解决对策和方案则归入应用研究。如《民间金融、非正规金融、地下金融:概念比较与分析》①一文尽管也提出了对待非正规金融的政策措施,但笔者的主要目的在于厘清3个概念的界限,进而为区别对待不同金融形态打下理论基础,因此,该文可以归为基础研究类型。而《论规范农村民间金融》在考察农村民间金融现存问题的基础上,提出了规范农村民间金融发展的4条策略,因而宜归入应用研究类型。当然,这两种类型的划分也是相对而非绝对的。笔者之所以作如此分类,主要在于观察学者们对民间金融的研究主要受实践问题指引还是受理论问题指引。②

表5 研究类型

		频率	百分比	有效百分比	累积百分比
有效	基础研究	86	33.6	33.6	33.6
	应用研究	170	66.4	66.4	100.0
	合计	256	100.0	100.0	

从表5可以看出,在256篇论文中,可以归为基础研究的有86篇,占33.6%;可以归为应用研究的有170篇,占66.4%。也就是说,学者们对民间金融的研究主要还是受实践问题导引,从实践问题出发,提出解决问题的对策和方案。这是一种问题导向型的研究进路。

进一步的分析发现(表6),在21篇法学论文中,90.48%属于应用研究;在228篇经济管理论文中,65.35%属于应用研究。也就是说,民间金融的法学研究,基础研究和应用研究处于"一九比例",而民间金融的经济管理研究,基础研究和应用研究则处于"三七比例"。显然,法学研究似乎比经济管理研究更加注重民间金融问题的解决。这应该说是一种好的趋势,说明法学学者保有强烈的"问题意识"。当然,从另一个角度讲,也意味着民间金融基本法律问题研究也许还比较薄弱。相对而言,经济管理研究的"三七比例"稍显协调一些。

---

① 参见王相敏、张慧一:《民间金融、非正规金融、地下金融:概念比较与分析》,载《东北师范大学学报》(哲学社会科学版)2009年第6期。
② 这种分类观察或许还能反映民间金融研究的创新性程度。关于研究类型与创新性关系的详细讨论,可参见白建军:《法学博士论文选题创新性实证研究》,载《北京大学学报》(哲学社会科学版)2007年第3期,第104页。

表6 学科视角与研究类型

研究视角 * 研究类型 交叉制表

研究视角			研究类型		合计
			基础研究	应用研究	
研究视角	法学	计数	2	19	21
		行百分比	9.52	90.48	100.00
		列百分比	2.33	11.18	8.20
		总百分比	0.78	7.42	8.20
	经管	计数	79	149	228
		行百分比	34.65	65.35	100.00
		列百分比	91.86	87.65	89.06
		总百分比	30.86	58.20	89.06
	其他	计数	4	1	5
		行百分比	80.00	20.00	100.00
		列百分比	4.65	0.59	1.95
		总百分比	1.56	0.39	1.95
	法律与经济	计数	1	1	2
		行百分比	50.00	50.00	100.00
		列百分比	1.16	0.59	0.78
		总百分比	0.39	0.39	0.78
合计		计数	86	170	256
		行百分比	33.59	66.41	100.00
		列百分比	100.00	100.00	100.00
		总百分比	33.59	66.41	100.00

$p = 0.01 < 0.05$

3. 研究层次:宏观研究或微观研究?

除了学科视角、研究类型外,我们还可以从研究层次上区分出宏观研究与微观两种类型。如对民间金融政策的研究,可以归为宏观研究,而对民间借贷利率的考察则可视为微观研究。毫无疑问,这种划分同样具有一定的相对性。不过在本书中,笔者除了考察研究主题本身属于宏观问题还是微观问题,更加注重研究结论的宏观微观。因为在很多情况下,研究一个宏观问题,自然会得出宏观的结论。但研究一个微观问题,可能会得出一个微观的结论,即所谓就事论事,也可能会得出一个宏观的结论。在后一种情况下,如果宏观结论是微观问题的自然升华,则实现了理论的一般化,属于比较高层次的研究;但是如果结论推广不当,为了拔高而拔高,则可能导致结论泛泛而谈、大而化之,既没有针对性地回应微观问题,也无法恰当地回答宏观问题,可谓大小失当、进退失据。

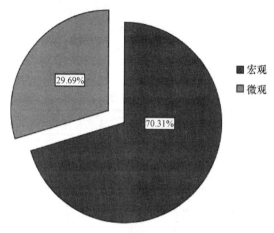

图5 研究层次

从图5可以看到,29.69%的论文属于微观研究,70.31%的研究属于宏观研究。由于本书更加注重研究结论的宏观微观问题,因此,可以认为,学者们在民间金融领域更喜欢提出一些宏大的政策建议。这些建议到底属于合理的"一般化"还是泛泛而谈,我们将在后文讨论。此外,我们同样对"学科视角"与"研究层次"进行了交互分析,不过统计结果不具有统计学上的显著性,故不专门讨论。

(四)研究方法

社会科学研究的方法很多,而且根据不同的标准可以进行不同的分类。本书主要根据民间金融研究是否进行了经验性研究为标准进行分类,即分为经验研究和非经验研究。需要注意的是,经验研究的范围比实证研究的范围要狭窄。一项研究是否采用了经验研究方法,主要判断标准就是作者是否采用了田野调查、参与观察、问卷调查、访谈等经验研究手段。经验研究更加强调研究资料的第一手性,强调研究者对民间金融问题的亲历性。因此,根据笔者的分类方法,尽管许多论文自称采用了实证研究方法,但可能并不属于本文界定的经验研究方法。之所以作如此划分,是因为有关民间金融的基础性数据十分匮乏,且民间金融本身具有一定的"地下性",如果不采用经验研究方法,研究者可能很难摸清其真实状况和运作规律,学术研究就难免出现大家都在引用有限的几项数据,难免人云亦云,很难获得实质性推进。况且仅仅满足于在书斋里提出一些大而化之的所谓对策、建议,研究结论的妥当性、有效性也会受到影响。因此,民间金融研究素材如果能够"从民间来",研究成果才可能"到民间去",真正为民间金融发展提供智力支持。

表7 是否采用经验研究方法

		频率	百分比	有效百分比	累积百分比
有效	经验研究	57	22.3	22.3	22.3
	非经验研究	199	77.7	77.7	100.0
	合计	256	100.0	100.0	

从表7可以看出,在256篇论文中,真正采用经验研究方法的论文只有57篇,占总数的22.3%;而采用非经验研究方法的论文有199篇,占总数的77.7%。经验研究和非经验研究之间的比例相差悬殊。这是否因为民间金融研究学者们更擅长纯理论研究,还是喜欢坐而论道,抑或不具备经验研究的条件,比如缺乏资金资助,笔者不得而知。但可以肯定的是,既然民间金融研究比其他研究课题更需要经验性研究,既然目前经验性研究十分匮乏,在今后的研究中,民间金融研究学者应该把更多的目光投向实践,更加提倡经验研究。

(五)研究资助

如上所述,是否有资金资助,可能会影响到民间金融研究的开展。资助多,参与研究的学者相对而言就会更多,研究的广度和深度自然也会扩展很多;没有资助,一些经验研究项目可能就很难有效开展,学术成果缺乏出版资助,也可能很难在高水平平台展示。因此,民间金融研究资助情况也值得专门考察。本书主要考察了两项内容:是否受到资助?如果受到资助,资金主要是由哪些机构提供的?

从图6可以看到,63%的研究成果没有受到任何形式的资助,只有37%的研究项目受到了某种形式的资助。需要特别说明的是,只要论文标明受到某种基金资助,我们就予以统计;同一论文受到多项资助的,只统计为一项。事实上,不少论文标明的资助课题的内容与民

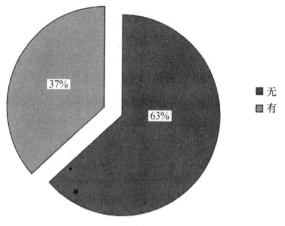

图 6　是否受资助

间金融不相关或者相关性很低,还有部分论文没有写明资助课题的名称。① 也就是说,37%的比例还有很大的水分。CSSCI 来源期刊属于高水平的社会科学研究成果展示平台,这里面发表的成果质量一般较高,研究人员的学历、职称、研究水平都处于相对较高的位置,他们获取研究项目的竞争力也自然较高,但是统计结果却并不令人满意。这可能有多方面的原因,比如以民间金融作为课题进行申报的研究人员较少,或者虽然申请了但未中标,再或者针对民间金融研究的资助本来就少。由于资料所限,我们无法给出一个令人信服的确切解释。

图 7 则表明,从 1979 年到 1998 年这 20 年,本样本库的研究项目没有受到任何资助;1999 年,民间金融研究开始受到资助;从 2004 年起,每年都有项目受到资助,且呈整体上升趋势;2012 年更是达到一个顶峰,一共有 18 项研究受到了资助。

---

① 这也可谓中国论文发表的一个潜规则:期刊喜欢发表有基金资助的论文,以示自己发表的成果颇有分量,甚至客观上也可能有利于提高期刊的转载率和影响因子;作者喜欢乱标基金项目,多发论文有利于顺利结题,反正结题时评审专家也不会具体审核论文内容与资助课题的相关性。

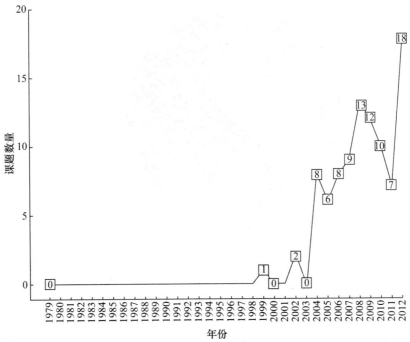

图 7　各年受资助项目数

表 8　课题来源

		频率	百分比	有效百分比	累积百分比
有效	非基金	162	63.3	63.3	63.3
	纵向基金	75	29.3	29.3	92.6
	自有资金	15	5.9	5.9	98.4
	横向基金	4	1.6	1.6	100.0
	合计	256	100.00	100.0	

在受到资助的课题中,75 项为纵向基金(即各级政府设立的项目,如国家社科基金项目、省级政府社科基金项目等),占样本总数的29.3%,占课题总数的80%;4 项为横向基金,占样本总数的1.6%,占课题总数的4%;15 项为自有资金项目(即研究机构自己设立的研究项目,如高等学校设立的社会科学研究项目),占样本总数的5.9%,占课题总数的16%。也就是说,民间金融研究主要还是靠各级政府提供的经费和各研究机构的自由资金支撑,来自民间的横向资助

第二章 民间金融研究的研究 33

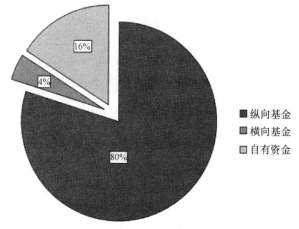

图 8 课题来源

还比较少。①

表 9 项目类别

		频率	百分比	有效百分比	累积百分比
有效		163	63.7	63.7	63.7
	省部级及以下	51	19.9	19.9	83.6
	国家级	24	9.4	9.4	93.0
	科研院所协会	18	7.0	7.0	100.0
	合计	256	100.0	100.0	

进一步的统计表明(图9),在受到资助的项目中,24项为国家级项目(主要为国家社科基金项目、国家自然科学基金项目、国家软科学项目),占样本总数的9.4%,占课题总数的26%;51项为省级或省级以下项目(如教育部人文社科项目、省级社科基金项目、教育厅基金项目等),占样本总数的19.9%,占课题总数的55%;18项为高等院校、社科研究机构、协会、基金组织(如德国诺曼基金)等设立的项目,占样本总数的7%,占课题总数的19%。

值得注意的是,前文提到的温州大学金融研究院,从设立起已开始提供专项资助。如该院2012年度共招标课题13项,资助经费共计

---

① 当然,由于本研究样本局限于CSSCI来源数据库,不排除民间资助项目成果没有展现在这个平台上。

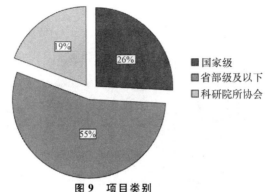

图9 项目类别

90万元。其中,重点课题3项,每项资助经费为20万元人民币;一般课题10项,每项资助经费为3万元人民币。该院虽然名为金融研究院,但其研究主攻方向无疑为民间金融。该院2012年度课题招标指南里列出了23项参考题目,其中10项都是标准的民间金融研究课题[①]:

1. 重点课题指南:
(1) 规范和促进民间融资发展的法律问题研究;
(2) 系统性民间金融风险的生成机制和防范、化解措施研究;
(3) 民间借贷登记服务中心的运作机制与监管制度研究;
(4) 新型金融组织的市场准入和监管制度研究。

2. 一般课题指南(可自选课题)。
(1) 民间借贷风险机制及其防范研究;
(2) 实体经济空心化条件下民间投资问题研究;
(3) 民间借贷对区域货币政策的影响研究;
(4) 小额贷款公司可持续融资机制与贷款目标瞄准问题研究;
(5) 民间借贷对正规金融机构融资的替代性研究;
(6) 民间资金规模的预测研究。

而该年度的中标课题,则几乎全部直接或间接与民间金融有关。兹列举如下[②]:

---

① 参见温州市金融研究院暨温州大学金融研究院2012年度课题招标公告,载http://sxy.wzu.edu.cn/read.aspx?id0=3&id1=34&id=7096。
② 参见温州市金融研究院课题招标结果公告,载http://www.wzu.cn/Art/Art_3/Art_3_59127.aspx。

1. 重点课题
(1) 规范和促进民间融资发展的法律问题研究;
(2) 民间借贷登记服务中心的运作机制与监管制度研究;
(3) 新型金融组织的市场准入和监管制度研究。
2. 一般课题
(1) 小额贷款公司可持续发展研究;
(2) 正规金融与民间借贷的替代和共生关系研究;
(3) 法学视野下民间借贷登记制度的建立与完善;
(4) 民间金融系统性风险生成机理与政策规制研究;
(5) 民间私募资金合法化与监管研究;
(6) 面向小微企业的典当金融产品供给研究;
(7) 小额贷款公司可持续融资机制及贷款目标瞄准问题研究;
(8) 温州民间资本投资偏好研究;
(9) 温州民间金融规模的估计与预测;
(10) 我国中小企业融资体系的建设研究。

显然,这对于民间金融发展和民间金融研究都是一个好消息。相信随着资助来源的拓展,资助力度的提高,民间金融研究的热潮在可以预见的将来,还会持续相当长一段时间。

第二节 民间金融研究的主要内容和基本观点

一、研究主题

对民间金融研究的主题进行恰当分类并不是一件容易的事情。首先,笔者不是对民间金融问题本身分类,而是对研究成果分类,因此就必须既考虑民间金融问题本身,也要考虑既有研究成果本身。比如对同一个概念,不同学者的界定并不相同,甚至差别很大。以私募资本为例,有学者将其界定在"无须经由政府监管部门审核或注册的、非公开募集的证券性资本"这个传统的狭义范围[①],而另外的学者则将

---

① 参见张文魁:《私募资本市场——作用、风险与对诈骗的防范》,载《经济研究》2001年第5期,第74页。

其界定得非常广泛,以致和民间资本、民间金融的范围几无差异。① 其次,要用一个统一的标准进行分类就不可能划出更多的主题,无法凸显学者的研究方向、研究重点以及学科特色。事实上,抽象笼统地看,如果排除对民间金融的历史研究,对我国现代民间金融的研究只有一个主题,那就是如何对待我国现时存在的民间金融活动,或者说民间金融的规范化、正规化、法制化问题——显然,这无助于加深我们对既有研究成果的理解。考虑到上述因素,且本节分类的目的仅仅在于展现研究成果的内容,因此,我们可能会将不同逻辑层次的主题或者互有交叉的主题并列在一起。这从逻辑上讲或许并不科学,但这种逻辑上的不统一和"混乱",恰恰也反映了学者们的学术研究进路和研究重点。

表 10　民间金融研究主题(共 20 项)

		频率	百分比	有效百分比	累积百分比
有效	民间金融与融资	50	19.5	19.5	19.5
	民间金融与农村金融	36	14.1	14.1	33.6
	民间金融与金融制度	20	7.8	7.8	41.4
	民间金融机构	19	7.4	7.4	48.8
	民间金融基本理论	19	7.4	7.4	56.3
	民间金融合法化规范化正规化	16	6.3	6.3	62.5
	民间金融发展	15	5.9	5.9	68.4
	民间金融与利率	12	4.7	4.7	73.0
	民间信贷	12	4.7	4.7	77.7
	民间金融与经济发展	11	4.3	4.3	82.0
	民间金融风潮与风险	8	3.1	3.1	85.2
	民间金融与信用	6	2.3	2.3	87.5
	民间金融资产	6	2.3	2.3	89.8
	温州及浙江金融模式	6	2.3	2.3	92.2
	民间金融监管	5	2.0	2.0	94.1
	民间金融犯罪	4	1.6	1.6	95.7
	私募资本市场	3	1.2	1.2	96.9
	民间金融市场	3	1.2	1.2	98.0
	民间金融政策	3	1.2	1.2	99.2
	民间金融纠纷解决机制	2	0.8	0.8	100.0
	合计	256	100.0	100.0	

---

① 参见卢慧:《民间私募资本市场规范发展初探》,载《上海财经大学学报》2007 年第 1 期,第 87 页。

如表10所示,笔者根据学者们的研究成果,大致将民间金融研究的主题分成了20个小类。这些小类主要是根据研究者自我标定(如通过题目、关键词、摘要标定)的主题进行划分的,但如果笔者认为研究者的标定可能"名不副实",则由笔者归入合适的主题之下。在这20个主题中,研究者们明确标定的主题有民间金融与融资、农村民间金融、民间金融机构、民间金融的合法化正规化规范化、民间金融利率、民间信贷、民间金融监管等18个。这类主题比较明确,故笔者直接采纳作为一种主题类型。而民间金融与金融制度、民间金融基础理论等两个主题,则是笔者根据研究成果内容进行的总结。应该说,这20个主题各自的内容含量并不一致,而且各主题之间也互有交叉。不过,由于主要是根据研究者的自我标定进行分类,故实际上体现了研究者们的学术思考,体现了他们的价值取向、研究进路、研究重点。也因此,笔者可以通过这些研究主题看出,民间金融的主要问题在哪里,研究意义在哪里。如排名前两位的主题分别是民间金融与融资、民间金融与农村金融。为什么这两个主题会成为学者们关注的重点?显然,这绝非偶然。从中小企业融资问题、农户融资问题、乡镇企业融资问题、"三农"融资问题入手探讨民间金融问题,有利于论证民间金融的存在价值,有利于论证民间金融存在的正当性、合理性,有利于论证民间金融与经济发展的共生性。事实上这一研究进路也表明了民间金融生存的主要领域——小微经济领域或者"三农"领域,表明了民间金融是真正的"草根金融""民生金融""内生金融"。

如果以研究成果总数的70%作为民间金融研究主流与非主流的界限,可以认为,表10列举的前7个主题基本构成了我国民间金融研究的主流问题,后13个主题则属于非主流问题。不过这里的主流并不等于重要,非主流也不等于不重要,而仅仅是表明了研究主题的集中趋势而已。当然,从另一个角度讲,也可以认为后13个问题目前研究得还不够充分。

(一)民间金融与融资

"民间金融与融资"是研究最多的主题,几乎占全部研究主题的1/5。这里所谓民间金融与融资,主要是讨论民间金融在解决中小企业、乡镇企业、农户等主体融资难方面应扮演什么样的角色,当然,大多数论文讨论的是民间金融与中小企业的融资问题。这些研究通过肯定民间金融对中小企业、农户融资的积极作用和对正规金融的替代作用论证民间金融的正当性、合理性,并提出了发展、促进、规范民间金融的建议和对策。

就民间金融与中小企业融资这个问题,学者们基本上都肯定了民间金融对中小企业融资的作用和贡献。如 2001 年发表的一篇论文[①]就认为,发展民间金融有利于解决中小企业融资难问题。该文首先讨论了中小企业融资难的现状,如上市融资门槛高、要求严,大部分中小企业难以实现,直接融资渠道不畅;由于信用等级低,缺乏抵押或担保,通过国有商业银行贷款也存在困难;地方性中小金融机构发展滞后。总之,中小企业既难以通过证券市场进行融资,也很难通过国有金融机构获得融资,而大多数中小企业又大多处于起步和资本原始积累阶段,金融支持力度的大小直接影响着其兴衰成败。既然中小企业融资难亟需解决,并且无法从"正规金融"获得足够融资,一个当然的答案就只能是通过民间金融获取融资。可是,发展民间金融是否可行呢?该文于是紧接着论证了发展民间金融的可行性:我国民间资本比较充裕;许多地方已经进行了中小企业信用担保体系的试点工作,为解决信用风险问题提供了一定的条件;中国"入世"在即,民间金融业发展出现契机。最后,该文论述了发展民间金融面临的问题并提出了对策:要解决民间金融与现有法律的冲突问题;要做好监管,控制市场风险;要使得民间中小金融机构的发展规范化、制度化;要建立企业信用担保制度和省级信用再担保制度以分散信用风险。可以说,该文构成了一个研究民间金融与中小企业融资的标准模板:"中小企业融资对国民经济发展非常重要——中小企业很难通过正规金融市场获得融资——民间金融市场能够为中小企业提供融资——大力发展民间金融"。此后的研究基本都没有脱离这个框架,只不过或对这个框架进行了某些扩展(如加入国际的比较和借鉴[②]),或对某些必要性、可行性因素进行了增减,或强调了民间金融的风险,或对发展民间金融

---

① 参见李玮等:《发展我国民间金融,解决中小企业融资难问题》,载《上海交通大学学报》2001 年第 3 期。

② 参见王鹏涛:《民间金融与中小企业融资》,载《财经问题研究》2002 年第 4 期。

的措施进一步细化。① 事实上,一直到2012年的最新研究②,除了增加了一些新的政策内容,如《浙江省温州市金融综合改革实验区总体方案》,本主题研究的内容和结论在整体上并无更多推进。

当然,虽然整体内容和研究结论上并无更多推进,并不等于在学术上没有创新。事实上,不少学者就从不同侧面、不同进路加深、细化了民间金融与中小企业融资关系的研究。如有学者通过实证研究证实③:在企业发展初期,银行等金融机构无法甄别企业好坏,因此非正式的内源性直接债务融资是主要的来源;中小企业对融资方式的选择上表现出较为明显的"强制优序融资"现象。不难看出,这项研究的结论就比前述研究结论推进了一步:一方面,中小企业不是在成长的所有阶段,也不是在任何条件下都依赖民间金融,而主要是在企业成长初期对民间金融依赖较大;另一方面,民间金融的发达程度与经济发展水平密切相关,因此金融抑制政策已不适用于经济发展水平较高的地区,应尽快制定有关引导和发展民间金融的政策。显然,用这一结论来论证民间金融的合理性、正当性要比笼统地用民间金融可以解决中小企业融资难来论证更加有说服力。

此外,学者们对民间金融与农户融资问题也进行了广泛研究。如有学者在对上饶市农户融资现状进行考察后认为④:民间融资已成为当前农户融资的主要方式;农村的高利贷者实际上已成为农村的金融个体户,逐渐或者一直在农村发挥着对农村正规金融机构的替代效应;农户融资原生态需要民间金融与之对应,落后的民间融资形式应培育成农村民营金融企业。这种类型的研究是有关民间金融与农户融资的基本模型。很明显,这个模型的逻辑思路其实与中小企业融资问题的逻辑思路都是一致的。也正因为如此,这两方面的研究才可以共同归类在一个主题之下。

同样,学者们对农户融资问题也从不同角度进行了细化研究。比

---

① 参见李伟:《民间金融发展与中小企业融资》,载《当代财经》2005年第5期。
② 参见王忻怡:《民间金融与中小企业融资困境研究》,载《求索》2012年第9期。
③ 参见陈晓红、刘剑:《不同成长阶段下中小企业融资方式选择研究》,载《管理工程学报》2006年第1期。
④ 参见熊建国:《中国农户融资的现状分析与民间金融——来自江西省上饶市的个案调查与思考》,载《中国农村经济》2006年第3期。

如学者们一般都认为,由于正规金融存在信贷配给,部分农户只好求助于民间信贷以满足其金融需求,而有学者研究发现,事实上,不少被正规金融排斥的农户,也无法通过民间借贷满足其需求。① 这样的深化研究显然更有利于更具针对性地提出民间金融建议,即如何改进民间金融制度,让被正规金融、民间金融都排斥在外的农户获得融资服务。

总之,在民间金融与融资这个主题下,学者们关心民间金融对满足不同地区、不同时期的不同主体的融资需求的正面作用,以及民间金融对正规金融的替代作用,并以此论证民间金融的正当性、合理性,提出了各种针对民间金融发展的政策建议。应该说,这方面的研究主要采纳了一种比较功利的论证进路:民间金融对中小企业融资、对农户融资非常有用,替代了正规金融留下的缺口,所以应该大力发展民间金融。事实上,后面的几个主题也采取了类似的进路,如民间金融与农村金融、民间金融与经济发展,都是从民间金融的有用性这个角度切入的。

(二)民间金融与农村金融(农村民间金融)

农村金融市场既有正规金融,也有民间金融,因此,研究民间金融与农村金融的关系或者说研究农村的民间金融也是民间金融不可或缺的一个主题。应该说,这个主题与融资主题存在诸多交叉之处。因为民间金融与融资实际上是从融资主体的角度考察与民间金融的关系,而农村金融主题则是从地域、行业的角度来考察与民间金融的关系。不过两者最大的不同在于,农村金融主题一般会直接研究农村民间金融现状及其问题,或者强调从"三农"、农村金融市场、农村金融制度、农村工业化②这些视角考察民间金融问题。农村民间金融主题的研究成果占全部成果的14.1%,位居第二。

李丹红于2000年发表的论文③是农村民间金融研究的开拓之作。

---

① 参见赵丙奇:《农户民间借贷信贷配给:来自600户融资的实证考察》,载《社会科学战线》2010年第4期。

② 如王晓毅:《农村工业化过程中的农村民间金融——温州市苍南县钱库镇调查》,载《中国农村观察》1999年第1期。

③ 参见李丹红:《农村民间金融发展现状与重点改革政策》,载《金融研究》2000年第5期。

该文全面考察了农村民间金融的存在形式(农村信用社、农村合作基金会、合会、民间借贷、集资、典当、私人钱庄、互助会、储金会等)及其发展现状,指出了农村民间金融的诸多问题(自发、随意运作问题;自身素质问题,管理问题,行政干预问题,产权问题),考察了治理"三乱"后民间金融存在的问题,并提出了具体完善措施,特别针对农村信用社提出了七点政策建议。该文在治理"三乱"后发表,且针对治理"三乱"的负效果,提出了发展民间金融的对策。该文虽然没有正面否定《整顿金融"三乱"方案》,但实质上是在为农村民间金融松绑鼓与呼。

当然,更多的研究是从某个侧面对农村的民间金融问题进行研究。如农村民间金融的存在基础、农村民间金融发展路径、农村民间金融治理、农村民间金融的规范、农村民间金融绩效、农村民间金融利率、民间金融对农村消费的效用、发展农村民间金融的利弊等。此外,在农村金融制度体系下探讨民间金融问题的也不少,如农村金融(服务)体系重建、农村金融制度创新、农村金融组织等。

(三)民间金融与金融制度

这个主题主要是从民间金融的体系体位入手的,即把民间金融放在整个金融体系、金融制度下审视。如讨论民间金融在我国金融体制、体系中的作用;民间金融与正规金融的关系;民间金融在农村金融制度、体系中的作用,等等。如《发展民间金融与金融体制改革》[①]一文明确指出,直接融资和资本市场是企业初创时期的主要融资方式,言下之意是民间金融在这方面会大有作为;而银行所提供的首先应是金融服务而不是投资信贷。因此,这就要求我们正确认识民间金融与正规金融之间的关系,重新定位各自在金融体系中的角色。再如《民间金融与我国金融制度变迁》[②]一文认为,民间金融有助于化解金融体系的风险,有助于金融机构创新和金融体系效率的提升,有助于资本的形成和经济增长。因此,在我国金融制度变迁中必须促进和引导民间金融的良性发展。这些研究都是在金融制度这个视角下进行的。

---

① 参见樊纲:《发展民间金融与金融体制》,载《中国投资》2000年第12期。
② 参见张松:《民间金融与我国金融制度变迁》,载《江苏社会科学》2003年第6期。

（四）民间金融机构

民间金融不一定有类似正规金融一样的机构组织，但是除了"民间金融个体户"，大多数民间金融活动还是依托于一定的组织进行的。如果说低端的"民间金融个体户"是民间金融的原生态，以机构形式运作的民间金融则属于民间金融的正规军，表明民间金融已进入高端形态、成熟阶段。民间金融机构可谓民间金融活动的中枢神经系统。由于有组织的民间金融活动涉及的资金运作规模更大，地域和人数更多，因此，潜藏的金融风险也比原生态的民间金融更大。而且有组织机构的民间金融也更可能向正规金融发展。从这个意义上讲，民间金融机构理应成为政府管控或者"招安"的重点对象，学术研究自然也不例外。

民间金融研究的第一种进路是从历史的角度进行考察，如钱会的由来及其性质和特点、近代江南农村的"合会"、20世纪中国"合会"的演进等。第二种进路是比较研究，即考察其他国家或地区（包括我国台湾地区）的民间金融组织，如"德、法、美、日合作金融组织制度比较及借鉴"、我国台湾地区的合会等。第三种进路则是直接研究我国现今的民间金融组织，包括一些介于民间金融与正规金融之间的金融组织，或者民营性质的正规金融组织，如对合会、农村信用社、小额贷款公司、民营银行等进行研究。这类研究注重研究民间金融机构的内在运作机理，以期为民间金融机构规范发展甚至走上正规金融道路奠定理论基础。近年来，关于民营银行的研究尤其引人注目，本样本库中就有5篇论文探讨民营银行准入或风险问题。

（五）民间金融基础理论

尽管民间金融主要是一个实践问题，但是其中同样蕴含了不少基础理论问题。什么叫民间金融？民间金融与其他金融形态如何区分？民间金融的存在基础何在？民间金融的规模有多大？民间金融的发展规律是什么？这些问题显然都是民间金融的基础理论问题。如《民间金融理论分析：范畴、比较与制度变迁》[①]一文，不但论证了民间金融与非正式金融、官办金融、民营金融这些概念之间的差异，而且回答

---

① 参见姜旭朝、丁昌锋：《民间金融理论分析：范畴、比较与制度变迁》，载《金融研究》2004年第8期。

了3个问题:现代民间金融发展是市场经济发展还是自然经济发展的结果,是金融深化还是浅化的结果,民间金融最终是否会被纳入主流金融体系。该文可谓民间金融基础理论研究的一个典型代表,而且对最重要的几个民间金融基础理论问题都作出了令人信服的论证和回答。也正因为如此,该文已进入高频率被引行列。此外,诸如《民间金融、非正规金融、地下金融:概念比较与分析》《流动性过剩与未被观测金融经济活动的关系分析》,这类研究都属于比较典型的民间金融基础理论研究成果。

与民间金融与融资、农村民间金融研究主题相比,民间金融基础理论研究以及民间金融机构研究更强调从民间金融本身的问题出发,因此,其对民间金融、民间金融机构何以存在,民间金融机构何以能够生生不息的追问,就更具有本源性质。也就是说,这不仅仅是一种功利主义的研究进路。因此,这方面的研究,对民间金融的正当性给予了更有力地论证。

(六)民间金融规范化、正规化、合法化

可以说,几乎所有民间金融研究文献最后都或多或少地涉及了这一主题。我们这里只是将研究者主要讨论"三化"(此外还有阳光化、法制化等提法)的文献归入这一主题。不过法学界和经济学、金融学界对规范化、正规化、合法化的理解并不一致,尤其是对合法化的理解。① 不过将这些"化"抽象出来看,其实讨论的都是我国民间金融的法律身份、法律地位、国家认可、发展路径问题。

本研究样本库中最早讨论这一主题的论文当属谭岳衡的《论金融改革"五化"》,事实上,该文也是本样本库中最早发表的论文。该文发表在《中国社会科学院研究生院学报》1988年第4期上,主要讨论了"专业银行企业化、金融机构多样化、民间金融规范化、私人金融合法化、资金市场现实化"这"五化"问题。其中民间金融规范化和私人金融合法化就主要涉及民间金融问题:

1. 民间金融规范化

该文将民间金融规范化界定为两个方面,一是指将无组织的自由借贷通过适当的形式变成有组织的借贷;二是指完善新产生的各种民

---

① 参见高晋康:《民间金融法制化的界限与路径选择》,载《中国法学》2008年第4期。

间金融组织,使其走向正规化。至于如何规范化,该文主张遵循自愿和自然原则,与经济发展的需要相适应,体现民间特色;在形式上不用整齐划一;以公司或者经济合作组织的一些基本规则作为规范化的指南,应制定民间金融组织章程并规定董事会、监事会、股东大会等制度;政府可以加强管理,但应采用经济手段而不是行政手段。可以看出,尽管作者认为规范化包含两层含义,但其建议还是主要针对第一方面,即认为应将杂乱无章、小打小闹的民间金融组织化、规范化。事实上这才是规范化的本来含义。

2. 私人金融合法化

该文的私人金融合法化提法主要是针对金融准入问题——不准私人办银行,取缔私人钱庄——并建议取消私人不能办金融的规定,增添有关私人金融活动的管理条款,使私人金融业者在法令范围内活动,实现私人金融合法化。显然,这里所谓的私人金融合法化,其实主要是指民间金融的正规化问题,即将民间金融纳入法律统一管理,和正规金融在同一制度环境下公平竞争。也就是说,这篇论文主要讨论了民间金融的规范化和正规化问题,很少或主要不是讨论民间金融的合法化问题。不过即便用今天的眼光来看,该文的建议仍然没有过时。更难能可贵的是,在当时的政治环境和意识形态之下,作者巧妙地利用"全面把握生产力与生产关系之间的关系""正确理解经典作家关于银行集中于国家的论述"这些旗号来论证发展民间金融的合理性、正当性,可谓用心良苦。

至于民间金融的合法化,法学学者关注较多。如《论民间金融阳光化的法理基础与法律对策》指出:"当前我国对民间金融采取严格管制政策,除部分民间借贷外,大部分民间金融被认定为'非法'而予以严格禁止,致使大部分民间金融只能在'地下'非阳光化运行。"因而,要实现民间金融的阳光化,就要修改《非法金融机构和非法金融业务活动取缔办法》《关于取缔地下钱庄及打击高利贷行为的通知》等规定,将许多不应该非法化的民间金融活动合法化。也就是说,合法化只针对已经被非法化的具体的民间金融组织和活动,不能笼统地讨论民间金融的合法化问题。

(七) 民间金融发展

民间金融发展主要是从纵向角度研究民间金融的萌芽、产生、成熟及其发展趋势问题。如《中国民间金融走势分析》一文,不但回顾了温州民间金融的走势,而且分析了民间金融迅速发展或者萎缩的原因,预测了民间金融的发展趋势。而《台湾民间金融的发展与演变》,则探讨了我国台湾地区民间金融发展的现状、成因、问题与趋势。这类研究都有一个共同特点,即从民间金融的产生和发展历程中发现民间金融自身发展规律,并以此为基础展望中国民间金融的未来,或者反思现行民间金融政策。总之,该文绝非进行纯历史性的考证,而是强调要以史为鉴,尊重民间金融自身发展的客观规律。

（八）其他主题

与前 7 个主题相比,后面 13 个主题的研究成果相对较少——当然,这部分也是因为分类造成的。与前述热门主题相比,这些主题相对而言更偏向于微观或者中观,主要是从某个角度来研究民间金融问题,如民间金融与信用文化,或者研究民间金融的某个部分,如民间信贷、民间金融利率问题。民间金融的法学研究也在这些主题之中,如民间金融监管、民间金融纠纷解决机制。不过尽管这些主题比较非主流,但由于角度比较新颖,反而更容易创新,也比较适宜进行深度研究。

二、立场与倾向

尽管研究者被要求要价值中立,但事实上任何研究者从事研究活动时或多或少都会带有一些预设立场。更重要的是,一项研究在得出结论、提出对策建议时一定会有自己的立场。这些立场可能是明确表达出来的态度,也可能是通过字里行间的感情流露暗示出来的倾向。民间金融研究同样如此。当然,这些研究结论,一般不会对民间金融予以绝对肯定或者绝对否定,而是既强调其利,也指出其弊；既强调尊重市场规律,也强调政府的管制；既主张合法化,也主张打击非法金融活动……当然,研究者们的态度绝非等量齐观。因此,根据这些不同态度,我们将研究（者）的立场倾向分为三种:市场本位、政府主导、中立立场。市场本位立场是指研究者主张完全根据市场规律发展民间金融,或者虽然认为不应忽视政府在民间金融发展中的作用,但主要应由市场来主导民间金融的发展。政府主导立场是指研究者主张民间金融发展应在政府的主导下进行,或者虽然认识到民间金融发展不能违背市场规律,但更强调政府对民间金融的规制、监管。中立立场则基本上是同时强调市场导向和政府规制,强调两者不可偏废。

表11 研究的立场倾向

		频率	百分比	有效百分比	累积百分比
有效	市场本位	140	54.7	54.7	54.7
	中立立场	102	39.8	39.8	94.5
	政府主导	14	5.5	5.5	100.0
	合计	256	100.0	100.0	

从表11中不难看出,高达54.7%的研究(者)主张应以市场本位对待民间金融,另有39.8%的研究(者)采中立立场,只有5.5%的研究(者)认同政府主导立场。尽管研究立场与研究的主题有一定关系[①],但是我们还是可以稳妥地说,大多数研究者、研究结论完全支持民间金融根据市场规律发展,或者说赞成对民间金融予以抑制、严管的研究只占极少数。这个结果显然与我国目前采取的金融抑制政策相去甚远,这也说明,绝大多数研究(者)无法认同我国现阶段的民间金融政策。

表12 研究机构与立场倾向

研究机构 * 立场倾向 交叉制表

			立场倾向			合计
			市场本位	政府主导	中立立场	
研究机构		计数	2	1	1	4
		行百分比	50.00	25.00	25.00	100.00
		列百分比	1.43	7.14	0.98	1.56
		总百分比	0.78	0.39	0.39	1.56

---

① 比如民间金融犯罪的研究结论一般会是政府主导立场,即强调对民间金融犯罪的打击,但这也不是必然的,假如研究者主张要对部分民间金融犯罪非犯罪化,这至少是一种中立立场。

(续表)

			立场倾向			合计
			市场本位	政府主导	中立立场	
研究机构	高等院校	计数	116	10	86	212
		行百分比	54.72	4.72	40.57	100.00
		列百分比	82.86	71.43	84.31	82.81
		总百分比	45.31	3.91	33.59	82.81
	政府研究机构	计数	18	1	13	32
		行百分比	56.25	3.13	40.63	100.00
		列百分比	12.86	7.14	12.75	12.50
		总百分比	7.03	0.39	5.08	12.50
	民间研究机构	计数	4	0	2	6
		行百分比	66.67	0.00	33.33	100.00
		列百分比	2.86	0.00	1.96	2.34
		总百分比	1.56	0.00	0.78	2.34
	司法机关	计数	0	2	0	2
		行百分比	0.00	100.00	0.00	100.00
		列百分比	0.00	14.29	0.00	0.78
		总百分比	0.00	0.78	0.00	0.78
合计		计数	140	14	102	256
		行百分比	54.69	5.47	39.84	100.00
		列百分比	100.00	100.00	100.00	100.00
		总百分比	54.69	5.47	39.84	100.00

$p = 0.00 < 0.01$

进一步的分析表明(表12),高等院校的民间金融研究(者),54.72%持市场本位立场,只有4.72%持政府主导立场;政府研究机构研究(者),56.25%持市场本位立场,只有3.13%持政府主导立场;民间研究机构研究(者),66.67%持市场本位立场,没有持政府主导立场的;司法机关研究(者),100%持政府主导立场。不难看出,即便政府设立的研究机构的研究也主要支持市场本位立场。有意思的是,民间研究机构和司法机关走了两个极端,前者无法认同政府主导立场,而后者则全部持政府主导立场——如前所述,这可能与司法机关研究主要涉及民间金融犯罪有关。

表 13 学科背景与立场倾向

作者背景 * 立场倾向 交叉制表

作者背景			立场倾向			合计
			市场本位	政府主导	中立立场	
作者背景		计数	0	0	1	1
		行百分比	0.00	0.00	100.00	100.00
		列百分比	0.00	0.00	0.98	0.39
		总百分比	0.00	0.00	0.39	0.39
	法学	计数	4	5	12	21
		行百分比	19.05	23.81	57.14	100.00
		列百分比	2.86	35.71	11.76	8.20
		总百分比	1.56	1.95	4.69	8.20
	经管	计数	133	9	87	229
		行百分比	58.08	3.93	37.99	100.00
		列百分比	95.00	64.29	85.29	89.45
		总百分比	51.95	3.52	33.98	89.45
	其他	计数	3	0	2	5
		行百分比	60.00	0.00	40.00	100.00
		列百分比	2.14	0.00	1.96	1.95
		总百分比	1.17	0.00	0.78	1.95
合计		计数	140	14	102	256
		行百分比	54.69	5.47	39.84	100.00
		列百分比	100.00	100.00	100.00	100.00
		总百分比	54.69	5.47	39.84	100.00

$p = 0.00 < 0.01$

而从研究者学科背景这个角度来看,法学学者有19.05%支持市场本位,23.81%支持政府主导立场,剩下的57.14%采中立立场;而经济管理学者持市场本位的有58.08%,中立的有37.99%,只有3.93%的学者表现出了政府主导立场。很明显,经济管理学者更倾向于市场本位立场,而法学学者更倾向于采取中庸态度。

综合起来看,尽管少数机构的研究者对政府主导民间金融发展还比较迷恋,政府严管的思想在少数领域还拥有一批支持者,但是从整体上讲,认可民间金融的正当地位,支持民间金融按市场规律和自身发展规律成长已是主流态度;与此同时,民间金融发展的风险也得到了充分的认识,尽管对待风险的态度和措施可能会有所不同。

具体地讲,这些不同立场的研究(者)的认识、主张、对策、建议各有什么不同呢?我们不妨从以下角度来予以对比考察。

(一)如何权衡民间金融的利弊?

民间金融到底是利大于弊还是弊大于利,抑或利弊相当?一般来说,现在已经很少有人认为民间金融弊大于利了。因此,市场本位论者和政府主导论者观点的区别多半在于,前者认为利大于弊,故可以大力发展民间金融;后者认为利弊参半,故仍应注重政府对民间金融的引导、管理甚至管制。前者走到极端就是放任论,后者走到极端就是民间金融有害论。

(二)如何看待民间金融的风险?

市场本位论者和政府主导论者在看待风险的视角、风险评估、风险防范措施等方面都有所不同。前者一般在中性的意义上使用风险一词,后者所指风险往往带有一定程度的贬义;前者认为,从事任何金融活动都存在风险,风险的发生有其不可避免性,民间金融带来的风险并不比正规金融大,而后者认为民间金融由于其不规范性,所以风险比正规金融大。

(三)如何看待民间金融监管?

就金融监管而言,市场本位论者和行政主导论者在价值理念[①]、监管手段、监管主体、监管时间、监管重点等方面都有明显的对立。前者往往重视监管,后者强调管理、管制、管控;前者重视通过经济手段的宏观调控,后者主张采用行政手段进行干涉;前者提倡规范运作,力倡自我监督和行业监督,后者偏爱行政监督;前者重视事前准入和事后保护,后者主张事前、事中、事后全过程管控;前者重视保护民间金融机构及其从业人员的合法权利,后者重视保护"受害者"权利;前者区分民间金融和发生在民间金融领域的非法金融活动,注重风险防范,而后者容易将民间金融与"地下金融""黑色金融""非法金融"混为一谈,强调打击"非法金融"。

[①] 关于我国民间金融监管的价值取向,亦可参见孙文雪:《我国民间金融监管价值取向的法律实证研究》,载《经济导刊》2012年第3期。

如有论者认为①:对民间金融的监管应重视事前的审慎防范,而不是事后的处罚;重在制度的制定与实施,当好"裁判员",而不是充当"消防队"。鉴于民间金融的民间性质,在官方的监管之外,尤其要重视行业自律、机构的内部控制以及市场约束的补充与配合。显然,这属于比较典型的市场本位监管观。

另有论者认为②:"当前的民间信用活动,其形式和内容都已经发生了根本性的变化,已由传统的互助性演变为以营利性为唯一目的的信用活动。因此一大批专门从事经营货币资金的'会主''银背'应运而生,他们在利益机制的驱动下,极力扩大借贷规模……从而使得爆发大规模、大范围的民间金融风潮成为可能。"因此,防范民间金融风潮,必须"整顿民间金融秩序,加强民间金融管理","颁布民间金融管理法规,依法管理民间金融","人民银行应充实人员配置,加强基层力量,切实管起来"。作者对"营利""利益"的敌视态度,处处强调"整顿""管理""管起来",其政府主导立场昭然若揭。

(四)合法化还是非法化?犯罪化还是非犯罪化?

市场本位论者与政府主导论者在看待民间金融的法律身份、犯罪化还是非犯罪化方面大不相同。前者认为不禁止即合法,而且目前很多被禁止的民间金融行为应该合法化,后者认为,法律不予保护的就是非法,对于非法民间金融、"地下金融""黑色金融"必须狠狠打击;前者认为,民间金融领域犯罪化过头了,部分非法吸收公众存款行为应该非犯罪化,高利贷行为也不应入刑③,后者认为,民间金融领域还有犯罪化的空间,比如应在刑法中增设高利贷罪。④

(五)对待金融制度改革以及民间金融的整体态度

如针对融资制度,市场本位论者明确主张应改变目前的政府主导型融资制度,完成融资制度的市场化改革;并且应该大力发展民间金

---

① 参见江曙霞、秦国楼:《现代民间金融的政策与思考》,载《决策借鉴》2004年第4期。
② 参见王育华:《乐清县民间金融风潮的透视和思考》,载《上海金融》1989年第2期。
③ 参见刘伟:《论民间高利贷的司法犯罪化的不合理性》,载《法学》2011年第9期;王绍旺:《论民间高利贷域外法律规制及其对我国的法律启示》,载《求索》2012年第2期。
④ 参见杨海斌:《我国现阶段的高利贷研究——以山西省为例分析》,载《生产力研究》2007年第14期。

融交易,通过体制外增量的诱致性改革,改变国家制度变迁的收益和成本,引致体制内强制性变迁。①

当然,市场本位论者与政府主导论者的区别与对立并不限于以上五个方面,而且也并非在每一个方面都完全对立,但是两者在以上五个方面的立场区分确实比较明显。至于中立立场,则基本上是调和前两者的立场、态度、观点和措施,既重视民间金融发展的市场规律,又重视行政手段对民间金融的规制作用。如针对高利贷,一些人主张"放",即彻底放开民间金融,不加限制;一些人主张"灭",就是用法律和行政手段消灭高利贷;而中立论者则主张"围而不灭"。② 再如针对民间金融利率管制,有论者不认同目前的管制强化,主张摆脱对利息的道德偏见,构建以《放贷人条例》为核心的监管制度,推行分类引导、动态调整的民间利率管制体系,实现行政事前监管与事后司法监督的良性互动,以推动正规金融利率的市场化。③ 一方面不主张管制强化,力主利率市场化,另一方面又赞同管制,甚至认同目前对非法集资的刑事规制。这都是典型的中立立场。

三、对策和建议

学者们研究的主题非常丰富,提出的对策和建议也很多,我们无法一一整理。前已述及,几乎所有论文在结论里面都会涉及民间金融的规范化、正规化、合法化问题,当然,还有学者使用了阳光化、法制化这类字眼儿。事实上,这确实也是所有民间金融研究的最终目的:为民间金融的发展定位导航。因此,民间金融的规范化、正规化、合法化问题可谓学者们提出的带有整体性和全局性的对策和建议,故择其要者论述如下。

在样本库的论文里面,绝大多数研究(者)都赞同民间金融应予以规范化、正规化或者合法化。这表明学者们在认可民间金融的合理地位,发展民间金融这个根本问题上已达成了共识。与此同时还暗含学

---

① 参见卓越:《论政府主导型融资制度及进一步变迁的途径》,载《财经科学》2004年第2期。
② 参见安铁通:《理性的高利贷政策——"围而不灭"》,载《经济导刊》2012年第2期。
③ 参见廖振中、高晋康:《我国民间借贷利率管制法治进路的检讨与选择》,载《现代法学》2012年第2期。

者们的另一个共同立场,那就是目前的民间金融抑制政策已经到了非改不可的地步。不过由于学者们的学科背景并不相同,对规范化、正规化、合法化的理解也大不相同,许多学者甚至错误使用了合法化一词,故这里有必要先予以区分。

所谓规范化,是针对不规范而言的。民间金融有一个从个体到机构,由分散到有组织,由小规模到较大规模,由熟人社会内部运作到向陌生人社会扩展,由低端到高端的发展过程。在这个过程的初始阶段,甚至比较高级的阶段,其业务运作有很多不规范之处。比如没有规范的合同文本,没有熟谙金融操作的业务人员,没有科学的内部治理结构,没有完善的风险防范措施,没有合理的内部制约机制,没有制定内部规章制度,等等。从这个角度讲,民间金融运作有诸多不规范之处。因此,所谓规范化,实际上是一个民间金融机构及其从业人员提高管理水平、加强风险防范、提升运作质量的问题。因此,规范化主要是针对有组织性(往往还有机构)的民间金融活动、较大规模的民间金融活动而言的。也就是说,有些民间金融活动没必要而且永远不需要规范化。比如自然人就向周围熟识的几个人放贷,这样的民间金融活动规范不规范并无多大意义。事实上,规范化也有不同的方法,既可以由民间金融组织自行规范,也可以由国家法律予以强制规范。比如台湾地区"民法"第709-1条规定:"称合会者,谓由会首邀集二人以上为会员,互约交付会款及标取合会金之契约。其仅由会首与会员为约定者,亦成立合会。前项合会金,系指会首及会员应交付之全部会款。会款得为金钱或其他代替物。"第709-2条规定:"会首及会员,以自然人为限。会首不得兼为同一合会之会员。无行为能力人及限制行为能力人不得为会首,亦不得参加其法定代理人为会首之合会。"显然,这两个条款并非赋予合会以合法性,而仅仅在于通过法律条文规范合会运作。事实上,不管是民间金融还是正规金融,规范化都是一个重要课题。在本书研究的不少案例里,即便正规金融机构也存在诸多管理、运作不规范之处,营造出不少死角,最终给金融机构本身、客户造成了巨大损失。如任菊贪污、非法吸收公众存款案中的证人证言:

证人赵帅证明:任菊是2000年3月到牡丹储蓄所当所长的,

我和王凤霞是储蓄所工作人员,我们储蓄所每个人都有揽存款的任务,绝大部分存款都是任菊拉来的,2001年2月至4月间,从大连揽了300多万元存款,都是任菊联系的,储户存的是定期,存期为一年。正常存款时,我和王凤霞分别有上机操作的,有数钱的。但是大连人来存款时,任菊就让我和王凤霞到一边数钱,她自己上机操作。任菊取走大连人存款200多万元的事我不知道,因为她取款都是她填的凭条,她骑自行车到局里去取钱,这些事都不让我们办,也不让我们知道。我和王凤霞的印章都放在公用的抽屉里,我们3人都有抽屉钥匙,谁用都可以,所以任菊用我的印章也不通知我。

就是这些看似无关紧要的不规范之处,最终酝酿了巨大的金融风险。因此,民间金融尤其是组织性、机构性、大规模的民间金融必须走规范化之路。民间金融(正规金融也一样)的规范化过程,实际上是一个不断减少被害要因[①]的过程,一个不断提高管理、运作规范化水平的过程。规范化一方面要提高效率和效益,另一方面更要减少被害要因,防控风险。

所谓正规化是相对不正规而言的。根据世界银行的定义,非正规金融是指那些没有被中央银行或监管当局所控制的金融活动,是一国对在国家金融体系外运行的金融活动的统称。因此,所谓正规化实际上就是将部分民间金融纳入国家金融体系和监管体系,以便国家更好地监管和控制。因此,一旦民间金融组织正规化以后,它就不再是民间金融组织,而是正规金融组织了。比如,钱庄变为民营银行就是一个正规化的过程。其他国家和地区的民间金融发展历史表明,并不是所有的民间金融组织都需要正规化,民间金融也不可能完全被正规化。正规化多半针对规模较大的有组织的民间金融活动,而且一般是民间金融机构。

所谓合法化是针对非法而言的。因此,如果某种行为本身就是合法的,或者至少是不违法的,则无所谓合法化的问题。恰恰在这一个问题上,不少研究犯了一个前提性错误。尽管我国目前存在对民间金

[①] 关于金融犯罪的被害要因,可参见白建军主编:《金融犯罪研究》,法律出版社2000年版,第20页以下。

融的抑制政策,但并不是所有民间金融活动都是非法的,所以不存在笼统的合法化问题。要提合法化,只能针对具体的已经被国家法律正式否定的民间金融活动。比如根据最高人民法院《借贷案件意见》的规定,超过银行同期利率4倍的民间借贷"不予保护",但是这个意见本身并没有将超过4倍的民间借贷行为非法化,而只是"不予保护"而已。因此,两个人缔结了银行同期利率4倍以上的借贷活动,最后债务人也连本带息履行了协议,这个民间金融活动是否属于非法活动? 显然不能说是非法民间金融活动。再或者说,债务人完全履行债务后,又以利息超过同期银行利率4倍,要求债权人返还超额利息,法院是否应予支持? 笔者认为当然不能支持,因为债权人并非从事违法金融活动,因此契约必须信守。《非法金融机构和非法金融业务活动取缔办法》第4条规定:"本办法所称非法金融业务活动,是指未经中国人民银行批准,擅自从事的下列活动:(一)非法吸收公众存款或者变相吸收公众存款……"因此,非经中国人民银行批准,擅自非法吸收公众存款或者变相吸收公众存款的行为就属非法行为。如果学者们认为民间金融机构"吸收公众存款"行为没必要予以禁止,这才存在合法化的问题。

关于规范化、正规化、合法化的论述非常多,兹简要予以列举:

(一) 规范化

针对民间金融的规范化,学者们提出了不少建议。

有学者认为①,民间金融组织的发展要体现民间的特色,但也不能杂乱无章,关于公司或经济合作组织的一些基本规则同样应成为民间金融组织规范化的指南。董事会、监察会及股东大会制度在民间金融组织的章程中都应当加以规定,财务核算、人事管理都得有章可循。此外,在民间金融组织内部还应建立风险损失基金。

有学者认为②,应规范借贷方式,使其从口头化转向契约化,减少信用纠纷;倡导推行简易保险,如实行担保、抵押借贷,以减少贷款

---

① 参见谭岳衡:《论金融改革"五化"》,载《中国社会科学院研究生院学报》1988年第4期。

② 参见朱德林:《从市场经济的角度审视民间金融市场的发展》,载《财经研究》1993年第3期。

风险。

有学者认为①,对数额较大的民间借贷,应经当地公证机关公证,加强审核把关,使当事人自身的合法权益受到保护。

有学者认为②,对民间金融的组织形式、财务制度应制定明确的法规,以便规范民间金融和个人投资。可在民间借贷活跃地区设立相应的管理机构,为借贷双方当事人在借据合同的规范性、利率的法律有效性等方面提供咨询和指导,并对因借贷引起的纠纷进行调解。

显然,不同的学者从不同的角度对规范民间金融提出了不同的建议。有的重视内部规范,有的重视外部规范;有的强调自行规范,有的强调法律规范;有的强调规范民间金融机构;有的强调规范业务操作。总之,学者们认为,有组织尤其是有机构的民间金融,不能够一直粗放经营,而必须按照现代企业治理结构、根据契约精神规范化运作。

(二) 正规化

民间金融在发展到一定阶段后融入到正规金融中来是其必然趋势。③ 但是并不是所有的民间金融都会发展成为正规金融。因为民间金融有纯粹自发形成的民间金融和接近于正规金融的民间金融,需要正规化纳入国家监管体系的显然是后者,而前者主要由意思自治统领,多半可以交由民法(主要可以依据《合同法》)处理。④ 如前所述,正规金融与非正规金融的区别在于其要被纳入中央银行或监管机构控制,因此,需要国家专门监管的,必然是组织化程度高、规模大、具有全国性影响的民间金融组织。⑤ 目前我国达到正规化要求的民间金融组织并不多,因此,目前需要做的也许是一方面培育、壮大民间金融组织,使其具备正规化的基础;二是探索正规化的路径——如到底是采纳人民银行的"只存不贷"小额贷款公司模式,还是采纳银监会的村镇

---

① 参见万安培:《整治民间高利贷需要转变思路》,载《中南财经大学学报》1997年第2期。
② 参见张成翠、韩颖慧:《论民间金融及其规范化发展》,载《经济问题》2008年第12期。
③ 参见蔡四平:《规范我国民间金融发展的路径选择》,载《中央财经大学学报》2011年第2期。
④ 参见傅雅莉:《民间金融法制化的界定》,载《经济导刊》2012年第3期。
⑤ 参见高晋康:《民间金融法制化的界限与路径选择》,载《中国法学》2008年第4期。

银行、贷款公司、农村资金互助社模式？有学者认为,农村民间金融正规化有三条路径可以选择①:一是建立农村民营银行;二是建立农村社区合作金融组织(非银行金融机构);三是吸收民间资本入股农村信用合作社。

(三) 合法化

现阶段的合法化可以包括两个方面:一是正名;二是狭义的合法化。前者主要针对本身合法但大家误以为非法的民间金融。对于这类民间金融,政府应予以正面认可,行政机关、司法机关过去如果错误对待的,现在应予以纠正。如民间借贷行为,法律从来没有将其非法化,也不应该将其非法化。因此,司法机关应将其纳入保护范围,而不是"不予保护";金融监管当局也不能随意以高利贷为名对其进行打击。狭义的合法化也包括两个方面:一是将现在明确规定为非法甚至犯罪的民间金融行为予以合法化、非犯罪化。如以生产经营为目的的在特定范围内的集资行为,就不应视为非法吸收公众存款,更不能作为非法吸收公众存款罪予以打击。如有论者就认为,刑事立法应当将具有实际生产经营用途的融资行为予以合法化处理。② 二是将目前处于"灰色地带"(既不视为非法,但又予以抑制)的民间金融予以合法化,给予其与正规金融同等的市场地位。这其实主要是指金融业务市场向民间金融开放的问题。比如允许钱庄从事一定范围的金融业务,使其从"地下"转为"地上"。绝大多数经济管理学者讨论的合法化,主要就是最后一种意义上的合法化。

第三节　高被引论文

一篇论文是否被他人引用以及引用的次数,在一定程度上反映了该篇论文的学术质量和学术影响。③ 如果一项研究完成了,一篇论文发表了,没有任何人关注,该研究的学术价值和社会作用就被湮没了。具体到民间金融研究,如果一篇论文没有任何人引用,表明其在学术

---

① 参见管述学:《农村民间金融合法化的路径分析》,载《生产力研究》2007年第16期。
② 参见刘伟:《非法吸收公众存款罪的扩张与限缩》,载《政治与法律》2012年第11期。
③ 参见苏力:《也许正在发生:转型中国的法学》,法律出版社2004年版,第39页。

界内部都没有引起重视,更何谈推动金融制度改革,何谈影响民间金融政策,何谈推动民间金融发展呢?因此,在这一节里,笔者将对那些具有一定影响力的高被引论文进行考察。

截至2013年4月底,在本书样本库全部256篇论文中,除了45篇论文(其中25篇发表于2012年)没有被引用以外,其他论文或多或少都被引用过。其中,被引次数最高为796次,平均被引次数为20次。我们以平均被引次数的2倍(40次)作为高被引论文的标准,一共有32篇论文(详见附录1)入选,占论文总数的12.5%。

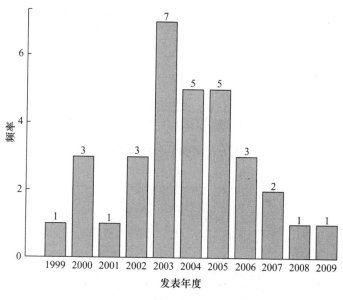

图 10

一、发表年份

可以看到,高被引论文主要发表于1999—2009这11年间。这说明金融研究的高质量、高影响力作品主要产生于本世纪。2010—2012年发表的作品可能因为发表时间较短,暂未进入高被引行列。

二、发表平台

如表14所示,发表在综合期刊上的高被引论文有7篇,占21.9%;发表在法学类期刊上的高被引论文有1篇,占3.1%;发表在经管类期刊上的高被引论文有24篇,占75%。其中,发表在《金融研究》上的论文有9篇;发表在《中国农村经济》上的有4篇;发表在《中国农村观察》上的有3篇;发表在《财贸经济》《经济理论与经济管理》上的各有2篇;发表在《经济研究》《财经研究》《上海金融》《管理工程学报》《中国法学》《财贸论丛》《学习与探索》《上海经济研究》《财经问题研究》《中南财经政法大学学报》《宏观经济研究》《经济问题》上各1篇。这些期刊的复合影响因子[①]最高的为11.555,最小的为0.825,平均影响因子3.332。

表14 发表平台

		频率	百分比	有效百分比	累积百分比
有效	综合	7	21.9	21.9	21.9
	法学	1	3.1	3.1	25.0
	经管	24	75.0	75.0	100.0
	合计	32	100.0	100.0	

我们还统计了被引次数与复合影响因子的相关性:

表15 被引次数与影响因子
相关性

		被引次数	影响因子
被引次数	Pearson 相关性	1	0.714
	显著性(双侧)		0.000
	N	32	32
影响因子	Pearson 相关性	0.714**	1
	显著性(双侧)	0.000	
	N	32	32

** 在0.01水平(双侧)上显著相关。

可以看到,皮尔逊相关性系数为0.714,相关性非常强。也就是说,论文发表在高影响因子期刊上更可能被他人引用。这实际上是一个良性循环过程:学术质量越高的论文,越可能发表在高影响因子的期刊上,而发表在高影响因子期刊上的论文,越容易被他人引用,进而进一步扩大论文和期刊的学术影响力。

---

① 中国知网评定的期刊复合影响因子。

三、研究国别、地区

表16 研究地域

		频率	百分比	有效百分比	累积百分比
有效	中国内地	29	90.6	90.6	90.6
	港、澳、台地区	2	6.3	6.3	96.9
	其他国家或地区	1	3.1	3.1	100.0
	合计	32	100.0	100.0	

高被引论文中,研究中国内地问题的有29篇,占90.6%;研究港、澳、台地区(全是研究台湾地区)问题的有两篇,占6.3%;研究其他国家或地区的有1篇,占3.1%。高被引论文中90.6%属于本土民间金融研究,这说明目前的民间金融研究更注重对本土问题的关注。

表17 研究地域(中国内地)

		频率	百分比	有效百分比	累积百分比
有效	非特定地区	25	78.1	78.1	78.1
	浙江	4	12.5	12.5	90.6
	江西	1	3.1	3.1	93.8
	广东	2	6.3	6.3	100.0
	合计	32	100.0	100.0	

就研究中国内地民间金融的论文而言,有4篇是研究浙江地区民间金融问题的,占高被引论文的12.5%;有两篇是研究广东地区民间金融问题的,占高被引论文的6.3%;还有1篇是研究江西地区民间金融问题的,占高被引论文的3.1%。浙江和广东均属中国经济最发达的地区,也是民间金融最活跃的地区,研究这两个地区的论文成为高被引论文,当属情理之中。而研究江西地区民间金融的论文[①]进入高被引论文,说明作者在研究方法、内容、结论方面确有过人之处。

---

① 参见熊建国:《中国农户融资的现状分析与民间金融——来自江西省上饶市的个案调查与思考》,载《中国农村经济》2006年第3期。

四、研究进路

表 18　学科进路

		频率	百分比	有效百分比	累积百分比
有效	法学	1	3.1	3.1	3.1
	经管	31	96.9	96.9	100.0
	合计	32	100.0	100.0	

可以看出,只有 1 篇法学论文进入了高被引论文行列。这说明,在民间金融研究方面,法学界与经济学、管理学界的差距还比较大。[①] 入围的法学论文由西南财经大学的高晋康教授撰写,发表在《中国法学》上。如前所述,高教授所在的西南财经大学法学院专门成立了民间金融及法律规范研究所,并且高教授还主持了民间金融的国家社会科学基金项目。

表 19　基础研究与应用研究

		频率	百分比	有效百分比	累积百分比
有效	基础研究	19	59.4	59.4	59.4
	应用研究	13	40.6	40.6	100.0
	合计	32	100.0	100.0	

从表 19 可以看出,在高被引论文中,59.4% 为基础研究论文,40.6% 为应用研究论文。而在本研究的样本库中,基础研究论文占 33.6%,应用研究论文占 66.4%。两相对比,可以认为,基础研究论文更容易被他人引用,或者说基础研究论文更容易获得高学术影响力。

---

① 本研究样本的筛选标准着眼于民间金融的整体视角,尤其是作者自认为是从民间金融的视角展开研究,而法学界关于民间金融的研究,更多从某个角度切入,故不少法学论文并未被纳入统计范围。如北京大学法学院彭冰教授近年来一直关注非法集资的法律规制问题,且发表了高质量的论文。彭教授发表在《中国法学》2008 年第 4 期上的《非法集资活动规制研究》一文,目前的被引数已达 64 次,根据本研究的界定,已属高被引论文。再如,北京大学刘燕教授对金融监管的研究论文、西南政法大学岳彩申教授对民间借贷规制的研究论文,根据本研究的标准,都可以入围高被引论文。尽管存在筛选标准方面的漏洞,但是这种漏洞对经济学、管理学论文同样存在,因此,笔者认为,在民间金融研究方面,法学界和经济学界、管理学界的差距是客观存在的。

表 20　宏观研究与微观研究

		频率	百分比	有效百分比	累积百分比
有效	宏观	23	71.9	71.9	71.9
	微观	9	28.1	28.1	100.0
	合计	32	100.0	100.0	

从表20可以看出,在高被引论文中,71.9%为宏观研究论文,28.1%为微观研究论文。在本研究的样本库中,宏观研究论文占70.31%,微观研究论文占29.69%。因此,微观论文与宏观论文在本研究全部样本和高被引样本中的比例相差无几。

五、研究机构与研究人员

表 21　研究机构

		频率	百分比	有效百分比	累积百分比
有效	高等院校	23	71.9	71.9	71.9
	政府研究机构	7	21.9	21.9	93.8
	民间研究机构	2	6.3	6.3	100.0
	合计	32	100.0	100.0	

从表21可以看出,在高被引论文中,71.9%由高等院校完成,21.9%由政府研究机构完成,只有6.3%由民间研究机构完成,司法机关没有出现在榜单上。

表 22　研究机构地域

		频率	百分比	有效百分比	累积百分比
有效	北京	6	18.8	18.8	18.8
	浙江	6	18.8	18.8	37.5
	广东	4	12.5	12.5	50.0
	山东	3	9.4	9.4	59.4
	四川	3	9.4	9.4	68.8
	福建	2	6.3	6.3	75.0
	湖北	2	6.3	6.3	81.3
	安徽	1	3.1	3.1	84.4

(续表)

		频率	百分比	有效百分比	累积百分比
有效	江西	1	3.1	3.1	87.5
	湖南	1	3.1	3.1	90.6
	天津	1	3.1	3.1	93.8
	辽宁	1	3.1	3.1	96.9
	上海	1	3.1	3.1	100.0
	合计	32	100.0	100.0	

从表22可以看出,北京和浙江的研究机构各有6篇入围高被引论文,分别占18.8%,并列第一;广东的研究机构有4篇入围,占12.5%;山东和四川的研究机构各有3篇入围,分别占9.4%;福建和湖北的研究机构各有2篇入围,分别占6.3%;安徽、江西、湖南、天津、辽宁、上海的研究机构各有1篇入围,分别占3.1%。将这个榜单与之前的论文发表数量榜单比较就会发现,进入论文发表数量前十的陕西、江苏、吉林名落孙山;而产出数量不占优势的安徽、江西、天津、辽宁则各有1篇入围高被引论文。进入两个榜单的除了北京和浙江外,还有广东、山东、四川、福建、湖北。这表明,在民间金融研究方面,北京、浙江是第一梯队,广东、山东、四川、福建、湖北可算做第二梯队。

具体到研究机构,浙江大学有3篇入围,位居第一;中国社会科学院、中国人民银行广州市分行、山东大学各有2篇入围,并列第二。其他研究机构均只有1篇入围。

具体到研究人员,姜旭朝有2篇论文入围,分别发表在《金融研究》和《学习与探索》上,被引次数分别为284和70,位居第2和第16位。事实上,早在1996年,姜旭朝即出版了民间金融研究专著[①],可见其一直在民间金融研究领域辛勤耕耘。因此,姜旭朝可以被视为我国民间金融研究领域的开拓性人物。

如果我们将高被引论文作者放到本书全部样本中进行统计,发表了2篇以上论文的作者还有:王曙光(4篇)、史晋川(2篇)、高晋康(2篇)、程蕾(2篇)。这些作者不但产出了高影响论文,而且持续关注民

[①] 参见姜旭朝:《中国民间金融研究》,山东人民出版社1996年版。

间金融课题,可以视为我国民间金融研究领域的重要学者。

六、研究方法

表23 经验研究

		频率	百分比	有效百分比	累积百分比
有效	经验研究	11	34.4	34.4	34.4
	非经验研究	21	65.6	65.6	100.0
	合计	32	100.0	100.0	

在高被引论文中,11篇为经验性研究成果,占34.4%;21篇为非经验性研究成果,占65.6%。

七、研究资助

表24 研究资助

	频率	百分比	有效百分比	累积百分比
未获资助	23	71.9	71.9	71.9
国家级	5	15.6	15.6	87.5
省部级及以下	2	6.3	6.3	93.8
科研院所协会	2	6.3	6.3	100.0
合计	32	100.0	100.0	

在高被引论文中,23篇没有获得任何资助,占总数的71.9%;5篇获得了国家级的基金资助,占15.6%;获得省部级及以下纵向基金以及科研院所协会基金资助的论文各有2篇,分别占6.3%。至少从这个统计结果来看,论文的被引数、影响力与是否受到资助,没有多大关系,或者说,受到资助的项目成果在影响力方面没有任何优势。这个结果值得基金资助者反思。

第四节 民间金融研究的反思

在粗线条的勾勒后,我们终于可以反思一下30年来的民间金融研究了。笔者无意也没有能力对每一个具体的研究观点予以评价,因此,笔者的反思更多是宏观的而不是微观的,是整体的而不是个别的。

一、"合法化"陷阱

在本研究的样本库里,有98篇论文或多或少都涉及合法化问题。由于具有法学背景的论文总共才20多篇,因此,讨论合法化的主要是经济管理学者。然而合法化这种提法本身并不科学,事实上也已经有学者充分认识到了这一点,如高晋康教授明确指出①,"民间金融的合法化"一度成为国内民间金融研究的基点。但从法学角度考察,民间金融合法化是个价值判断,它在对民间金融地位确定的同时,也暴露了对行为评价的忽视,这容易出现先入为主和以价值代替事实的问题。他进一步指出,该命题存在三个方面的问题:(1)暗含"民间金融就是好"的前提,遮蔽了我国民间金融良莠不齐的客观现实。(2)单纯要求民间金融的"合法化",忽视了法律对民间金融具有保护与惩罚的双重功能。(3)有很强的"官民"对抗性,不利于集中力量创造我国和谐的民间金融法制环境。应该说,高晋康教授的论证与笼统地讨论合法化相比,有了很大的进步,特别是对合法化命题"先入为主"认定"民间金融非法性"的判断,可谓一针见血。但是笔者认为,高教授并没有指出问题的全部,甚至不是最主要的部分,高教授的论证本身也仍然存在问题。

1. 忽视了对合法化前提的教义学研究

如前所述,合法化的前提是非法。因此,要提合法化,必须先搞清楚哪些是合法的,哪些是非法的,哪些既不合法也不非法(即所谓灰色领域)。然而绝大多数学者并没有仔细地考察这个前提性问题。相反,大多数学者都笼统地认为,国家现在将全部民间金融视为非法,因此,必须予以合法化。这就将现在本身就是合法的民间金融视为了非法。这可谓"合法化"命题的第一个致命错误。在这个错误的前提下,大部分学者尤其是经济管理学者们几乎完全放弃了对现行民间金融民事、行政、刑事法律以及各种司法解释、规章的教义学解读,导致本来就是合法至少不是非法的部分民间金融在执法、司法领域,事实上也被非法化了。高教授认识到了这个问题,但是他同样放弃了这方面的研究。

---

① 参见高晋康:《民间金融法制化的界限与路径选择》,载《中国法学》2008年第4期。

2. 高晋康教授以及其他很多学者都提到,民间金融有"好"的一面,也有"坏"的一面,甚至还有"好的民间金融"与"坏的民间金融"之分

应该说,这种提法的指向非常明白,民间金融的"坏"主要指的是民间金融的风险问题,坏的民间金融主要指的是所谓"黑色民间金融"。可是仅仅因为民间金融蕴含着导致金融风险的因素,我们就要将其非法化吗?如果是这样,正规金融同样存在风险,而且风险还更大。更大的问题在于,民间金融只不过是一种金融形态而已,其本身是中性的,所谓"黑色民间金融"——比如集资诈骗行为、采用杀人绑架手法讨债——还是民间金融吗?显然,论者将民间金融与发生在民间金融领域的违法犯罪行为混为一谈了。比如,菜刀本身只是一种工具,不能因为菜刀可以用来杀人就将菜刀非法化;菜刀也只有被用来杀人的时候才是犯罪工具。民间金融又何尝不是一样呢?比如集资诈骗,它本身并不是民间金融,只不过是打着民间金融的幌子,搞的还是诈骗财物的勾当。就好比正规金融领域里也有贷款诈骗、票据诈骗、信用卡诈骗一样,但我们却不能因此认为正规金融机构就是黑色的。厘清这一点非常重要。

3. 很多学者认为,合法化就是要在立法上予以明确

合法化并非只有一条路径,司法的合法化会更及时有效。笔者认为,在所谓高利贷案件以及非法吸收公众存款案件中,司法合法化的空间还非常大。更何况很多民间金融行为(如绝大多数民间借贷行为)就是典型的纯私法行为,典型的意思自治问题,现阶段完全可以通过司法途径(如指导性案例)予以合法化。

4. 即便目前不少民间金融活动、民间金融形式被"非法化"了,仍应考察"非法化"行为本身是否合法

也就是说,国务院也好,人民银行也好,最高人民法院也好,其颁行的行政法规、规章、司法解释明确将某些民间金融形式予以禁止,但是这种做法本身有没有法律依据?是否违反了上位法尤其是宪法?这就需要我们从立法学的角度进行审视。

二、尊重民间金融的多样化发展规律

我国现时存在的民间金融形态十分多样化——其他国家或地区

也一样。就主体性质而言,有自然人形态的,有组织形态的,有机构形态的;就是否营利而言,有互助型的,有营利型的;就业务内容而言,有从事放款、期货等其他货币、资本业务为主的,有纯集资为主的,有兼而有之的;就发展阶段而言,有初级阶段的、低端的,有成熟的、高端的;就机构而言,有合会等松散临时型的,有钱庄等紧密长期型的,有小额贷款公司等准正规型的;就活动范围而言,有区域性的,有跨区域甚至全国性的;就规模而言,有小规模的,有大规模的;就国家认可态度而言,有合法的,有非法的,有合法非法之间的,等等。既然现存民间金融形态如此多样,发展民间金融的策略怎么能如此整齐划一地要求规范化、正规化、合法化呢?

就规范化而言,笔者认为主要是民间金融的自我管理问题。因此,政府的角色是指导、引导,而不是强制推进。事实上,也只有具有组织性,尤其是具有机构性的民间金融才更需要规范化。规范化的主要目的在于提高民间金融运作效率、资金收益水平并防范风险。单个自然人与自然人之间发生的民间金融活动,规范化与否意义不大。甚至在很多情况下,不规范本身就是一种吸引力。比如,正规金融贷款需要抵押,需要严格审查,而这恰恰让很多人望而却步了。如果民间金融都规范化了,这种草根性的金融需求就无法得到及时满足了。

就正规化而言,则主要针对接近正规金融的高端民间金融形态。这部分民间金融涉及的范围广、运作的资金量大,也因而一旦经营不善,导致的损失就比较大。又由于这部分民间金融自身业务范围也与最初的"草根业务"逐渐偏离,有正规化的意愿。因此,国家需要"招安"或者纳入监管的,主要是这部分高端形态的民间金融。这部分民间金融一旦被正规化以后,就不再是民间金融,而是名副其实的正规金融了。中国银行业监督管理委员会主席尚福林在2013陆家嘴论坛主题大会上就表示,要调动民间资本进入银行业,鼓励民间资本投资入股和参与金融机构重组改造,允许尝试由民间资本发起设立自担风险的民营银行、金融租赁公司和消费金融公司等民营金融机构,通过相关的制度安排,防范道德风险,防止风险外溢。显然,这是一种正规化主张。不过并不是所有的民间金融都需要正规化,民间金融也不可能全部正规化。假如民间金融都正规化了,中小企业、农户的融资又必然成为一个问题。

就合法化而言，我们需要检讨的是，现在的非法化、犯罪化政策是否合理，如果不合理，应该如何调整。笔者认为，总的思路应该是，民间金融大部分都是合法的，非法的民间金融应该是少数；非法吸收公众存款罪的打击面过广，应该限定在适当的范围；大部分金融业务可以向民间金融敞开，国资和民资应在同一政策平台上竞争。

综上所述，对待民间金融的政策应该根据不同的形态、不同的对象，采取不同的政策，绝非一句规范化、正规化、合法化可以涵盖。民间金融的发展不能只走一条路。

三、民间金融研究应形成合力

民间金融的研究目前没有形成合力，具体表现在三个方面：学界与民间金融界没有形成合力；法学界与经济管理学界没有形成合力；法学界内部没有形成合力。

就第一个方面而言，民间金融资本很少资助学者进行研究（前述课题资助情况表明了这一点），民间金融机构和从业人员也很少为学者们提供经验研究机会和条件，学者们也乐意在书斋里搞研究（前述经验研究比例证明了这一点），这并不利于研究民间金融的真问题，也无法保证研究的学术质量。

就第二方面而言，前文已经部分指出，一是缺乏"法律与经济"视角的研究，而是两个学科之间缺乏对话。毫无疑问，经济管理学者对法律问题不擅长（也因此不能很好地理解合法化的内涵），法学学者对经济管理问题也不擅长，既然如此，两者为什么不互相合作，取长补短呢？而且目前即便存在两个学科之间的合作，也主要是法学学者从法学角度研究此问题，经济管理学者从经济学、金融学角度研究彼问题，然后把各自的研究成果变成一个共同的成果。这种研究方法并没有解决两张皮的问题，法学研究和经济管理学研究并没有融合在一起，其实与各自独立的研究没有区别。笔者认为，民间金融研究要摆脱幼稚化阶段，两个学科的携手合作必不可少——当然，更高的要求是培养和造就同时精通经济、金融、法律的大师级人物。[1]

---

[1] 目前，温州市金融研究院（温州大学金融研究院）在面向全国招聘金融研究人员时要求，应聘者的学士、硕士和博士学位至少有两个是金融、经济和法律相关专业。这种做法值得鼓励。

就第三方面而言,民间金融既涉及民法、行政法、经济法问题,也涉及刑法问题,还同时涉及宪法和立法学问题。由于现行法科培养体制的局限,现时已很少有精通数个法学二级学科的学者了。举个简单的例子,不少法学学者习惯使用"非法集资罪"的提法,可《刑法》里并没有这样一个罪名。也许正因为彼此学科的隔膜,在民间金融法律研究领域才出现了质量和产出均不高的状况。

为了形成民间金融研究的合力,还有必要搭建一些综合性的民间金融研究平台,如建立专门性的民间金融科研机构(温州大学和西南财经大学已经作出了表率),成立民间金融学会,创办民间金融刊物,举办经常性的民间金融学术会议。此外,民间金融从业者也应该成立行业协会,有组织地发出自己的声音,同时为民间金融研究者提供合作机会和田野调查支持。

四、重视民间金融的法学研究

如前所述,与经济学界、金融学界相比,民间金融的法学研究明显不足。笔者认为,民间金融的经济学、金融问题,更多是对其发展规律的发现,而民间金融的法律研究,则是在掌握民间金融发展规律、面对民间金融现时问题的基础上,有针对性地提出解决方案,完善对策。法学界不应该期待经济学者、金融学者在这方面提出完整而详细的方案。目前的研究现状也表明,民间金融的经济、金融问题各个方面都得到了比较多的关照,但是民间金融里的民事、行政、刑事法律问题、立法问题都没有理出头绪。以刑法问题为例,到目前为止,到底有哪些规范民间金融的刑事法律?司法实践是如何适用这些规范的?打击的对象是否精准?刑法干预的力度和范围如何?哪些需要非犯罪化,哪些需要犯罪化,哪些需要轻刑化,哪些需要重刑化?刑事立法和刑事司法如何在保障民间金融的活力与维持民间金融秩序之间保持平衡?毫无疑问,这一系列的法律问题需要法学界作出及时而详尽的回答。可以说,现阶段的民间金融法律问题,就是一个典型的中国法学问题。众多的民间金融法律问题已经摆在我们面前,要么生产出真正来自中国面向中国的法学知识产品,要么一无所获,这就是目前的形势。

五、应对民间金融事件、案件进行大样本研究

尽管经济学、金融学界对民间金融进行了不少经验研究,但是整个学界除了在民间借贷方面,对民间金融领域的事件、案件还缺少关注,尤其缺少对民间金融事件、案件的大样本研究[①],法学界尤其如此。[②] 笔者认为,只有关注大量的民间金融事件、案件,分析其特点,发现背后的规律,才可能真正为民间金融把好脉,而不只是提出合法化之类的笼统解决方案。对目前的民间金融问题,提出的解决方案不能过于大而化之;相反,应在研究大量事件、案件的基础上,分门别类地提出更有针对性的解决方案。

[①] 关于大样本研究的学术意义,可参见白建军:《刑法规律与量刑实践——刑法现象的大样本考察》,北京大学出版社2011年版,导论。

[②] 如首届中国民间金融规范化发展论坛论文集收录的法学论文,没有一篇大样本实证研究成果。(高晋康、唐清利编著:《我国民间金融的规范化发展》,法律出版社2012年版。)

第三章 民间金融与刑法规制

关于本章的标题,笔者曾经想过使用"民间金融的刑法规制"这一表述——大多数学者都习惯使用这种表述①——但笔者最终舍弃了这种表述。这不仅与本书的研究立场有关,更与该表述本身的不科学性有关。"民间金融的刑法规制"这类表述,至少存在两个方面的不足或者误导:

1. 未能明确区分发生在民间金融领域、假借民间金融形式的犯罪与民间金融行为本身构成的犯罪

比如集资诈骗罪被很多学者认为是典型的民间金融犯罪,但实际上,集资诈骗行为主要是发生在民间金融领域的犯罪,或者说是假借民间金融形式而实施的犯罪。因为集资诈骗行为本身并不是为了集资,而是打着集资的旗号骗取他人财物,也因此,集资诈骗并不是民间金融行为导致的犯罪,而仅仅是打着民间集资的旗号在从事犯罪行为——即便在正当集资后产生非法占有目的,那也应将其与之前的集资行为分别看待。就好比犯罪分子打着生产食品的幌子制造毒品,我们并不能将之视为食品犯罪一样。② 再比如在民间借贷领域,采取非法拘禁的方式进行暴力讨债的情形时有发生,而大家都会承认,非法拘禁罪只是一个普通的犯罪,并非民间借贷的共生物。笔者认为,在

---

① 如刘鑫:《论民间融资的刑法规制》,华东政法大学2012届博士学位论文。

② 集资诈骗罪被理所当然地视为民间金融犯罪,可能与《刑法》条文的表述有很大关系。如《刑法》第192条规定的"以非法占有为目的,使用诈骗方法非法集资,数额较大的"构成集资诈骗罪,给人的感觉是集资诈骗是一种集资行为导致的犯罪。笔者认为,集资诈骗罪行为人只不过假借了民间集资的形式,其核心要素在于骗取财物的本质而不是民间集资这个外壳。因此,其罪状宜表述为:"以非法占有为目的,采用集资的方式骗取财物,数额较大的……"参见冯亚东、刘凤科:《非法吸收公众存款罪的本质及立法失误》,载《人民检察》2001年第7期,第21页。

民间金融抑制政策的大背景下,强调这种区分十分重要,因为一些似是而非的说法容易让民间金融背负"原罪",并进一步被边缘化和妖魔化。

2. 暗含着民间金融尤其是所有民间金融行为都必须要有刑法规制的价值取向

事实上,大部分民间金融行为是不需要刑法规制的,只有那些大规模、组织性、营利性、欺骗性、涉众型民间金融才可能(并不必然)需要刑法的关照。因此,"民间金融的刑法规制"这种笼统的提法,本身即蕴含着刑法过度干预民间金融的危险。

基于以上考虑,本章舍弃了"民间金融的刑法规制"的传统表述,并且将明确区分由民间金融行为构成的犯罪与发生在民间金融领域的犯罪。

第一节 民间金融与刑法规范

我国刑法规定的犯罪,到底有哪些是规范民间金融行为的,哪些是与民间金融领域有关的,目前为止还没有比较一致的意见,学者们也未进行仔细完整的梳理。有鉴于此,我们将首先对与民间金融有关的刑法规范予以梳理。

所谓金融,简单地讲就是资金(货币)的融通。民间金融,则是发生在"民间"的资金融通活动[①],即指非正规金融机构的自然人、企业以及其他经济主体之间以货币资金为标的的价值转移等活动。在比较宽泛的意义上,我国学者往往将民间金融与民间融资、地下金融等概念等同使用。

根据不同的标准,我们可以对民间金融进行不同的分类。基于本书的研究视角,笔者将主要根据民间金融活动的不同环节、领域(或者

---

① 也有学者认为,应从金融主体的所有制属性为尺度界定民间金融,即指公办金融之外的个人和金融组织及其资金融通行为。参见王相敏、张慧一:《民间金融、非正规金融、地下金融:概念比较与分析》,载《东北师范大学学报(哲学社会科学版)》2009年第6期,第66页。本书不采纳这种观点。一是基于国民待遇原则,所有制属性不应该成为决定金融制度性质的决定性因素;二是因为许多已经正规化的民办金融,已无纳入民间金融视野研究的必要,如完全或主要由民营资本设立的民营银行(如民生银行)和公办银行并无实质性差别。

说民间资金的不同流向)将民间金融分为民间金融资金吸纳与民间金融资金释放两种类型。前者主要是一个民间资金的集中、吸纳和(或)流入过程,如普通集资、典当、私募基金、发行股票债券;后者主要是一个民间资金的分散、释放和(或)流出过程,如借款、放贷、转贷。应当说,这两个环节并非具有严格的先后顺序或者具有完全的独立性——事实上,像地下钱庄之类的民间金融组织,一方面要从事资金募集活动,另一方面又同时从事资金释放活动;即便在同一个民间借贷行为中,一方当事人吸纳资金,另外一方当事人则自然属于释放资金行为——但是两类行为可能导致的金融风险是大不一样的,现行刑法对两类行为(主体)也明显采取了不同立场,规定了不同的罪名,因此,有必要予以分别审视。此外需要注意的是,近年来,民间金融领域还出现了另外一种资金流转业务,即提供资金支付、转移、结算等服务,如买卖外汇。这类行为主要存在于机构性民间金融活动中,如由所谓"地下钱庄"实施。

一、资金吸纳环节(领域)的犯罪

(一) 非法吸收公众存款罪

非法吸收公众存款罪往往被视为民间金融领域的典型犯罪[①],事实上它也是民间金融领域适用最多的犯罪之一。民间性的吸收公众存款的行为最开始并不是一种违法行为,更不是一种犯罪行为,相反,在聚集资金搞活经济的背景下,这种资金融通行为在一定范围内受到了政府的鼓励。[②] 如20世纪80年代以来,在全国各地广泛存在的农

[①] 当然,这并非意味着正规金融机构不能构成本罪。恰恰相反,目前有力的学说认为,(正规)金融机构同样可以成为本罪的主体。参见张明楷:《刑法学》(第四版),法律出版社2011年版,第687页。只不过正规金融机构构本罪的几率更低而已。

[②] 本研究样本中就有实例,如:重庆市江北县水土镇(现重庆市北碚区水土镇)人民政府,曾下发了水府发(1994)74号《关于积极鼓励乡镇企业自筹资金用于发展生产试行办法的通知》;中共浙江省仙居县城关镇委员会为加快城关地区经济发展,向所辖各村下发了仙镇委(1992)21号《关于加快开发城关经济的十大规定》;宜昌市西陵房屋公司负责人则声称,无论是内部集资还是对外集资,都是经过西陵区主要领导同意的,事实上,该公司对外发售"购房奖券",也是通过西陵建设银行进行的。

村合作基金会①、储金会等,都具有存款功能,也具有贷款功能,其成立也获得了政府有关机构的批准。即便在国务院颁布《非法金融机构和非法金融业务活动取缔办法》以后,民间性的吸收公众存款行为仍然在不少地方受到默认和鼓励。如湖南湘西土家族苗族自治州政府就曾在长达10年的时间里支持当地的民间融资,以致湘西州首府所在地吉首绝大多数家庭都参与了集资,甚至还吸引了重庆、广东、福建等外省市的个人资金。据媒体报道,湘西非法集资案涉及6.2万余名群众,涉及本金总额高达168亿余元——相当于湘西州2008年GDP的75%!②

不过由于民间性吸收公众存款涉及的资金量日益庞大,而吸存者又很少受到有效监督,因民间性吸收公众存款导致的金融风暴时有发生,给金融秩序制造了诸多混乱,也给存款人造成了巨大损失。在这种背景下,民间性吸收公众存款行为最终在20世纪90年代被予以禁止。

1995年5月10日通过的《商业银行法》第11条规定:"设立商业银行,应当经中国人民银行审查批准。未经中国人民银行批准,任何单位和个人不得从事吸收公众存款等商业银行业务,任何单位不得在名称中使用'银行'字样。"该法第79条更是明确规定:"未经中国人民银行批准……非法吸收公众存款、变相吸收公众存款的,依法追究刑事责任;并由中国人民银行予以取缔。"这两条规定表明,未经批准的单位和(或)个人,只要吸收公众存款即违法,情节严重的还可能构成犯罪。民间性的吸收公众存款行为就此被明确禁止。

与此同时,《商业银行法》第76条规定:"商业银行有本法第七十三条至第七十五条规定的情形的,对直接负责的主管人员和其他直接责任人员,应当给予纪律处分;构成犯罪的,依法追究刑事责任。"而该法第75条第(六)项规定:"违反规定提高或者降低利率以及采用其他不正当手段,吸收存款,发放贷款的"。这两条规定表明,正规金融机

---

① 关于国家对待农村合作基金会的政策变迁,可参见温铁军:《农村合作基金会的兴衰:1984—1999——农户信用与民间借贷课题分报告之二》,载 http://www.caein.com/index.asp?xAction=xReadNews&NewsID=1196。

② 参见王俊秀、张蕾:《湖南企业家集资获死刑 当地政府曾鼓励民间融资》,载《中国青年报》2012年5月14日。

构违反规定吸收存款,同样可能承担刑事责任。

1995年6月30日,第八届全国人民代表大会常务委员会第十四次会议又通过了《关于惩治破坏金融秩序犯罪的决定》(以下简称《金融秩序犯罪决定》),进一步强调了《商业银行法》的规定。不过《金融秩序犯罪决定》第7条不再区分主体,分别规定(获得批准的)商业银行和未经批准的"单位和个人"的刑事责任,而是笼统地规定:"非法吸收公众存款或者变相吸收公众存款,扰乱金融秩序的,处三年以下有期徒刑或者拘役,并处或者单处二万元以上二十万元以下罚金;数额巨大或者有其他严重情节的,处三年以上十年以下有期徒刑,并处五万元以上五十万元以下罚金。单位犯前款罪的,对单位判处罚金,并对直接负责的主管人员和其他直接责任人员,依照前款的规定处罚。"

也就是说,不管是获得监管部门批准从事商业银行业务的金融机构还是未获得批准的单位和个人,只要非法吸收公众存款或者变相吸收公众存款,扰乱金融秩序的,都构成非法吸收公众存款罪。

此后,1997年3月14日,第八届全国人民代表大会第五次会议通过了修订后的《刑法》,前述条文被悉数纳入该法第176条。

从上述非法吸收公众存款罪的立法过程我们可以得出以下五点结论:

(1)非法吸收公众存款的犯罪化最先是在《商业银行法》里实现的。

(2)《商业银行法》第11条和第79条体现的精神是,未经监管机构批准,任何单位和个人不得从事吸收公众存款等商业银行业务。因此,民间性吸收公众存款行为由于属于实质的商业业务,当属禁止之列。

(3)即便拥有吸收公众存款资格的正规金融机构,如果违规吸收公众存款或者变相吸收公众存款,同样可能构成非法吸收公众存款罪。

(4)《金融秩序犯罪决定》不再分别针对获得批准的金融机构和未获得批准的单位和个人规定刑事责任,而是笼统地规定,非法吸收公众存款或者变相吸收公众存款,扰乱金融秩序的,都构成非法吸收公众存款罪。

(5)《刑法》第 176 条全面吸收了《金融秩序犯罪决定》第 7 条的规定,并且与《商业银行法》的规定一脉相承。

而从这五点结论中,笔者还可以得出一个更具有全局性的结论,那就是非法吸收公众存款罪禁止的是违法从事作为商业银行业务的吸收公众存款业务,扰乱金融秩序的行为。换句话说,如果从事了吸收公众"资金"的行为,尽管这种行为与非法吸收公众存款"形似",但其实质上不属于商业银行业务,这种资金吸纳行为就不在《商业银行法》《金融秩序犯罪决定》《刑法》的禁止之列。因此,区分非存款性的资金吸纳行为①和属于商业银行业务的吸收公众存款行为,对正确认定非法吸收公众存款罪十分关键。

问题是:作为商业银行业务的吸收公众存款行为与非存款性的资金吸纳行为区别何在?对于获得批准从事吸收公众存款业务的正规金融机构而言,其吸收公众存款或者变相吸收公众存款行为的认定一般不会出现偏差,容易混淆的主要是未获得监管机关批准而实质性从事作为商业银行业务的吸收公众存款行为和非存款性的资金吸纳行为。目前,学界比较有力的学说认为,只有行为人吸纳公众资金用于货币、资本的经营,才应以非法吸收公众存款罪论处②;或者认为,应从是否从事了商业银行本质业务的角度解释"非法吸收公众存款"行为。③ 笔者认为,这种解释是比较符合立法原意的,而且为民间性资金吸纳行为保留了足够的合法空间。

不过 2010 年通过的最高人民法院《关于审理非法集资刑事案件具体应用法律若干问题的解释》(以下简称《集资案件解释》)并未采纳这种解释。该《解释》第 3 条第 4 款规定:"非法吸收或者变相吸收公众存款,主要用于正常的生产经营活动,能够及时清退所吸收资金,

---

① 一些学者习惯笼统地将这种非存款性资金吸纳行为称为民间借贷。笔者认为,这种界定是不准确的。在非存款性的资金吸纳行为中,至少还可以分出两类不同性质的资金吸纳行为:一是借贷行为,资金提供人享有的是债权及其利息,其中又分为正规的发行债券行为和普通的借贷合同行为;二是投资性的募集资金行为,资金提供人享有的是股权及其红利,其中又分为正规的发行股票行为和其他发行股权凭证募集资金的行为(此种募集是否合法另当别论)。

② 参见张明楷:《刑法学》(第四版),法律出版社 2011 年版,第 687 页。

③ 参见彭冰:《非法集资活动的刑法规制》,载《清华法学》2009 年第 3 期,第 123 页。

可以免予刑事处罚;情节显著轻微的,不作为犯罪处理。"所谓"可以免予刑事处罚",一方面表明应认定为非法吸收公众存款罪,另一方面赋予法官决定是否科处刑罚的自由裁量权。也就是说,即便吸纳资金主要用于货币、资本经营以外的正常生产经营活动,也构成非法吸收公众存款罪——事实上,司法实践也一直遵循这一立场,后文笔者将予以详述。

值得注意的是,在民间金融最为活跃、发达的浙江省,地方司法机关曾经在认定非法吸收公众存款案件方面进行了非常有益的探索。2008年,浙江省高级人民法院、浙江省人民检察院、浙江省公安厅联合下发了《关于当前办理集资类刑事案件适用法律若干问题的会议纪要》(以下简称《浙江省纪要》)。这份纪要主要从集资用途——货币、资本等特许经营行为还是普通的生产经营或者违法犯罪活动、集资对象——特定对象还是不特定对象——两个方面,对非法吸收公众存款罪和一般的民间融资行为进行了区分。兹摘录关键部分如下:

一、未经依法批准,以承诺还本分红或者付息的方法,向社会不特定对象吸收资金,用于发放贷款、办理结算、票据贴现、资金拆借、信托投资、金融租赁、融资担保、外汇买卖、证券期货等非法营利活动的,应当依法按照非法吸收公众存款定性处理……

二、为生产经营所需,以承诺还本分红或者付息的方法,向相对固定的人员(一定范围内的人员如职工、亲友等)筹集资金,主要用于合法的生产经营活动,因经营亏损或者资金周转困难而未能及时兑付本息引发纠纷的,应当作为民间借贷纠纷处理。对此类案件,不能仅仅因为借款人或借款单位负责人出走,就认定为非法吸收公众存款犯罪或者集资诈骗犯罪。

三、以生产经营所需为由,以承诺还本分红或者付息的方法,向相对固定的人员筹集资金,部分用于合法的生产经营活动,部分用于违法犯罪行为,违法使用资金的行为触犯刑法的,依据其触犯的罪名定罪处罚。

四、为生产经营所需,以承诺还本分红或者付息的方法,向社会不特定对象筹集资金,主要用于合法的生产经营活动,因经营亏损或者资金周转困难而未能及时兑付本息引发纠纷的,一般可不作为非法吸收公众存款犯罪案件处理。但对于其中后果严重,严重影响社会稳定的,应当按非法吸收公众存款犯罪处理。"

据此,要认定行为人构成非法吸收公众存款罪,必须同时满足以下四个条件:第一,未经依法批准;第二,采用了承诺还本分红或付息的方式集资;第三,集资对象不特定;第四,用于发放贷款、办理结算、票据贴现、资金拆借、信托投资、金融租赁、融资担保、外汇买卖、证券期货等特许金融活动。

笔者认为,尽管《浙江省纪要》的指导方针仍有商讨的余地(如第4条的"维稳"思路),但是相对而言,已经和刑法原意比较接近。只是不知为何最高司法机关没有采纳这种解释?

(二)擅自发行股票、公司、企业债券罪

《刑法》第179条规定:"未经国家有关主管部门批准,擅自发行股票或者公司、企业债券,数额巨大、后果严重或者有其他严重情节的,处五年以下有期徒刑或者拘役,并处或者单处非法募集资金金额百分之一以上百分之五以下罚金。单位犯前款罪的,对单位判处罚金,并对其直接负责的主管人员和其他直接责任人员,处五年以下有期徒刑或者拘役。"

现行《证券法》第10条第1款规定:"公开发行证券,必须符合法律、行政法规规定的条件,并依法报经国务院证券监督管理机构或者国务院授权的部门核准;未经依法核准,任何单位和个人不得公开发行证券。"《证券法》第188条规定:"未经法定机关核准,擅自公开或者变相公开发行证券的,责令停止发行,退还所募资金并加算银行同期存款利息,处以非法所募资金金额百分之一以上百分之五以下的罚款。"第231条规定:"违反本法规定,构成犯罪的,依法追究刑事责任。"结合上述规定,应将《刑法》第179条解释为"未经国家有关主管部门批准,公开或者变相公开发行股票或者公司、企业债券,数额巨大、后果严重或者有其他严重情节的"。这种解释对《刑法》条文进行了两方面的修正。一是将"发行"限制解释为"公开发行"。因为《证券法》尚且不禁止非公开发行证券的行为,《刑法》自无关注的必要。二是"公开发行"包括"变相公开发行"。因为直接以股票、公司、企业债券发行的违法性过于明显,因此,直接以擅自公开发行股票、公司、企业债券的形式非法集资的并不多见。①《集资案件解释》第 6 条也采取了这种解释:"未经国家有关主管部门批准,向社会不特定对象发行、以转让股权等方式变相发行股票或者公司、企业债券,或者向特定对象发行、变相发行股票或者公司、企业债券累计超过 200 人的,应当认定为刑法第一百七十九条规定的'擅自发行股票、公司、企业债券'。构成犯罪的,以擅自发行股票、公司、企业债券罪定罪处罚。"

显然,最高人民法院将《证券法》第 10 条第 2 款关于公开发行的界定替换了进来,即"有下列情形之一的,为公开发行:(一)向不特定对象发行证券的;(二)向特定对象发行证券累计超过二百人的;(三)法律、行政法规规定的其他发行行为。"同时纳入了《证券法》第 188 条"变相公开发行"的规定。笔者认为,这一解释是合理的。事实上,媒体广泛报道的全国首例有限责任公司擅自发行股票案——福建省福茗优茶叶有限责任公司擅自发行股票案——中,被告人就先采用了发行股票的形式,随后又采用了变相发行股票的方式——"股权信托受益权转让"。为什么福茗优茶叶有限责任公司开始卖股权,后来又卖股权信托受益权呢?据被告人供述,开始卖股权,但卖得不理想,因为很多人都知道了股权转让是不合法的,而且,在工商局也办不了过户,所以就改成了卖"股权信托受益权",并让律师出具了法律建议书和对"股权信托受益权转让协议"进行见证。②

案例 1

福建省福茗优茶叶有限责任公司擅自发行股票案③

2006 年 12 月 6 日,经福建省福茗优茶叶有限责任公司(以下简称"福茗优公司")股东李成汉介绍,福茗优公司与香港冠隆投资集团(以下简称"香港冠隆")签订有关海外上市的委托服务合同。合同约

---

① 参见彭冰:《非法集资活动的刑法规制》,载《清华法学》2009 年第 3 期,第 122 页。
② 参见侯捷宁:《首例有限责任公司擅自非法发行股票案曝光》,载《证券日报》2009 年 2 月 26 日。
③ 参见《福建省福茗优茶叶有限责任公司擅自发行股票案简介》,载 http://news.xinhuanet.com/fortune/2011-12/12/c_122409380.htm。

定：福茗优公司委托香港冠隆在海外融资（包括境外上市），并提供相关顾问服务，期限5年。协议未约定上市地点，也无具体服务内容。

据案发后香港冠隆法定代表人陈某证言，虽然福茗优公司的注册资本、公司经营规模以及盈利状况都达不到海外上市标准，不具备海外上市资格，但为了包装及宣传，与香港冠隆签订有关协议，约定由香港冠隆为福茗优公司提供海外上市的服务工作。

协议签订以后，福茗优公司利用公司网站及分发宣传材料的方式对此进行了宣传。其网站宣称，公司是由中央办公厅、六部委以及福建省人民政府全力打造的中国茶叶上市第一股，上市后预计2005年每股收益可达0.22元，2006年可达0.53元。一份宣传材料称，公司将进行增资扩股，以达到美国、香港、内地三地上市的所有标准和要求，力争将总股本增至1亿股，净资产近3亿元。众多机构已斥巨资投入该公司。另一份宣传材料则称，福茗优公司上市地点为美国证券交易所；上市辅导商为香港冠隆；申购价为5.2元，上市挂牌价不低于10美元；上市方式为首次公开募股（IPO）。福茗优公司承诺，一旦上市失败，公司以原价回购股权，并按5%的利息支付投资者，且对持股满一年者每年以8%作为分红。公安部门在调查中还发现，福茗优公司及有关人员为了达到销售股权的目的，甚至伪造了相关的政府文件。

2007年3月，福茗优公司及赖瑞龙、李成汉开始实施股权转让。赖瑞龙、李成汉将福茗优公司注册资本金中的1元设定为1股，并制作了福茗优公司股权证，通过一些中介机构及自然人潘某出售股权，每股4元。后又自行制作了福茗优公司"股权信托受益权证"，以销售"股权信托受益权"的方式，以每股3.3元至5.2元的价格变相销售股权。为增强公信力，赖瑞龙、李成汉还委托福建某律师事务所的陈姓律师出具法律意见书，并对《股权信托收益权转让协议》进行了法律见证。

经查，福茗优公司及赖瑞龙、李成汉以福茗优公司即将在海外上市为名，向北京、江苏等地的李某、沈某等不特定的社会公众擅自销售福茗优公司股份。截至案发，福茗优公司共销售股权、信托受益权602 000股，获得销售收入2 938 980元。在收到销售款后，赖瑞龙每股分成1元；李成汉分成0.4元；律师陈某分成0.1元；其余款项为中介机构佣金。赖瑞龙总计非法获利632 000元（已全额投入福茗优公司），李成汉总计非法获利221 960元，中介机构及潘某总计获利1 182 050元，律师陈某获得见证费31 840元。

福州市鼓楼区人民法院判决如下：

一、被告单位福建省福茗优茶叶有限责任公司犯擅自发行股票罪，判处罚金人民币6万元。

二、被告人赖瑞龙犯擅自发行股票罪，判处有期徒刑2年。

三、被告人李成汉犯擅自发行股票罪，判处有期徒刑2年。

本案有一个非常重要的细节，那就是福茗优公司的法定代表人赖瑞龙获得的632 000"销售收入"全额投入了福茗优公司。知情人也透露，"赖瑞龙一心想把福茗优做好，想要做成福建省知名的茶叶企业，本来是很有前途的一个企业，但在做的过程中，由于企业亏损，急于融资的赖瑞龙就采纳了这种卖股权的方式融资，害了自己也害了企业"。① 这一说法也有事实依据。福茗优公司的前身是福建省广联制卡有限责任公司，法定代表人为赖瑞龙。2006年9月，赖瑞龙把广联制卡有限责任公司变更为福建省福茗优茶叶有限责任公司，依然任法定代表人。福茗优公司注册资本500万元，主要经营茶叶的销售、加盟和推广，在福州市置地广场中心，租有一个面积1 000多平方米的店面，还有1家自营店、3家加盟店。也就是说，本案是一个具有合理融资需求的擅自发行股票案。

尽管以擅自发行股票、公司、企业债券罪追究刑事责任的案件并不多，但非法发行股票的则不少。根据中国证监会2009年的披露，至当时为止，全国共有300多家公司涉嫌非法发行股票。② 更重要的是，有学者认为，以"非法吸收公众存款罪"打击非法集资活动，本身也是错误的，不利于构建合理有效规制非法集资活动的法律框架。适用"非法吸收公众存款罪"打击非法集资活动，其实是用间接融资手段处理了直接融资问题，不能为民间金融的合法化预留空间，不能为集资

---

① 侯捷宁：《首例有限责任公司擅自非法发行股票案曝光》，载《证券日报》2009年2月26日。

② 参见周芬棉：《300多家公司非法发行股票 整治虽显效投资者仍需警惕》，载《法制日报》2009年2月16日。

监管从一味的"堵"转型为有步骤的"疏"提供法律基础。因而该学者认为,应适用擅自发行股票、公司、企业债券罪来规范直接融资性质的非法集资犯罪行为,并且应将该罪名改为"擅自公开发行证券罪"并对证券作扩大解释。① 笔者大致同意这一观点,但认为该观点仍有进一步修正的必要:

(1)非法吸收公众存款罪调整的也不是典型意义上的间接融资行为。典型的间接融资行为是通过金融机构中介的融资行为,而金融机构(或从事非正规金融活动的单位、个人)直接从社会公众吸纳资金用于自身货币、资本经营,并无中介机构存在。

(2)未达到公开发行证券要求的中小企业和个人的资金吸纳行为,仍有刑法干预的必要,只不过这种干预应严格限定在适当的范围。

(3)盲目扩大证券的外延,容易导致公司、企业没有合法借款的空间,因为向"不特定"的主体借贷,就可能被界定为变相公开发行证券,进而被认定为"擅自公开发行证券罪"。

(三)欺诈发行股票、公司、企业债券罪

最早规定追究欺诈发行股票、公司、企业债券行为刑事责任的是1993年通过的《公司法》。该法第207条规定:"制作虚假的招股说明书、认股书、公司债券募集办法发行股票或者公司债券的,责令停止发行,退还所募资金及其利息,处以非法募集资金金额百分之一以上百分之五以下的罚款。构成犯罪的,依法追究刑事责任。"1995年,全国人大常委会通过《关于惩治违反公司法的犯罪的决定》。该决定进一步明确规定:"制作虚假的招股说明书、认股书、公司债券募集办法发行股票或者公司债券,数额巨大、后果严重或者有其他严重情节的,处五年以下有期徒刑或者拘役,可以并处非法募集资金金额百分之五以下罚金。单位犯前款罪的,对单位判处非法募集资金金额百分之五以下罚金,并对直接负责的主管人员和其他直接责任人员,依照前款的规定,处五年以下有期徒刑或者拘役。"

1997年《刑法》第160条将上述规定修改为:"在招股说明书、认股书、公司、企业债券募集办法中隐瞒重要事实或者编造重大虚假内

---

① 参见彭冰:《非法集资活动的刑法规制》,载《清华法学》2009年第3期,第126—130页。

容,发行股票或者公司、企业债券,数额巨大、后果严重或者有其他严重情节的,处五年以下有期徒刑或者拘役,并处或者单处非法募集资金金额百分之一以上百分之五以下罚金。单位犯前款罪的,对单位判处罚金,并对其直接负责的主管人员和其他直接责任人员,处五年以下有期徒刑或者拘役。"

《刑法》的规定与《关于惩治违反公司法的犯罪的决定》相比,有五点不同:

(1)进一步细化了罪状,突出"隐瞒重要事实或者编造重大虚假内容";

(2)增加了企业债券;

(3)增加了单处罚金的规定;

(4)增加了罚金的下线"百分之一";

(5)删去了单位判处罚金的数额。①

(四)擅自设立金融机构罪

与非法吸收公众存款一样,追究擅自设立金融机构的刑事责任最早也是由1995年通过的《商业银行法》规定的。该法第79条规定:"未经中国人民银行批准,擅自设立商业银行,……依法追究刑事责任;并由中国人民银行予以取缔。"《金融秩序犯罪决定》第6条进一步明确规定:"未经中国人民银行批准,擅自设立商业银行或者其他金融机构的,处三年以下有期徒刑或者拘役,并处或者单处二万元以上二十万元以下罚金;情节严重的,处三年以上十年以下有期徒刑,并处五万元以上五十万元以下罚金。……单位犯前两款罪的,对单位判处罚金,并对直接负责的主管人员和其他直接责任人员,依照第一款的规定处罚。"

1997年修订的《刑法》,将上述规定纳入第174条。此后,1999年通过的《中华人民共和国刑法修正案》,将"未经中国人民银行批准,擅自设立商业银行或者其他金融机构的"修改为"未经国家有关主管部门批准,擅自设立商业银行、证券交易所、期货交易所、证券公司、期货经纪公司、保险公司或者其他金融机构的"。

---

① 参见王尚新主编:《中华人民共和国刑法解读》(第三版),中国法制出版社2012年版,第256页。

应该说,擅自设立金融机构罪也是为民间金融行为量身定做的。因为一般认为,已经获得批准的商业银行等金融机构为了扩展业务,不向主管机关申报而擅自扩建营业网点、增设分支机构,或者虽向主管机关申报,但在主管机关尚未批准前就擅自设立分支机构进行营业活动的行为并不构成本罪,而只是作为一般的违法行为处理。① 不过本罪的构成要件,要求行为人必须设立商业银行、证券交易所、期货交易所、证券公司、期货经纪公司、保险公司、信托投资公司、融资租赁公司、信用合作社、企业集团财务公司等金融机构,而很多民间金融活动并不追求上述"名分",故真正构成本罪的并不多见。笔者在中国法院网、北大法律信息网、北大法意网等主流司法案例数据库查询,只查到一起案例。

案例 2

李晓光擅自设立金融机构案

被告人李晓光于 1994 年末,被暂停其所任中华民族团结发展促进会常务副会长、秘书长、法人代表的职务,缴出公章,离开北京;1996 年 8 月,国家民族事务委员会正式发文,撤销了李晓光的上述职务。1996 年间,李晓光经人介绍结识了董全福,即以中华民族团结发展促进会及所属的国际基金委员会负责人的身份,对董全福谎称,经有关部门批准同意,中华民族团结发展促进会正在筹建大型融资机构——中华商业银行,要董全福为该银行筹措资金。李晓光后即使用私刻的"中华民族团结发展促进会""中华民族团结发展促进会国际基金委员会"和虚假的"中华商业银行筹备处"等多枚印章,非法制作了中华民族团结发展促进会的任命书、委托书,任命董全福为国际基金委员会常务副主任兼中华商业银行副行长,委托董全福在筹建中华商业银行工作中,全权办理涉外引资及一切有关事项,还提供了银行章程和

---

① 参见王尚新主编:《中华人民共和国刑法解读》(第三版),中国法制出版社 2012 年版,第 306 页。张明楷教授不赞成这种观点,认为合法设立的金融机构擅自设立分支机构的,如果该分支机构的设立需要国家有关主管部门的批准,则擅自设立分支机构的行为成立擅自设立金融机构罪。参见张明楷:《刑法学》(第四版),法律出版社 2011 年版,第 683 页。

经营方案。1997年11月至1998年2月间,李晓光又私自打印了中华民族团结发展促进会关于在上海设立工作处及国际基金委员会在上海办公的申请书,任命驻上海的人员情况等文件,任命董全福为中华民族团结发展促进会驻上海工作处副主任,以便于董全福在上海筹备中华商业银行筹措资金。

董全福持被告人李晓光提供的虚假文件,经上海市南市区人民政府批准,于1998年2月28日在本市中山南路1117号成立了中华民族团结发展促进会驻上海工作处。董全福又委托他人制作了中华商业银行筹备处招牌、中华商业银行企业GI形象识别系统总体策划书、中华商业银行新闻发布会策划书。同年7月,又向上海华政商务公司租用上海市东大名路485号至495号4800平方米场地,准备用于中华商业银行开业的营业场所,并招募人员。同时,董全福以中华商业银行负责人的身份,在社会上四处游说,为开办银行积极筹措资金。1998年4月,董全福以为中华商业银行开业筹措资金的因由,以中华民族团结发展促进会驻上海工作处的名义,与河南省银汇实业有限公司签订借款意向书,并先后于该年4月4日、4月24日,两次从该公司董事长魏新平处借得人民币20万元。董全福将该款主要用于支付场地费、发工资、购买办公用品等。

李晓光分别于1998年3月12日向董全福借款2.2万元,4月7日向董全福借款2万元,7月18日向董全福借款1.5万元,并出具了借条。上述借款中的两笔计3.5万元,系董全福从河南省银汇实业有限公司借款中支出。

某基层法院判决:被告人李晓光犯擅自设立金融机构罪,判处有期徒刑1年6个月,并处罚金人民币两万元。

本案最后虽然被认定为擅自设立金融机构罪,但是本案的背景和一些细节却颇值玩味。首先是检察机关并未以擅自设立金融机构罪指控,而是以诈骗罪提起公诉;其次是本案审理过程中,到底是以诈骗罪定罪还是擅自设立金融机构罪定罪争议很大;最后,由于本案被告人只是设立了"中华商业银行筹备处",能否视为金融机构已经设立,亦存在争议。

国务院1998年7月13日发布的《非法金融机构和非法金融业务

活动取缔办法》第3条第2款规定:"非法金融机构的筹备组织,应视为非法金融机构。"由于"中华商业银行筹备处"已经成立,因而似乎应认定被告人擅自设立金融机构罪成立。但是该筹备处并未正式从事经营行为,亦未正式对外挂牌开业,而仅仅制作了筹备处招牌,租用了场地,可以说尚未对外发生任何金融法律关系。也就是说,本案被告人的行为没有也无法对金融秩序造成损害[1]——即便本案被告人正式设立了中华商业银行,如果没有正式开展银行业务,其对金融秩序的危害性亦相当有限。将这种没有多大法益侵害性的行为规定为犯罪,是否有必要?

事实上,可能对金融秩序造成真正危害的恰恰是擅自设立金融机构的后续金融业务行为,如存贷款、资金支付结算、外汇买卖等业务活动,或者以金融机构的名义实施其他犯罪活动。而规制这些行为,并不需要擅自设立金融机构这个罪名。擅自设立金融机构后,如实施金融业务行为,对金融秩序造成损害,完全可以以非法吸收公众存款罪、非法经营罪(第3项)、逃汇罪、洗钱罪等罪名追究刑事责任;如未实施金融业务行为,却侵害了其他法益,则可以其他罪名追究刑事责任。如笔者查询到的一起以擅自设立金融机构罪追究刑事责任的案例[2],被告人本意在于通过擅自设立的金融机构吸收存款,诈骗财物,但尚未正式开业即案发,可以诈骗罪(预备)追究刑事责任。而另一起以擅自设立金融机构罪追究刑事责任的被告人,在近5年的时间内,以"中国国际银行筹委会主任"的名义,向他人授权组建"中国国际银行"分支机构,并以收取"银行组建费用"等形式骗取他人钱款10万余元[3],也应以诈骗罪追究刑事责任。然而检察机关和法院却认为,这位具有两次诈骗罪前科的被告人主要侵犯了国家金融秩序。笔者认为,收取

---

[1] 至于本案中的两种借款行为(董全福以为中华商业银行开业筹措资金的因由,以中华民族团结发展促进会驻上海工作处的名义向河南省银汇实业有限公司借款;李晓光向董全福借款),如果存在非法占有目的,则可以诈骗罪论处;如果不存在非法占有目的,就是普通的民间借贷行为。

[2] 参见黄晓文、金轶:《本案构成擅自设立金融机构罪》,载《人民检察》2000年第2期,第34页。

[3] 参见孙晓明:《擅自设立的金融机构尚处于筹备组织阶段该定何罪》,载《上海市政法管理干部学院学报》2001年第6期,第80—81页。

"银行组建费用"与案例2签订借款意向书进而借贷的性质是不一样的,况且被告人花了近5年时间也未设立起一个金融机构,并未实施租赁场地、购买办公用具、招聘工作人员等实质性的设立行为,很难说被告人具有擅自设立金融机构的故意。因此,该案认定为诈骗罪较合适。

综上所述,笔者认为,单纯擅自设立金融机构的行为,对金融秩序的危害十分有限,《刑法》规定擅自设立金融机构罪并无多大必要。[①]不仅如此,由于《刑法》的明确禁止,许多本可能假借金融机构名义实施的金融犯罪自然会转入"地下"——如以"地下钱庄"的形式实施金融犯罪活动——反而增加了规制的难度。

(五)集资诈骗罪、合同诈骗罪、诈骗罪

与前述由民间金融行为本身构成的犯罪不同,集资诈骗罪、合同诈骗罪、诈骗罪这三种犯罪是典型的发生在民间金融领域的诈骗犯罪。也就是说,这三种犯罪本身并不是因为民间金融活动导致的,而主要是发生在民间金融领域。这些犯罪的行为人往往假借民间金融的形式——民间借贷、投资入股、民间会社等形式——掩盖其骗取财物之本质。其中,集资诈骗罪是最典型的假借民间集资外壳实施的金融诈骗犯罪。

最早将集资诈骗行为犯罪化的同样是《金融秩序犯罪决定》。其第8条规定:"以非法占有为目的,使用诈骗方法非法集资的,处三年以下有期徒刑或者拘役,并处二万元以上二十万元以下罚金;数额巨大或者有其他严重情节的,处三年以上十年以下有期徒刑,并处五万元以上五十万元以下罚金;数额特别巨大或者有其他特别严重情节的,处十年以上有期徒刑、无期徒刑或者死刑,并处没收财产。单位犯

[①] 有学者认为,擅自设立金融机构的目的是为了从事非法的金融活动,设立金融机构与从事非法金融活动是方法与目的的关系,就非法从事金融活动而言,擅自设立金融机构是其前提,因而擅自设立金融机构是犯罪的预备行为,把预备行为独立成罪,予以严厉的处罚,其必要性是不足的。参见薛瑞麟:《金融犯罪研究》,中国政法大学出版社2000年版,第43页。对此观点的反驳可参见党日红:《擅自设立金融机构罪若干问题研究》,载《北京人民警察学院学报》2009年第6期,第26—27页。如正文所述,擅自设立金融机构不一定是为了从事非法金融活动,将预备行为独立成罪也可谓一种立法技术;擅自设立金融机构罪没有设立必要的根本原因在于,单纯擅自设立金融机构的行为对金融秩序的危害极其轻微。

前款罪的,对单位判处罚金,并对直接负责的主管人员和其他直接责任人员,依照前款的规定处罚。"

1997年《刑法》第192条对集资诈骗罪的法定刑进行了适当调整:"以非法占有为目的,使用诈骗方法非法集资,数额较大的,处五年以下有期徒刑或者拘役,并处二万元以上二十万元以下罚金;数额巨大或者有其他严重情节的,处五年以上十年以下有期徒刑,并处五万元以上五十万元以下罚金;数额特别巨大或者有其他特别严重情节的,处十年以上有期徒刑或者无期徒刑,并处五万元以上五十万元以下罚金或者没收财产。"

与此同时,《刑法》第199条规定,集资诈骗"数额特别巨大并且给国家和人民利益造成特别重大损失的,处无期徒刑或者死刑,并处没收财产"。

不难看出,1997年《刑法》,一方面进一步加大了对集资诈骗行为的惩治力度,体现了国家对集资诈骗行为的高压态势;另一方面又严格控制了集资诈骗犯罪无期徒刑特别是死刑的适用,体现了国家严格限制死刑适用的刑事政策。

在《刑法修正案(八)》草案的起草和审议过程中,有些部门和专家学者建议取消集资诈骗罪的死刑。但是立法机关研究认为,集资诈骗罪与票据诈骗罪、金融凭证诈骗罪和信用证诈骗罪同属金融诈骗犯罪,但该罪的被害人往往是不特定的人民群众,受害者人数众多,涉案金额惊人,不仅侵犯人民群众的财产权益,扰乱金融秩序,还严重影响社会稳定。近年来,这类犯罪尚未得到有效遏制,在个别地方仍然时有发生。在这种情况下,对集资诈骗数额特别巨大并且给国家和人民利益造成特别重大损失的犯罪,在现阶段仍然需要保持高压态势,适当保留死刑是必要的。①

上述立法机关不取消集资诈骗罪死刑的理由是否成立,笔者将在立法篇中讨论,但是这种立场的背后,是否受到国家民间金融抑制政策的影响,进而立法机关也将集资诈骗视为民间金融的"原罪",也许只有立法者自己才知道。

---

① 参见王尚新主编:《中华人民共和国刑法解读》(第三版),中国法制出版社2012年版,第393页。

由于集资诈骗只是发生在民间金融领域的诈骗方式之一,而有些(主要)不以集资形式出现的诈骗行为,则可能构成合同诈骗罪、诈骗罪。当然,三者的关系也是错综复杂的,以致司法实践中以此种罪名侦查,而以彼种罪名起诉、判决的情况时有发生。笼统地说,在民间金融领域,集资诈骗罪与合同诈骗罪往往是交互竞合的关系,而集资诈骗罪、合同诈骗罪与诈骗罪,则主要是独立竞合关系。

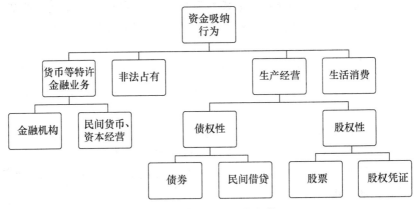

图11 资金吸纳行为分类

综上所述,现行《刑法》针对不同种类的资金吸纳行为,规定了不同的犯罪。针对从事货币等特许金融业务的资金吸纳行为,《刑法》规定了非法吸收公众存款罪和擅自设立金融机构罪;针对以非法占有为目的的资金吸纳行为,《刑法》规定了集资诈骗罪、合同诈骗罪、诈骗罪;针对货币、资本经营以外的生产、服务业资金吸纳行为,《刑法》规定了擅自发行股票、公司、企业债券罪和欺诈发行股票、公司、企业债券罪;而生活消费领域的资金吸纳行为,目前看来尚无动用刑法规制的必要。此外,组织、领导传销活动罪和虚假广告罪等,有时也被用于惩治非法资金吸纳行为;在暴力讨债过程中,非法拘禁、故意伤害甚至故意杀人等犯罪行为也时有发生。

二、资金释放环节(领域)的犯罪

与资金吸纳环节相比,资金释放环节的犯罪种类相对较少。其中有明文规定的主要是高利转贷罪。此外,直接将自有资金高息贷给他人的行为是否构成犯罪,目前学界和司法实践认知差距较大。

（一）高利转贷罪

《刑法》第 175 条规定："以转贷牟利为目的，套取金融机构信贷资金高利转贷他人，违法所得数额较大的，处三年以下有期徒刑或者拘役，并处违法所得一倍以上五倍以下罚金；数额巨大的，处三年以上七年以下有期徒刑，并处违法所得一倍以上五倍以下罚金。单位犯前款罪的，对单位判处罚金，并对其直接负责的主管人员和其他直接责任人员，处三年以下有期徒刑或者拘役。"

应该说，本罪的构成要件内容比较明确。司法实践中的主要争议是如何认定"高利"。比如，到底是以金融机构同期利率或者说以金融机构贷款时的实际利率为标准，还是以超过银行同期利率四倍为标准？抑或是以超过中国人民银行规定的贷款利率幅度为标准？目前司法实践中有力的观点是采纳金融机构贷款时的实际利率，即只要转贷利率（包括对"管理费"等折算出来的"利率"）超过贷款利率即属于"高利"。①

笔者认为，与非法吸收公众存款罪一样，对何谓转贷给他人应作限制性解释。由于贷款申请人在申请贷款时，银行都会对其贷款资格、信用状况进行严格审查，并且一般还要求设立抵押。也就是说，借款人将贷款用于生产经营也好，再"转贷"也好，并不会对银行的资金安全造成实质性影响。因此，只要借款人不以转贷为业，其对金融秩序的影响将十分有限。况且借款人以转贷为业谈何容易？因为经常性地获取贷款并不是一件容易的事情。笔者认为，转贷行为对宏观调控的影响，反而会比对金融秩序的影响要大。比如在国家严控房地产信贷的时期，房地产公司获取信贷资金就比较困难。但是不少房地产公司往往通过其他公司获取信贷资金，然后再由其他公司转贷给自己。这种操作模式，显然影响了宏观调控的有效性。此外，转贷者与最终借款者之间往往会因利率、管理费等发生纠纷，这也是不容忽视的。但是笔者认为，高利转贷对信贷秩序的影响有限，即便有影响，金融机构和监管机构也可以通过禁止再次申请贷款、不良信用记录等方

---

① 参见刘宪权：《高利转贷罪疑难问题的司法认定》，载《华东政法大学学报》2008 年第 3 期，第 41 页；陈加、李炜：《如何界定高利转贷罪中的"高利"——以上海市首例高利转贷罪为视角》，载《犯罪研究》2012 年第 5 期，第 69 页。

式惩处。换言之,刑法在介入转贷案件时,"枪口"应该抬高一点儿。

(二) 非法经营罪("高利贷罪")

对于何为"高利贷",现行法律并无明确规定。不过最高人民法院《关于人民法院审理借贷案件的若干意见》(以下简称《借贷意见》)第6条规定:"民间借贷的利率可以适当高于银行的利率,各地人民法院可根据本地区的实际情况具体掌握,但最高不得超过银行同类贷款利率的四倍(包含利率本数)。超出此限度的,超出部分的利息不予保护。"因为有了这个规定,实践中往往以是否超过4倍利率作为高利贷的判断标准。不过笔者认为,对这个规定应作如下理解:第一,该规定仅针对民间借贷纠纷,适用范围为民事领域。第二,该规定并未将超过4倍的利率视为非法,而只是对超过的利息不予保护。第三,最高人民法院制定该规定的权限也值得商榷。

尽管对高利贷行为是否违法尚有争议,如将其视为商业银行业务,则该行为为《商业银行法》所禁止,但现行《刑法》并未明确禁止高利贷行为却是事实。也许是由于高利贷行为确实制造了不少麻烦,并且会引起一些连锁反应——比如黑社会性质组织介入讨债——将高利贷入罪的呼声一直很高。武汉市江汉区司法机关在办理一起高利贷案件过程中,更是通过请示的方式获得了最高司法机关以非法经营罪定罪的书面答复,"高利贷入刑第一案"由此产生。

案例3

涂汉江、胡敏非法经营案

武汉市贺胜桥贸易有限责任公司于1997年6月注册成立,注册资金为人民币600万元,由被告人涂汉江出资人民币520万元,任法定代表人兼公司董事长。1998年8月至2002年9月期间,被告人涂汉江、胡敏为了牟取非法利益,或以贺胜桥公司、被告人涂汉江的个人名义,或假借中国农业银行武汉市江汉支行及未经批准成立的武汉市江夏区工商联互助基金会的名义,采取签订借据的形式,按月息2.5%、超期按月息9%的利率,以贺胜桥公司、被告人涂汉江的个人资金、被告人胡敏的个人资金,先后向凌云水泥有限公司及庞达权21家单位及个人发放贷款共计人民币907万元,并从中牟取利益共计人民币114万余元。被告人胡敏为帮助被告人涂汉江发放贷款,先后筹措个人资金人民币68万元,并保管被告人涂汉江的放贷账目、资金存折及贺胜桥公司的公章。被告人涂汉江还组织清收队,对贷款期限届满未归还的进行催收。

法院认为,被告人涂汉江、胡敏违反国家规定,从事非法金融业务活动,严重扰乱市场秩序,情节严重,其行为均已构成非法经营罪。……被告人涂江汉、胡敏对外高息发放贷款,从事非法金融业务活动,情节严重,根据国务院发布的《非法金融机构和非法金融业务活动取缔办法》第22条的规定,应当追究被告人涂汉江、胡敏的刑事责任。……故判决如下:

一、被告人涂汉江犯非法经营罪,判处有期徒刑5年,罚金人民币200万元。

二、被告人胡敏犯非法经营罪,判处有期徒刑3年,罚金人民币120万元。

笔者认为,依据非法经营罪[①]打击民间高利贷行为,没有任何法律依据,明显违反罪刑法定原则。围绕这个案件定性的争议也充分说明了这一点。本案最初被移送检察机关后,检察机关拒绝批捕。武汉市公安局于是找法律专家论证,马克昌教授等出具了《关于涂汉江等人涉嫌擅自设立金融机构罪的初步法律意见书》。此后,武汉市公安局又向公安部、中国人民银行汇报,并得到了最高人民法院刑二庭的批复,该案的性质就变成了非法经营罪。从不予批捕到擅自设立金融机构罪,再到非法经营罪,司法机关无非是在找一个更站得住脚的理由而已!马克昌教授后来在接受采访时认为,该案应该属于"非法经营罪中的'其他'一款",虽然没有明确规定非法设立金融机构和发放民间贷款属于"非法经营",但是,从扰乱市场秩序这个角度来说,它应该

---

① 本书作者之前曾论证过非法经营罪是一个"无限大口袋罪"。参见赵兴洪:《非法经营罪:一个亟待废除的"口袋罪"》,载《金融法苑》第60辑,第109页。现在看来,当时提出废除本罪也许有点儿过激,但笔者依然认为,本罪的"堵漏条款"一天不废除,市场经济主体就会一直戴着紧箍咒,罪刑法定就不会真正得到落实。

符合这一犯罪特征。① 不难看出,马老的谈话颇有些自相矛盾,一方面承认没有明确规定,另一方面却又认为"应该属于",而且属于的对象是一个"堵漏条款"!马克昌教授系刑法学界的泰山北斗级人物,他对本案的定性尚且出现了飘忽和自相矛盾,罪刑法定司法化的难度就可见一斑了。

总之,笔者认为,根据目前的《刑法》,民间高利贷行为没有被规定为犯罪,未来也不应该将这种行为犯罪化。②"私放高利贷等民间金融问题的根本在于我国的金融体制与制度设计没有充分考虑民间自由融资的客观需要,而动用刑法手段惩罚民间高利贷,则是忽视了非刑事法律对社会的调节功能,过于依赖刑法对社会关系的调整,其必然的后果就是对刑法功能的错误定位,从而导致刑法干预社会生活的过度和泛化。"③涂汉江在看守所的一番感慨,更是让我们唏嘘不已:"我从小就听话做人,经商这么多年没有做过一点坏事,舍不得吃舍不得穿,结果……"④刑法过度干预民间金融的害处,尽在涂汉江这欲言又止中。

当然,非法经营罪打击的民间金融行为还不止"高利贷"。2009年通过的《刑法修正案(七)》,将"未经国家有关主管部门批准非法经营证券、期货、保险业务的,或者非法从事资金支付结算业务的"纳入非法经营罪。此外,一些非法集资行为(如以销售灵塔位的方式集资⑤)也被纳入非法经营罪的打击范围。

三、资金流转环节(领域)的犯罪

(一)洗钱罪

《刑法》第191条规定:"明知是毒品犯罪、黑社会性质的组织犯

---

① 参见徐恺:《民间借贷者涂汉江的非法经营罪》,载《21世纪经济报道》2004年7月20日。

② 支持的观点可参见邱兴隆:《民间高利贷的泛刑法分析》,载《现代法学》2012年第1期,第120页;相反的观点可参见刘鑫:《论民间融资的刑法规制》,华东政法大学2012届博士学位论文。

③ 刘伟:《论民间高利贷的司法犯罪化的不合理性》,载《法学》2011年第9期,第132页。

④ 徐恺:《民间借贷者涂汉江的非法经营罪》,载《21世纪经济报道》2004年7月20日。

⑤ 参见刘树德:《"口袋罪"的司法命运——非法经营的罪与罚》,北京大学出版社2011年版,第46页。

罪、恐怖活动犯罪、走私犯罪、贪污贿赂犯罪、破坏金融管理秩序犯罪、金融诈骗犯罪的所得及其产生的收益,为掩饰、隐瞒其来源和性质,有下列行为之一的,没收实施以上犯罪的所得及其产生的收益,处五年以下有期徒刑或者拘役,并处或者单处洗钱数额百分之五以上百分之二十以下罚金;情节严重的,处五年以上十年以下有期徒刑,并处洗钱数额百分之五以上百分之二十以下罚金:(一)提供资金账户的;(二)协助将财产转换为现金、金融票据、有价证券的;(三)通过转账或者其他结算方式协助资金转移的;(四)协助将资金汇往境外的;(五)以其他方法掩饰、隐瞒犯罪所得及其收益的来源和性质的。单位犯前款罪的,对单位判处罚金,并对其直接负责的主管人员和其他直接责任人员,处五年以下有期徒刑或者拘役;情节严重的,处五年以上十年以下有期徒刑。"

近年来,随着正规金融机构反洗钱工作的高效推进,反洗钱监管机制日益严密,因而通过正规金融机构洗钱风险较大,越来越多的犯罪分子将目光投向了地下钱庄。① 应该说,地下钱庄有多种类型,其中专门从事洗钱等犯罪活动的,笔者认为这类地下钱庄已不属于民间金融,而是赤裸裸的犯罪行为。而有些地下钱庄,既从事洗钱等违法犯罪活动,也从事普通的民间借贷等金融行为。这类地下钱庄,一方面对中小企业融资以及资金的流转起到了一定的积极作用,但是另一方面,确实给国家金融秩序造成严重威胁,也不利于国家惩治洗钱罪的上游犯罪。因此,对于地下钱庄从事洗钱犯罪活动的,国家必须严厉打击,绝不手软。

此外,洗钱罪上游犯罪人还可能通过民间借贷、民间投资的形式将犯罪所得及其收益进行漂白。但由于成立洗钱罪,需要"明知"资金系特定犯罪所得及其收益,因此,资金吸纳者如果不知情,不构成本罪。不过这也提醒我们,规范民间集资对反洗钱也具有重要意义。因此,那种认为集资行为只要不被法律禁止即合法,进而不需要监管的观点值得商榷。也因此,笔者认为,要求大规模民间集资行为进行适当的备案和信息公开是合理的。

---

① 不能将地下钱庄的"庄"仅理解为机构或者组织,事实上目前不少地下钱庄金融业务都是由个人实施的。

(二) 骗购外汇罪、非法买卖外汇（非法经营罪）

全国人民代表大会常务委员《关于惩治骗购外汇、逃汇和非法买卖外汇犯罪的决定》(以下简称《外汇决定》)第 1 条规定了骗购外汇罪："有下列情形之一,骗购外汇,数额较大的,处五年以下有期徒刑或者拘役,并处骗购外汇数额百分之五以上百分之三十以下罚金;数额巨大或者有其他严重情节的,处五年以上十年以下有期徒刑,并处骗购外汇数额百分之五以上百分之三十以下罚金;数额特别巨大或者有其他特别严重情节的,处十年以上有期徒刑或者无期徒刑,并处骗购外汇数额百分之五以上百分之三十以下罚金或者没收财产：（一）使用伪造、变造的海关签发的报关单、进口证明、外汇管理部门核准件等凭证和单据的;（二）重复使用海关签发的报关单、进口证明、外汇管理部门核准件等凭证和单据的;（三）以其他方式骗购外汇的。伪造、变造海关签发的报关单、进口证明、外汇管理部门核准件等凭证和单据,并用于骗购外汇的,依照前款的规定从重处罚。明知用于骗购外汇而提供人民币资金的,以共犯论处。单位犯前三款罪的,对单位依照第一款的规定判处罚金,并对其直接负责的主管人员和其他直接责任人员,处五年以下有期徒刑或者拘役;数额巨大或者有其他严重情节的,处五年以上十年以下有期徒刑;数额特别巨大或者有其他特别严重情节的,处十年以上有期徒刑或者无期徒刑。"

《外汇决定》第 4 条同时规定："在国家规定的交易场所以外非法买卖外汇,扰乱市场秩序,情节严重的,依照刑法第二百二十五条的规定定罪处罚。"

我国执行严格的外汇管制制度,虽然近年来对外汇的管制有所放松,但仍然无法满足中小企业的外汇需求。在这种情况下,由地下钱庄介入非法买卖外汇或者骗购外汇的情形时有发生。如监管当局就发现,深圳地区存在一种非法汇兑型的地下钱庄,主要从事两种非法经营活动。一是兑换外币。地下钱庄非法经营者利用深圳毗邻香港的特殊环境,为客户非法兑换人民币和港币,非法牟取兑换利差。二是跨境汇款。地下钱庄非法经营者与香港的货币兑换店勾结,为客户非法跨境汇款,从中收取一定比例的手续费。或者在粤港两地设立办事点,香港人员要提大量现金,可以在香港的办事点存钱,来到深圳后再在深圳办事点提现;同样,境内人员也可以通过这样的方式将大量现金转移出境。① 此外,一些外贸企业也会通过地下钱庄将外汇兑换成人民币,以达到避税目的。

笔者认为,外汇犯罪与洗钱犯罪不一样,其受外汇政策影响较大。事实上,在1997年修订《刑法》的时候,较主流的观点就认为,骗购外汇行为没有必要犯罪化,因而没有规定为犯罪。总之,从长远来看,随着我国外汇管理制度的放松②,非法买卖外汇和骗购外汇的行为,应该会实现非犯罪化。

第二节 非法吸收公众存款案实证研究

尽管由民间金融行为构成的犯罪与发生在民间金融领域的犯罪种类繁多,但司法实践中最常适用的罪名却是两个——非法吸收公众存款罪和集资诈骗罪。如前所述,集资诈骗罪只是发生在民间金融领域的犯罪,并非由民间金融活动本身构成。故本章将主要以非法吸收公众存款罪为核心进行分析。由于以往的研究多偏向于纯教义学研究,本书的研究将把视角投向司法实践,关注一个个活生生的民间金融事件,因此,笔者将主要对非法吸收公众存款司法案例进行实证研究。可以说,每一件非法吸收公众存款案件同时都是一个发人深省的民间金融事件。透过非法吸收公众存款案件,我们或许可以清晰地看到作为社会控制最后手段的刑法,在民间金融领域扮演的角色为何。刑法打击的对象是否精准?刑法介入民间金融的力度是适当还是过度,抑或不足?哪些需要非犯罪化,哪些需要犯罪化?哪些需要轻刑化,哪些需要重刑化?刑事立法和刑事司法如何在保障民间金融的活力与维持民间金融秩序之间保持平衡?这些问题都值得我们认真思考。

一、研究样本简介

(一)案件数量及被告人(单位)

本研究的非法吸收公众存款案例全部来自北大法意网(www.

---

① 参见李劲、曹作义:《深圳地区地下钱庄反洗钱活动剖析》,http://finance.sina.com.cn/leadership/mroll/20110105/14349206843.shtml。

② 关于我国外汇管理制度的发展趋势,可参见黄达编著:《金融学》,中国人民大学出版社2012年版,第52—54页。

lawyee.net)①裁判文书数据库。截至2013年5月1日,该数据库共收录非法吸收公众存款案件241个。我们对全部241个案件排序后,以被告人(单位)为单位进行统计,排除主要内容不详(如减刑裁定书)、案件重复(如同一案件多个审级的文书)等情况,实际获得444例数据。也就是说,本研究样本中涉嫌非法吸收公众存款罪的被告人(单位)共有444个。据此计算,平均每个案件约有2名被告人。其中,涉案人数最多的案件共有53名被告人!这表明,非法吸收公众存款罪案件中共同犯罪、单位犯罪的情况可能比较突出——笔者将在后文分析。

(二)判决年度

研究样本的跨度也非常大,从1997年直至2013年,纵跨16年(具体分布见表25)。非法吸收公众存款罪1995年入罪,1997年正式入《刑法》,因此,我们的研究样本从时间跨度上讲是有代表性的。

表25 案件判决年度分布

年份	频率	百分比	有效百分比	累积百分比
1997	3	0.7	0.7	0.7
1998	3	0.7	0.7	1.4
1999	5	1.1	1.1	2.5
2000	23	5.2	5.2	7.7
2001	11	2.5	2.5	10.1
2003	8	1.8	1.8	11.9
2004	20	4.5	4.5	16.4
2005	20	4.5	4.5	20.9
2006	57	12.8	12.8	33.8
2007	12	2.7	2.7	36.5
2008	12	2.7	2.7	39.2
2009	54	12.2	12.2	51.4
2010	117	26.4	26.4	77.7
2011	52	11.7	11.7	89.4
2012	43	9.7	9.7	99.1
2013	4	0.9	0.9	100.0
合计	444	100.0	100.0	

① 该网站目前在裁判文书收录方面居于国内领先地位。

(三) 法院级别与审级

表26 审理法院分布

	频率	百分比	有效百分比	累积百分比
基层法院	198	44.6	44.6	44.6
中级法院	174	39.2	39.2	83.8
高级法院	71	16.0	16.0	99.8
最高法院	1	0.2	0.2	100.0
合计	444	100.0	100.0	

从表26可以看出,由基层人民法院审理的有198例,占44.6%;由中级人民法院审理的有174例,占39.2%;由高级人民法院审理的有71例,占16%;另有1例由最高人民法院审理(该名被告人被以集资诈骗罪判处死刑,最高人民法院复核后,改判为非法吸收公众存款罪)。

表27 审级分布

	频率	百分比	有效百分比	累积百分比
一审	243	54.7	54.7	54.7
二审	184	41.4	41.4	96.2
再审	16	3.6	3.6	99.8
死刑复核	1	0.2	0.2	100.0
合计	444	100.0	100.0	

如表27所示,处于一审的案例有243例,占54.7%;二审的案例有184例,占41.4%;再审的案例有16例,占3.6%;另有1例进入了死刑复核程序。毫无疑问,我们统计的这些案例,有些是已经发生终局效力的,有些是尚未发生终局效力的(当然,这些案件最终肯定都生效了,只是由于资料局限,不能保证统计的结果与终审宣判的结果完全一致,因为无法知道这部分案件是否进入二审及后续程序,或者进入下一个程序后是否改判)。这是否会影响结论的可靠性?笔者认为,即便有影响,影响也不会很大,原因在于:第一,我国法院的改判率本来就很低。第二,如果专门统计二审终局的案例,恰恰可能不具有代表性,因为并不是任何一个案件都会进入二审程序——进入二审程序的案件从某种意义上讲反而具有一定的特殊性。因此,本数据库的审级分布,不致对统计结果产生决定性影响。

(四) 地域分布

从表28可以看出,本研究的案例共涉及24个省(自治区、直辖市)。如果以总数的80%为界限,则数量排名依次为河南[①]、湖南、上海、广东、山东、浙江、新疆。其中,河南、湖南、新疆可作为中西部欠发达地区的代表;上海、广东、山东、浙江可作为东部发达地区的代表。应该说本研究样本的地域分布不够均衡,不过考虑到占样本80%以上的案例中东西部均有代表,本研究的统计结果应该具有一定的全国代表性。

表28 案件地域分布

		频率	百分比	有效百分比	累积百分比
有效	河南	144	32.4	32.4	32.4
	湖南	77	17.3	17.3	49.8
	上海	57	12.8	12.8	62.6
	广东	27	6.1	6.1	68.7
	山东	23	5.2	5.2	73.9
	浙江	22	5.0	5.0	78.8
	新疆	12	2.7	2.7	81.5
	山西	11	2.5	2.5	84.0
	福建	8	1.8	1.8	85.8
	宁夏	8	1.8	1.8	87.6
	江西	7	1.6	1.6	89.2
	海南	7	1.6	1.6	90.8
	陕西	7	1.6	1.6	92.3
	四川	5	1.1	1.1	93.5
	辽宁	5	1.1	1.1	94.6
	江苏	4	0.9	0.9	95.5
	湖北	4	0.9	0.9	96.4
	重庆	4	0.9	0.9	97.3
	河北	4	0.9	0.9	98.2
	北京	3	0.7	0.7	98.9
	安徽	2	0.5	0.5	99.3
	广西	1	0.2	0.2	99.5
	云南	1	0.2	0.2	99.8
	黑龙江	1	0.2	0.2	100.0
	合计	444	100.0	100.0	

① 在目前可以查询的各个案例数据库中,河南省的案例数量都名列前茅。这倒不是因为河南省的案件数量多,而是因为河南省较早(目前也是唯一)全面推行了裁判文书上网工作,因此,河南省的裁判文书更容易被各个数据库收录。

二、非法吸收公众存款罪的认定

（一）犯罪主体情况

1. 单位犯罪

表 29

	频率	百分比	有效百分比	累积百分比
否	253	57.0	57.0	57.0
是	191	43.0	43.0	100.0
合计	444	100.0	100.0	

从表29可以看出，有253个被告人（单位）被认定为以单位犯罪的形式从事非法吸收公众存款行为[①]，占总数的57%；而不以单位犯罪形式从事非法吸收公众存款行为的则有191人，占总数的43%。不过由于本书是以被告人（单位）为单位而不是以案件为单位进行统计的，单位犯罪数量实际占本研究案件总数的比例大约在1/3左右（具体涉案单位见表30，共64家单位）。

表30 涉案单位一览表

序号	公司名称	序号	公司名称
1	湖南省新邵县岳峰中学	33	广州市峻联通信科技有限公司
2	浙江××海运有限公司	34	广州粤健生物科技有限公司
3	天津长荣轮胎有限公司	35	平顶山市湛河区商贸合作基金会
4	黑龙江恒达房地产开发有限公司	36	东营市海诺生物工程有限责任公司
5	某（天津）股权投资基金有限公司	37	某某化工有限公司
6	禹州市钧都典当行有限责任公司	38	湘西金凤凰大酒店商贸有限责任公司
7	河南金象商贸有限公司	39	西北证券有限责任公司
8	某木业公司上海分公司	40	北京华帝凯工艺包装制品公司
9	夏邑县商业农机公司	41	渭南市尤湖塔园有限责任公司
10	平顶山市湛南救灾扶贫储金会	42	重庆特殊钢（集团）嘉陵钢铁公司
11	张良镇救灾扶贫储金会	43	苍南县龙港镇池浦村村民委员会

[①] 本数据库中的全部被告人均被法院认定实施了非法吸收公众存款行为，尽管有少数几名被告人因犯罪情节显著轻微被宣告无罪或因犯罪情节轻微被免予刑事处罚。

(续表)

序号	公司名称	序号	公司名称
12	保靖县秦简茶科技开发有限公司	44	重庆太笛高科技集团股份有限公司
13	济源市万宝金铅有限责任公司	45	仙居县城关镇县前村村民委员会
14	上海某服饰有限公司	46	山东樱桃园集团总公司系列公司
15	睢阳区博亿奶牛养殖技术服务家民专业合作社	47	宜昌市西陵区房屋开发公司
16	超球公司(生产润滑油)	48	泉州市侨乡典当行
17	信阳广客隆商贸有限公司	49	广东绿色山河开发有限公司
18	上海华真绣品服饰有限公司	50	豫东宾馆
19	亳州市兴邦科技开发有限公司	51	美盛公司
20	上海同坤实业有限公司	52	新疆金新信托投资股份有限公司
21	上海某某创业投资有限公司	53	中富证券有限责任公司
22	上海某某企业发展有限公司	54	珠海东北金城房产开发公司
23	上海沃盟轻工城有限公司	55	山西璞真灵芝酒业有限公司
24	上海所傲公司	56	佛山市南海区九江供销企业集团
25	湘西吉首光彩房地产开发有限责任公司	57	三亚中亚信托投资公司
26	邳州市明珠棉油有限公司	58	华油钻四生活塑料制品厂
27	上海明大公司等单位	59	成都行政学院
28	夏邑县种子联营公司	60	宜昌市宏兴实业有限责任公司
29	宁夏大有汽车贸易有限公司	61	邢台市太行矿山支护公司
30	民权县农村信用合作联社	62	四川省绵阳李氏企业(集团)有限公司
31	赣州天音通信器材连锁发展有限公司	63	镇平县残疾人互助储金会
32	开封市华强绣品厂	64	四川省资中县鱼溪区铁佛一心副食合作商店

进一步的分析发现,在这些涉案单位中,真正属于金融机构或准金融机构的只有7家,约占单位犯罪的10%。其中证券公司2家,即西北证券有限责任公司、中富证券有限责任公司;信托投资公司2家,即新疆金新信托投资股份有限公司、三亚中亚信托投资公司;典当行2家,即禹州市钧都典当行有限责任公司、泉州市侨乡典当行;农村信用社1家,即民权县农村信用合作联社。在这7家金融机构中,证券公

司、信托投资公司、典当行均没有吸收公众存款的资格,只有农村信用合作社拥有吸收存款资格。这个情况首先说明了两点:

(1)金融机构同样可能构成非法吸收公众存款罪,即便拥有吸收存款的资格——只不过金融机构较少触犯这一罪名而已。前文已述,对于金融机构尤其是具有吸收存款资格的金融机构,能否构成非法吸收公众存款罪,理论上存在争论。上述结果至少表明,司法实践至少已经接受金融机构可以构成非法吸收公众存款罪这种观点。民权县农村信用合作联社被认定为构成非法吸收公众存款罪,更是具有典型意义。

案例4

民权县农村信用合作联社高息揽储案

被告人秦海军供述:2005年8月至2006年11月,其在任民权县闫集信用社主任期间,为完成任务,采取高息揽储的方法吸收公众存款,按储户每存1万元定期存款除正常利息外,另外付给储户500元高息的比例吸收存款。储户存1万元实际交9500元就可以了。

被告人乔保江供述:高息揽储从上几任主任就开始了,就是每吸收1万元存款,除给储户正常利息外,另外再给200、300、400、500元的好处费不等。秦海军当主任后,都是按存1万元给500元的好处费。具体操作时,储户直接在所存款中扣除500元好处费,只存9500元就行了。

不难看出,民权县农村信用合作联社下属信用社,采取了高息揽储的方式吸收公众存款,违反了《商业银行法》的规定,即"违反规定提高或者降低利率以及采用其他不正当手段,吸收存款,发放贷款的"。因此,结合《商业银行法》和《刑法》的规定,认定金融机构构成非法吸收公众存款罪不存在任何法律障碍,也符合法律解释的逻辑。

事实上,在本研究数据库中还有相同案例,只不过并未认定为单位犯罪而已。如濮阳县文留信用社刘楼分社系列案件中一起案件的证人任某某证实:

2008年5月份,高村镇石佛寺村的曹保凤给自己打电话,说到濮阳县文留信用社刘楼分社存款有奖励,每存1万元除正常利息外再给800元奖励,但必须存1年定期。2008年5月17日,曹保凤的儿子夏某租车带自己和儿媳妇冯某某去刘楼分社,到达后,夏某没下车,自己和冯某某去存了25万元。在回家的路上夏某把账号记下后给了自己2万元奖励。

存款人的证言表明,文留信用社刘楼分社同样采用了提高利率的方式非法吸收公众存款。这也说明,《商业银行法》和《刑法》的规定是有现实依据的。当然,如果将来国家放松利率管制,这种行为依然是否构成犯罪,则另当别论。

(2)被司法机关认定为非法吸收公众存款罪的参与单位,主要是非金融机构的单位。从这一点上讲,非法吸收公众存款罪被视为典型的民间金融犯罪是名副其实的。由于本研究主要从民间金融视角关注非法吸收公众存款罪,因此,笔者在后文将重点研究这部分单位以及其他由自然人(其中也涉及很少一部分金融机构的工作人员,但主要是"民间人士")参与的非法吸收公众存款案件。这些案件才是通常的民间金融案件。

在这些非金融机构实施的非法吸收公众存款案中,有一类单位十分特殊,有必要事先提出来探讨。这些单位往往冠名为基金会、互助会、储金会、资金服务部、股金服务部等(以下如无特别说明,笼统称为"基金会"或"A型单位")。根据官方的界定,这些机构只能在一定地域范围内从事特殊的资金募集活动,如储金会只能在村民委员会或村民小组范围内由村民自愿发起设立,有权筹资,但不能办理存贷款业务。但在国务院整顿金融"三乱"之前,各地事实上默认了此类基金会的存贷款功能。本研究数据库中被认定为单位犯罪的基金会组织有4个:平顶山市湛南救灾扶贫储金会、鲁山县张良镇救灾扶贫储金会、镇平县残疾人互助储金会、平顶山市湛河区商贸合作基金会。由于各地司法机关认识不一致,一些类似组织并未被认定为单位犯罪,如叶县牧工商民营企业资金互助会、新乡县民间信用介绍所。其中新乡县民间信用介绍所是1987年新乡县人民银行从外地"学习引进民间借贷新经验"后决定成立的,拥有人民银行颁发的《经营金融业务许可证》。这类组织在整顿金融"三乱"之前,至少可以称为准金融机构,整顿"三乱"后,不少原有基金会继续从事存贷款业务,一些个人也打着基金会的旗号从事存贷款活动。应该说,A 型单位从事的资金吸纳活动,属于比较典型的吸收公众存款行为。

除基金会之外的其他单位,又可以分为两种类型。一种类型的单位是专门设立从事资金吸纳活动,或者打着生产经营的幌子,主要从事资金吸纳活动(笔者称为"B 型单位");另一种类型的单位则是本身拥有生产经营业务,因为资金跟不上或为扩大生产经营而从事了资金募集活动(笔者称为"C 型单位")。就 B 型单位而言,其从事的资金吸纳活动是否应该认定为非法吸收公众存款罪,应该根据具体案情进行讨论[①],但是如前所述,笔者认为,C 型单位的资金吸纳行为不应该认定为吸收公众存款行为。

事实上,B 型单位能否认定为单位犯罪主体也可以探讨。根据最高人民法院《关于审理单位犯罪案件具体应用法律有关问题的解释》第 2 条的规定:"个人为进行违法犯罪活动而设立的公司、企业、事业单位实施犯罪的,或者公司、企业、事业单位设立后,以实施犯罪为主要活动的,不以单位犯罪论处。"如果认为只要未经批准的资金吸纳行为均属非法,则 B 型单位不应认定为单位犯罪主体。不过在这个问题上,各地司法机关的标准并不统一。我们不妨以两个案例为例予以说明。

案例 5

美盛公司非法吸收公众存款案

被告人张超、董建叶、张建美伙同王殿席、丁陈有、尹付涛(均另案处理)于 2006 年 3 月 7 日在原注册成立的安徽省阜阳市大华农业技术有限公司的基础上,重新共同出资注册成立红鲸鱼公司,并在阜阳市开展了以投资入股等名义的集资活动。同年 6 月,红鲸鱼公司集资的资金链断裂,该公司股东遂商议决定到江西省注册成立公司,筹集资金。2006 年 8 月 8 日,红鲸鱼公司出资在兴国县注册成立了美盛公

---

① 在很多情况下,该类公司的资金吸纳行为属于所谓"庞氏骗局"。

司,股东同红鲸鱼公司,由张超担任公司监事(监管财务),董建叶担任总经理(即法定代表人),张建美担任董事长。自2006年7月30日至12月10日,美盛公司并未开展生产经营,对外宣称公司是中共兴国县委政法委员会的招商引资单位,在安徽省阜阳市开办了食品公司,已购买土地厂房,准备投产,公司有实力、利润好,隐瞒没有周转资金的真实经济情况,以公司需要启动资金为由,未经中国人民银行批准,采取投资入股、内部员工投资入股等形式,以支付年息40%或半年息20%投资回报为诱饵,通过何三宝、朱慧贞、谢珠江、易莲秀、涂美玲等人,分别在江西省宁都县、于都县、东乡县、赣县、兴国县向166人收取集资款231笔,共计人民币649.6万元。

显然,本案中美盛公司并无实际经营活动,其成立的唯一目的就是从事资金吸纳活动。但是法院认定美盛公司为单位犯罪主体。而在类似的案件中,法院却作了相反的认定。

案例6

山西璞真灵芝酒业有限公司等非法吸收公众存款案

1999年1月25日,被告人聂玉声注册成立了被告单位山西璞真灵芝酒业有限公司。通过授课、散发光盘和宣传册等方法,向社会公众推出所谓返本销售模式。宣称如向公司交付一定数额的款项,公司即给出资者出具产品抵押金收据,并交付等额的璞真产品提货单,经过一段时间后,公司即全额返还产品抵押金,如出资者未实际提货,公司将代替出资者销售产品,并保证在一定时间内再按一定比例支付出资者所谓货款。同时采用所谓"P级网络"管理的方法,对吸收款项达到一定数额的人给予补助和奖励。

2002年7月4日,被告人聂玉声用山西璞真灵芝酒业有限公司的2 000万元资金,注册成立了被告单位山西三江源璞真生态环境投资有限公司,同样采用宣传手段,向社会公众推出所谓"绿色财富计划"。隐瞒可行性报告显示的回报率,宣称如向公司交纳一定数额的款项,在25年中分期给予出资者50倍的回报并返还本金。从2002年7月28日至2003年5月底间,变相吸收公众存款48 829 000元,仅将其中的 165 万元作为丰产林苗木款支付给山西省扶贫开发服务中心。

2002 年 12 月 24 日,被告人聂玉声又用上述两公司的 2 000 万元,注册成立了被告单位山西璞真假日俱乐部有限公司,违反有关会员卡管理办法的规定,以办理"住房卡"和炎黄项目为名吸收公众存款,即每张会员卡 4 万元,1 年后还本,并支付 30% 的利息;如发展 5 个会员卡,即可升级为"贵宾卡",可再获奖金 3 000 元;再发展 5 个贵宾卡,又可升级为"至尊卡",可再获奖金 5 000 元。在巨额利益的引诱下,从 2003 年初至 6 月间,向社会公众变相吸收存款 37 372 900 元。

法院认为,本案中,被告单位山西三江源璞真生态环境投资有限公司、山西璞真假日俱乐部有限公司,是以实施犯罪而设立,设立后也是以实施犯罪为主要活动,故对此二被告单位的行为、不应以单位犯罪论处,而应由被告人聂玉声等参与上述二公司犯罪活动的各被告人承担刑事责任。

应该说,美盛公司与山西三江源璞真生态环境投资有限公司、山西璞真假日俱乐部有限公司的性质并无本质区别,都是专门为吸纳社会资金而注册成立的公司,但是一个被认定为单位犯罪主体,一个没有被认定为单位犯罪主体。

表 31　三种类型单位比较①

单位类型	单位名称	主业	合法注册	自有资产	虚假宣传	集资方式
A 型	基金会、互助会等	存贷款等货币业务	否	均有可能	否	存款
B 型	公司等	吸收资金	是	无	欺骗性宣传	各种虚假名义
C 型	公司等	货币以外的生产经营	是	有	有夸大成分	借款、投资

2. 共同犯罪

在非法吸收公众存款案件中,尽管有不少是由单个自然人实施

---

① 系根据一般情况总结,不排除例外情况。如合法经营的公司为扩大生产,为了迅速吸引投资,可能会进行一定程度的虚假宣传。此外,基金会等组织在整顿金融"三乱"之前,都是经过合法批准成立的,现在已无法通过合法途径注册。

的,但是由多名行为人实施的共同犯罪却更加突出。在本研究数据库中,共同犯罪的情况如何呢?

表32 共同犯罪情况

单位犯罪			频率	百分比	有效百分比	累积百分比
否	有效数据	是	163	64.4	64.4	64.4
		否	90	35.6	35.6	100.0
		合计	253	100.0	100.0	
是	有效数据	否	131	68.6	68.6	68.6
		是	60	31.4	31.4	100.00
		合计	191	100.0	100.0	

由于本研究数据库中部分单位犯罪内部同时被认定为共同犯罪,故笔者进行了分组统计。从表32可以看到,在实施单位犯罪以外的253人,163人构成共同犯罪,占64.4%;只有90人系单独犯罪,占35.6%。可以看出,非法吸收公众存款案件中共同犯罪现象确实比较突出。

由此同时我们看到,在由单位实施的犯罪中,同时有60人被认定构成了共同犯罪!这是怎么回事呢?尽管单位犯罪要由具体的自然人来实施,但是一般认为,单位犯罪是单位作为一个主体实施的犯罪,而不是单位内部自然人的共同犯罪。也正因为如此,最高人民法院在《关于审理单位犯罪案件对其直接负责的主管人员和其他直接责任人员是否区分主犯、从犯问题的批复》中指出:"在审理单位故意犯罪案件时,对其直接负责的主管人员和其他直接责任人员,可不区分主犯、从犯,按照其在单位犯罪中所起的作用判处刑罚。"也许是因为最高人民法院使用了"可不区分"这种表述,司法实践中不少司法机关在认定共同犯罪的同时,依然认定单位直接负责的主管人员和其他直接责任人员构成共同犯罪。

案例7

商丘市睢阳区博亿奶牛养殖技术服务农民
专业合作社非法吸收公众存款案

被告人张鹏的辩护人、朱凤德的辩护人均辩护本案系单位犯罪。

经查,商丘市睢阳区博亿奶牛养殖技术服务农民专业合作社已于2007年10月份在商丘市工商局睢阳分局登记注册,其法定代表人为张鹏,成员朱凤德、常某、张一某、张某某。张鹏为合作社理事长,朱凤德为合作社执行理事。因此,商丘市睢阳区博亿奶牛养殖技术服务农民专业合作社应系依法设立的法人单位。根据被告人张鹏供述,公司运行模式是张鹏、常某、朱凤德三人共同制定的,前期制定的模式是股东入股,接着又制定了原始股、帮扶协议和肉牛养殖合同。而相关证人证言亦证实,公司运营由公司理事决定,公司理事有张鹏、常×、朱鹏飞,对法人单位变相吸收公众存款,扰乱金融秩序的,应为单位犯罪,对单位负责人张鹏、朱凤德应当以非法吸收公众存款罪追究刑事责任。

关于被告人朱凤德的辩护人辩护朱凤德行为不构成非法吸收公众存款罪,系本案被害人。经查,被告人朱凤德本人已供述其系商丘市睢阳区博亿奶牛养殖技术服务农民专业合作社监事长,并从合作社领取工资。主要职责是监督合作社的其他成员,如果有人在合作社工作中出现问题和失误,有责任向张鹏反映实际情况。其供述被告人张鹏供述、相关被害人陈述、证人证言均可予以佐证,因此辩护人此辩护观点不能成立,本院不予采信。但被告人朱凤德在共同犯罪中,不起决定作用,所起作用较小或起辅助作用,应系从犯。

显然,在本案中,法院同时认定了单位犯罪和共同犯罪。被告人朱凤德一方面被认定为单位犯罪的直接负责的主管人员,另一方面又被认定为共同犯罪中的从犯。笔者认为,这种做法有违共同犯罪理论。当然,单位与其他单位或者自然人可以构成共同犯罪,如案例8。

案例8

郑德利等非法吸收公众存款案

1992年8月,澳门大明公司与广州市东建实业公司合作,成立了广州大明公司,共同开发经营明珠花园项目,由澳门大明公司负责资金投入。1994年初,随着明珠花园建筑面积的不断扩大,所需资金大量增加,作为澳门大明公司股东的被告人郑德利、陈柱辉及罗炳煜等人便多次碰头,商讨如何加大资金的投入。被告人关成扬(时任被告单位九江集团总经理、党支部书记)、陈柱辉(时任九江集团副主任、业务副经理)提出,九江集团自有资金不足,也难以向银行贷款,只能通过集资的途径解决,并提出集资的利息很高,恐怕难以承受。被告人郑德利当即表示,就算是集资也要搞,吸纳再多资金也不怕,利息再高点也没问题,并多次表示明珠花园的前景很好,在集资利息高的前提下,公司也能赚取利润,但如果资金跟不上,明珠花园变成"烂尾楼",到时候想走就难了。与此同时,被告人郑德利还专门制作了明珠花园的成本、利润估算报告,报告中以20厘利息计算,预期明珠花园仍有9亿元的利润。据此,被告单位九江集团召开支委扩大会议,通过讨论研究,决定向社会募集资金。1995年7月1日到1998年间,被告单位以高于同期银行利率的利息,先后吸收874名群众的存款合共人民币11 604.5万元、港币63.5万元。

在这个案件中,法院认定,原审被告单位佛山市南海区九江供销企业集团伙同上诉人郑德利非法吸收公众存款,数额巨大,扰乱金融秩序,已构成非法吸收公众存款罪。笔者认为,本案中法院对共同犯罪的认定是准确的。

(二)非法吸收公众存款的客观行为

对于何为《刑法》第176条规定的"非法吸收公众存款或者变相吸收公众存款",最高人民法院在《集资案件解释》第1条明确指出:"违反国家金融管理法律规定,向社会公众(包括单位和个人)吸收资金的行为,同时具备下列四个条件的,除刑法另有规定的以外,应当认定为刑法第一百七十六条规定的'非法吸收公众存款或者变相吸收公众存款':(一)未经有关部门依法批准或者借用合法经营的形式吸收资金;(二)通过媒体、推介会、传单、手机短信等途径向社会公开宣传;(三)承诺在一定期限内以货币、实物、股权等方式还本付息或者给付回报;(四)向社会公众即社会不特定对象吸收资金。"

司法部门和学界一般认为,最高人民法院这个解释,实际上从四个方面界定了非法吸收公众存款罪的特征:

(1)非法性。未经有关部门依法批准或者借用合法经营的形式吸收资金;

(2)公开性。通过媒体、推介会、传单、手机短信等途径向社会公开宣传；

（3）利诱性。承诺在一定期限内以货币、实物、股权等方式还本付息或者给付回报；

（4）社会性。向社会公众即社会不特定对象吸收资金。

据此，我们从以上四个方面对"非法吸收公众存款或者变相吸收公众存款"进行分析。

1. 非法性

"未经有关部门依法批准或者借用合法经营的形式吸收资金"的表述并非《刑法》原文，但是笔者认为，这实际上是对吸收公众存款"非法性"的界定。

对于我国《刑法》中大量存在的"非法"，张明楷教授进行过非常细致的考察。他指出，立法者在使用"非法"时比较"随意"，在没有必要使用"非法"概念的条文中，也可能使用了这一概念。但他同时指出，不能因此认为"非法"概念都是多余的，并认为，本罪的"非法"属于对违法阻却事由的提示。[①] 有观点在此基础上进一步指出："（非法吸收公众存款罪）的'非法'是为特别提示司法工作人员注意：单位或个人依据法律法规等规范性文件而吸收公众存款的，则具有违法阻却事由，不成立该罪。……不需要查明符合客观构成要件的行为是否违反了其他法律或行政管理法规。进而言之，也不需要以刑法以外的法律法规规定'追究刑事责任'为前提。……是故，'非法'便一般表现为主体不合法（主体不具有吸收存款的资格）或者行为方式、内容不合法（如具有吸收存款的资格主体擅自提高利率吸收存款）。"[②]可问题的关键是，如果不通过其他法律、法规，作者所谓主体不合法、行为方式不合法、内容不合法如何认定？[③] 此外，我们不能同意这种观点，还

[①] 参见张明楷：《刑法分则的解释原理》（第二版），中国人民大学出版社2011年版，第533、537页。

[②] "涉众型经济犯罪问题研究"课题组：《非法吸收公众存款罪构成要件的解释与认定》，载《政治与法律》2012年第11期，第54—55页。

[③] 这与该文作者所举例论证的故意杀人罪是不一样的。故意杀人在刑法上即被明确禁止，只有在例外情况下，故意杀人才不构成犯罪；故意杀人属于所谓自然犯罪，其违法性一目了然。而吸收公众存款并未被刑法一般性地禁止，事实上就商业银行而言，吸收公众存款一般都是合法的，只有特殊情况下才是违法进而可能构成犯罪。

有另外的原因：

（1）根据张明楷教授的界定，提示违法阻却事由的"非法"，仅仅是注意规定，即使删除也不影响法条的含义。但是本罪的条文仅仅是"非法吸收公众存款或者变相吸收公众存款……"如果删去"非法"二字，则变成"吸收公众存款或者变相吸收公众存款……"含义可谓相去甚远。况且本罪采用了简单罪状的表述方式，看似已将构成要件写明，但由于"存款"的规范性因素较强，如不结合其他法律规定加以理解，本罪罪状将过于空洞进而导致无法理解。

（2）将本处的"非法"理解为对违法阻却事由的提示，可能扩大处罚范围。本罪是将"非法吸收公众存款"与"变相吸收公众存款"并列，而不是将"非法吸收公众存款"与"非法变相吸收公众存款"并列，这表明立法者认为，吸收公众存款在很多情况下存在违法阻却事由，比如由商业银行实施，但是变相吸收公众存款一般都是非法的。可是变相吸收公众存款的含义并不清楚，如果将类似存款的一切资金吸纳行为均视为变相吸收公众存款，非法吸收公众存款罪的打击范围将漫无边际，民间借贷也就没有了容身之地。事实上，《非法金融机构和非法金融业务活动取缔办法》第4条比较准确地界定了这一点。该条指出："本办法所称非法金融业务活动，是指未经中国人民银行批准，擅自从事的下列活动：（一）非法吸收公众存款或者变相吸收公众存款；（二）未经依法批准，以任何名义向社会不特定对象进行的非法集资；……"也就是说，在吸收公众存款和变相吸收公众存款之外，还存在其他形式的集资行为。

因此，笔者认为，本罪的"非法"应是张明楷教授所说的"非法"分类中的第二种，即"对违反法律、法规的表示"。[①] 也就是说，要构成非法吸收公众存款罪，必须首先违反国家有关存款的法律规定。[②] 事实上，《商业银行法》对存款的法律规则也作了明确规定。一方面，"未经国务院银行业监督管理机构批准，任何单位和个人不得从事吸收公

---

① 参见张明楷：《刑法分则的解释原理》（第二版），中国人民大学出版社2011年版，第539页。

② 张明楷教授在另一本著作里面似乎又采纳了这种解释。参见张明楷：《刑法学》（第四版），法律出版社2011年版，第686页。

众存款等商业银行业务";另一方面,"违反规定提高或者降低利率以及采用其他不正当手段,吸收存款,发放贷款的",或者"未经国务院银行业监督管理机构批准,非法吸收公众存款、变相吸收公众存款",构成犯罪的,依法追究刑事责任。据此,商业银行构成本罪的行为方式多半是"违反规定提高或者降低利率以及采用其他不正当手段"①,否则不构成犯罪;而未获得存款业务资格的单位(包括金融机构)和(或)个人,则既可能是以存款的名义吸纳资金,也可能以类似存款的方式吸纳资金,但无论如何,一定是从事作为实质性的"商业银行业务"之一的吸收公众存款业务,否则不能认定为非法吸收公众存款罪。这就和发行股票、债券以及其他为(货币、资金以外的)生产经营活动而募集资金的行为区别开来,因为这些行为没有违反《商业银行法》,当然也就不可能构成非法吸收公众存款罪。

《集资案件解释》第1条看似采纳了我们的解释,即要求"**违反国家金融管理法律规定**",但由于同时规定"未经有关部门依法批准或者借用合法经营的形式吸收资金",实际上用后者架空了前者,也就是说,"**未经批准**"成了"**违反国家金融管理法律规定**"的认定标准。司法实践也是这样做的。如在2012年审理的一起案件中,某检察院指控:

被告人陈某某伙同连某某等于1998年3月至9月期间,经事先预谋后,在未经有关部门批准的情况下,通过原南汇电视台等媒体向社会公开宣传招工及入股信息,分别以尚未经工商登记成立的上海浦东某某副食品公司、上海浦东某某海河鲜水产批发交易市场的名义,以高额红利为诱饵签订入股合同,以投资入股的方式非法吸收周某某等99名群众资金共计人民币540 030元,用于建造水产批发市场和购买汽车及其他市场相关设备,事后分别造成群众经济损失共计人民币519 110元。

而在另一起案件中,法院直接将非法性等同于"未经批准":

关于施某辩护人所提被告人行为不构成非法吸收公众存款罪,属民间借贷的意见。我国《刑法》规定,所谓非法吸收公众存款罪,是指

---

① 商业银行采用变相吸收公众存款的方式也是可能的,但是即便采用这种方式,也可解释在"其他不正当手段"中。

违反国家金融管理法规,非法吸收公众存款或者变相吸收公众存款,扰乱金融秩序的行为。就本案而言,两名被告人出于筹集资金扩建酒店和归还高利贷之目的,先后与近20名社会公众签订借款协议约定高息,借款共计1 000万余元。两名被告人的上述行为尽管也表现为一定民间借贷的特征,但因该行为首先系在未经中国人民银行批准情况下所为,具有非法性……

显然,这种解释明显扩大了非法集资的范围。根据笔者的理解,集资人必须明显违反《商业银行法》的规定,以从事货币资本经营为目的的集资才具有非法性,而《集资案件解释》和司法实践则导致通过是否经过批准这个孤立的标准来认定非法性。换句话说,有些集资行为,虽然未经批准,但由于不在《商业银行法》等法律的禁止之列,并不属于"非法集资",而根据《集资案件解释》,这类行为将被作为非法集资纳入非法吸收公众存款罪予以打击。

此外,对获得国务院银行业监督管理机构批准的金融机构,"未经有关部门依法批准或者借用合法经营的形式吸收资金",又有些词不达意。因为获得存款业务资格的机构吸收公众存款,则必须是"违反规定提高或者降低利率以及采用其他不正当手段",才属于非法吸收存款。法律已明确界定为"不正当手段",何来"借用合法经营形式"呢?

值得讨论的倒是采用欺骗性的方法获得批准进而吸收公众存款的,是否属于非法吸收公众存款?

案例 9

穆进宝、梁志坚非法吸收公众存款案

1996年下半年,被告人穆进宝以其能从外地引进资金1 000万元为由,与叶县工商业联合会协商创办民营企业资金互助会,工商联同意后制定了互助会章程。章程规定:互助会是广大民营企业以会员制的形式自愿组成的,民营企业之间资金互助,是自行融资的社会团体。在行业内部融资,自主经营、自负盈亏、入会自愿、退会自由。1997年1月,互助会向叶县民政局提出成立叶县民营企业资金互助会的申请

报告,同时,被告人穆进宝将梁志坚提供的本人于1994年申办梁吴装饰公司时的注册资金50万元的资信证明复印件,涂改为"叶县工商联",时间涂改为"1997年",提交给叶县民政局。民政部门根据有关文件精神和互助会的申请及穆进宝提交的"1997年1月18日,叶县工商联在建行叶县支行存款伍拾万元"的证明,于1997年2月27日以叶民(1997)7号文件批复,同意成立"叶县民营企业资金互助会",并签发了社会团体法人登记证。法人代表为穆进宝,业务主管部门是叶县工商业联合会。登记证规定,准许在叶县境内的民营行业内部融资。同年5月27日,叶县民政局以该互助会审批时没有提交经济资信证明原件为由,行文予以撤销。其间,被告人穆进宝、梁志坚采用以交风险抵押金的形式和存款50万元招工一人、每存1万元即付"奖金"100元,并计高额利息等为手段,向叶县组织部的干部李某某、平顶山市的董某某、遵化镇代庄村的李某某等人非法吸收存款48万余元。

本案中,"叶县民营企业资金互助会"虽然依法获准成立,登记证"准许在叶县境内的民营行业内部融资",但被告人显然是采用涂改资信证明文书的方式骗取了批准文件。笔者认为,这种情况可以理解为"借用合法经营的形式吸收资金",也可以直接理解为被告人形式上获得了批准而实质性上未获得批准,因而当然属于非法吸收公众存款行为,如果满足要件,当然可以认定为非法吸收公众存款罪。

在本研究的样本中,还有一起案例非常特殊。被告单位获准在企业内部集资,但是被告单位和被告人却超越了批准的限额进行集资,因而被认定为非法吸收公众存款罪。

案例10

何世德、雷继尧非法吸收公众存款案

太笛股份公司成立于1991年3月,被告人雷继尧任该公司法定代表人、总经理,被告人何世德任该公司副总经理兼太笛通讯公司经理。1992年至1995年6月30日,被告人雷继尧等超出中国人民银行重庆市分行批准太笛股份公司在企业内部集资100万元的额度,擅自提高集资利率并扩大集资范围,以15%至22%的年利率,面向重庆大学教职员工和社会公众集资共计 2 897 918 元。

显然,本案中法院遵循的还是"未经批准即非法"的解释,将超越了批准限额的集资行为等同于未经批准的集资行为。

2. 公开性

《集资案件解释》要求构成非法吸收公众存款罪,必须"通过媒体、推介会、传单、手机短信等途径向社会公开宣传"。但对此项规定,司法实务界反应不一。

有司法实务人士认为,规定"公开性",会造成实务中认定此类犯罪的困境,因为为逃避监管和打击,他们采用发展会员的方式,或者采用口口相传的模式非法吸收公众存款,或者变相吸收公众存款,不向社会公开宣传,其作案手段极具隐秘性和欺骗性。①

而浙江省司法机关则倾向于对"公开性"作比较宽泛的理解。《浙江省当前办理集资类刑事案件适用法律若干问题的会议纪要(二)》(以下简称《浙江纪要二》)②指出:"向社会公开宣传系判定行为人主观上具有向社会不特定对象集资的客观依据之一。公开宣传的具体途径可以多种多样,不应局限于司法解释所列举的'通过媒体、推介会、传单、手机短信'等几种。对于以口头等方式发布、传播集资信息是否属于公开宣传,能否将口口相传的效果归责于集资行为人,应根据主客观相统一的原则,结合行为人对此是否知情、态度如何、有无具体参与、是否设法加以阻止等主客观因素具体认定。行为人为逃避有关部门的监管,采用相对隐蔽的手段向社会不特定对象发布、传播吸收资金信息的,可以认定为向社会公开宣传。"浙江省高院法官的解读,体现了以下思路③:

(1)强调向社会公开宣传,是判定行为人主观上具有向社会不特定对象集资的客观依据之一。

(2)坚持主客观相统一的原则,审查判断口头宣传的效果是否属

---

① 参见翟二闯、高原雪:《非法吸收公众存款罪不应规定"公开性"》,载《检察日报》2011 年 11 月 9 日。

② 参见浙高法[2011]198 号。

③ 参见肖国耀、陈增宝:《〈关于当前办理集资类刑事案件适用法律问题的会议纪要〉解读》。

于公开宣传。主观上要审查判断该行为人对他人口头宣传或者人传人的方法宣传是否知情、态度如何,有无具体参与、是否设法加以阻止等主客观因素。

（3）从以下三个方面考量,对公开宣传作出明确:① 向社会公开宣传的相对性。公开宣传既包括对社会各阶层广大群体通过媒体宣传,又包括为逃避监管,采用相对隐蔽的手段向不特定群体宣传。之所以这样考虑,主要是根据《刑法》第176条规定的立法原意及中国人民银行和国家工商行政管理局《关于进一步打击非法集资活动的通知》所指出的,"非法集资"行为包括利用民间会社形式或者利用传销或秘密串联的形式。一些犯罪行为为逃避监管,而采用相对隐蔽的手段,仅仅是在一定范围的不特定对象内公开,并未向社会各阶层公开。如果将此类行为片面理解为一定要向社会各层面公开,才不认定为犯罪,将会放纵这类犯罪。② 公开宣传的范围问题。一些地方认为仅仅在小范围内宣传不属于向社会公开宣传。这种理解较片面,因此明确,公开宣传的范围即包括向全国、省、市、县大范围的宣传,又包括向小范围宣传。比如一个社区、一个村,等等,只要向不特定对象宣传,均可构成公开宣传。③ 公开宣传的手段问题。《浙江纪要二》明确:公开宣传的手段可以多种多样,并不局限于《集资案件解释》中列举的几种典型方式,实践中要坚持主客观相统一原则。主观上主要审查行为人对口头宣传等方式是否知情、态度如何,社会辐射面扩大后是否加以阻止等。如行为人主观上有向不特定对象集资的故意,客观上主动口头宣传、拉人头、要求或鼓动他人为其集资进行宣传,或者对他人宣传形成公开集资的氛围放任而不加以制止,并对宣传后不特定对象的集资款来者不拒,可认定为公开宣传。如果行为人主观上没有向社会不特定对象集资的故意,客观上未实施口头宣传、要求他人宣传,或对他人宣传不进行制止的行为,则不能认定为公开宣传。

显然,根据上述解读,公开性实际上已经在事实上被消解了。其一,笔者认为,公开性只不过是附属于社会性的,即认定公开性主要是为了更好地认定"社会不特定对象"[①];其二,对公开性的认定不拘泥

---

① 张明楷教授认为,非法吸收公众存行为的公开性也只是意味着其行为对象的公众性。参见张明楷:《刑法学》(第四版),法律出版社2011年版,第686页。

于地域范围、公开方式等。

笔者认为,与其如此宽泛地认定"公开性",不如放弃公开性这个概念。不过我们放弃公开性的概念,不是因为担心难以认定公开性而放纵犯罪,而是因为以下三个原因:

(1) 公开性不是吸收公众存款的本质特征,也不是非法吸收公众存款的本质特征。一般说来,合法的吸收公众存款行为自然要向社会公开,不公开,则社会公众无从知晓。但是毫无疑问,这并不意味着不公开就不是吸收存款了。而且即便一个吸收公众存款的机构自己不声张,但只要有一个人知道其是吸收公众存款的机构,一传十,十传百,最终还是会被动性地公开。所以,公开其实是所有市场经济行为的天然属性,而与该行为是否属于吸收公众存款没有任何关系。

(2) 社会性比公开性范围更广。根据《集资案件解释》,社会性是指"社会不特定对象"。根据《浙江纪要二》,公开可以在一个小范围内公开,如一个紧密的朋友圈,但是社会性要求不特定对象,一个紧密的朋友圈内的朋友很难说是不特定对象。

(3) 公开性认定缺乏操作性。按照前述浙江高院法官的解读,无法被认定为公开性的情形很难找到。事实上,即便《集资案件解释》通过以后,不少司法机关在指控和认定非法吸收公众存款罪时,也并不专门讨论公开性问题。如在2012年的一起案件中,上海市虹口区人民检察院指控:

被告人罗××于1998年至2003年期间,未经有关部门批准,以其经营的上海×有限公司、上海××有限公司业务发展需要资金为名,采用投资入股、私人借贷等手段,并承诺在一定期限内给付银行同期利率3倍左右的回报,通过江××的介绍,先后多次向董××、董×贞、董×波、鲁×、丁××、钱××、周某某、王××、蒋×、吴××、沈××、牛××、张××、杨××、刘某某等人非法吸收存款共计人民币1 282 800元。

上海市虹口区人民法院在认定本案时则认为:

被告人罗××非法吸收公众资金,扰乱金融秩序,数额巨大,其行为构成非法吸收公众存款罪。上海市虹口区人民检察院指控被告人罗××犯非法吸收公众存款罪,罪名均成立。

本案中,人民检察院和人民法院都没有专门关注公开性问题。被告人和辩护律师也未提出这方面的问题。如果非要说本案涉及公开性问题,唯一的表述就是"通过江××的介绍"。本案中的多名被害人都是经江××认识被告人罗××的,但江××介绍的都是他的战友,可以说是在一个非常紧密的小圈子之中。这种情形,如果按不认定公开,却涉及十几名被害人;如果按认定公开,也只是涉及江××最亲密的战友。如此看来,即便司法解释规定了公开性,但司法实践并没有认真对待,相当于在事实上架空了这个规定。

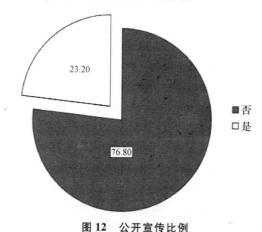

图 12　公开宣传比例

根据我们的统计,在本研究样本中,只有约 23% 的情形(如果以案件数量统计,这个比例约为 13%)涉及或者司法机关、辩方专门提及公开宣传问题。司法解释列举的"媒体、推介会、传单、手机短信"这几种途径中,除了手机短信没有涉及,另外三种途径都有实例。比如涉及通过媒体宣传的,既有通过电视的,也有通过报纸的,如重庆特殊钢(集团)嘉陵钢铁公司(简称重特集团)非法吸收公众存款案中,《重庆特钢报》全文刊登了《重庆特殊钢(集团)嘉陵钢铁公司内部职工集资券发行办法》,重特集团电视台也在同一阶段相应作了广告性宣传。不仅通过内部媒体,还有通过社会媒体公开宣传的。如柳振非法吸收公众存款案中,哈尔滨宏丰投资有限公司就利用了《文汇报》《黑龙江日报》进行宣传。通过媒体宣传可谓是最正规、典型的公开宣传方式。不过更多还是采用提供宣传资料、"讲课"、答疑等方式进行公开宣传。其中一个值得讨论的问题就是所谓"口口相传"问题。

案例 11

陈某某非法吸收公众存款案

2006年至2010年间,被告人陈某某因经营船务、煤炭、木材等生意需要资金,承诺支付高额利息,通过口口相传、相互介绍的方式向朱某某、肖某某、朱某某等15人非法吸收资金1030万余元。截至案发,被告人陈某某虽按承诺支付了部分利息,但仍造成上述15名被害人经济损失940万余元。

本案就是采取所谓口口相传、互相介绍的方式,且最终涉及的人数也不过十来人。这到底算公开宣传还是不算公开宣传?是否算做公开宣传,似乎都有一定的道理。但可以肯定的是,如果口口相传算做公开宣传,几乎没有哪种情形可以不算做公开宣传了。

3. 利诱性

"承诺在一定期限内以货币、实物、股权等方式还本付息或者给付回报",这也被作为非法吸收公众存款罪的一个重要特征而被《集资案件解释》确定下来。根据这一界定,利诱性包括以下几层意思:第一,只要求资金吸纳人承诺即可,并不要求实际支付了利息或者回报。第二,必须要"还本",也就是说出资人不会"亏本"。这被视为我国存款的本质特征之一(在瑞士等国家,存款要支付服务费用的情况则是例外),也得以和投资进行区分。不过"还本"无法和有偿性借贷相区分,因为借贷也是不"亏本"的。[①] 第三,还本付息的方式不限,既可以是货币,也可以是实物、股权等方式。显然,最高人民法院认为,利诱性的核心内容在于还本付息、还本分红、还本获利,因而是吸收存款与其他集资行为的根本区别之一。

---

① 有学者认为,非法吸收公众存款罪应纳入"非固定期限"的因素,即将那些长期或者多次以非固定期限的还本付息方式吸收资金的行为界定为非法吸收公众存款。参见彭冰:《非法集资活动的刑法规制》,载《清华法学》2009年第3期,第126页。

表33　是否承诺"还本付息"

		频率	百分比	有效百分比	累积百分比
有效	缺失	14	3.2	3.2	3.2
	否	4	0.9	0.9	4.1
	是	426	95.9	95.9	100.0
	合计	444	100.0	100.0	

如表33所示,在本研究的数据库中,除了缺失的(信息不详)14例外,只有4例未承诺或不涉及"还本付息",其余426例全部涉及或者承诺了"还本付息""还本分红""还本获利"。

这4例又是什么情况呢？这4例涉及两个案件,一起案件有3名被告人(单位),另一起案件有1名被告人。其中第一起涉及村委会集资用于村集体建设,故既不存在还本,也不存在付息问题。法院最终也宣告被告单位、被告人不构成非法吸收公众存款罪。

因此,我们重点来看另一起没有承诺还本付息的案件。

案例12

吴志雄非法吸收公众存款案

法院认为,上诉人吴志雄未经金融管理部门批准,以合作开发广东省翁源县铁龙洞名胜风景区为名,采取发行旅游卡的变相吸收公众存款的形式,允诺以高额的分红和奖金,向不特定的社会公众吸收资金,数额巨大,违反了国家金融管理制度,扰乱了国家的金融管理秩序,其行为已构成非法吸收公众存款罪。关于上诉人及其辩护人提出上诉人的行为应属于非法集资而不是非法吸收公众存款罪的意见,经查,上诉人吴志雄以合作开发为名,向不特定的社会公众吸收资金,以合同的形式规定,凡购买铁龙洞风景区的一份旅游卡,便可按所购买的旅游卡数量,按月获取100元至200元不等的奖金,把风景区每年门票收入的38%分配给出资者,且享受此待遇年限分别为18年至38年不等,其在合同中并未明确投资人有何风险,而只是以高额回报作为吸引被害人参与投资的诱饵,其规定的分红措施虽然具有长期性和不确定性,但通过其有意虚假宣传,致使被害人相信可以在一定时期内收回投资且获得高额利润,其规定的奖金发放形式也使被害人期待可以获得稳定的高额回报,而该行为并未经国家金融管理部门批准,这一行为性质符合变相吸收公众存款的特征,构成非法吸收公众存款罪,故该上诉意见于法无据,法院不予采纳。

在这个案件里,被告人只承诺要分红,但没有明确要还本。不过了解了"投资合约书"的内容后就会发现,本案被告人只是形式上没有约定还本,但实质上承诺的还是还本分红。合约书约定:"每份投资额由人民币4380至6880元,代表合作开发10平方米。投资10份以上的投资者为金卡,每月每份可获分红人民币200元。投资3份至9份的为银卡,每月每份可获分红人民币150元。投资两份以下的为绿卡,每月每份可获分红100元。"以分红最低的100元为例。一份投资按6880元计算,每月分红按100元计算,则69个月可收回投资额。被告人允诺的享受待遇年限为18—38年,显然,无论如何,这也是一个"保本赚钱"的买卖,可谓与还本分红没有差别。因此,就还本分红而言,本案的认定是准确的。

尽管在本研究数据库中95%的情形都涉及还本分红,但这是否意味着这个特征真的有利于区分存款与其他集资行为呢?一般说来,投资肯定意味着共担风险、共享收益,这是正常情况。但是笔者认为,并不排除集资人在资金紧缺的情况下与投资人签订不平等合约,进而出现还本分红的情形。因此,还本分红并不必然能够区分投资入股与存款行为。更重要的是,还本分红、还本付息无法将吸收存款与有偿借贷予以区分。因此,从这个角度讲,还本分红、还本付息、还本获利也无法成为吸收公众存款的本质特征。

4. 社会性

最高法院界定的吸收公众存款的最后一个特征是对象的社会性,即"向社会不特定对象吸收资金"。这里的社会性显然包含两个方面的内容:

(1)必须面向社会,而不仅仅是内部。不过这里的内部外部并不容易区分。一个小公司可以称为内部,但是一个数万人的集团公司之内能否称为内部?因此,内部外部显然也具有相对性。如果非要界定,宜将内部外部与前述公开性结合考察。

（2）对象必须是不特定的。所谓不特定，从字面含义上讲，一方面可能意味着集资者和出资者之间没有特定的关系。张明楷教授将其表述为"出资者是与吸收者之间没有联系（没有关系）的人或者单位"。① 可是在作为"熟人社会"的乡村，村里面的"能人"往往可能与绝大多数村民都有关系，而且可能打过交道，如果"能人"向这些熟识的村民集资，难道不具有社会性？

不特定的另一层字面含义意味着出资者的人数不特定，"出资者可能随时增加"。② 笔者认为，这一特点一般能将借贷与存款相区分，但是无法将投资和存款相区分。

然而特定或者不特定始终是一个似是而非的概念。彭冰教授就精辟地指出："人群范围的特定或者不特定，只是相对而言。实际上，存在无数可以对人群加以划分的标准，都可以将具有某一共同特征或者利益的群体与社会公众区分开来。……因此，关键并不在于对象范围是否确定，而在于划分该特定人群的标准和立法目的之间是否有关联。……就《商业银行法》第 11 条第 2 款的立法目的而言，界定商业银行的本质业务与界定公众之间并无关联。……《商业银行法》在界定其本质业务时，其实不需要界定公众这一因素。"③

我们不妨以本上文曾提到的村委会集资案为例予以说明：

案例 13

苍南县龙港镇池浦村村民委员会、赵典飞、彭传象非法吸收公众存款案

法院认为，所谓非法吸收公众存款罪，是指违反金融法规规定，非法吸收或变相吸收公众存款，扰乱金融秩序的行为。其客观方面表现为行为人实施了向不特定的群体吸收存款的行为。本案被告单位苍南县龙港镇池浦村村民委员会在村民的要求下，以预收街道设施费的名义，向本村 23 岁以上男性村民收取集资费，其集资对象是特定的，

---

① 张明楷：《刑法学》（第四版），法律出版社 2011 年版，第 686 页。
② 同上书，第 687 页。
③ 彭冰：《非法集资活动的刑法规制》，载《清华法学》2009 年第 3 期，第 125 页。

此行为的客观要件与非法吸收公众存款罪的客观要件不符。故被告单位的行为不构成非法吸收公众存款罪,被告人赵典飞、彭传象的行为亦不构成犯罪。

该案涉及的"本村23岁以上男性村民"共有438人。笔者认为,本案的判决结果是正确的,但这438人是否真的属于特定对象,却大有商榷的余地。而在下文的案件中,被告人向4人吸纳资金,法院认定该4人属于"不特定对象"。

案例14

谢云非法吸收公众存款案

经审理查明,被告人谢云系上海同坤实业有限公司的实际控制人,2008年5月前后,被告人谢云通过许诺投资其公司的新型饲料项目,有高达18%的年利率游说上海美星电子有限公司李蓉、胡美君、王雪玲、杨爱芬等人签订借款合同,向上述4人吸纳资金共计人民币1500万元。被告人谢云代表同坤公司在上述借款合同上签字盖章。

……

法院认为,被告人谢云通过其单位向不特定对象推荐项目,变相吸收公众存款,数额巨大,其行为已构成非法吸收公众存款罪,被告人作为直接负责的责任人员依法应予惩处。鉴于被告人谢云在庭审中当庭认罪,确有悔罪表现,而所涉钱款也确实投入单位的经营活动,同时也已采取措施弥补了涉案人员的经济损失,取得了谅解,依法可予免除处罚。

尽管3人可以称之为"众",尽管人数不是衡量社会性的唯一标准,但4人与438人之间的强烈反差,还是让人觉得"不特定对象"的司法认定多少也有些"不特定"。

5. 对四个特征的评论与反思

如上所述,分开来看非法性、公开性、利诱性、社会性四个特征,笔者认为只有非法性、利诱性具有一定的区分度,而公开性、社会性的认定具有相对性,操作性不强。因为《集资案件解释》要求认定构成非法吸收公众存款罪,必须同时具备以上四个特征,四个特征同时具备,是否能够合理界定非法吸收公众存款罪与其他集资行为呢?笔者认为仍然是非常困难的。

表34 非法吸收公众存款、民间借贷、债权性融资、投资性融资特征比较

行为类型	是否需要批准	是否公开宣传	是否还本付息	对象是否特定
吸收公众存款	需要	是	是	否
民间借贷	不需要	均可	是	均可
债权性融资	债券需要,其他不需	是	是	否
股权性融资	股票需要,其他不需	是	否	否

从上表可以看出,吸收公众存款行为与民间借贷、融资行为在非法性、公开性、利诱性、社会性这四个维度上根本无法做到明确区分。即便是在还本付息、还本分红、还本获利这个所谓最根本的特征上,吸收公众存款与民间借贷、债权性融资也无法区分——更何况在某些情形下,股权性融资也不能排除还本分红的可能。此外,即使对非法性不要求违反《商业银行法》,民间性的吸收公众存款行为与民间借贷、民间融资在"非法性"上也无法区分,因为在民间金融抑制的大背景下,"未经批准即违法"的逻辑性十分强大,也就是说,任何集资行为,只要未经批准一律视为非法。总之,笔者认为,按照最高人民法院《集资案件解释》界定的四个特征,无法准确界定非法吸收公众存款行为与其他有合理资金需求的集资行为,会将民间金融的空间挤压殆尽。

为了进一步证明这一点,笔者从另一个角度——集资的用途——进行考察。

(三)集资用途

1. 基本概况

有司法实务观点认为,非法向公众吸收存款的用途不影响该罪的

构成。① 笔者认为,在已经认定为吸收公众"存款"的前提下,用途自然不影响定性,但问题的关键是,在判定资金吸纳行为究竟属于吸收公众存款还是其他的资金募集行为之前,对资金用途的考察都十分关键。事实上目前学界比较有力的观点也从资金的用途角度进行界定②,《浙江纪要》也采纳了这一解释。需要说明的是,这里的集资用途主要不是指实际用途,而主要是指集资人准备用于何处,是对集资目的、意图的界定。

由于立法和司法解释并未明确要求对本罪集资用途进行考察,导致不少法院在认定非法吸收公众存款罪时并未专门考察集资用途,尽管如此,我们还是通过裁判文书中的表述,对集资的用途进行了粗略的考察——由于裁判文书不专门认定这一问题,我们无法对集资人的集资目的予以考察,而只能考察资金的实际用途。

表35 集资用途

		频率	百分比	有效百分比	累积百分比
有效	赌博等非法活动	1	0.2	0.2	0.2
	自行存款赚息	2	0.5	0.5	0.7
	金融机构高息揽储	11	2.5	2.5	3.2
	股票彩票期货等风险交易	25	5.6	5.6	8.8
	放款等资金经营活动	48	10.8	10.8	19.6
	货币以外的生产经营	172	38.7	38.7	58.3
	其他或不详	185	41.7	41.7	100.0
	合计	444	100.0	100.0	

如表35所示,在本数据库中,集资用于非法活动的有1例,仅占0.2%;用于存款赚取利息的有2例,占0.5%;金融机构违规高息揽储(包括他人协助金融机构揽储)的有11例,占2.5%;用于股票、彩票、期货等金融风险交易的有25例,占5.6%;用于放款等资金经营活动的有48例,占10.8%;用于货币以外的生产经营活动的有172例,占

---

① 参见叶维景:《非法向公众吸收存款的用途不影响该罪的构成——浙江台州中院裁定叶从速非法吸收公众存款案》,载《人民法院报》2009年3月20日。
② 参见张明楷:《刑法学》(第四版),法律出版社2011年版,第687页。

38.7%;用途不明的有185例,占41.7%。

从这个结果至少可以看出以下几点:

(1)司法机关在认定非法吸收公众存款罪的时候,确实没有将集资用途作为一个专门要素予以考察,以致很多案件我们都无法通过裁判文书判断集资款的用途,也无法判断集资人的集资目的和意图。尽管这41.7%的案例集资用途不明,但通过对这些案例的研读,我们还是发现这类案件大致又可以分为三类:一类是典型的空壳公司,专门设立用于集资,不排除有非法占有的目的;一类是有自己的实业,可能用于货币以外的生产经营活动;一类可能用于货币资本经营。

(2)大量用于非货币经营活动的集资行为被认定为非法吸收公众存款罪。在本研究的数据库中,明确被司法机关认可用于生产经营的就有172例,占总数的38.7%!也就是说,至少这172名被告人(被告单位)不宜认定为非法吸收公众存款罪!

(3)在本数据库中,用于典型货币经营(高息揽储、股票彩票期货交易、放贷)的并不多,合计比例为18.9%。其中,高息揽储的为农村信用社,而且本数据库中就涉及两家信用社,这说明,商业银行真正违规吸收公众存款的确实少见;用于股票、期货投资的主要为证券公司;而用于放贷的,则主要是非金融机构以及个人。

为了更好地对用于货币、资本经营的集资行为与用于一般生产经营的集资行为进行对比考察,下文笔者将结合一些典型案例予以论证。

2. 用于货币、资本经营的集资行为

(1)揽储。对金融机构来说,高息揽储是比较典型的非法吸收公众存款行为,《商业银行法》也因此专门作了规定。不过,由于近年来商业银行的规范化经营成效非常显著,且由单位实施明令禁止的犯罪行为风险过高,因此真正由商业银行实施的高息揽储行为并不常见。本数据库中,虽然涉及11例高息揽储事件,但只涉及两家农村信用社。其中1家以农村信用社的名义高息揽储(涉及1个案件5名被告人、单位),1家是信用社主任通过他人高息揽储(涉及6个案件6名被告人)。

案例 15

民权县农村信用合作联社、秦海军等非法吸收公众存款案

被告人秦海军供述,2005年8月至2006年11月份,其在任闫集信用社主任期间,为完成任务,采取高息揽储的方法吸收公众存款,按储户每存1万元定期存款除正常利息外,另外付给储户500元高息的比例吸收存款。储户存1万元实际交9500元就可以了。主要由栗继全吸收存款,把存款和好处费条交给陈修普,陈修普给栗继全打出存单,好处费数和现金加一块等于存单金额。好处费积累到一定程度或到月底,陈修普把好处费给栗继全,栗继全安排乔保江、高家建等外勤按好处费总数填假借据冲抵好处费。

被告人栗继全供述,2005年秦海军当主任后,一直延续着高息揽储……闫集信用社定期存款大部分都是高息揽储……高息揽储的存款大部分是通过县联社的刘凤芝、白继红、尚艳玲、张美兰、陈静、袁雪梅、孙凤英等人吸收的,共有400多万元。

被告人乔保江供述,高息揽储从上几任主任就开始了……

案例 16

曹桂玲非法吸收公众存款案

被告人曹桂玲在不具有吸收存款资格的前提下,违反金融管理法规,以8%的高额利息为诱饵,于2008年5月17日,帮助濮阳县农村信用社文留信用社刘楼分社主任高同彬之子高某(另案处理),吸收河南省淇县高村镇任国×存款25万元,向任支付高额利息2万元;并伙同河南省滑县道口镇居民王某某以14%的高额利息为诱饵,于2008年3月21日帮助高某吸收河南省新乡市红旗区居民史某某存款200万元,同年4月15日150万元,7月11日帮助吸收史某某存款200万元,共向史支付高额利息28.5万元。该4笔存款存入濮阳县农村信用社文留信用社刘楼分社后,遂被该分社职工吴某某(已判刑)、龙某某、刘某某(均另案处理)等人挪用给高某做生意使用,部分款项至今未能追回。

案例 15 表明,农村信用社往往有存款任务。为了完成任务,信用社不得不铤而走险,采用高息揽储的方式吸纳存款。被告人的供述,表明这种情况带有一定的普遍性。案例 16 中的被告人曹桂玲本不是濮阳县农村信用社文留信用社刘楼分社的工作人员,但为了获取中介利益,在该分社主任高同彬的授意下,帮助刘楼分社高息揽储,而这些存款此后又被该分社职工挪用给主任的儿子经商。本案法院未认定刘楼分社高息揽储,但是很明显,刘楼分社主任高同彬至少应是本案主犯,曹桂玲只不过是高息揽储的共犯而已。信用分社主任为了帮儿子经商提供资金支持,通过他人高息揽储,这种事情虽然少见,但也可算作(通过)正规金融机构非法吸收公众存款的典型案例。两个案例都充分暴露了部分农村信用社的内部控制水平和风险管理能力亟待提高。

(2)发放贷款。根据笔者的观察,吸收公众资金放贷的行为主要有三种模式:① 个体性放贷,即"金融个体户"。这是最低端的形态,吸收公众资金、放贷基本由一个人完成。这在农村地区比较突出。金融个体户运作资金的能力是非常惊人的,如案例 17。② 组织性放贷。有一定的组织性,但没有组织机构,放贷业务主要是一种松散型的联合。民间会社大致可以归入这一类。③ 机构性放贷。设立有固定的机构,有专业的工作人员。其中又分为三类。一是合法设立并且有除放贷之外的其他实体营业的。二是虽然经过合法批准设立,但其实是通过欺骗性手段设立的空壳公司,其主业就是吸收存款,发放贷款。三是虽然未合法设立,但有固定的办事机构和组织架构。一些地下钱庄可以归入此类。

案例 17

王春英非法吸收公众存款案

1993 年以来,被告人王春英未经国家批准,以支付高额利息为诱饵,采取为储户打借条、收据、借据等手段,非法吸收社会公众存款。截至案发,累计存款户达 5 400 人次,金额为 102 694 675.60 元,其中本金 82 216 512 元,利息 20 478 163.60 元;尚未支付的存款户 1 171 人,金额32 656 977元;发放贷款498人次,金额4 547 201元,其中已收回3 436 510元,未收回贷款1 110 691元。

(3) 证券、国债、期货、彩票投资。用于证券、期货投资的集资行为既可能由个人实施,也可能由单位实施。由单位实施的,往往是由正规金融机构实施,涉及的集资金额和财产损失也往往十分惊人。表36反映的就是本研究数据库中集资金额排名前三的金融机构的集资用途情况。除了将吸收的资金用于兑付客户到期本金和利息,三家金融机构的集资用途都包含购买股票,其中两家还购买了国债。并且吸收的资金有被用于炒作股票的情形,如法院认定"金新信托非法吸收的公众存款主要用于新疆德隆和上海友联炒作新疆屯河、沈阳合金、湘火炬股票"。显然,这对金融秩序的破坏是非常巨大的。不过笔者认为,用于购买股票、国债等虽然扰乱了金融秩序,但不是直接扰乱了存款、贷款秩序。严格讲来,对于这种货币、资本经营行为是否应该纳入非法吸收公众存款罪打击也有待继续讨论,因为其侵犯的也并非狭义的存款、贷款秩序。

表36 涉案金融机构集资用途

序号	集资金额	被告人(单位)	集资用途
1	20173991332	金新信托投资股份有限公司	购买股票
2	2141906309	西北证券有限责任公司	购买股票和国债
3	790000000	中富证券有限责任公司	购买股票和国债、调拨至其他单位、业务拓展

3. 用于普通生产经营的集资行为

(1) 集资办学。集资办学曾在国家层面受到肯定和鼓励。如《全国人民代表大会财政经济委员会关于1983年国家决算和1984年国家预算草案的审查报告》认为:"要广开办学门路,提倡多种形式办学,改革教育经费的使用方法,开辟集资办学的新的途径,以促进文教科学卫生事业更好地发展。"1988年《政府工作报告》也提出:"国家和地方都要逐步增加教育经费,提倡和鼓励社会力量集资办学、捐资办学,以加快我国教育事业的发展。"但是在整顿金融"三乱"的大背景下,集资办学也当然被纳入打击范围。本研究数据库也涉及三个集资办学案件。其中湖南省新邵县岳峰中学集资办学案非常具有典型性。

案例18

伍佑祥、黄甲英非法吸收公众存款案

坐落于新邵县潭溪镇的原新邵县第六中学,于1999年下半年撤校,潭溪镇辖区因此没有了公办高级中学。新邵县潭溪镇孙家桥中学教师黄才良见此机会,开始筹办岳峰民办高级中学。2001年7月18日,经新邵县教育主管部门批准,新邵县岳峰高级中学(以下简称岳峰中学)成立。岳峰中学成立后,由黄才良任法定代表人和校长。黄才良、黄文晖、黄姣秀、莫铁钢、孙社香和伍佑祥6人各自出资人民币2万元入股办学,伍佑祥担任管后勤的副校长。建校之初,岳峰中学租用新邵县潭溪镇厚椅小学的2层楼办学,2001年下学期招生。2002年3月,上述6个股东各追加了4万元股金,加上第一期办学的利润,以及2002年所收的部分学费,在新邵县潭溪镇椅子村开始征地修建教学楼。因资金短缺,黄才良、伍佑祥、黄文晖等6名股东经商量,决定由伍佑祥之妻黄甲英和股东黄姣秀出面,以高于银行同期贷款利息的标准,采取先向亲戚朋友借钱,继而面向社会公众借钱的方式,非法吸收公众存款。2003年学校继续征地修建了食堂、教师宿舍、厕所、操场、围墙等,2004年学校修建了学生宿舍,购买了电脑、老师办公桌、学生的床、课桌等。随后吸收周中和、伍员、刘匡源3人入股(各出资人民币20万元)。2005年学校配套设施已基本建成。

2006年,各股东之间产生了分歧意见。同年8月5日,岳峰中学9名股东即黄才良、伍佑祥、黄文晖、黄姣秀、莫铁钢、孙社香、周中和、伍员、刘匡源经协商签订了股权转让协议:岳峰中学的所有资产全部归股东伍佑祥一人所有,所有的债务由伍佑祥一人承担,其他8名股东退股。协议签订后,伍佑祥、黄甲英夫妇随即接管岳峰中学,由伍佑祥担任学校法定代表人和校长,黄甲英负责财务(2008年10月31日,变更法定代表人为黄甲英,伍佑祥担任校长)。伍佑祥、黄甲英夫妇接管岳峰中学后,经石世邻、石双娥、周建国等人介绍,以及经借款人相

传,伍佑祥、黄甲英夫妇借钱办学之事在当地广为传播。伍佑祥、黄甲英办学因资金短缺,于是沿用接管该校之前向社会非法吸收公众存款的同样方法,以高于银行同期贷款利息(月息一分到一分二厘)的方式,采取由伍佑祥、黄甲英出具借据,并在借据上加盖岳峰中学公章之手段,非法吸收新邵县潭溪镇、寸石镇、酿溪镇和涟源市白马镇民众的存款,用于归还岳峰中学原借款及支付学校的日常开支。2007年新邵县八中扩招,岳峰中学生源减少,2009年12月岳峰中学停办。2010年1月,新邵县公安局经侦大队配合对岳峰中学的财物进行清查,随后新部县教育局聘请了邵阳市天正联合会计师事务所,对岳峰中学进行了财务审计。2010年12月31日由县领导交办,新邵县公安局以黄甲英、伍佑祥涉嫌非法吸收公众存款罪立案侦查,并于同日对2人予以刑事拘留。

至案发时,伍佑祥、黄甲英非法吸收公众存款未归还的共计476.1363万元,对象146人,产生利息58.2987万元。后经新邵县岳峰中学不稳定问题处置领导小组多方努力,现已将原债权人刘锡康等133人的债权按原始借据上债权金额(4 025 715元)的80%即3 220 572元予以兑付;已将原教师杨益林等19人的工资按登记的工资金额(94 907元)的80%即75 925.60元予以兑付,此152人已签订承诺书,不再因该问题而上访或起诉原岳峰中学及伍佑祥夫妇。至此,黄甲英、伍佑祥从群众中吸收资金,未归还的公众欠款尚有761 612元(含25 964元利息),其中欠黄甲英之胞妹黄密英借款46万元。

这个案件有如下特点值得注意:

第一,集资的目的是为兴办学校,且集资款确实用于学校建设、偿还建设债务、日常开支。集资的动因则是"接手后因银行不愿贷款"。事实上,该办学行为也确实值得鼓励,镇上因为撤校没有了高中,教育主管部门的批准也证明了该办学行为的合理性。

第二,尽管裁判文书认定"伍佑祥、黄甲英夫妇借钱办学之事在当地广为传播",但证人周实根证明,"岳峰中学向群众借钱没有作过宣传"。

第三,本案"由县领导交办",且被一审法院认为"造成部分被害人于2011年8月到省委上访的恶劣社会影响"。

第四,已归还本案公众集资款的80%,并取得了他们的谅解,社会矛盾基本消除。可以说,这个案件即便根据《集资案件解释》的规定给予定罪都非常勉强。

笔者认为,将这种带有一定公益性质的集资办学行为作为非法吸收公众存款罪进行打击,严重缺乏正当性和合理性,既伤害了办学人的心,也背离了非法吸收公众存款罪的设立初衷。

(2) 其他生产经营。与集资办学这种带有一定公益性的集资行为相比,募集资金从事生产、经营等营利行为的更多一些。这些货币、资本以外的生产经营涉及的行业、类别也非常广泛。既有炙手可热的房地产行业,也有与日常生活密不可分的餐饮娱乐、商品批发零售等。可以说,发生在第一、二、三产业的集资行为都十分普遍。尽管这些生产经营行为不像集资办学那样具有一定的公益性,但是其募集资金的合理性是很明显的。前述郑德利等非法吸收公众存款案即是一个很好的例子。

> 1992年8月,澳门大明公司与广州市东建实业公司合作,成立广州大明公司,共同开发经营明珠花园项目,由澳门大明公司负责资金投入。1994年初,随着明珠花园建筑面积的不断扩大,所需资金大量增加,作为澳门大明公司股东的被告人郑德利、陈柱辉及罗炳煜等人便多次碰头,商讨如何加大资金的投入。被告人关成扬(时任被告单位九江集团总经理、党支部书记)、陈柱辉(时任九江集团副主任、业务副经理)提出,九江集团自有资金不足,也难以向银行贷款,只能通过集资的途径解决,并提出集资的利息很高,恐怕难以承受。被告人郑德利当即表示,就算是集资也要搞,吸纳再多资金也不怕,利息再高点也没问题,并多次表示明珠花园的前景很好,在集资利息高的前提下,公司也能赚取利润,但如果资金跟不上,明珠花园变成"烂尾楼",到时候想走就难了。与此同时,被告人郑德利还专门制作了明珠花园的成本、利润估算报告,报告中以20厘利息计算,预期明珠花园仍有9亿元的利润。据此,被告单位九江集团召开支委扩大会议,通过讨论研究,决定向社会募集资金。1995年7月1日到1998年间,被告

单位以高于同期银行利率的利息,先后吸收874名群众的存款合计人民币11 604.5万元、港币63.5万元。

证人罗炳焜证实……明珠花园扩大了准建面积后,资金需求量增大,依靠银行借贷及向外公司拆借无法满足明珠花园的资金需求,澳门大明公司的3家股东一起商量如何解决,九江、黄岐提出可能要集资吸存才能解决,郑德利当时明确指出:"集资都要搞,就算利息高也没问题",陈柱辉就提出"集资利息很高,很难承受",郑德利就讲"怕什么,我们现在才4 000元/平方米,而楼价就卖到近万元/平方米,怎样计算都不怕,你们尽管去搞,如果资金跟不上,明珠花园变成烂尾楼,我们大家损失更惨"。

不难看出,大明公司有非常合理的资金需求,却又难以从银行获得贷款,而公司从事房地产建设的预期利润也确实比较可观。在这种情况下,一个理性的抉择只能是集资搞建设,而不是让明珠花园小区变成烂尾楼。只可惜天不遂人愿,郑德利们的蓝图并没有实现,而出资人的巨额资金也打了水漂。

在非法吸收公众存款罪案例库中,类似情形的案件还不少。应该说,这类集资行为确实有巨大的资金运作风险,但是有风险并不能成为禁止的理由——事实上,正规金融机构的合法资金业务同样存在巨大的风险,并且对融资者而言,付出的成本可能是一样的。最近曝光的绿城地产"融资费"案件或可佐证。绿城地产系国内排名前十的知名房地产企业,由其控股的新疆鸿远投资有限公司因向中国建设银行新疆分行贷款6亿元,而向建行内部人士支付了3 000万元"融资费"。绿城为什么愿意支付如此高昂的"融资费"? 就是因为"当时绿城真的很难,夏松华等人也是为了尽快落实项目资金。通过计算,3 000万元的融资服务费相当于增加了2个多点的利息,在当时高额融资困境下,还是比较划算的"。①

不难看出,不管大企业小企业,不管是民间融资还是向正规金融机构贷款,获得资金都不是一件容易的事情,而资金恰恰又是企业和经济发展的血液。因此,对于有合理资金需求的民间集资,合理的政

---

① 晏耀斌:《3000万贿赂新疆建行绿城再陷"商贿门"》,中国经营网,2013年6月15日。

策选择也许只能是允许其存在，同时要进行适度监管。将这类有着正当资金需求，并且集资款也确实用于生产经营活动的集资行为纳入非法吸收公众存款罪予以打击，既不利于保持经济活动的活力，也完全压制了民间金融的合理生存空间。

三、非法吸收公众存款案件的裁量

（一）侦查、起诉、裁判简况

1. 侦查罪名

表37　侦查罪名

		频率	百分比	有效百分比	累积百分比
有效		159	35.8	35.8	35.8
	非法吸收公众存款罪	251	56.5	56.5	92.3
	合同诈骗罪	9	2.0	2.0	94.4
	集资诈骗罪	11	2.5	2.5	96.8
	非法经营罪	3	0.7	0.7	97.5
	诈骗罪	8	1.8	1.8	99.3
	挪用公款罪	1	0.2	0.2	99.5
	玩忽职守罪	1	0.2	0.2	99.8
	贪污罪	1	0.2	0.2	100.0
	合计	444	100.0	100.0	

从表37可以看出，除159例信息缺失外，本研究案例库中有251例以非法吸收公众存款罪立案侦查，占56.5%，有9例以合同诈骗罪立案侦查，占2%；有11例以集资诈骗罪立案侦查，占2.5%；有8例以诈骗罪立案侦查，占1.8%；有3例以非法经营罪立案侦查，占0.7%；各有1例以挪用公款罪、玩忽职守罪、贪污罪立案侦查，分别占0.2%。这个结果至少表明，在案发初期，侦查机关对集资类案件的定性比较飘忽，一共涉及8个罪名，尤其是有28例以诈骗类罪名（集资诈骗罪、合同诈骗罪、诈骗罪）立案，占比达6.3%，足见非法集资案件与采用集资方式诈骗的案件区分之困难。

2. 起诉罪名

表38　起诉罪名

		频率	百分比	有效百分比	累积百分比
有效	非法吸收公众存款罪	437	98.4	98.4	98.4
	集资诈骗罪	5	1.1	1.1	99.5
	非吸+合同诈骗	1	0.2	0.2	99.8
	非法经营罪	1	0.2	0.2	100.0
	合计	444	100.0	100.0	

从表38可以看出，经人民检察院审查以后，起诉的罪名由8个减为5个，罪名更加集中。其中，有1例案件同时以非法吸收公众存款罪和合同诈骗罪起诉；有1例案件以非法经营罪起诉；有5例以集资诈骗罪起诉；剩余的437例均被以非法吸收公众存款罪起诉，占总数的98.4%。将侦查立案罪名与起诉罪名比较可以发现，挪用公款罪、玩忽职守罪、贪污罪没有了，诈骗类犯罪的数量更是减少了22例！

3. 裁判结果

表39　裁判结果

		频率	百分比	有效百分比	累积百分比
有效	有罪	434	97.7	97.7	97.7
	无罪	7	1.6	1.6	99.3
	准予撤回起诉	1	0.2	0.2	99.5
	不追究刑事责任	2	0.5	0.5	100.0
	合计	444	100.0	100.0	

表39表明，非法吸收公众存款案件的有罪宣判率97.7%，这和其他犯罪的区别不大。值得注意的是，有1例案件检察机关直接作出了

撤回起诉决定,有两例被不予追究刑事责任①,有7例被宣告无罪。其中,不予追究刑事责任的两例,均为被告单位已被注销的情形,故不赘述;而被宣告无罪的7例(共涉及4个案件)情形则各有不同,且由于无罪案件比较稀少,下面特将控辩审三方在案件中的意见一一列出。

(1)张洪显被宣告无罪案

控方:被告人张洪显,于2000年10月到山西璞真灵芝酒业有限公司工作,任该公司会计。后兼任山西三江源璞真生态环境投资有限公司、山西璞真假日俱乐部有限公司的会计。其主要职责是对三个公司的集资人按期返还本金及利息的记账。为山西璞真灵芝酒业有限公司等3个公司变相吸收公众存款665 144 277.97元起到了重要作用。

辩方:被告人张洪显辩称,自己只是酒业公司返本记账员,从未参与其他两个公司的工作,没有犯罪的故意;辩护人的辩护意见是,被告人主观上没有犯罪的故意,客观上不负任何领导职责,不参与决策,没有吸收存款,没有犯罪行为,不具备犯罪的构成要件。

法院认为:被告人张洪显,于2000年10月到山西璞真灵芝酒业有限公司工作,任该公司返本会计。在山西璞真灵芝酒业有限公司变相吸收公众存款中作用显著轻微。被告人张洪显在所处单位的犯罪活动中,系接受被告人聂玉声的指派,根据各自岗位职责,奉命实施了一定的犯罪行为,对其所起作用可不追究刑事责任。

(2)赵新凯、刘兰英被宣告无罪案

控方:自2000年4月30日至2002年6月25日,被告单位禹州市钧都典当行在被告人赵健身的直接领导、策划下,其他被告人积极参与,违反上级管理部门的规定,采取给本单位职工下达吸收存款任务、发放劝股费等手段,以股金形式变相吸收公众存款,扰乱金融秩序,共

---

① 不予追究刑事责任与免予刑事处罚不同。前者不承担任何刑事责任,法律效果等同于无罪;而后者属于有罪认定,根据《刑法》第37条的规定,可以根据案件情况对被告人予以训诫等。在本研究数据库中,即存在混淆这两个概念的情形。在一起案件中,法院先认定"被告人聂燕芳、金晓莉、李利民、张洪显在所处单位的犯罪活动中,系接受被告人聂玉声的指派,根据各自岗位职责,奉命实施了一定的犯罪行为,对其所起作用可不追究刑事责任",但紧接着却宣告"被告人李利民犯非法吸收公众存款罪,免予刑事处罚……被告人聂燕芳犯非法吸收公众存款罪,免予刑事处罚;被告人金晓莉犯非法吸收公众存款罪,免予刑事处罚;被告人张洪显无罪"。

计吸收公众存款 214 485 015 元。其中被告人赵新凯吸收 857 000 元；被告人刘兰英吸收 118 800 元。

辩方：被告人赵新凯上诉称，原判决量刑重，请求改判。被告人刘兰英上诉及其辩护人辩称，被告人刘兰英的行为不构成非法吸收公众存款罪，请求改判无罪。

法院认为：被告人赵新凯、刘兰英非法吸收公众存款的行为，属情节显著轻微危害不大，不认为是犯罪。

(3) 黄克胜被宣告无罪案

控方：北京华帝凯工艺包装制品公司系 1994 年注册成立的股份合作制企业，被告人黄克胜先后担任该公司总经理及法定代表人。1995 年 4 月至 1996 年年底，为解决北京华帝凯工艺包装制品公司经营资金紧张的问题，被告人黄克胜擅自决定，采用承诺支付 24% 至 120% 不等高额年息的方式，在北京市东城区东四五条 137 号北京市日化三厂门前及朝阳区西坝河 11 楼 1505 号陈莉家中等地，由其本人直接非法吸收北京园林服务咨询公司经营部等单位及宋玉兰、陈莉等人的资金，或者通过陈莉向马书祥、孙静茹、陈雷等 31 人非法吸收现金，共计人民币 216.7 万元。后因该公司经营不善连续亏损及未能及时收回货款，致使 113.7 万元资金无法返还。

辩方：

被告人黄克胜辩称：① 其与陈莉约定的利息在 3% 左右，故起诉书认定的年息达到 120% 不是事实；② 其只是向陈莉借钱，大多数人自己均不认识。

辩护人周小园的辩护意见为：① 黄克胜在主观上不具有非法占有他人财物的目的，其行为属于一般借贷行为，只能按债务纠纷处理，不能以犯罪论处；② 在客观上，黄克胜没有向不特定的个人借款，不符合非法吸收公众存款罪的特征；③ 黄克胜借款均用于生产经营，且所约定借款利息没有显著超出同期银行利率；④ 在客观方面，不存在扰乱国家金融秩序的行为。民间借贷关系法律上是允许的，只是利率超过国家规定的限度后，对这种借贷关系法律上不予保护。本案出借人在出借款项时就具有风险意识，没有给社会造成不良影响。

法院认为：被告人黄克胜仅直接向陈莉、郝俊卿、迪贝特公司、北京园林服务咨询公司等少数个人和单位借款，借款对象均与其具有相对特定的关系;且所借款项亦大部分用于生产经营,故被告人黄克胜的行为不具备非法吸收公众存款罪的特征。

(4) 苍南县龙港镇池浦村村民委员会、赵典飞、彭传象被宣告无罪案

控方:1999年10月29日下午,被告人赵典飞主持召开龙港镇池浦村村民委员会会议,会议研究决定:池浦村村委以发放宅基地"集资卡"为名,向本村村民收取集资费用于村集体建设,并由被告人彭传象统计发放"集资卡"的具体数量。同年11月2日晚,在被告人赵典飞、彭传象等池浦村村委会委员的组织下,池浦村村委以"街道设施费"的名义,向池浦村村民收取集资费计人民币438万元。

辩方:

被告单位诉讼代表人对指控事实没有异议,辩称系受邻村影响和村民主动要求才发放"集资卡",现已全部收回。

其辩护人认为:① 被告单位作为村民群众性自治基层组织,对涉及村建道路等村公益事业的经费筹集方案和宅基地的使用方案,应提请村民大会讨论决定,所以本案原村委会超越了职权范围,不能体现被告单位的意志,因此不符合单位犯罪的特征;② 本案发放"集资卡"的对象是池浦村23周岁以上的男性村民,对象是特定的,不符合非法吸收公众存款罪的构成要件,故被告单位不应承担刑事责任。

两被告人对指控事实均无异议。其辩护人均辩称:① 被告单位没有非法集资,因为所发放的是"购房卡",且规定不能买卖;② 两被告人没有犯罪的主观故意,最多是过失,是一种错误行为;③ 没有向社会发放,而是向单位内部发放,对象是特定的;认为被告人的行为不构成犯罪。

法院认为:被告单位苍南县龙港镇池浦村村民委员会在村民的要求下,以预收街道设施费的名义向本村23岁以上男性村民收取集资费,其集资对象是特定的,此行为的客观要件与非法吸收公众存款罪的客观要件不符。

在这4件案件中,一件因"作用显著轻微"被宣告无罪,一件因"情节显著轻微危害不大"被宣告无罪;另外两件均因集资对象是特定的而被宣告无罪,对其中一起,法院还特别强调了"所借款项亦大部分用于生产经营"。

这个结果多少有些令人遗憾。作用和情节能否被认定为显著轻微,在很多时候有运气的成分①,集资对象是否特定,也没有一个具有可操作性的判断标准,但正是这些因素,决定了一个人的有罪无罪!这几名被告人(单位)是幸运的,但这又何尝不意味着其他被告人(单位)可能遭遇了不幸呢?

案例 19

刘祖献、湘西自治州金凤凰大酒店商贸有限责任公司非法吸收公众存款案

2004年下半年,余冬云(另案处理)、田虹通过余学武认识了被告人刘祖献,觉得被告人刘祖献比较讲信用。2004年底至2005年初,被告人刘祖献多次向余冬云、田虹借钱,月息5分或6分,共计85万元。之后,被告人刘祖献因经营酒店和还借款又需要资金,余冬云就多次给其同事、朋友宣传,称金凤凰大酒店集资,月息5分。以金凤凰大酒店名义向社会集资28户共249万余元。其中参与集资27人的钱是先交给余冬云,再由余冬云把钱交到被告人刘祖献办理集资手续,然后把签有被告人刘祖献名字的投资承诺书交给集资户,余冬云经手的集资金额为246万元。

刘祖献及其辩护人辩称,原审法院在金额计算上多计、重计,且未收取过余冬云、田虹以外的人存款,请求二审改判。

这个案例与前述被宣告无罪的黄克胜案几乎一模一样:① 集资用途:本案用于经营酒店;前案用于经营包装制品公司。② 集资对象:本案直接向两名自然人吸纳资金,同时通过其中1人(余冬云)向其同事、朋友等27人集资;前案直接向少数几个单位、自然人吸纳资金并同时通过其中的1人(陈莉)向另外31人集资。③ 集资数额及损失:本案共集资249万余元;前案共集资216.7万元。

如果非要说两案有什么区别的话,那就是前案中介帮助人余冬云

---

① 在非法吸收公众存款案中,吸纳资金的数额是一个很重要的标准,但是前述两案的法官显然都有意回避了这个问题,因此这3名被告人是幸运的。

是以金凤凰大酒店的名义协助吸收资金,而后案中介帮助人"陈莉帮助黄克胜以自己名义向其同事、朋友、邻居、亲属等人借款,并允诺可支付高额利息"。证据同时表明,是黄克胜"让陈帮忙借钱",陈莉也是"以帮助黄克胜筹措做生意的资金为由,分别向大家借款,并允诺支付高息",只不过以自己的名义打了借条。从民事法律关系上来讲,两案的确有所不同,可就对"金融秩序"的影响来看,两案的区别到底有多大?

但就是这样两件高度相似的案件,一名被告人因系向特定的对象集资而被宣告无罪,而另一名被告人却被判处有期徒刑两年,并处罚金人民币5万元!

4. 宣告罪名

表40 宣告罪名

		频率	百分比	有效百分比	累积百分比
有效		10	2.3	2.3	2.3
	非法吸收公众存款罪	431	97.1	97.1	99.3
	集资诈骗罪	1	0.2	0.2	99.5
	非法经营罪	1	0.2	0.2	99.8
	诈骗罪	1	0.2	0.2	100.0
	合计	444	100.0	100.0	

从表40可以看出,与起诉罪名相比,宣告罪名进一步缩减,合同诈骗罪的指控没有成功。

表41 起诉罪名与宣告罪名

			宣告罪名				合计
			非法吸收公众存款罪	集资诈骗罪	非法经营罪	诈骗罪	
起诉罪名	非法经营罪	计数	0.00	0.00	0.00	1.00	0.00	1.00
		行百分比	0.00	0.00	0.00	100.00	0.00	100.00
		列百分比	0.00	0.00	0.00	100.00	0.00	0.23
		总百分比	0.00	0.00	0.00	0.23	0.00	0.23

(续表)

起诉罪名			宣告罪名					合计
			非法吸收公众存款罪	集资诈骗罪	非法经营罪	诈骗罪		
起诉罪名	非吸+合同诈骗	计数	0.00	1.00	0.00	0.00	0.00	1.00
		行百分比	0.00	100.00	0.00	0.00	0.00	100.00
		列百分比	0.00	0.23	0.00	0.00	0.00	0.23
		总百分比	0.00	0.23	0.00	0.00	0.00	0.23
	集资诈骗罪	计数	0.00	5.00	0.00	0.00	0.00	5.00
		行百分比	0.00	100.00	0.00	0.00	0.00	100.00
		列百分比	0.00	1.16	0.00	0.00	0.00	1.13
		总百分比	0.00	1.13	0.00	0.00	0.00	1.13
	非法吸收公众存款罪	计数	10.00	425.00	1.00	0.00	1.00	437.00
		行百分比	2.29	97.25	0.23	0.00	0.23	100.00
		列百分比	100.00	98.61	100.00	0.00	100.00	98.42
		总百分比	2.25	95.72	0.23	0.00	0.23	98.42
合计		计数	10.00	431.00	1.00	1.00	1.00	444.00
		行百分比	2.25	97.07	0.23	0.23	0.23	100.00
		列百分比	100.00	100.00	100.00	100.00	100.00	100.00
		总百分比	2.25	97.07	0.23	0.23	0.23	100.00

a. $p=0.00<0.01$

表41清晰地展现了指控罪名的变更情况。公诉机关指控了1例非法经营罪,法院予以认定;公诉机关指控了一起非法吸收公众存款罪+合同诈骗罪,法院只认定了非法吸收公众存款罪;公诉机关指控了5例集资诈骗罪,法院全部变更为非法吸收公众存款罪,变更率为100%;公诉机关指控了437例非法吸收公众存款罪,其中法院认定了425例,指控成功率为97.25%,另各有1例被变更为集资诈骗罪、诈骗罪。

这个结果体现了以下几个特点:

(1)我国法院习惯于直接变更指控罪名[①],而不是宣告指控的罪名不成立:法院既可以将重罪名变更为轻罪名(如从集资诈骗罪改为非法吸收公众存款罪),也可以将轻罪名变更为重罪名(如从非法吸收

---

① 这当然有司法解释支持的原因。

公众存款罪改为集资诈骗罪)。不过变更罪名的比率较低,没有超过2%,这与其他学者的研究结果相比有一定差距。①

(2) 在集资类案件中,人民法院认定集资诈骗罪非常慎重。如本研究数据库中,公诉机关指控的 5 例集资诈骗罪,均被变更为非法吸收公众存款罪。

(3) 非法吸收公众存款罪的指控成功率非常高。这与非法吸收公众存款罪的理论争议形成鲜明对比。

(二) 刑罚裁量情况

1. 刑罚(刑事责任)的种类

《刑法》第 176 条规定:"非法吸收公众存款或者变相吸收公众存款,扰乱金融秩序的,处三年以下有期徒刑或者拘役,并处或者单处二万元以上二十万元以下罚金;数额巨大或者有其他严重情节的,处三年以上十年以下有期徒刑,并处五万元以上五十万元以下罚金。单位犯前款罪的,对单位判处罚金,并对其直接负责的主管人员和其他直接责任人员,依照前款的规定处罚。"

因此,非法吸收公众存款罪涉及的刑种就包括拘役、有期徒刑、罚金三种。本数据库中还涉及集资诈骗罪、诈骗罪,故还可能涉及无期徒刑、死刑。免予刑事处罚本身不是刑罚,但属于承担刑事责任的方式之一,也一并纳入考察。

表 42 刑事责任种类

		频率	百分比	有效百分比	累积百分比
有效	不追究刑事责任、宣告无罪	10	2.3	2.3	2.3
	有期徒刑	391	88.1	88.1	90.3
	单处罚金	32	7.2	7.2	97.5
	免予处罚	10	2.3	2.3	99.8
	无期徒刑	1	0.2	0.2	100.0
	合计	444	100.0	100.0	

---

① 白建军教授在一项研究中发现,示范性案例中罪名变更率高达 12.2%。参见白建军:《变更罪名实证研究》,载《法学研究》2006 年第 4 期,第 53 页。

从表42可以看出,除了10例不追究刑事责任、宣告无罪的案件外,适用有期徒刑的最多,有391例,占总数的88.1%;其次是单处罚金的案件,有32例①,占7.2%;免予刑事处罚的有10例,占2.3%。从刑种的角度上看,没有涉及死刑的案件(其中1例曾被以集资诈骗罪判处死刑,最高人民法院复核后以非法吸收公众存款罪改判有期徒刑);1例被判处无期徒刑,但适用的罪名为诈骗罪。也就是说,只有拘役没有被适用。储槐植教授曾将可以适用拘役的犯罪称为"微罪"②,但是从本数据的情况来看,微罪并没有被适用"微刑"。

2. 有期徒刑的刑期

笔者以月为单位,对有期徒刑刑期进行了统计。结果显示:最大值为120,即10年;最小值为6,即半年。最大值和最小值均为非法吸收公众存款罪可以判处刑期的极限值。均值为42.73,即3年半多一点;中值和众数均为36,即3年。此外,60.6%的被告人被判处42个月及以下的刑期;55%的被告人被判处36个月及以下有期徒刑(更直观的分布可参见下图)。如果以3年即36个月作为重刑轻刑的分界线,意味着有高达45%的被告人被科处了重刑。

3. 缓刑的适用

统计结果表明,在391名被宣告有期徒刑的被告人中,有88名被宣告缓刑,占总数的22.51%;由于被判处3年以下有期徒刑的被告人为215名,则被判处3年以下有期徒刑被告人的缓刑适用比例为40.93%。

这个比例是高还是低呢?根据另一项研究,2006年至2008年,适用缓刑的人数占全国判处刑罚总人数的24.56%,占判处3年以下有期徒刑及拘役人数的55.35%。③ 两相比较不难看出,非法吸收公众存款罪的缓刑适用比例明显偏低。结合前述拘役、重刑适用情况,可

---

① 既包括对单位单处罚金,也涉及对自然人单处罚金,但主要是对单位单处罚金。需要说明的是,前面我们统计的单位犯罪数量远远超过这个数字,原因何在?主要有两种原因:一是认定了单位犯罪,但单位被注销了,故无法追究刑事责任;二是犯罪单位被另案处理了,没有体现在本数据库中。

② 参见储槐植:《解构轻刑罪案,推出"微罪"概念》,载《检察日报》2011年10月13日。

③ 参见薛淑兰、王卫、魏磊:《缓刑适用实证研究》,载《人民司法·应用》2010年第9期,第30页。

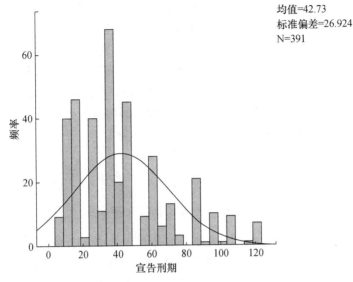

图 13　有期徒刑刑期直方图

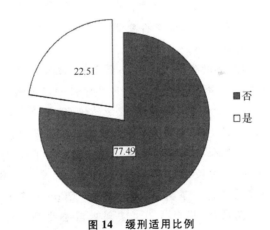

图 14　缓刑适用比例

以比较稳妥地得出结论:非法吸收公众存款罪的刑罚适用整体上偏重。

4. 罚金适用

统计结果表明,共有 424 名被告人(单位)被并处或单处罚金的。其中,最大值为 2 500 万元,最小值为 5 000 元,均值为 222 476.42 元,中值为 8 万元,众数为 5 万元。被判处 5 万元以下的占 44.3%,被判处10万元以下的占67.9%,被判处15万元以下的占70.8%,被判处20万元以下的占79%,被判处50万元以下的占99.1%。

5. 强制措施对量刑的影响

前已述及,非法吸收公众存款罪本属"微罪",但是却基本没适用拘役这种"微刑"。原因何在?笔者认为,可能有对民间金融的"量刑偏见"(后文将论述),也和审前羁押期限的制约有关。通过下面这个案例或许可以窥见一斑。

案例 20

邱明辉、邱剑非法吸收公众存款案

2006年被告人邱明辉在睢县西陵寺镇投资建立西陵豫安木材加工厂,为筹集资金,自2007年7月至2008年12月,分别以按月计息、固定年息、利润按比例分红等方式,非法吸收公众存款254万元。被告人邱剑在邱明辉吸收上述存款过程中,于2008年5月29日与邱明辉一起到张桂芝家中吸收张桂芝存款20万元。2009年2月27日,被告人邱剑到安徽省黄山市公安局徽州分局投案。

在本案中,邱剑协助邱明辉吸收公众存款,但只涉及一笔20万元的资金(《集资案件解释》规定的追究刑事责任的数额标准),并且有自首情节,应该说属于犯罪情节非常轻微的情形,完全可以判处拘役,而且还不用顶格判处。但是法院还是判处被告人有期徒刑6个月。原因何在?计算被告人邱剑的审前羁押期限就明白了:

被告人邱剑……因涉嫌犯非法吸收公众存款罪,于2009年2月20日被睢县公安局决定刑事拘留,当时在逃。2009年2月27日被安徽省黄山市公安局羁押,同年3月4日被睢县公安局执行刑事拘留。因涉嫌非法吸收公众存款犯罪,于2009年3月24日经睢县人民检察院批准逮捕,同年3月25日由睢县公安局执行逮捕。现羁押于睢县看守所。

本案的一审判决时间为2009年8月26日,审前羁押期限已有足足6个月!在这种情况下,法官最常见的做法就是顺水推舟,比着审判羁押期限判决。如此看来,要让拘役这种"微刑"真正被适用起来,

还必须辅以降低审前羁押率、缩短审前羁押期限的措施。

四、集资行为的风险和危害

尽管笔者认为非法吸收公众存款罪在司法实践中背离了立法原意,扩大了打击范围,将不少合理的集资行为纳入了规范范围。但是笔者也不能否认,民间集资、融资行为,尤其是大规模的集资、融资行为,确实蕴含着巨大的金融风险。因此,有必要予以考察。

影响集资行为风险的因素很多,资金规模、资金运作方式、集资人管理水平等因素都会影响资金的安全。不过资金运作过程方面的因素本书无法考察,因此,这里主要从集资行为本身进行考察。笔者认为,集资人数、集资期限、资金规模都与集资行为的风险有关。

(一) 集资人数

集资人数是指资金吸纳对象的数量。不过各地司法机关在办理案件时统计的计量单位并不一致,如有的是以"户"为单位,有的是以"人"为单位,有的是以"人次"为单位。毫无疑问,这些计量单位有不小的差别。考虑到本研究对统计精度要求不高,笔者笼统地将上述计量单位视为"人"。此外,由于笔者是以被告人(单位)录入数据的,故共同犯罪、单位犯罪时只统计一次。统计结果如下:均值为1 157.98人,中值为50人,最大值为65 603人,最小值为1人。这样看起来本研究数据库中的集资人数似乎都比较多。但事实上并非如此。

更详细的统计数据表明:集资人数在30人以下的占总数的34.2%;集资人数在50人以下的占51.1%;集资人数在75人以下的占61.4%;集资人数在100人以下的占70.1%;集资人数在150人以下的占77.7%。《集资案件解释》规定,个人非法吸收或者变相吸收公众存款对象30人以上的,单位非法吸收或者变相吸收公众存款对象150人以上的应当追究刑事责任,而集资人数较多的案件一般属于单位犯罪。也就是说,从集资人数来看,至少有很大一部分案件还达不到追究刑事责任的标准。

我们还对单位犯罪和非单位犯罪(含共同犯罪)进行了分别统计。非单位犯罪,集资人数的均值为198.96,中值为43,众数为10;其中,集资人数在30人以下的占总数的37.8%。单位犯罪,集资人数的均值为3 800.18,中值为100,众数为30;其中,集资人数在150人(实际为145人)以下的占总数的59.2%。以下分别为非单位犯罪和单位犯罪的直方图。

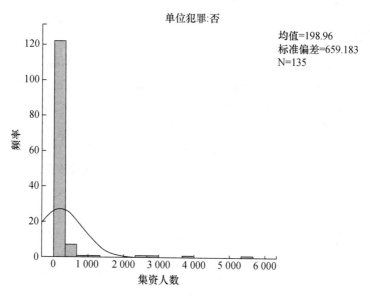

图15 非单位犯罪集资人数直方图

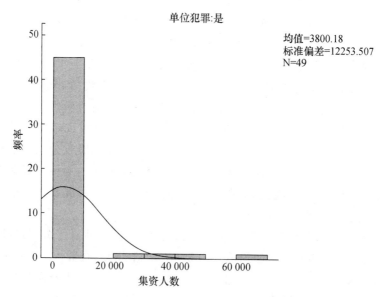

图16 单位犯罪集资人数直方图

（二）集资期限

统计结果显示：集资期限的均值为 40.20 个月，即约 3 年零 4 个月；中值为 34 个月，即 2 年零 10 个月；众数为 48 个月，即 4 年。集资期限最短的为 1 个月，而最长的高达 200 个月，即 16 年零 8 个月。此外，集资期限在 1 年以下的占总数的 15.6%，集资期限在两年以下的占总数的 35.8%；换句话说，本研究数据库中集资人集资持续时间在两年以上的约占 64.2%。不过考虑到另外两个因素，这个数字稍微有些高估：第一，由于历史原因，民间集资曾经受到默认和鼓励，这在一定程度上可能延长了集资行为的持续性；第二，司法机关在认定有些案件时，没有从《金融秩序决定》实施的日期（1995 年 6 月 30 日）开始计算。如在一起案件中，司法机关认定："被告人钟啸宜于 1989 年至 2002 年间，为了收取'充会'人员的'行脚'费，未经国家金融有关部门的认可，擅自成立'充会'组织，以会头收取'行脚'费和会子获得利息的方式变相吸收公众存款。十三年来共吸收会子存款 574 900 元……"这些因素都导致我们统计出来的集资期限偏长，因此，有必要慎重看待这个数据。

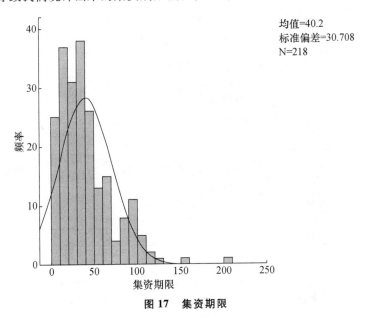

图 17　集资期限

当然，集资期限并不意味着集资人在此期间一直在从事资金吸纳活动，但是持续时间长，说明集资行为具有持续性、反复性和惯常性,因而更可能——仅仅是可能——不是为了解决一时的资金需求而集资,而更可能是在进行专门的资金经营活动、诈骗活动。更重要的是,集资期限越长,资金吸纳聚集的风险也可能越大。

(三)集资金额

《集资案件解释》规定,个人非法吸收或者变相吸收公众存款,数额在20万元以上的,单位非法吸收或者变相吸收公众存款,数额在100万元以上的,应当追究刑事责任。不过对于集资犯罪来说,20万和100万实在是太小的一个金额。根据笔者的统计,在非单位犯罪中,最小值为47 700,最大值为776 414 982;集资额在20万以下的仅有3例,占总数的1.4%。在单位犯罪中,最小值为118 800,最大值为20 173 991 332;集资额在100万元(实际金额为1 007 100)以下的仅占3.8%。笔者认为,尽管因为统计技术的原因①,某些数额(比如均值)会被显著高估进而不够准确,但是必须承认,集资行为涉及的资金数额确实非常庞大,即便单个自然人的集资金额都可能上千万元甚至过亿元。因此,尽管笔者赞成国家对民间集资松绑,但是也有必要对一定规模以上的集资行为进行适度监管。

表43 集资金额TOP10

排名	集资金额	被告人(单位)	领域
1	20 173 991 332	金新信托投资股份有限公司	正规金融
2	2 141 906 309	西北证券有限责任公司	正规金融
3	1 914 573 900	湘西吉首光彩房地产开发有限责任公司	民间金融
4	790 000 000	中富证券有限责任公司	正规金融
5	776 414 982	黄石山等	民间金融
6	774 980 110	东营市海诺生物工程有限责任公司	民间金融
7	6 695 144 277	山西璞真灵芝酒业有限公司	民间金融
8	568 388 746	山东樱桃园集团总公司	民间金融
9	476 319 450	广州市峻联通信科技有限公司	民间金融
10	309 458 000	余姚市舜岳化工物资有限公司	民间金融

---

① 在共同犯罪、单位犯罪的情形下,不可避免地会出现重复统计,因为即便是在单位犯罪、共同犯罪的情形下,每个人的集资数额仍然会有所区别,要体现每个被告人的差别,就必须重复计算;不少司法机关在计算集资数额时采用了计算被告人直接吸纳数额的方式,这也导致必须以被告人为单位录入数据。此外,本数据库集资金额靠前的几个集资案件金额特别庞大且被告人众多也是很重要的原因。

（四）财产损失

在很多案件中,司法机关并未对损失数额进行认定,尽管如此,我们还是对能够掌握的损失数额进行了统计。在非单位犯罪中,损失金额的极小值为0,最大值为150 682 340;其中损失额在103 475以下的占10.3%,损失额在2 500 000以下的占50.5%,损失额在8 729 350以下的占80.4%。在单位犯罪中,损失金额的最小值也是0,最大值为4 268 565 000;其中,损失金额在620 000以下的占10%,损失额在7 083 444以下的占50%,损失额在91 713 628以下的占80%。我们还可以清晰地看到,集资行为造成的财产损失可谓触目惊心。

表44　财产损失TOP10

排名	损失额	被告人（单位）	领域
1	4 268 565 000	金新信托投资股份有限公司	正规金融
2	610 000 000	中富证券有限责任公司	正规金融
3	545 200 000	湘西吉首光彩房地产开发有限责任公司	民间金融
4	432 790 000	西北证券有限责任公司	正规金融
5	320 377 387	广州市峻联通信科技有限公司	民间金融
6	173 464 483	山东樱桃园集团总公司	民间金融
7	160 000 000	明大公司	民间金融
8	150 682 340	黄石山等	民间金融
9	140 000 000	上海沃盟轻工城有限公司	民间金融
10	47 819 500	余姚市舜岳化工物资有限公司	民间金融

总之,从集资人数、集资期限、集资金额、财产损失四个方面的统计可以发现,资金吸纳行为由于涉及人数多、期限长、金额大,往往蕴含着巨大的资金运用风险,事实上也往往导致出资人的巨额财产损失。因此,国家对集资行为尤其是大规模、长期性的集资行为进行适当监管是必要的。但是正如笔者前面所指出的那样,为保持经济活力,又必须给中小企业、农户融资留出足够空间。显然,要想在"一管即死""一放即乱"之间寻求平衡,学界、监管部门和民间金融从业者都还有许多问题需要解决。

第三节 民间金融领域的诈骗犯罪

如前所述,诈骗类犯罪并不是民间金融领域的特有现象,即便集资诈骗也不是民间金融的伴生物。因此,将民间金融、民间融资本身导致的犯罪与发生在民间金融领域的诈骗犯罪区分开来,就显得十分必要。

就民间融资本身导致的犯罪来讲,主要有非法吸收公众存款罪、擅自发行股票、公司、企业债券罪等,但实践中,适用更多、打击范围更广的无疑是非法吸收公众存款罪。就民间金融领域的诈骗犯罪来讲,主要涉及集资诈骗罪、合同诈骗罪、诈骗罪,但是集资诈骗罪适用的情形较多。因此,区分民间金融本身导致的犯罪与发生在民间金融领域的诈骗犯罪,最重要的就是要对非法吸收公众存款罪和集资诈骗罪进行区分。

一、非法吸收公众存款罪与集资诈骗罪的区别

非法吸收公众存款罪与集资诈骗罪在理论上的区分并无多大疑问。一般认为,可以从四个方面予以区分[1]:

1. 犯罪目的不同

非法吸收公众存款罪行为人的目的在于集资,而集资的目的在于货币、资本经营,如发放贷款、证券期货、信托投资、金融租赁、融资担保、外汇买卖等。集资诈骗罪行为人的目的则在于非法占有募集的"存款"。非法吸收公众存款罪的行为人不具有非法占有目的,因此行为人承认他人的债权、股权,具有履行债务或给予回报的意思,并且将所占有的资金用于可以实现或者打算实现出资人债权、股权的生产经营活动中。[2] 而集资诈骗行为人往往没有实体经营,即便履行债务或给予回报,也是为了"放长线钓大鱼",其终极目的在于将募集的资金据为己有。是否具有非法占有目的,这是两罪的根本区别。

---

[1] 参见王尚新主编:《中华人民共和国刑法解读》(第三版),中国法制出版社2012年版,第372页。

[2] 参见张明楷:《刑法学》(第四版),法律出版社2011年版,第705页。

2. 犯罪行为不同

非法吸收公众存款罪行为人可能也会使用一些带有欺骗性的方法,主要是一些夸大集资回报的宣传,目的在于吸引他人出资。而集资诈骗罪的行为人则肯定会使用诈骗方法,而且多半是对集资人(单位)身份信息、集资用途、交易基础等重要基础事实的全面虚构,以便为非法占有他人财物埋下伏笔。

3. 侵犯的法益不同

非法吸收公众存款罪主要侵犯了金融秩序,特别是国家对货币、资本经营的特许经营制度,同时可能(并不一定)侵犯了出资人的财产所有权。集资诈骗罪主要侵犯了公私财产所有权。如上所述,集资诈骗行为并不是一种真正的集资行为,因而并未真正侵犯金融秩序。这也是笔者和其他学者观点有所区别的地方。

4. 侵害的客体不同

非法吸收公众存款罪侵害的客体是"社会公众"的资金。集资诈骗罪侵犯的客体则不限于"公众"的资金,单位"内部"人士、亲戚、朋友、邻居的资金都属于其侵犯的客体。只不过由于熟人社会行骗的难度较高,发生在这些领域的集资诈骗行为更少一些。

二、非法占有目的的证明

毫无疑问,非法占有目的是区分非法吸收公众存款罪和集资诈骗罪的根本特征,因此,如何证明非法占有目的就非常重要了。对于如何证明集资诈骗罪的非法占有目的,学者赵冷暖曾经专文论述过。[①]在这篇论文里,作者主要阐述了以下几个观点:

(1)非法占有目的只有通过两种途径加以证明——直接证明和间接证明。直接证明是指通过被告人对非法占有目的的供述来加以证明,间接证明则是通过外在的一系列犯罪行为对非法占有目的进行法律推定。

(2)司法解释、座谈会纪要等司法文件对如何推定诈骗类犯罪的非法占有目的进行了许多规定,但应全面理解这些规定。

(3)白建军教授提出的贷款诈骗罪非法占有目的证明"三点一线

---

① 赵冷暖:《如何证明集资诈骗罪的非法占有目的》,载《金融法苑》第65辑,第72页。

法"和曹乃婷提出的集资诈骗罪非法占有目的证明"四点一线法"①都值得借鉴。

（4）司法推定必须严格遵守相关规则。① 已知事实必须确定,并且一般不能是一个推定的事实。② 必须符合经验法则、社会常理。③ 充分保障行为人的反驳权。

本书中现在依然维持以上看法。在这里,仅将最新规定予以列举。《集资案件解释》第4条规定:"使用诈骗方法非法集资,具有下列情形之一的,可以认定为'以非法占有为目的':(一) 集资后不用于生产经营活动或者用于生产经营活动与筹集资金规模明显不成比例,致使集资款不能返还的;(二) 肆意挥霍集资款,致使集资款不能返还的;(三) 携带集资款逃匿的;(四) 将集资款用于违法犯罪活动的;(五) 抽逃、转移资金、隐匿财产,逃避返还资金的;(六) 隐匿、销毁账目,或者搞假破产、假倒闭,逃避返还资金的;(七) 拒不交代资金去向,逃避返还资金的;(八) 其他可以认定非法占有目的的情形。集资诈骗罪中的非法占有目的,应当区分情形进行具体认定。行为人部分非法集资行为具有非法占有目的的,对该部分非法集资行为所涉集资款以集资诈骗罪定罪处罚;非法集资共同犯罪中部分行为人具有非法占有目的,其他行为人没有非法占有集资款的共同故意和行为的,对具有非法占有目的的行为人以集资诈骗罪定罪处罚。"

对于司法解释设定的这些司法推定基础事实,笔者表示认可。不过我们需要再次②指出,不能简单地以"将集资款用于违法犯罪活动"作为具有非法占有目的的基础推定事实,尤其是不能以"集资款用于违法活动",推定行为人具有非法占有目的。

三、集资诈骗案件中的刑罚反制现象

在之前的论文中,本文作者之一特别指出:"对于集资人是否具有非法占有目的,'不推而定'是一个比较常见的极端,但是另一个极端

---

① "四点":一看发起集资活动的时候是否具有真实的集资项目和资金需要;二看集资款项是否使用于融资方实际的生产经营活动;三看集资活动所承诺的投资回报是否大致符合一般商业判断的现实标准;四看集资款到期后融资方是否有积极筹措资金并承担债务的表现。"一线":看整个非法集资活动的综合表现,而且特别关注哪些具体的诈骗行为。

② 学者赵冷暖之前曾经指出这一问题。参见赵冷暖：《如何证明集资诈骗罪的非法占有目的》,载《金融法苑》第65辑,第81页。

也不容忽视,那就是轻易否定集资人的非法占有目的。"①当时作者只是意识到这是一个问题,但是并没有从民间金融以及刑法理论的视角对这个问题进行深入研究。近年来,刑法学界对刑罚反制机能进行了持续而深入的研究②,民间金融领域诈骗犯罪的频发更是导致对民间融资的污名化,这些都促使我们重新思考这个问题。

  刑罚的反制机能,简单讲就是"据刑(罚)定罪(名)"。如梁根林教授认为,在疑难案件出现的时候,要跳出单纯的、教条的、绝对的从所谓构成要件出发处理案件的传统思维模式;要考虑对这个案子,在应当认定为犯罪的前提下怎么处罚是妥当的,即从量刑妥当性的基点出发,反过来考虑与我们裁量的相对妥当的刑罚相适应的构成要件是哪个,从而反过头来考虑该定什么罪。③

  具体到民间金融领域,刑罚反制现象的典型表现就是,轻易否定集资人的非法占有目的进而选择适用轻罪。由于诈骗类犯罪的法定刑(诈骗罪、合同诈骗罪的最高刑期为无期徒刑,集资诈骗罪更是可以判处死刑)远远高于非法吸收公众存款罪等集资类犯罪,在非法占有目的证明出现困难时(可能是真的存在证明困难,也可能是根本不去证明,还有可能是没有证明困难而故意造成证明困难的假象),直接作出"有利于"被告人的认定④——往往以非法吸收公众存款罪论处。我们不妨从一起案件说起:

---

  ① 赵冷暖:《如何证明集资诈骗罪的非法占有目的》,载《金融法苑》第65辑,第83页。
  ② 参见赵运锋:《刑罚反制机能的梳理与展开——基于传统罪刑关系的反思》,载《中国刑事法杂志》2012年第11期。
  ③ 参见梁根林:《现代法治语境中的刑事政策》,载《国家检察官学院学报》2008年第4期,第160页。
  ④ 有学者认为:对法定刑过重的罪名,对罪状应当进行缩小解释;在《刑法修正案(八)》废除其他金融诈骗罪死刑的背景下,集资诈骗罪仍设有死刑,显然有违经济犯罪取消死刑的世界潮流,这时,就应当对集资诈骗罪进行较《刑法修正案(八)》之前更为缩限的解释。参见高艳东:《诈骗罪与集资诈骗罪的规范超越:吴英案的罪与罚》,载《中外法学》2012年第2期,第432页。笔者认为,对诈骗罪进行缩限性解释应该有其底线。前述解决方案一是可能导致罪刑法定原则破产;二是对立法问题司法解决过于自信,值得商榷。事实上,即便认为法定刑过重,也可以通过降低刑罚适用强度而不是"张冠李戴"来解决。如灵活设定量刑数额标准、合理解释量刑情节、有效利用《刑法》第63条第2款等,都可以实现集资诈骗罪的轻刑化。

案例 21

胡某某诈骗、付某某非法吸收公众存款案

被告人胡某某和被告人付某某系叔嫂关系。2006年3月份,胡某某赌博输钱后,为筹款继续赌博,谎称其能以较高的利息借款给他人,要求付某某帮助借款,以便从中赚取差额利息。

被告人付某某虚构了青田县建设银行内部工作人员有投资房地产项目的筹资指标、朋友经商需要资金等名义,以12‰、15‰的月息,向不特定的社会公众潘某某等14人吸收存款共计人民币647.95万元,按胡某某的要求,以转账支付或现金支付的方式全部交给胡某某。期间,付某某归还本金和支付利息人民币75.188万元,余款572.762万元全部被胡某某赌博挥霍。

2006年12月底,被告人付某某催促被告人胡某某归还到期借款,胡告知已被其全部用于赌博输掉。为躲避债主们的追讨,付某某要求胡某某帮助潜逃出境,胡某某出资27万元帮助付某某外逃。随后,胡某某也带全家逃匿。

法院判决如下:

一、被告人胡某某犯诈骗罪,判处无期徒刑,剥夺政治权利终身,并处没收个人全部财产。

二、被告人付某某犯非法吸收公众存款罪,判处有期徒刑5年,并处罚金人民币10万元。

本案法院判定胡某某构成诈骗罪、付某某构成非法吸收公众存款罪,显然,法院认为付某某没有非法占有目的。案件中唯一表明付某某不具有非法占有目的的,只有其归还本金和支付利息人民币75.188万元的事实,可更多的事实表明,付某某最初即有诈骗故意,至少中途产生非法占有目的的事实是比较清楚的。

(1) 付某某自始知道胡某某的诈骗意图。胡某某要求付某某帮助借钱时谎称"能以较高的利息借款给他人……从中赚取差额利息",而付某某集资时"虚构了青田县建设银行内部工作人员有投资房地产项目的筹资指标、朋友经商需要资金等名义"。为什么两人虚构的理

由不同？因为付某某不相信其嗜赌的嫂子是要借钱去放贷。

（2）付某某吸纳资金后，既没有投入其自己声称的营利活动中去，也没有关注胡某某如何使用这笔钱。他和胡某某到底是事先就有通谋还是放任胡某某挥霍集资款？

（3）在知道胡某某已将集资款全部挥霍后，付某某不是紧追胡某某还款，或者想方设法筹措资金还债，或者到公安机关自首接受法律处罚，而是要求胡某某帮助潜逃出境。注意，这位国有银行工作人员不只是想出去暂避一下风头，而是要潜逃出境！

综上所述，尽管本案现有证据证明胡某某与付某某最初即合谋诈骗他人财物还有一定困难，但至少从付某某决定潜逃境外起，其非法占有的目的是非常明确的。就现有事实而言，胡某某的非法占有目的并不比付某某表现得更明确。胡某某有非法占有目的，付某某为什么就没有了呢？

笔者猜测，刑罚反制机能在这里神奇地发生作用了。根据《集资案件解释》的规定，个人进行集资诈骗，数额在100万元以上的，应当认定为"数额特别巨大"，而数额特别巨大的，应判处10年以上有期徒刑或者无期徒刑。按本案的数额，判处无期徒刑是够格了，即便从轻发落，至少也在10年以上。而本案中胡某某与付某某是叔嫂关系，一个案件让一个家庭两人判处特重刑，估计法官也于心不忍。

法官的作为可谓用心良苦，但是这种做法，一方面故意模糊了犯罪之间的界限，弱化了刑罚的一般预防功能，另一方面也进一步使得民间集资行为被污名化——赤裸裸的诈骗行为又一次被戴上了非法集资的帽子！如此看来，将民间金融与赤裸裸的诈骗行为划清界限，在现在和将来都还将是一件艰巨的任务。

事实上类似的情形并不少见。在我们统计的案件中，资金用途不明的有185例，占比高达41.7%！集资的金额往往都高达数十万上百万元，这么庞大的资金都去向不明、用途不明，到底是无法查明还是公、检、法三家都懒得去查明呢？这种做法与立法的态度可谓如出一辙，只要认定吸收了资金就够了，不在乎是用货币资本经营还是正常的生产！笔者认为，集资案件必须查明资金的用途和资金流向，只有这样，才能正确区分诈骗行为和集资行为，也才能正确区分合理的民间集资行为与非法的吸收公众存款行为。

第四节 结论与建议

一、非法吸收公众存款罪挤压了民间金融的合理空间

（一）打击了有合理资金需求的民间集资

根据统计,在本研究数据库中,吸纳资金用于货币以外的生产经营活动的有172例,占38.7%。这些集资行为都有合理的资金需求,而且确实都将全部或者绝大部分资金用于生产经营活动,只是最终因为决策失误或者其他原因造成了资金损失,就被认定为非法吸收公众存款罪。这种做法难逃结果归责的追问。一些案件即便在造成损失的情况下,单位的总资产额仍远远高于集资额,如果按照民事纠纷途径解决,企业活下来了,出资人的欠款得到偿还,岂不是两全其美?

（二）对待民间集资存在"量刑偏见"

前面我们已经谈到,非法吸收公众存款罪在刑种、刑期、缓刑、罚金适用四个方面都存在偏重的情况。由于全部案件中主要涉及民间金融领域,因此,可以认为国家刑罚权对民间金融的打击是比较苛厉的。这是从总体上讲的。如果我们再将民间金融领域的非法吸收公众存款罪与正规金融领域的非法吸收公众存款罪进行对比,结果更加令人吃惊。本研究数据库只涉及几起正规金融案件,故将正规金融集资额排名前三的案件和民间金融集资金额排名前三的6个案件的第一被告人的量刑对比如下(表45),读者可自行判断。

二、集资犯罪的重构[①]

我国《刑法》没有"非法集资罪",但是《刑法》第160条规定的欺诈发行股票、公司、企业债券罪、第176条规定的非法吸收公众存款罪、第179条规定的擅自发行股票、公司、企业债券罪,都可谓非法集资类犯罪。对于欺诈发行股票、公司、企业债券罪和擅自发行股票、公司、企业债券罪来说,由于发行股票、债券的门槛很高,且有《证券法》《公司法》对违规行为进行界定,因此,两罪的调整范围非常明确,司法

---

① 本小节对作者之前的观点进行了部分修正。参见赵兴洪:《分离与重构:非法集资犯罪初论》,载吴志攀、白建军主编:《金融法路径》,北京大学出版社2004年版。

表45 正规金融民间金融量刑对比

第一被告人	集资金额	财产损失	罪名	刑期	罚金	领域
何某某	20 173 991 332	4 268 565 000	非法吸收公众存款罪	4年	50万	正规金融
姜某某	2 141 906 309	432 790 000	非法吸收公众存款罪	3年（缓刑3年）	10万	正规金融
彭某	790 000 000	610 000 000	非法吸收公众存款罪	1年	4万	正规金融
张某某	1 914 573 900	545 200 000	非法吸收公众存款罪	10年	18万	民间金融
黄某某	776 414 982	150 682 340	非法吸收公众存款罪	10年（剥夺政治权利两年）	50万	民间金融
杨某某	774 980 110	97 719 070	非法吸收公众存款罪	8年	40万	民间金融

适用也未出现大的偏差。

而非法吸收公众存款罪就不一样了。由于该罪罪状本身表述过于简单,且对罪状里的"非法"二字存在不同理解——可有可无还是必须事先违反国家规定——导致理论和实务界对该罪的打击范围存在巨大争议。又由于大规模吸纳资金的行为不管有无合理需要,确实可能带来巨大的资金风险,容易给出资人带来巨额财产损失,在"社会危害性"的感召下,刑法干预非法集资的冲动必然十分强烈。于是非法吸收公众存款罪在司法实践中逐渐超越其本身的调整范围,既打击了名副其实的吸收公众存款行为——出于货币、资本经营的资金吸纳行为,也打击了不属于其调整范围的其他资金吸纳行为。

笔者认为,对于非出于货币、资本经营的资金吸纳行为,仍有刑法干预的必要,但由于其对经济秩序、金融秩序的破坏性要小得多,且实践中中小企业、农户确实有融资需求,因此,对这类集资行为的干预应特别谨慎。基于以上考虑,笔者认为,应对我国《刑法》规定的集资类犯罪进行重构。

(一)准确限定非法吸收公众存款罪

为了使非法吸收公众存款罪更加名副其实,应对《刑法》第176条作两方面的限定:

(1)非法吸收公众存款罪的成立,应以违反国家金融法规为前提条件。非法吸收公众存款罪属于典型的行政犯,侵犯的法益是国家的金融秩序,因此,应将行政违法作为前置条件。事实上,我国不少金融法规对此也已有明确规定,如《商业银行法》《银行业监督管理法》。

(2)应明确界定资金的募集用途。为了避免司法机关任意解释条文,故最好明确资金募集必须出于货币、资本经营的目的。作此界定后,"存款"一词也可以用更加中性的"资金"予以替代,变相吸收的情形亦可删除。据此,《刑法》第176条可以修改为:"违反国家金融法规,以从事货币、资本营业为目的,面向社会募集资金,扰乱金融秩序的。"

当然,在《刑法》作上述修改之前,我们也可以通过合理解释,达到限定非法吸收公众存款罪的调整范围的目的。除了前文从立法沿革角度所作的论证,我们还可以将现行条文的"非法"解释为违反国家规定,同时与"存款"①相联系进行解释,则意味着非法吸收公众存款罪必须事先有违反国家有关存款的法律规定的行为。这些法律规定只能是诸如《商业银行法》这类调整货币、资本营业行为的法律。这同样能够达到限制本罪适用范围的目的。

(二)明确合法集资与非法集资的界限

现在只要一提到集资,几乎都是与"非法"二字联系在一起的。可是如果没有合法,何谈非法?合法范围不明确,非法的范围就会无限膨胀。因此,有必要明确合法集资与非法集资的界限。

集资行为,从本质上讲是一种私法行为,一般情况下遵守契约自由原则和合同法等私法即可。但是集资行为毕竟带有一定的公共性、涉众性,而且确实有酝酿金融风暴的危险。因此,一定规模以下的集资行为可以完全按照私法规则运作,但对于在一定规模以上或者采取欺骗性(不具有非法占有目的)方法的集资行为,则有设定专门规则的必要。目前,《商业银行法》《证券法》《证券投资基金法》《公司法》等法律对采用吸收存款、发行股票债券、公开募集基金等集资行为已有明确规定,但是在这些资金募集方式之外,还有其他许多资金募集方式。如果严格按照"法无禁止即合法"来界定,这些行为应该都是合法的,至少是不违法的。可是完全放任这些行为确实可能造成巨大的资金运作风险,而且还可能影响国家宏观调控效果,给地下洗钱以可乘之机。因此,笔者认为,既不能简单地以"法无禁止即合法"来一推了之,也不能一棍子打死全部贴上非法标签。合理的做法也许是从有无合理资金需求、资金用途、募集规模、募集方式等方面予以规范。规则确立起来以后,违反这些规则的即属于非法集资,进而情节严重的才可能由刑法介入。而现在的实际情况却是,政府倾向于不出问题就默认,出了问题就打棍子。这无益于保持民间金融活力以及保持金融秩序稳定、保护公民财产安全。

到底哪些资金需求可以视为合理?哪些资金吸纳行为可以视为合法?是不是只要将资金用于或准备用于货币资本经营以外的生产经营活动就是合理进而就是合法的呢?笔者认为,也不能这样笼统地

---

① 不少学者是直接从解释"存款"入手的。参见刘宪权、卢勤忠:《金融犯罪理论专题研究》,复旦大学出版社2002年版,第336页。

说。从目前的法律规定来看,《商业银行法》等明确禁止了以从事商业银行业务为目的而进行的集资行为,因此,这类集资行为如果未获批准,肯定属于非法吸收公众存款行为。《证券法》《公司法》《证券投资基金法》等对以发行股票、债券、公开募集基金方式筹集资金的行为有明确规定,因此,违规发行股票、债券或者公开募集基金的行为也肯定属于违法。除此之外,其他募集资金用于货币、资本以外的生产经营行为的,笔者认为,都应该属于合理的集资行为。如何在这个领域设定规则呢?可从资金吸纳者信息公开(身份信息、有无欺骗性宣传、集资原因、用款计划)、集资规模(可从时间、人数、集资额度等方面界定)等方面着手拟定规则。如规定大规模、大范围集资的登记备案程序(而不是批准程序)①、集资款专用制度、集资人和(巨额)出资人的信息公开(有利于监控地下洗钱活动)、出资人监督程序②,等等。如此一来,既避免了正规融资的繁琐,又防止了大规模融资的无序和混乱。

需要特别提出来讨论的是,辩护律师和被告人往往提出自己是民间借贷不是非法集资,学界也有不少人从这个角度进行研究。③ 但是这种论证进路没有平衡好民间金融发展和民间金融监管之间的关系。如一种观点认为,"在符合相关法规规定的一定利率下,即在超过银行同类贷款利率的4倍以下的范围内,不将资金用于资金经营,而用于企业生产的民间借贷都是合法的"。④ 这个界定的第一个问题就是,超过四倍利率的,就可能属于非法集资;第二,只要不用于资金经营,

---

① 根据《关于进一步加快温州地方金融业创新发展的意见》,温州市已建立起"民间借贷登记服务中心"。不过该中心更多是平台性质,不具有监管功能。
② 有司法实务人士提出,应建立"非法集资案件信息共享机制",将金融机构的大额交易和可疑交易监控系统与工商税务系统等信息系统进行整合,进而将非法集资活动消灭在萌芽阶段。参见周博文:《我国民间融资视角下的非法集资犯罪研究》,载《公安研究》2010年第7期,第43页。笔者认为,该种做法值得借鉴。但建立该系统应该具有更加中立的价值取向,并可与国家征信系统、公民身份系统联网运作,其目的在于监控民间金融领域的洗钱活动,预防民间金融领域的诈骗活动,对大规模集资行为进行适度监督;在发生民间融资纠纷、违法犯罪行为后,亦可为办案机关提供证据材料、处理依据。
③ 参见林越坚:《非法集资与民间借贷的刑民界分》,载《财经科学》2013年第1期。
④ 高兰:《非法吸收公众存款罪与民间借贷的界限研究》,西南财经大学2012届硕士学位论文。

国家就不需要干预。笔者认为,既不能轻易将超过4倍利率的视为非法,事实上,司法解释也没有将超过4倍利率的视为非法,而只是"不予保护"。与此同时,对于一定规模以上的即便用于企业生产的民间资金吸纳行为,也应该予以规范,温州、鄂尔多斯、神木的集资案件崩盘事件,已经充分表明了适当监督或监管的重要性。事实上,民间借贷与民间集资也并不是界限分明的,集资、资金吸纳行为这类概念本身是中性的,向多个人甚至一个人借贷,本身就是一种集资行为。集资是从集资者这个角度界定,表征了资金从出资者向集资者流入的一个过程,而借贷也正是这样。并且采用民间借贷这种论证,很难获得司法机关的认同。如在一起案件中,法院认为:

> 就邹先锋向单个借款对象而言,属于民间借贷,并不违法,但由于其借款对象不特定,借款手段表现为约定还款期限和利息,与存款的本质特征无异,且借款人数众多,借款数额高达500余万元,扰乱了国家的金融管理秩序,其行为符合非法吸收公众存款罪的构成要件,应以该罪追究其刑事责任,故本院对辩护人的该辩护意见不予采纳。

而在另外一起案件中,公诉人又提出不能"片面"地看待每一起借款事件:

> 辩护人认为:被告人史宪立因资金困难,先后向万某某等人借款100多万元,用于华强绣品厂的生产经营活动,至2007年初,该厂仍在生产经营,至今尚有90余万元未能及时偿还。2006年10月及2007年1月,债权人樊某某、齐某某先后向禹王台区人民法院提起民事诉讼,并已作出判决,进入执行程序,当属合法的民间借贷关系。
>
> 公诉人认为:民事判决书、裁决书,是相关部门在民事诉讼中,依据当事人负有举证责任的原则,认定企业采取支付高额利息等手段,向特定的某一个人借款的事实进而作出的相关裁决,相关事实的认定带有片面性。本院指控的是企业采取支付高额利息等违反金融管理法规的手段,非法向社会公众吸收存款的事实,上述基于民法作出的裁决,并不影响本案刑事诉讼的审理……

为什么对单个人借款属于民间借贷,合起来就属于非法吸收公众存款了呢?到底多少人以上就可以算作非法吸收公众存款?恐怕最后又要落入界定"社会公众"的窠臼。所以,笔者认为,关键还是要通过法律、法规明确界定何谓合法集资,何谓非法集资,否则,民间借贷与非法集资的关系永远也无法厘清。

总之,只有明确划定合法集资与非法集资的界限,才能避免刑法误伤好人,也才能维护好民间金融的合理发展空间。

(三)新设"非法集资罪"

在明确了合法集资与非法集资的界限以后,非法集资罪的打击范围就比较好确定了。构成非法集资罪,肯定必须以违反集资法规为前提,但是即便违反了集资法规,也不一定要通过刑法手段来干预。大致说来,可以从以下几个方面限制非法集资罪的打击范围:

1. 集资目的的限制

募集资金的目的无外乎货币资本经营、生产经营、生活消费、非法占有等目的。出于货币资本经营的,由非法吸收公众存款罪调整;以非法占有为目的的,由诈骗类犯罪调整;以发行股票、债券方式募集生产经营资金的,由欺诈发行股票、公司、企业债券罪和擅自发行股票、公司、企业债券罪调整。因此,现行《刑法》的调整空白实际上就剩下有实际生产经营、生活消费资金需求,并且不以股票、债券方式募集资金的行为。此外,还可能——仅仅是可能——存在既没有生产经营、生活消费资金需求,也不以货币资本经营、非法占有为目的的资金募集行为。如本研究数据库中就存在吸纳资金到银行存定期赚取利息差的行为,这种行为没有资金需求,也很难说是一种货币、资本经营行为。笔者认为,可以考虑将没有合理资金需求以及虽有合理资金需求,但显著超过合理需求(如本来只需要募集100万元,结果募集了1 000万元)的集资行为纳入刑法干预范围。

2. 集资方式的限制

现行法律对以存款、股票、债券形式以外的其他资金募集形式并无明确限制,但这并不意味着将来不会出现新的限制;此外,欺骗性的资金募集行为必须受到严控。因此,可以从这两方面严格界定资金募集方式。

3. 集资规模的限制

小规模的集资行为没有必要通过刑法干预。资金募集的规模,可以从集资人数、集资期限、集资数额三个方面予以界定。为避免打击范围过大,有必要分别就个人、共同犯罪、单位犯罪制定不同的标准。《集资案件解释》仅仅区分单位和个人,从集资人数、集资数额两方面予以限定,笔者认为可以进一步细化。

4. 集资后果的限制

没有造成损失或者损失不大的非法集资行为,也不宜由刑法进行干预。但是如果募集资金造成了巨额损失,或有其他特别严重或者恶劣情节,则刑法干预的必要性就比较大。

据此,可在《刑法》第176条之后增加一条,作为第176条之一:"没有或者显著超过合理资金需求,违反金融法规或者采用欺骗性手段,以还本付息、还本分红等给予回报,持续性地向多人募集资金,数额巨大、后果特别严重或者有其他特别恶劣情节的,处三年以下有期徒刑、拘役或者管制,并处或者单处非法募集资金金额1%以上5%以下罚金。单位犯前款罪的,对单位判处罚金,并对其直接负责的主管人员和其他直接责任人员,依照前款的规定处罚。"

条文里的持续性、人数、数额、后果严重程度等,可由法律、法规、司法解释因时因地予以规定、调整,并应针对个人犯罪、共同犯罪、单位犯罪制定不同的标准。这就既给民间金融留下了足够的空间,又有利于防止一般性的集资行为制造大规模的金融风险,给出资人的财产造成巨大损失。

经过以上重构,非法集资罪和非法吸收公众存款罪、欺诈发行股票、公司、企业债券罪和擅自发行股票、公司、企业债券罪,就变成了一般法和特别法的关系。刑法对集资行为的规制就变得更加严密和合理了。

三、调整诈骗类犯罪法定刑,降低刑罚强度

许多集资领域的诈骗行为被当作非法吸收公众存款罪处理,有非法占有目的证明困难的原因,但也有诈骗类犯罪刑期过高(尤其集资诈骗罪还有死刑)的原因。因此,要避免集资诈骗领域刑罚反制现象的出现,有必要对诈骗罪类犯罪的法定刑进行适当调整。

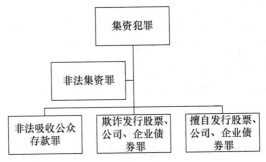

图 18　集资犯罪示意图

(一) 取消集资诈骗罪死刑

在《刑法修正案(八)》草案的起草和审议过程中,不少人建议取消集资诈骗罪的死刑。但是立法机关认为,集资诈骗罪的被害人往往是不特定的人民群众,受害者人数众多,涉案金额惊人,不仅侵犯人民群众的财产权益,扰乱金融秩序,还严重影响社会稳定。近年来,这类犯罪尚未得到有效遏制,在个别地方仍然时有发生。在这种情况下,对于集资诈骗数额特别巨大并且给国家和人民利益造成特别重大损失的犯罪,在现阶段仍然需要保持高压态势,适当保留死刑是必要的。①

笔者认为,立法机关的意见是完全站不住脚的。② 理由如下:

(1) 普通的诈骗也好,票据诈骗、金融凭证诈骗、信用证诈骗也好,其本质都是诈骗,都是侵犯了他人的财产权利。对财产犯罪不判处死刑,这在理论和观念上都得到了很好的解决。

(2) 被害人是不特定的人民群众的案件太多了,危害公共安全的犯罪都是,普通诈骗罪也可能是,但是这些犯罪并没有都设置死刑。

(3) 涉案金额超过集资诈骗的比比皆是,贷款诈骗、金融凭证诈骗都有可能。如最近的"齐鲁银行案",被告人刘济源自 2008 年 11 月至 2010 年 11 月,采取私刻存款企业、银行印鉴,伪造质押贷款资料、

---

① 参见王尚新主编:《中华人民共和国刑法解读》(第三版),中国法制出版社 2012 年版,第 393 页。

② 有学者对集资诈骗罪不应该设置死刑进行了非常有说服力的法理论证。可参见高艳东:《诈骗罪与集资诈骗罪的规范超越:吴英案的罪与罚》,载《中外法学》2012 年第 2 期,第 435—437 页。

银行存款凭证、电汇凭证、转账支票及以企业的名义在银行开立账户,冒充银行工作人员,让企业向其控制的账户内存款等手段,骗取银行、企业资金共计 101.3 亿余元! 更重要的问题是,立法和司法机关一方面强调金额不是决定是否适用死刑的标准,另一方面又在用金额论证保留死刑的必要性。这不自相矛盾吗?

(4) 集资诈骗影响社会稳定是事实,可影响社会稳定的又岂止是集资诈骗罪? 很多非法吸收公众存款案件都涉及被害人上访、围堵党政机关、堵路等群体性事件,难道非法吸收公众存款罪也要规定死刑? 事实上,非法吸收公众存款罪和集资诈骗罪尽管集资人的目的不一样,但在造成巨额财产损失、影响社会稳定方面是一样的。如陈运渝非法吸收公众存款案中,众多集资户从 1997 年 12 月起,到重特集团、北碚区有关部门、重庆市人民政府等处上访、扭闹和堵塞 212 国道达 93 次之多,严重影响了机关、企业的正常工作和交通秩序,成为社会不安定因素。法院因此认定,该案"导致众多集资户冲击党政机关和企业,堵塞交通共计 93 次的社会恶果,严重影响了社会安定团结"。这样的群体事件规模应该算比较大了,按照立法者的逻辑,非法吸收公众存款罪似乎也得设置死刑。

(5) 集资诈骗能够给"国家和人民利益造成特别重大损失"主要还是经济损失。此外,一些案例里有被害人自杀的情况。但是自杀并不能直接归责于集资诈骗行为。侮辱、诽谤案件都可能涉及被害人自杀,可没有谁会认为侮辱、诽谤罪需要设置死刑。下面这起触目惊心的案例更是告诉我们,即便是直接或间接造成 10 人死亡的案件,尚且可以以非法吸收公众存款罪处理,更何况是集资诈骗罪?

案例 22

高远集资诈骗改判案

1995 年 3 月至 1996 年 11 月间,被告人高远以高额"尾息"(即利息)为诱饵,利用"经济互助会"的形式,采取"会书"承诺的方法,先后"邀会"41 组,其中 5 万元 1 组,3 万元 2 组,2 万元 5 组,1 万元 22 组,5 千元 2 组,2 千元 5 组,1 千元 3 组,5 百元 1 组。"邀会"金额 3 394.345

万元,加上邀徐师有等6人会款9.94万元,共非法集资总金额为3404.285万元,放出会款总金额为3222.6万元,扣除"放会"款,高远共非法占有他人"上会"款181.685万元。此外,1993年6月至1996年12月期间,被告人高远接受他人同类型的"邀会",共"上会"600组,"上会"总金额5840.3803万元,得会总金额5703.8285万元;1996年3月至1997年1月期间,高远以周转会款为名,以高息为诱饵,骗取王云等9人现款53.8万元,后称无力偿还,以会账充抵46.09万元,另有7.71万元至今不能归还。

法院认为:被告人高远以"邀会"的形式集资诈骗181.685万元,并大肆用于个人及家庭挥霍,至案发时仍拒不退还,导致张某因自杀致残,何某某自杀死亡,并间接造成6人自杀而死、2人自杀被他人抢救生还、1人被杀,同时给苏埠地区及与苏埠相邻部分地区的社会稳定、经济发展、金融秩序均造成了严重危害……

本案一、二审均以集资诈骗罪判处被告人死刑,最高人民法院复核后以非法吸收公众存款罪改判被告人有期徒刑10年。一个死刑,一个10年,虽然定性不同,但对应的不都是一样的"国家和人民利益的特别重大损失"么?

可以说,立法机关保留集资诈骗罪死刑,充分体现了以下三种理念:结果归责、维稳优先、民间金融歧视。笔者认为,集资诈骗不是集资行为,也不是民间金融行为;集资诈骗与其他性质的诈骗在造成财产损失、社会问题方面并没有两样,造成巨额财产损失只是一个概率高低问题,且与非法吸收公众存款罪造成的损失和社会影响不相上下;集资诈骗罪设置死刑,导致一些司法机关不敢认定一些集资诈骗案件,而将其作为非法吸收公众存款案件处理。基于上述理由,宜尽快废除集资诈骗罪的死刑。

(二)平衡诈骗类犯罪数额标准

不管采用何种形式,诈骗类犯罪都是采用欺骗性手段骗取公私财物,属于典型的侵财犯罪。因此,诈骗的数额是衡量诈骗类犯罪严重程度的重要标准之一。当然,现行《刑法》将集资诈骗罪安排在第三章(破坏社会主义市场经济秩序罪)第五节(金融诈骗罪)下,将合同诈骗罪安排在第三章第八节(扰乱市场秩序罪)下,而诈骗罪则安排在第

表46　诈骗类犯罪与非法吸收公众存款罪法定刑比较

罪名	数额较大	数额巨大或严重情节	数额特别巨大或特别严重情节	数额特别巨大并且给国家和人民利益造成特别重大损失
集资诈骗罪	10(50)万元　5年以下有期徒刑或者拘役	30(150)万元　5年以上10年以下有期徒刑	100(500)万元　10年以上有期徒刑或者无期徒刑	无期徒刑或者死刑
合同诈骗罪	2万元　3年以下有期徒刑或者拘役			
诈骗罪	3000元或1万元以上　3年以下有期徒刑、拘役或者管制	3万元至10万元以上　3年以上10年以下有期徒刑	50万元以上　10年以上有期徒刑或者无期徒刑	
非法吸收公众存款罪	数额20(100)万元；人数30(150)人；损失10(50)万元　3年以下有期徒刑或者拘役	数额100(500)万元；人数100(500)人；损失50(250)万元　3年以上10年以下有期徒刑		

五章(侵犯财产罪)下,让人感觉集资诈骗罪、合同诈骗罪似乎要比诈骗罪社会危害性更严重一些,因为此两罪不但侵犯了公私财物的所有权,还可能侵犯了金融秩序、市场秩序。但如前所述,诈骗罪同样可能发生在金融活动、市场交易活动中,而且诈骗罪的受害人同样可能人数众多,因此很难说三种犯罪的抽象严重性程度有重大差异。① 也就是说,三种犯罪的实然严重性程度恐怕主要还得用诈骗数额来衡量,骗取的金额大,其严重性程度就大。因此,诈骗类犯罪定罪量刑的数额标准就应该大致保持一致。但如表 22 所示,目前由司法解释确立的数额标准却是参差不齐的。

以诈骗罪和集资诈骗罪第一档法定刑为例,诈骗罪为大于等于 3 000—10 000 元,小于 30 000—100 000 元,而集资诈骗罪为大于等于 10 万元,小于 30 万元。假如某甲集资诈骗 10 万元,属于集资诈骗犯罪第一档法定刑中最轻微的情形,在没有其他量刑情节的情况下,原则上会获得一个比较轻微的判决,如拘役;而某乙采用一般方法诈骗 10 万元,则处于第一档和第二档法定刑的交界处,原则上量刑可能比较接近 3 年有期徒刑。同样是诈骗 10 万元,某甲可能判处拘役,某乙可能判处 3 年有期徒刑,其合理性依据何在? 诚然,从概率上讲,集资诈骗犯罪的涉案金额往往较大,但这不能成为提高追诉标准、降低同等诈骗数额刑罚强度的理由。有鉴于此,笔者认为,在诈骗类犯罪量刑时,一方面不能将诈骗数额作为唯一依据,另一方面还是要平衡诈骗犯罪量刑的数额标准。最高法院宜在诈骗犯罪的统一视野下,重新平衡诈骗罪和特殊诈骗罪的数额标准。并且应该采用《集资案件解释》的模式,区分单位主体和自然人主体,规定不同的数额标准。此外,笔者认为,还应对共同犯罪规定不同的数额标准。

(三) 协调诈骗类犯罪与非法吸收公众存款罪数额标准

非法吸收公众存款罪的法定最高刑远远低于诈骗类犯罪,非法吸收公众存款罪的追诉标准和量刑数额标准又远远高于诈骗类犯罪。

---

① 不过根据白建军教授的 SCO 罪量体系,3 个犯罪的罪量确实有区别,其中集资诈骗罪和合同诈骗罪的罪量均为 3.425,罪级均为 6 级,诈骗罪的罪量为 3.355,罪级为 5 级。参见白建军:《罪刑均衡实证研究》,法律出版社 2004 年版,第 284—286 页。也有学者认为,集资诈骗罪是比诈骗罪更轻的犯罪。参见高艳东:《诈骗罪与集资诈骗罪的规范超越:吴英案的罪与罚》,载《中外法学》2012 年第 2 期,第 435 页。

在这种局面下,如果犯罪发生在集资领域,且认定为诈骗类犯罪,可能导致死刑、无期徒刑,而非法占有目的又存在模糊(既可能因为证明困难,也可能因为证明懈怠)之时,法院往往直接以非法吸收公众存款罪论处。这表面上看体现了"有利于被告人""疑罪从轻"原则,但实际上是和稀泥,既不能罚当其罪,也削弱了刑罚的特别预防和一般预防功能。笔者认为,应在取消集资诈骗罪死刑的同时,通过提高量刑数额标准,进而降低诈骗类犯罪的刑罚强度。① 如此一来,法官就不至于不敢认定集资诈骗罪和其他诈骗犯罪,也不至于将诈骗类犯罪混同于非法吸收公众存款罪了。

四、民间高利贷行为的司法去罪化

刑法本来未将民间高利贷行为规定为犯罪,但是最高人民法院《关于涂汉江等人从事非法金融业务行为性质认定问题的批复》以及涂汉江案的示范效应,导致民间高利贷行为事实上已经被司法犯罪化了。最高人民法院应通过适当的方式,废除之前的批复。

五、擅自设立金融机构罪、高利转贷罪、外汇犯罪的非犯罪化

与民间高利贷行为不同,擅自设立金融机构、高利转贷、逃汇、骗购外汇、非法买卖外汇都有明确的法律规定,因此,要实现非犯罪化,必须得通过立法行为才能实现。笔者认为,单独设立金融机构的行为并无刑法干预的必要,而其后续行为又有其他刑法法规规范,因此,设立此罪并无多大意义。高利转贷行为则可以通过行政制裁方式(禁止再次贷款、不良信用记录)予以制止。而外汇类犯罪则属于典型的行政犯,具有鲜明的时代特征。随着我国外汇制度由"管制"向"管理"转型,刑法已无干预的必要。因此,对这三类犯罪行为,宜通过立法的方式予以非犯罪化。当然,这个进程应该和我国的金融制度改革进程同步。

---

① 白建军教授的研究表明,集资诈骗罪和诈骗罪的刑量都偏重。参见白建军:《罪刑均衡实证研究》,法律出版社2004年版,第284—286页。

第四章　民间金融与民法规制

民间金融与民事法律有什么冲突？两者冲突的状况如何？民间金融的民事法律冲突有什么特点？此类冲突与普通借款纠纷有什么区别？现存民事法律体系是否能够适应或者胜任民间金融的民事法律需求？两者具体的冲突过程有什么普遍性？截至2013年4月，笔者通过北京大学法意案例库，收集了案例库全部的民间金融民事案例，企业与非企业民间金融民事案例共749个，有效数据案件数为678个。利用spss社会科学统计专业软件进行分析，发现了一些有意思的现象。

第一节　关于案例的地区性分布

一、非企业的民间金融案例分布

从下述图表可以看出，法院受理民间金融民事案件的高发地区，并非是我们通常以为的民间金融发达地区，如浙江省，而是海南省、河南省、上海市。浙江省在非企业463个案件中，只有15个，只占3.7%。这到底是什么原因？一直到温州发生立人集团非法集资案件[1]，涉及人员4 000多人，但法院至今没有受理一起因为温州立人集团非法集资引发的债务纠纷，笔者才明白，法院受理非法集资案件数量，并不能够实际反映社会发生的民间金融纠纷数量。法院在民间金融案件之中，应该担负什么角色？政府应该担负什么角色？笔者希望在本书写作过程中有深入思考与收获。

---

[1] 浙江省温州立人集团非法集资案件，涉及金额50—60多亿元（有待法院最后认定），2011年发生无法偿还借款与利息，涉及人员4000多人。

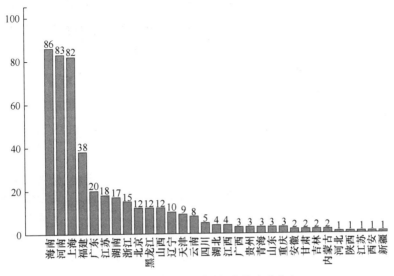

图19 非企业的民间金融案件地域分布

二、企业民间金融案件分布

在我们收集北大法意的215个企业涉及民间金融的民事案件中,案件数量最高的地区是上海,其次是海南省。如上文所述,民间金融

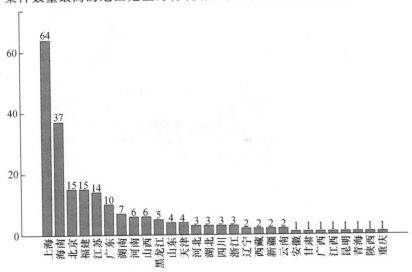

图20 企业民间金融案件地域分布

案件数量高发的并非浙江等地。同样,企业的高发民间金融民事案件数量,也并非浙江等地。其中原因如同上述,并非法院受理企业民间金融案件数量多就反映当地企业民间金融繁荣程度。上海64件,海南省37件,福建省与北京市案件数量相同,都是15件,江苏省是14件,而浙江省只有3件。

第二节 案例在城市、农村的分布状况

在笔者研究的数据库中,463个非企业案件中,城市有308个案件,农村有106个案件,城镇有49个案件。因为相当的民间金融纠纷没有被法院受理,所以仅仅从法院已经受理的案件中,还无法完全客观地了解民间金融纠纷在城乡之间分布的真实状况。目前为止,笔者除了收集法院案例之外,从法学角度运用实证研究方法研究民间金融,希望还有能够反映民间金融客观真实状况的数据,如各大银行贷款违约数据之中与民间金融重叠部分,笔者还希望下次有机会接触政府各级信访资料之中涉及的民间金融部分。从本书的数据库中,发生在城市(包括县级市)的占66.52%,发生在农村的占22.89%,发生在城镇的占10.58%。这里的城市包括县级市,不是专门指大城市。

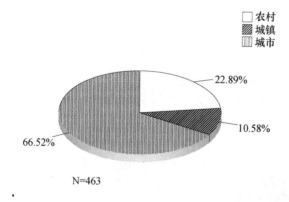

图21 案例在城市、农村的分布状况

第三节 民间金融金额分析

在 215 个企业民间金融案件中,涉及金额 200 万元以上的占 40.9%,50 万元至 200 万元的占 22.33%,50 万元以下的占 36.74%。在法院受理的案件里,金额不会太大,因为起诉前一定考虑对方执行能力,所以我们看到大量金额巨大民间金融事件,往往是政府被迫作为民间金融事件处理的第一主体出现,这是当代法治发展的实际状况决定的。因为法院处理是先刑后民,一审、二审下来,没有一、二年解决不了问题。民间金融事件称其为事件,一般是资不抵债,无法支付本金和利息才事发,往往涉及面广,涉及金额大,影响社会稳定(政府语言)。债权人一定考虑起诉要缴纳诉讼费,法院能否判决胜诉,判决书能否很好执行,以及被告有没有财产足够执行?都是问题。这里涉及一个重要的法律的立法质量和实施状况问题,即《中华人民共和国企业破产法》。笔者发现,法院几乎没有引用《中华人民共和国企业破产法》解决民间金融事件的。这个问题留待后面章节立法篇进行讨论。

表 47 涉及金额

有效		频率	百分比	有效百分比	累积百分比
	50 万元及以下	79	36.7	36.7	36.7
	50 万元至 200 万元	48	22.3	22.3	59.1
	200 万元以上	88	40.9	40.9	100.0
	合计	215	100.0	100.0	

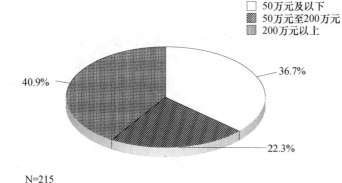

N=215

图 22 涉及金额

第四节 融资人内部关系分析

笔者从下面图表可以知道,民间金融融资人非熟人占了72.79%,熟人占了23.33%。在大量的民间金融事件之中,首先第一圈是通过熟人关系进行融资,接下来有可能还是熟人,有可能不是熟人,具有不确定性。不少是通过融资中间组织进行大量融资的。这里有可能与刑法的非法集资犯罪构成犯罪的情节之一,既非法集资犯罪对于集资对象的不特定性相重叠。需要特别注意与鉴别。

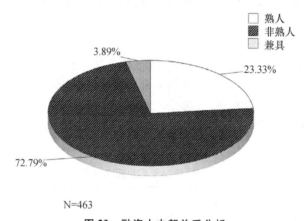

图23 融资人内部关系分析

第五节 融资用途分析

图24数据表示:

在463个案件中,融资用于创业的有218个,占46.34%;为了生活的有41个,占41个案例;为了赌博、吸毒占14个案例。其他的案例数字大,有190个案例,其中一个原因是借款支付民间借贷利息,由于民间借款利息高,往往是借款为了还债,借新债还旧债,利滚利没有办法还清。

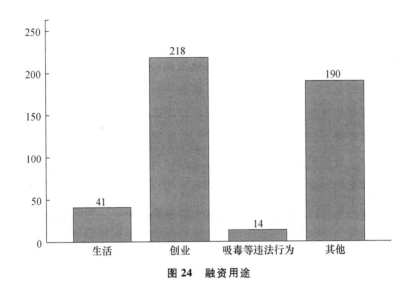

图 24 融资用途

第六节 民间金融融资方式分析

在 463 个案例中,依靠诚信取得融资的有 362 个案例,占 78.18%,担保和抵押分别是 57 和 44 个案例,分别占 12.31% 和 9.53%。从一个侧面说明金融融资方式单一,缺乏多种多样的融资方式,其中特别要注意的是担保和抵押的比例不高。金融不发达的主要原因当然是现阶段我国金融发展状况决定的。简单依靠诚信借款,反过来必然增加银行的不良贷款比例。到目前为止,由于我国农村土地、宅基地和房屋在农民手里没有完整的所有权,农民不能将农村土地、宅基地和房屋作为贷款抵押,严重制约了农村金融发展。在这种情况下,农民如果希望向国家银行借款成功极其困难。中国所谓农业银行,其业务基本不在农村,借款主体也基本不是农民。保护农民的土地所有权、房屋所有权,不仅仅是农村金融振兴的根本,也是我国社会经济转型成功与否的根本。①

---

① 参见胡戎恩:《走向财富——私有财产权的价值与立法》第十一章,"当代私有财产保护焦点——农民土地权利",法律出版社 2006 年版。另见胡戎恩、田涛:《流动的土地——铜仁土地流转社会调查》"前言",北京大学出版社 2009 年版。

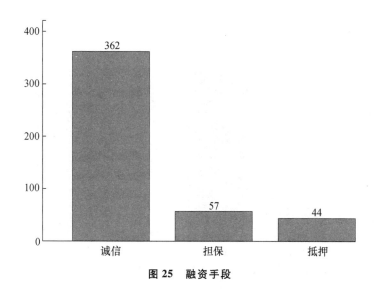

图 25　融资手段

第七节　民间金融被融资人属性分析

在 215 个企业民间金融案例之中,有效案例 165 个,来自社会借款的有 149 个,占 90%,说明社会借款为民企融资的主要渠道。来自股东的借款有 9 件,银行借款 7 件。都不是民企融资的主要渠道。这个现象符合浙江温州的实际状况,中小企业借款难,中小企业借款成本高是真实存在并且长期如此!这是什么原因造成的?银行借不到款,达不到银行借款所需要的条件是根本原因。在银行借款条件之中,主要是缺乏抵押或者担保。此外还存在银行的所谓贷款指标问题,今年银行贷款指标没有了,只好等到明年。

表 48　被融资人属性

		频率	百分比	有效百分比	累积百分比
有效	股东	9	4.2	5.5	5.5
	社会借款	149	69.3	90.3	95.8
	银行借款	7	3.3	4.2	100.0
	合计	165	76.7	100.0	
缺失		50	23.3		
	合计	215	100.0		

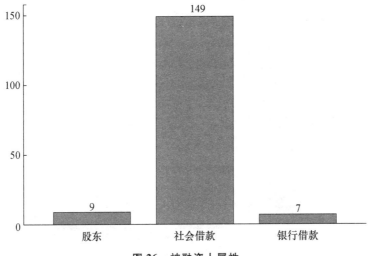

图 26　被融资人属性

第八节　民间金融利息状况分析

在 215 个企业民间金融案例之中,民间金融利息在 1% 以下的有 148 个案例,占 68.8%;1% 到 2% 的有 45 个案例,占 20%;2% 到 3% 有 13 个案例,占 6%;3% 以上的有 9 个案例,占 4%。案例的利息负担还是比较正常的,与浙江省近年的民间融资成本相比,明显偏低,浙江省温州市近年民间金融融资成本一般是月息 2 分到 3 分之间。浙江温州近年民间融资成本临时性(不超过半年)一般是月息 3 分。超过半年,并且长期合作的利息可以是月息 2 分。

表 49　月息

		频率	百分比	有效百分比	累积百分比
有效	1% 及以下	148	68.8	68.8	68.8
	1%(不含)至 2%	45	20.9	20.9	89.8
	2%(不含)至 3%	13	6.0	6.0	95.8
	3% 以上	9	4.2	4.2	100.0
	合计	215	100.0	100.0	

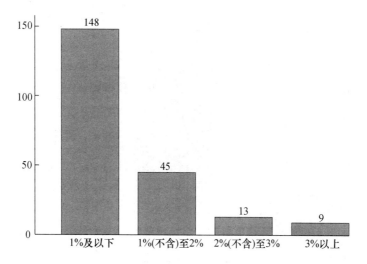

图 27　月息

第五章　民间金融的立法改革

第一节　民间金融立法改革的时代背景

如同本书第一章导论所分析,我国从20世纪50年代以来,社会经济形态发生了剧烈变动,从新中国建立后的多种经济形态并存,到工商业改造完成建立起单一的计划经济体制,再到改革开放逐步发展和扩大市场经济体制,以及党的"十八大"提出发挥市场经济体制在资源配置中起决定性作用。民间金融也经历了跌宕起伏发展阶段。限于篇幅,本书无意讨论新中国建立前后民间金融发展史,笔者只研究改革开放以来产生的民间金融问题。笔者发现,民间金融法律之所以备受挑战,是因为民间金融法律所维护的金融体制本身的问题。我国金融体制改革整体滞后于民营经济发展速度、滞后于市场经济体制对于金融的需求、滞后于民众追求财富的原动力!金融立法滞后于整体市场经济立法。

2014年4月,中国人民银行发布了《中国金融稳定报告(2014)》,对2013年我国金融体系的稳定状况进行了全面评估。报告认为,2013年,我国宏观经济呈现稳中向好的发展态势,金融业改革不断深化,金融机构实力进一步增强,金融市场稳步发展,金融基础设施建设继续推进,金融体系整体稳健。

报告指出,2014年是深入贯彻落实党的十八届三中全会精神、全面深化改革的第一年,也是完成"十二五"规划目标任务的关键一年。我国发展仍处于大有作为的战略机遇期,经济发展长期向好的基本面没有改变。需重点做好以下几个方面的工作:增强宏观调控的前瞻性、针对性和协同性,把改革创新贯穿于经济社会发展各个领域各个环节,着力激发市场活力;加快推进利率市场化,完善人民币汇率市场化形成机制;加强信贷政策与产业政策的协调配合,促进重点行业结构调整;建设多层次资本市场,继续优化直接融资工具,加快金融创新,优化金融结构,全面提升金融服务实体经济的能力和水平;完善宏观审慎管理,加强金融监管,引导金融机构稳健经营,不断强化监管协调和合作,防范跨行业、跨市场风险传递;加强金融机构风险处置机制建设,建立存款保险(放心保)制度,完善市场化的金融机构退出机制,建立维护金融稳定的长效机制。

一、当前我国金融体制的缺陷和不足

1. 国家金融垄断明显,金融市场化尚未建立

导致金融非市场化种种现象泛滥;政府筹资具有强制性;央行独立性不强,权威性不足,货币发行随意;央行调控乏力,方法简单;国有商业银行商业化转型不彻底;居民金融风险意识差。

2. 金融体制垄断,竞争不足,导致金融市场缺乏活力,金融创新不足

具有流动性的、面向社会发行的各种信用工具不足,使市场流动性不足,绝大部分金融资产集中于银行存款,虽然近期国家已经推出股指期货,但是投资渠道仍然不多,不利于金融市场的发展,也不利于储蓄向投资有效转化。老百姓没有投资机会,只能储蓄于国家银行,长期无奈地接受固定的低利率(利率不自由)。

3. 市场结构失衡

我国货币市场相对资本市场而言,容量小、结构不完善,这也制约了资本市场的进一步发展,加剧了股票市场的投机性和波动性。在货币市场内部,票据市场发展缓慢;在资本市场内部,国债市场、股票市场发展快;企业债券市场发展滞后;基金市场发展缓慢且不规范;机构投资者起不到稳定市场的作用。在民间金融方面,我国由于长期计划经济思维方式,对民间金融长期采取禁止、取缔、入罪等简单化的极端政策,使我国民间金融在改革开放发展民营经济、创造民间财富方面作出史无前例贡献的同时,也产生和存在不少问题。

(1)我国民间金融在其自身发展中,存在着投机性强、行为短期化、抗风险能力弱、易引发经济纠纷等问题与弱点。

(2)在长期缺乏相关法律约束、规范和保护的情况下,部分民间

金融从事高风险的投机活动，可能会引发局部性金融风险，影响当地的社会稳定。地方政府在民间金融活动没有发生社会稳定问题时，往往不干预、不监督、不受理，一旦民间金融发生问题，影响了社会稳定，则立即变脸，抓人、封产、进入司法程序，并且往往是轻罪重判。只有这样才能转移受害者对政府监管不力的压力。

（3）民间金融的繁荣，当然对国家宏观调控政策会产生一定的抑制和消化作用。如本世纪以来，国家对房地产市场的多次宏观调控，均以失败告终。我国当代房地产价格扭曲居高不下，其中主要原因是土地制度与政府权力不受监督，以及金融体制导致公民投资渠道缺乏，但是也与民间金融活跃相关。

二、我国金融立法的缺陷与不足

正是因为金融体制改革滞后，导致我国金融立法滞后。金融立法指导思想没有转型，金融立法价值取向还是维护金融的国家垄断地位，其立法目标过于注重国家金融安全与稳定，保护国有大型金融机构，保护国家金融的垄断地位。金融立法忽视维护金融市场经济的平等主体地位，忽视对市场经济的竞争的机制维护。导致我国金融法律对公民金融权利与经济自由保护的不足！民营经济、民企的金融权利与经济自由受到长期漠视与打压。公民的金融权利与金融自由长期受到侵害。所以，我国金融立法对民间金融管制严厉。具体表现如下：

（1）金融立法维护垄断的金融制度安排，压缩了民间金融发展的空间。

（2）金融立法滞后使民间金融的发展缺乏法律的规范、引导与必要支持。

（3）利益集团的阻挠加大了民间金融走向"合法化、规范化"的难度。

金融立法的上述缺陷，导致金融立法无法为市场经济服务，甚至成为市场经济发展的瓶颈。当代社会确实存在金融立法与市场经济的冲突。当前金融立法导致了以下局面：

（1）国家金融的很大部分合法不合理——现行金融法律保护，有违市场经济之理。主要指其保护金融垄断的一面。如国家金融机构垄断存款、垄断利率、垄断汇率等。

（2）民间金融的很大部分合理不合法——符合市场经济之理，但现行金融法律不认可。目前的金融体制现状就是这样。

"合法的不合理，合理的不合法"说明民间金融相关法律本身存在不合理现象。改革就是要让合法不合理的合理，合理不合法的合法。以此建立市场经济公平竞争机制，增强公平与效率。

三、民间金融在现代市场经济中具有极其重要的作用

（1）民间金融有力地支持了民营经济的快速发展，一定程度上提高了全社会的资源配置效率。民间金融高效率地将部分民间储蓄转化为民间投资，也在一定程度上提高了全社会整体的储蓄—投资转化效率。

（2）有利于解决三农问题、推进农村城镇化进程。国家农村金融（信用社与农村合作银行、农村商业银行）等不能够充分满足农村经济发展对金融支持的需求，民间金融顺应这种需求产生、发展，补充了农村金融体系的不足。

（3）为国家金融体系注入市场因素与竞争因素。民间金融的出现，也对国家银行提高效率提供了"倒逼机制"，提供了一定程度的竞争压力。民间金融的存在与发展对于国家金融的垄断地位提出了挑战。

规范并促进民间金融健康发展的现实意义主要体现为四个"有利于"：

（1）有利于优化金融体系结构。单一国家所有制的金融体制，是计划经济的核心体制，其种种弊端早已众所周知。

（2）有利于促进民营经济更健康的发展。我国民营经济发展的最大瓶颈仍然是计划经济年代的金融体制的约束与限制。

（3）有利于全社会资源配置效率的提高。安全与效率永远是一对矛盾，我国金融体制过于追求安全，对效率只能放在其次。何况利益集团常常以安全的名义，达到垄断的地位，以维护其利益集团的团体利益。这种利益集团利益与民众利益、国家民族的利益背道而驰。

（4）有利于通过金融资源配置的公平化促进全社会收入分配的公平化。我国已经是全世界分配最不公平的国家之一，2014年1月

21日,国家统计局发布的数据显示,2013年我国居民收入基尼系数为0.473。超过了0.4的国际警戒线。而发展"草根金融""老百姓的金融""穷人的金融",有利于通过金融资源配置的公平,促进全社会收入分配的公平化。

四、值得借鉴的美国民间金融案例

美国联邦储备银行对影子银行的处理,值得我国民间金融政策参考,因为影子银行实际上就是一种民间金融。

美联储对影子银行的明智"新政"①

影子银行是一种不受大部分银行业监管措施约束的信贷中介工具,它的兴起造成了比较微妙的后果。它创造出了一种游离于央行官员传统监管控制手段之外的货币。美联储(Fed)打造新工具应对影子银行,是有道理的。政府创造的货币分为两种形式。一是通货,即人们钱包里的纸币和硬币;二是准备金,即吸储机构存放在央行的余额。这些负债总是按票面价值交易;零售银行可以将准备金减少100万美元,从央行换取等值的纸币和硬币,就像你可以拿一张1美元的纸币换得4个25美分硬币一样。

但货币也以私币形式存在,零售银行存款便是一例,货币市场基金的余额也是一个例子。(货币基金与银行相似,但它们在货币市场募资,而不是从私人储户那里吸收资金;而且,它们使用收入购买债券,而不是发放贷款。)"私币"通常也按面值交易。用20美元的银行存款兑换1张20美元的纸币,就像去取款机一样方便快捷。

只要人们预期这种情况继续下去,这一体系便能有效运转。但一旦信心丧失,恐慌便尾随而至,就像20世纪头10年反复上演的那样。后来,美联储诞生了,它可以作为最后贷款人借款给陷入困境的金融机构,防止挤兑。存款保险制度还能防止银行清偿能力引发的担忧自我应验。之所以需要这样的保障机制,是为了让公众相信,银行总能

---

① FT中文网文章,2014年06月19日。太平洋投资管理公司首席经济学家保罗·麦卡利为英国《金融时报》撰稿。

保罗·麦卡利是太平洋投资管理公司(PIMCO)首席经济学家。佐尔坦·波扎尔对本文亦有贡献。——本文译者何黎

兑现诺言,将存款兑换为现金。这些机制将银行业变成了一种公私合伙部门。但这只适用于正规银行业。影子银行没有类似的保障措施。

对大多数人来说,货币是通货和有保险的存款。这些类型的货币被纳入政策制定者紧密关注的M2货币总量。但对资产管理公司和企业来说,M2的结束才是货币的开始。这些经济主体必须持有价值数十亿美元的流动资产,但它们数额太高,无法以实体货币形式持有,也超过了政府提供担保的银行存款上限。

这些巨头必须求助于其他形式的货币。无保险的银行存款是一个选择,但它并没有特别的吸引力,因为它只是对银行持有的无担保、未分散的债权。更好的选择是"影子"货币:要么是货币市场基金的余额,要么是回购协议——即借款人售出一种证券,并承诺在约定时间以约定价格买回该证券。人们不太清楚的是,持有影子货币并非主动选择的结果,而是因为没有更好的选择。

当非正规金融体系在危机中陷入困境时,对策是扩大公共保障机制的覆盖范围——这次延伸到影子银行,以及正规银行里尚未得到保险保护的存款。现在,美联储把100多年来用于稳定正规银行业的许多保护和控制措施,延伸到影子银行。

美联储新的"逆回购"(RRP)措施实际上相当于影子银行在美联储开户,类似于吸储机构在美联储开设准备金账户的机制。从概念上说,它能让美联储防止影子银行业创造过多信贷。正规银行被要求持有不低于某一标准的资本金,其贷款规模的扩张受到限制。美联储可以设置最低"折价"(haircut),对影子银行业施加类似的影响。"折价"是指市场参与者以国债等安全资产为担保所募资金的上限。这可以让美联储实施一定程度的宏观审慎控制,而在危机前,美联储做不到这一点,那时的折价不过是敷衍了事。类似的,正如要求正规银行持有一定水平的准备金一样,美联储可以强迫影子银行维持最低限度的逆回购余额。

该机制还能让美联储成为"最后交易商",就像"最后贷款人"之于正规银行那样。这将保证陷入困境的影子银行总能在市场中找到对手方。在2008年,美联储最终扮演起了这个职责,但它出手时颇为犹豫——当时它不了解对手方的账目,对手方也没有开设准备金账户。逆回购会将监管机制和救助程序正规化。

过去10年的危机提醒我们,私币具有内在不稳定性。美联储正在采取关键措施,将影子银行业——以及它创造出的影子货币——转化为公私合伙部门,就像100年前对待正规银行业的那样。这是明智的做法。需要安全私币的,不只有个人和小企业。

第二节 民间金融立法改革的指导思想

从其他相关经济体民间金融转变为国家金融的历程看,传统的民间金融往往伴随着国民经济的发展,从低级形态逐步向高级形态演化,进而演化到现代金融,即大体沿着"最简单、无组织形态的私人借贷→有组织、较规范的社区性金融互助组织→现代金融组织"这一发展链的路径演化。

从其他经济体的相关经验看,民间金融转化为国家金融,往往是民间金融中已处于发展链条高端的那些金融形态与组织,同时,这一演变也往往发生在一个经济体迈向发达经济体行列、整体实现现代化的过程中,伴随着整个金融体系的金融深化与政府法治能力的明显提高。所以,民间金融法制化,是我们的发展方向。

一、以市场经济金融体制视野,修正法律对民间金融的严厉态度

在本书第一章导论中,以及上文民间金融立法改革的时代背景中,已经全面分析了为什么要区分民间金融的两面性。

从金融发展史的角度以及借鉴其他经济体发展民间金融进程分析后可以得出:

(1) 从历史的角度审视,国家金融来源于民间金融,它是民间金融经法制固化后的产物。

(2) 传统、原生态的民间金融伴随着经济的发展,而不断从低级形态向高级形态演进,其中一部分最终转化为现代国家金融。

(3) 正规金融体系的发展、金融深化并不一定会使民间金融隐退。

(4) "金融体系民营化"与"民间金融法制化",是发展完善现代金融体系的两项"应有之义"。

二、以区分民间金融两面性为路径,采取不同的立法价值取向

我们必须分清情况,区分民间金融复杂性,分类对待民间金融的两面性。

这需要我们注意区分:哪些民间金融活动适合"转入地上",而在"转入地上"的民间金融中,哪些应向民营银行和合法的金融机构发展,纳入国家金融监管体系,哪些属于国家不必过多监管?但要给予法律承认与保护;对仍选择在地下状态的民间金融,国家对哪些应该继续默许,哪些应该严格取缔?

三、以"分类法制化"的策略:不简单谈"民间金融合法化"

鉴于目前我国各地区的民间金融类型复杂、发展程度不同,需要善加区分,而不能笼统地谈"民间金融合法化"。即使要将其纳入法制轨道,也应"分类法制化"——根据其不同情况,选择不同的法制化路径,并先易后难,依次、逐步推进。随着民间金融法制化的推进,我国民间金融未来或将经历这样的"分化":一类融入正规金融,受到现有的金融监管部门的监管;一类仍保持其非正规性,但也有相应的规制规则,有新的、专门的监管主体负责其外部性监管;一类可能不需要专门法规或专门监管主体来规制,但也应有其他法律中的相应条款加以规范和约束。

第三节　民间金融立法改革的路径

一、民间金融一部分合法化

1. 合法化路径之一:将部分条件成熟的民间金融机构转化为"正规金融"的本地型中小银行。

不少民间金融活动在民间的"规则体系"中已具备了"合法性",但在国家法律规则体系中尚未获得合法性。这时,就需要国家调整相关法律规则,使法律规则尽量与经济生活的实际规律相匹配,否则,如果国家规则与民间规则相离太远,实际上就容易造成官方规则在民间的失效。如果政府的金融法律和监管能力滞后于金融发展新形势的需要,就会在一定程度上阻碍其健康发展。目前在民间金融发达地区,如在我国沿海地区的某些地区(例如,长江三角洲、珠江三角洲地

区、浙江等地),部分发展较为成熟的民间金融机构已基本具备向正规金融中的"民营中小银行"转变的条件。

正是金融系统国有垄断堵塞了民间资本进入金融服务领域的正规渠道,同时大银行系统又存在着"服务盲区",才从"供"和"需"两个方面加剧了各种民间非正规金融活动的兴起与蔓延。因此,单纯要达到抑制民间金融规模的目标,合乎逻辑的做法也应该是从民间资金市场融资"供给"的增加与投资"需求"的平抑这两个方面下手,才更有效。而发展本地型、民营中小金融,恰恰兼具这两个方面的效力。将部分条件成熟的民间金融机构转化为"正规金融"的本地型中小银行,促进"本地型中小民营金融"的发展,可谓"一举多得"。不仅提高了金融市场的民营化度,又减少了处于规制之外的民间金融的规模。

2. 合法化路径之二:保持其非正规的形态,但应调整、完善相关立法,将其尽量纳入法制轨道。

在经济欠发达地区、广大农村地区,将民间金融转化为正规金融既是不现实的,也是不经济的。在这些地区,各种民间金融形态(包括私人借贷、企业间连结贷款、企业集资、金融互助组织、合会、贷款担保公司、小额贷款公司)仍有其生存与发展的现实条件和需求,应保留其固有的非正式特性。

二、对部分民间金融加强监管

(1)民间金融的监管应遵循"分类监管"的原则。设计监管规则时,可根据其规模、外部性的不同,有所区别。如可按照是否吸收存款将民间金融组织划分为两类,在监管方式上区别对待,可以采取备案制度、公示制度、申报制度等。恰当的监管,让民间金融资本在一定的规则体系内,享有足够的、必要的自由。

(2)监管就是保护和约束,二者是并存的。使民间金融不适合纳入国家金融的部分,在监管之下避免发生大的风险。目前,民间金融既缺乏保护,又缺少约束,于其健康发展不利。

(3)如果其约束机制只有民间的,将使其进一步发展受到地域或群体范围的限制。超出此范围,对社会不利,局限于此范围,则对其自身发展不利。

由于金融业所具有的杠杆性的特点,金融监管远难于一般的产业监管。但是,政府银监机构必须加强监管民间金融,地方政府的市、县银监机构必须履行监管责任。

对监管部门而言,事前的审慎防范难,事后的简单处罚易。

三、以渐进方式逐步推进民间金融法治化的进程

民间金融法制化并不单纯是给予身份那么简单。民间金融的法制化需具备三个要件,而给予其合法身份仅是其中之一。"给身份""定规则""发展监管能力"构成民间金融法制化的三要素,身份、规则、监管能力三者要相匹配,即合理的管制规则的建立与给予身份应是同时的;此外,政府管制其外部性的能力或监管能力要随之到位。"给身份"意味着要让民间金融获得在一定法律规范条件下的合法性,而它的合不合法,将主要取决于其行为合不合法,而不是由其身份一开始就注定了。"定规则",是要根据各类民间金融形式,制定相应的规制规则,既保持其原有优势特点,又使其外部性得到恰当监管或规制,所谓"恰当"首先要规则制定得恰当——安全和效率要兼顾,同时要与政府监管能力相匹配,以保证政府的监管既"得当",又"得力"。

未来的改革方针应是边定规则,边发展能力,再调整规则,先选择部分地区发展已较为成熟的,也较容易监管的民间金融形式,给予合法身份,订立相关规则,并同时推进政府监管制度的改革,提高监管能力。之后,在政府对民间金融的监管能力、水平有所提高后,再在下一轮改革中扩大民间金融合法化的范围。通过这样"三步骤"滚动推进,民间金融活动法制化的范围和深度就会不断提高。

四、法治化不同于法制化

(一)民间金融立法改革绝不是简单的制定民间金融规则

在相关民间金融规则的制定中,地方政府、民营部门、民间金融主体能否参与博弈,将会影响其可行性、恰当性。因此,不仅规则的执行,规则制定也应逐步增强"法治性"。这将有助于鼓励"好的"民间金融,惩治"不好的"民间金融。目前困难在于中央与地方、国有与民营利益诉求上不一致:改革方案谁来主导?改革涉及复杂的不同利益群体之间的博弈,能否建立良好的利益平衡机制?

(二)民间金融改革不是简单的正规化

20世纪90年代中后期,一些民间金融机构(如农村合作基金会)

在被正规化过程中,被异化为地方政府主导的准金融机构,未来改革能否避免这样的"不好的正规化"?好的正规化:体制外与体制内优点的结合,效率、安全得到了兼顾。不好的正规化:体制外的缺点没减少,又多了体制内的缺点。所谓好的正规化,就是制度设计能让民间金融正规化后,仍能尽量保留其原来的效率高、能填补大银行体系服务盲区,同时又能让其外部性得到必要的监管,成为"民间现代金融"。所谓不好的正轨化,有两种可能,一是正规化后,逐步丧失了原来的"民间性",沦为地方政府主导的准官方金融机构;二是身份正规化了,并未伴随相应的治理结构、风险约束机制的正规化。

因此,未来民间金融改革的难点与重点,是如何针对民间金融的特点发展民间金融的监管体系,让政府对民间金融主体及活动的监管,既"得当"、又"得力";让民间资本能够在一定的规则体系内,享有足够的、必要的自由。

第四节 民间金融刑法立法改革

笔者在民间金融刑法规制一章里面,已经提出20世纪90年代以来存在民间金融犯罪化现象。由此,其后果已经很明显,不利于市场经济体制建立与完善,不利于民营经济发展,不利于财富资源公平公正分配,不利于社会稳定。在这里,笔者具体提出刑法民间金融犯罪改革的意见。

一、严格限制非法吸收公众储蓄存款罪的适用,条件成熟后取消该罪

如同笔者在刑法规制一章所介绍的,民间金融的集资犯罪化,是一步步演变而来的,具本详见第三章有关刑法规则的章节。

这里为了更好说明刑事法律规范是如何将非法吸收公众存款犯罪,一步步演变严厉和扩展适用的路径,我们分析两个司法解释就可以明白。

1. 关于非法集资目的的扩大解释

2011年通过的最高人民法院《关于审理非法集资刑事案件具体应用法律若干问题的解释》(以下简称《集资案件解释》)。该解释第3

条第4款规定:"非法吸收或者变相吸收公众存款,主要用于正常的生产经营活动,能够及时清退所吸收资金,可以免予刑事处罚;情节显著轻微的,不作为犯罪处理。"所谓"可以免予刑事处罚",一方面表明应认定为非法吸收公众存款罪,另一方面赋予法官决定是否科处刑罚的自由裁量权。也就是说,即便吸纳资金主要用于货币、资本经营以外的正常生产经营活动,也构成非法吸收公众存款罪。这是扩大了该罪的适用范围。在此之前,吸纳资金主要用于生产经营活动不认为构成犯罪。

2. 关于行政认定程序的扩大解释

2014年的司法解释,更加扩大了非法集资犯罪的认定。2014年3月25日,最高人民法院、最高人民检察院、公安部印发《关于办理非法集资刑事案件适用法律若干问题的意见》。《意见》规定,"为解决近年来公安机关、人民检察院、人民法院在办理非法集资刑事案件中遇到的问题,依法惩治非法吸收公众存款、集资诈骗等犯罪,根据刑法、刑事诉讼法的规定,结合司法实践,现就办理非法集资刑事案件适用法律问题提出以下意见:一、关于行政认定的问题。行政部门对于非法集资的性质认定,不是非法集资刑事案件进入刑事诉讼程序的必经程序。行政部门未对非法集资作出性质认定的,不影响非法集资刑事案件的侦查、起诉和审判。公安机关、人民检察院、人民法院应当依法认定案件事实的性质,对于案情复杂、性质认定疑难的案件,可参考有关部门的认定意见,根据案件事实和法律规定作出性质认定。"①

笔者认为这是很严厉的扩张解释。我们知道,很多民间集资是在当地政府的长期默许甚至同意下进行的。因为民营企业往往没有财政拨款资金、没有银行贷款资金的"资金自筹"。湖南曾成杰非法集资案就是这样,是政府10年中一直明知并支持曾的公司向社会筹资的。一旦出现金融危机,政府往往将责任推给企业,将国际国内金融危机的责任都让企业来承担,否认政府宏观调控中的失误和责任,否认自己以前的默认和支持的责任。因此,在进行刑事追究前,应当由行政机构,先进行警示和纠正,界定合法非法。用行政法的手段先进行处

---

① 2014年4月25日,最高人民法院、最高人民检察院、公安部《关于办理非法集资刑事案件适用法律若干问题的意见》。

理。对于屡教不改的,才进行刑事追究。但是这个新解释,将这种合法的行政干预前置否定了。明显的是一种将政府责任推给企业的从严法律标准。

二、关于"向社会公开宣传"的扩大解释

最高人民法院《关于审理非法集资刑事案件具体应用法律若干问题的解释》第1条第1款第2项中的"向社会公开宣传",包括以各种途径向社会公众传播吸收资金的信息,以及明知吸收资金的信息向社会公众扩散而予以放任等情形。

笔者认为这也是一条从严解释的扩展性的法条。将主动宣传的募资可以定罪,扩大到放任消息传播这种被动行为募资也可以入罪。明显扩大了入罪标准。

最高人民法院《关于审理非法集资刑事案件具体应用法律若干问题的解释》第1条第1款第2项原先的规定是:违反国家金融管理法律规定,向社会公众(包括单位和个人)吸收资金的行为,同时具备下列四个条件的,除刑法另有规定的以外,应当认定为《刑法》第176条规定的"非法吸收公众存款或者变相吸收公众存款":通过媒体、推介会、传单、手机短信等途径向社会公开宣传。因此这是一个严格限定方式的解释。只有主动"通过媒体、推介会、传单、手机短信等途径"去公开宣传的,才能够按非法集资来定性。这是一种主动的、积极的明确方式的作为行为。而现在改为:"明知吸收资金的信息向社会公众扩散而予以放任",即宣传、传播导致他人愿意借钱给你,你如果不去制止,也可以定罪。变成了一种消极放任的标准,等于取消了"主动宣传"这个定罪要件。这是严厉的扩张性解释,给非法集资罪入罪带来随意性。严格意义上说,是司法解释权通过扩展性解释,侵犯立法机构行使的关于犯罪的重要的立法权限。

三、关于"社会公众"的认定问题

下列情形不属于最高人民法院《关于审理非法集资刑事案件具体应用法律若干问题的解释》第1条第2款规定的"针对特定对象吸收资金"的行为,应当认定为向社会公众吸收资金:(1)在向亲友或者单位内部人员吸收资金的过程中,明知亲友或者单位内部人员向不特定对象吸收资金而予以放任的;(2)以吸收资金为目的,将社会人员吸收为单位内部人员,并向其吸收资金的。

笔者认为这更是一条从严解释的扩张性的司法解释。"放任"二字无限度地扩大了"社会公众""不特定人"的概念。比如吴英案件,集资对象只有 11 户,不符合原解释的 30 户以上才入罪的标准。法院判处她死刑时,就是按间接吸存不止 11 户判刑的。按现在的解释,等于无限度地扩大了"公众"和"不特定社会人"的概念,少于 30 户,用间接债主扩大;向自己的特定亲友借,用亲友的上家来扩大几户。而众所周知的社会现实是,借债不可能去追问上家资金来源,亲友借款的上家,也没有义务问清楚资金的来源。这完全是违背社会常识的关门立法。这将使中国几千年来扶危济贫的民间借贷充满刑事法律风险。

四、取消擅自设立金融机构罪

有学者认为,擅自设立金融机构的目的是为了从事非法的金融活动,设立金融机构与从事非法金融活动是方法与目的的关系,就非法从事金融活动而言,擅自设立金融机构是其前提,因而擅自设立金融机构是犯罪的预备行为,把预备行为独立成罪,予以严厉的处罚,其必要性是不足的。① 笔者认为,擅自设立金融机构不一定是为了从事非法金融活动,将预备行为独立成罪不符合我国刑法犯罪构成基本理论、不符合我国刑法设置罪名规律;仅仅是未经批准设立金融机构,如果没有从事金融活动,并没有实实在在的社会危害性。社会危害性当然包括对金融秩序的危害,仅仅是未经批准设立金融机构,对金融秩序的危害性极其轻微,不足以需要动用刑法规范来保护。何况,设置本罪以来,北大法律信息网、北大法意、法院信息网中,以此罪而判决的案件只有一例,说明没有设置此罪的必要。

五、关于集资诈骗罪以及死刑适用

(一) 1979 年《刑法》:适用诈骗罪的最高刑为无期徒刑

制订 1979 年《刑法》时,我国处于计划经济体制之下,当时并不存

---

① 参见薛瑞麟:《金融犯罪研究》,中国政法大学出版社 2000 年版,第 43 页。对此观点的反驳可参见党日红:《擅自设立金融机构罪若干问题研究》,载《北京人民警察学院学报》2009 年第 6 期,第 26—27 页。

在严格意义上的金融市场,相关金融犯罪极少。因此金融方面的立法并未引起立法者的充分关注,对于出现的个别金融犯罪,则按照普通诈骗罪的规定予以适用,最高刑为无期徒刑。

(二) 1997年《刑法》:集资诈骗罪的死刑定格

随着1978年改革开放,我国市场经济体制的确立以及金融市场逐渐发展、壮大,金融领域犯罪尤其是集资诈骗罪也逐渐发生,并大有迅速扩展之势。1995年6月30日通过了《关于惩治破坏金融秩序犯罪的决定》(以下简称《决定》),其使集资诈骗等金融诈骗犯罪第一次从普通诈骗罪中分离出来,确立其独立地位。其中第8条规定了"对于以非法占有为目的,使用诈骗方法非法集资的,最高刑升格至死刑。但其与有期徒刑、无期徒刑并列,可以择一科处"。此单行刑法的颁布,扩大了死刑的适用范围,使刑法适用死刑的触角由1979年《刑法》所规定的惩治诸如危害国家政权、公共安全、生命权等特别重大的社会关系犯罪,延伸到破坏市场经济秩序类非暴力经济性的犯罪身上。

1997年《刑法》第192条对集资诈骗罪的法定刑进行了适当调整:"以非法占有为目的,使用诈骗方法非法集资,数额较大的,处五年以下有期徒刑或者拘役,并处二万元以上二十万元以下罚金;数额巨大或者有其他严重情节的,处五年以上十年以下有期徒刑,并处五万元以上五十万元以下罚金;数额特别巨大或者有其他特别严重情节的,处十年以上有期徒刑或者无期徒刑,并处五万元以上五十万元以下罚金或者没收财产。"

与此同时,《刑法》第199条规定,集资诈骗"数额特别巨大并且给国家和人民利益造成特别重大损失的,处无期徒刑或者死刑,并处没收财产"。

1997年修订《刑法》时,对集资诈骗罪的法定最高刑继承了死刑的规定,并严格限制死刑的适用条件。由《决定》中死刑适用法定限定条件"数额特别巨大或者有其他特别严重情节的",修改为"数额特别巨大并且给国家和人民利益造成特别重大损失的",从而将集资诈骗罪立法予以定格。

(三) 《刑法修正案(八)》:金融诈骗类罪中唯一保留的死刑设置

2001年最高人民法院发布的《全国法院审理金融犯罪案件工作座谈会纪要》中指出:"金融犯罪是严重破坏社会主义市场经济秩序的

犯罪,要继续贯彻依法从严惩处严重经济犯罪分子的方针。对于罪行极其严重,依法该判死刑的犯罪分子,一定要坚决判处死刑。"之后的2004年,最高人民法院公布了《关于依法严厉打击集资诈骗和非法吸收公众存款犯罪活动的通知》,重申了依法严惩的方针,加大了打击力度,以保持高压态势来有效威慑犯罪分子,保护人民群众利益。紧跟着,2007年国务院办公厅发布了《关于依法惩处非法集资有关问题的通知》,再次重申了非法集资严重的社会危害性,不能让其形成风气,必须依法予以严惩,确保社会稳定。后来在2010年国务院办公厅再次发布《关于严厉打击非法集资有关问题的通知》,体现立法者对非法集资行为的愈来愈重视,对于民间金融犯罪的防控多倚重于严苛刑法的威慑作用。《2011年最高人民检察院工作报告》在2010年检察工作回顾和2011年检察工作安排中均有"加大打击非法集资、金融诈骗等严重经济犯罪力度""加大惩治严重经济犯罪力度"的表述。

2011年《刑法修正案（八）》在第三章破坏社会主义市场经济秩序罪第五节金融诈骗罪中,唯独保留了集资诈骗罪的最高死刑设置,即"以非法占有为目的,使用诈骗方法非法集资,数额特别巨大并且给国家和人民利益造成特别重大损失的,处无期徒刑或死刑,并处没收财产"。成为本节八种犯罪中规定的处刑最甚的犯罪。

笔者认为,集资诈骗罪死刑立法调整刻不容缓。

1. 集资诈骗罪只是诈骗罪的一种形式,没有必要单独区分而适用死刑

集资诈骗罪属于广义诈骗罪的一类犯罪,诈骗罪作为侵犯财产罪的一种,诈骗罪的种类也是形形色色,各国刑法对此规定不一,简繁不同。但总的来说有两种立法形式:一种是单一模式;一种是分立模式。单一模式是只概括规定一种诈骗罪,以包容社会生活中的所有诈骗犯罪现象。例如,《俄罗斯刑法》就是采取这种立法形式,该法除第159条规定了普通诈骗罪外,未在其他条文中规定特别诈骗罪。只概括规定了一种诈骗罪的立法形式,可以把行为人分别实施的各种诈骗活动概括规定为一个诈骗罪,认定起来容易,便于操作。在普通诈骗罪之外另设特别诈骗罪的立法形式,便于把不同的诈骗犯罪区别开来,并给予不同的刑罚处罚,能更好地体现罪刑相适应原则。但是,在认定时存在两难:如果行为人实施了多种诈骗犯罪行为,既构成了普通诈

骗罪,又构成了多种特别诈骗罪,定一罪还是数罪?如果定一罪,有违罪刑法定原则;如果分别定罪处罚,就要分别收集数罪的证据、分别计算数罪的犯罪数额、分别考虑不同的情节、分别判处不同的刑罚,最后还要按数罪并罚原则确定具体执行的刑罚,这无形中加大了司法工作人员的工作难度,也不利于实际操作。笔者认为,在立法模式上,采取单一模式,只规定一种诈骗罪,更为可取,切实可行。因此,建议只规定一种诈骗罪,取消集资诈骗罪等所谓的金融诈骗犯罪。因为诈骗罪为经济类非暴力犯罪,最高刑为无期徒刑,这样就从根本上废除了集资诈骗罪的死刑。

2. 民间金融犯罪化,是为了维护金融垄断地位,与我们希望建立的市场经济金融体制相冲突,废除集资诈骗罪及其死刑刻不容缓

创立于1995年的民间金融系列犯罪化,是计划经济的简单思维方式,希望通过刑法规范保障金融垄断地位,是对民间金融的错误理解与反应。民间金融只有保护与规范、引导问题,大部分不是刑法调整问题,更不是死刑问题。我们可以思考,如果不是市场经济本身的需求,民间金融系列犯罪十几年来为什么越打击越增加、打击越严厉甚至动用死刑而依旧在蔓延?所谓民不畏死,奈何以死惧之?

根据最高人民法院《关于审理诈骗案件具体应用法律的若干问题的解释》的规定,"非法集资"是指法人、其他组织或者个人,未经有权机关批准,向社会公众募集资金的行为,而更具体的解释,则是"非法吸收公众存款,是指未经中国人民银行批准,向社会不特定对象吸收资金,出具凭证,承诺在一定期限内还本付息的活动"。构成非法集资罪的基本要素依次为:(1)未经中国人民银行批准;(2)向社会不特定对象吸收资金;(3)出具凭证;(4)承诺在一定期限内还本付息。另外一条关于认定非法集资的标准,就是"向集资者允诺到期支付超过银行同期最高浮动利率50%以上的高回报率"。这五条标准是衡量目前普遍存在的民间借贷除"向社会不特定对象吸收资金"这一条外,其他均符合"非法集资"的条件。至于"向社会不特定对象吸收资金"的规定,在目前的经济实践中实际上已经不具有"非法"的性质,最典型的例子就是证券市场上大量存在的"私募基金"。私募基金具有"非法集资"的全部典型特征,尤其具有"向社会不特定对象吸收资金"的特征,但法律已经事实上承认了这一行为的合法化,主管机关已

经正式批准了一部分私募基金公开募集,从而使其成为"阳光私募",而所有的"阳光私募"基金,全部都是从"非阳光私募"发展和成长起来的。与此同时,还有大量"非阳光私募"基金存在并非常活跃,我们的法律并没有以"非法集资罪"予以取缔和惩治,而是采取了宽容和默认的态度。从这个意义上讲,现实经济和市场活动早已突破了"非法集资罪"这一罪名罪与非罪的界限,从而否定了"非法集资罪"的合理性和存在的必要性。

私募资金的合法化,使"非法集资罪"的存在需要检讨和废除,"集资诈骗罪"失去了法律基础和前提,没有存在的根基和必要性。前文已述,在我们的刑法体系中,有一个"诈骗罪"就足够了,集资诈骗和其他所有以非法占有他人财物为目的的诈骗活动没有什么本质区别,只属于诈骗活动的不同表现形式之一。保留诈骗罪和细化诈骗数额、影响范围、危害程度等量刑标准,就可以实现对诈骗行为的司法惩处,完全没有必要再单独另立一条"集资诈骗罪"。

3. 考察当今各国刑法,经济犯罪适用死刑,绝无仅有

我国《刑法修正案(八)》顺应世界潮流,取消了13个死刑罪名,取得了历史性的重大进步。但是仍然保留集资诈骗罪死刑,甚为可惜!考察世界各国刑法,仍然保留死刑的国家少之又少。即使是保留死刑的国家,都是针对生命刑的犯罪。

六、被害人有过错,被告人不判处死刑

刑法理论认为,在被害人存在过错的犯罪中,被告人减轻处罚,这是世界各国的通例。在立法本意上,应该考虑到集资诈骗罪中被害人有贪利的心理,想从中获取高额回报,存在一定的过错,因此,对于集资诈骗罪的最高刑期不应该是死刑。与普通诈骗罪一样,集资诈骗罪的被害人也有贪便宜、图高额回报的心理。既然普通诈骗罪没有死刑,集资诈骗罪为何不考虑这个理由?这在立法上不周延,并不公平。因此,应该取消集资诈骗罪的死刑。

第六章 民间金融个案分析
——浙江吴英案件

第一节 吴英案件成为公共法治事件

吴英,这位曾经风光无限的"亿万富姐",却成为游走在生死边缘的阶下囚。2012年1月18日,浙江省高院对被告人吴英集资诈骗一案进行二审宣判,宣布维持一审的死刑判决。吴英案再度成为专家和民众共同关注的公共话题。

2012年1月吴英再度被判死刑后,引发海内外舆论广泛关注,网民们对社会公平、死刑改革、民间资本出路、金融垄断、价值观标准等一系列问题展开了一场罕见的讨论,一个普通案件迅速演变为一起法治事件。就在吴英命悬一线之际,社会各界围绕本案的讨论也如火如荼。吴英该不该死?舆论主流看法与法律判决截然相反,实属罕见。

张思之律师[①]

吴英的集资对象都是本地亲友及放贷人,并非社会不确定公众;查其资金去向,也大多流入了当地的实业领域,属于合法经营范畴,无诈骗特征。

吴英许诺高额利息不能支付,属于诚信有亏,无"非法占有目的"。

理性地站在改革开放的高度考量吴英案中反映的矛盾,纵观金融市场呈现的复杂现实,解决之道在于开放市场,建立自由、合理的金融制度,断无依恃死刑维系金融垄断的道理。更何况杀人宜少,应慎已成国策!少杀,是政策指向;慎杀,乃法律要求。"两可"(可杀可不杀

---

① 二审判决后,大律师张思之公开致函最高人民法院:判吴英死刑难服众,呼吁刀下留人。

者不杀)方针正是二者的集中体现,因而是理应逐案遵行的圭臬、至上的标尺。吴案留人刀下,应属入情入理。

法学家陈光中

金融领域的案件,定罪要严谨,死刑要慎重。经济犯罪的死刑只应适用于贪官,其他犯罪要慎用死刑。中国必须逐渐减少死刑,非暴力犯罪应尽快取消死刑,下次刑法修正将首当其冲在这方面进行修改。

张维迎教授

在一个特权社会中,很多人不是在创造财富,而是在掠夺财富。吴英被判处死刑,意味着中国公民没有融资的自由,意味着融资是特权不是基本权利,意味着建立在个人基础上的产权交易合同仍然得不到有效保护,意味着中国人的企业家精神仍然受到摧残,说明我们还不是真正的市场经济。

我们的经济是建立在特权的基础上,而不是建立在权利的基础上,也就是说,我们并没有建立起市场经济真正的基础。

市场的基础有三点,第一是自由;第二是产权;第三是企业家精神。如果公民不能够充分享有言论和行动、创业的自由,如果私有财产权利不能得到有效的法律保护和文化保护,如果企业家精神得不到有效的发挥,我们不可能建立真正的市场经济。

吴英案意味着中国公民没有融资的自由,在中国获得融资仍然是一种特权。

经济学者马光远

如何对待吴英,其实并不需要太多的政治和法律智慧。我们只是希望,在中国改革和制度变迁的进程中,少一些血腥,少一些多年之后让我们自己都脸红的标本性的反面案例;同时也期待,通过善待吴英,推动中国金融改革迈出真正步伐。如此,则是吴英个人之幸,中国法治之幸,也是中国社会之幸。

经济学者王巍

吴英案是中国民间金融环境的产物,是融资制度演变过程中的事件。将制度和社会问题归结到一个毫无特权和资源的草根女子身上,这个不公平是显而易见的。判处死刑不仅是法律的耻辱,也是全体公民的耻辱。看看当年因投机倒把和非法集资被处死的王守信、邓斌、沈太福,有几个经得起法律推敲?还要再加上一个吗?

2014年7月11日,浙江省高级人民法院依法公开开庭审理罪犯吴英减刑一案,当庭判决如下:吴英的死刑,缓期二年执行,剥夺政治权利终身减为无期徒刑,剥夺政治权利终身。

浙江省高级人民法院裁定认为,吴英在死刑缓期二年执行期间,没有故意犯罪,没有重大立功表现,且确有悔改表现,应予减刑。依照《中华人民共和国刑事诉讼法》第二百五十条第二款,《中华人民共和国刑法》第五十条、第五十一条、第五十七条第一款、第七十九条之规定,裁定:将吴英的死缓刑减为无期徒刑,剥夺政治权利终身。①

第二节 吴英案件相关判决书、裁定书

一、一审刑事判决书

浙江省金华市中级人民法院
刑事判决书

(2009)浙金刑二初字第1号

公诉机关:浙江省金华市人民检察院。

被告人:吴英。浙江本色控股集团有限公司法定代表人,捕前住东阳市本色概念酒店913房间,户籍所在地浙江省东阳市歌山镇塘下村余店2-121号。因涉嫌犯非法吸收公众存款罪于2007年2月7日被东阳市公安局刑事拘留,同年3月16日被逮捕。现押于金华市看守所。

辩护人:杨照东、张雁峰,北京市京都律师事务所律师。

浙江省金华市人民检察院以金市检刑诉(2008)114号起诉书指控被告人吴英犯集资诈骗罪一案,于2009年1月4日向本院提起公诉。本院依法组成合议庭,于2009年4月16日公开开庭审理了本案。金华市人民检察院指派检察员卢岩修、许达出庭支持公诉,被告人吴英及其辩护人杨照东、张雁峰到庭参加诉讼。现已审理终结。

---

① 下载自百度搜索引擎2014年8月23日10点35分搜索"吴英案件减刑裁定"条目。

金华市人民检察院指控，2005年5月至2007年2月间，被告人吴英以非法占有为目的，用个人或企业名义，采用高额利息为诱饵，以注册公司、投资、借款、资金周转等为名，从林卫平、杨卫陵、杨卫江等11人处非法集资，所得款项用于偿还本金、支付高息、购买房产、汽车及个人挥霍等，集资诈骗达人民币38 985.5万元。为证明上述事实，公诉机关当庭宣读了未到庭的被害人林卫平、杨卫陵、杨卫江等人的陈述，证人金华芳等人的证言，被告人吴英的供述及借款协议书、借条、投资协议、银行汇票、购房合同、扣押物品清单、价格鉴定结论书等书证。公诉机关认为，被告人吴英集资诈骗数额特别巨大并造成了特别重大损失，其行为已触犯《中华人民共和国刑法》第一百九十二条、一百九十九条之规定，构成集资诈骗罪。提请本院依法惩处。

被告人吴英对公诉机关指控的犯罪事实提出，其向本案被害人借钱数额和未归还的数额无异议。但其主观上无非法占有的故意，借的钱也是用于公司的经营活动，并未用于个人挥霍。认为其行为不构成犯罪。

辩护人张雁峰、杨照东提出，被告人吴英的行为不构成集资诈骗罪。理由：

一、被告人吴英主观上无非法占有的目的。

1. 公诉机关指控被告人吴英"明知没有归还能力而大量骗取资金"没有事实依据。

2. 吴英所借款项用于公司经营有关的房产、汽车、购买股权等活动，只有小部分购买了珠宝，且购买珠宝的目的也是为了经营。

3. 吴英不具有"其他非法占有资金、拒不返还的行为"，其所借款项由于种种原因客观上无力返还，而不是有能力归还故意霸占不予返还。

二、被告人吴英在借款过程中没有使用虚构事实等手段骗取他人财物。

三、本案所涉及被害人均属亲戚朋友和熟人，不属于"社会公众"，不能以非法集资论。

四、本案被指控的行为属公司行为，被告人吴英系本色集团有限公司的董事长，所得借款也用于公司活动。

五、本案被告人吴英系本色集团有限公司的法定代表人，其向本案被害人借款时,有的是以单位的名义,有的虽然以个人名义,但所借款均用于单位的经营活动,根据法律规定,属单位行为。

六、公诉机关指控事实不清、证据不足。

1. 本案集资款的数额、还款数额有的只是按照当事人的陈述,没有客观、详实的证据。

2. 集资款具体去向未经司法鉴定。

3. 现公诉机关提供的对吴英公司的财产鉴定结论书不公正、不客观、不准确、不全面。

综上,吴英的行为属于一种民间借贷行为,不符合《中华人民共和国刑法》关于集资诈骗罪的规定,请求对被告人吴英作出无罪判决。

经审理查明,被告人吴英于2003年8月6日开办东阳吴宁贵族美容美体沙龙(注册资金人民币2万元);2005年3月25日开办东阳吴宁喜来登俱乐部(注册资金人民币2万元);2005年4月6日开办东阳千足堂理发休闲屋(注册资金人民币10万元);2005年10月21日开办东阳韩品服饰店(无注册资金);2006年4月13日成立本色控股集团有限公司(注册资金人民币5 000万元);2006年7月5日成立东阳开发区本色汽车美容店(注册资金人民币20万元);2006年7月27日成立东阳开发区布兰奇洗衣店(注册资金人民币20万元);2006年8月1日成立浙江本色广告有限公司(注册资金人民币1 500万元);2006年8月14日成立东阳本色洗业管理服务有限公司(注册资金人民币100万元);2006年8月14日成立浙江本色酒店管理有限公司(注册资金人民币500万元);2006年8月14日成立东阳本色电脑网络有限公司(注册资金人民币400万元);2006年8月14日成立东阳本色装饰材料有限公司(注册资金人民币1 000万元);2006年8月22日成立东阳本色婚庆服务有限公司(注册资金人民币1 000万元);2006年9月19日成立东阳本色物流有限公司(注册资金人民币500万元);2006年10月10日组建本色控股集团,其母公司为本色集团;子公司为本色广告公司、本色酒店管理公司、本色洗业管理公司、本色电脑网络公司、本色婚庆公司、本色装饰材料公司、本色物流公司。公司股东工商登记为吴英、吴玲玲,吴玲玲实际并未出资。自2005年3月开始,被告人吴英就以合伙或投资等为名,向徐玉兰、俞亚素、唐雅琴、夏瑶琴、竺航飞、赵国夫等人集资达人民币1 400余万元。至成立本色集团有限公司前,被告人吴英实际负债已达人民币1400余万元。为了继续集资,被告人吴英用非法集资款先后虚假注册了多家公司。公司成立后,大都未实际经营或亏损经营,并采用虚构事实,隐瞒真相,虚假宣传等方法,给社会公众造成其公司具有雄厚经济实力的假象,以骗取更多的社会资金。

证明上述事实的证据有:

1. 证人吴玲玲的证言,证明吴英成立本色集团公司时叫其去签过名,但当时不知道是成立公司注册的,不知道其是股东,也没有出资。

2. 证人徐玉兰的证言及东阳市人民法院(2008)东刑初字第790号刑事判决书,证明其于2005年8月15日出资100万元与吴英共同开办了千足堂义乌分店,吴英从2005年开始就向其借钱,在自己的钱借完后,吴英又叫其到别人那里帮她借钱,说只要有钱借来就是了。其为了能收回借给吴英的钱,只能帮吴英不停地借钱,徐玉兰因帮助吴英从棱志其、陈华等14人处吸收资金共计人民币2760万元,犯非法吸收公众存款罪被判刑。

3. 证人俞亚素的证言及借条两张在卷,证明其于2005年3月开始应吴英要求投资给吴英。2006年9月18日吴英出具给其100万元的借条1张,注明投资期限为1年,利润为200万元,到期归还300万元。11月5日出具900万元的借条1张,注明投资期限为3个月,投资利润为900万元,到期归还1800万元。

4. 证人唐雅琴的证言,证明听俞亚素说投资吴英公司有30%的利润,其于2005年3、4月份通过银行先后借给吴英740万元等。

5. 证人夏瑶琴的证言,证明其从2005年3、4月份开始借钱给吴英,一共借了500万元等。

6. 证人竺航飞的证言,证明2005年3、4月份其出资30万与俞亚素等人一起借钱给吴英。借钱时吴英在东阳的千足堂还在装修,没有开业。2006年10月底,吴英又打电话给她,说她的集团公司资金周转不过来,叫其再去投资,其与俞亚素等人到东阳,看到本色集团下面有许多公司,都办得比较好,回来后就把吴英归还的60万元再向亲戚借了40万元,共100万元交给俞亚素,由俞亚素一起将钱汇给吴英。此前,吴英讲是投资1年,回报率100%。

7. 证人应丰义的证言,证明 2006 年 10 月,听朋友俞德行介绍,说投资到东阳本色集团能赚钱,回报率又较高,于是与葛保国等人到东阳本色集团进行了考察,当时大家都认为比较好,于是决定筹资投放本色集团。其个人投入 200 万元,不参加经营活动,只管资金投入分红,约定投资期限 1 年,分红 100%。投资协议是由俞亚素统一写的,其是通过俞亚素将款交给吴英的。

8. 证人葛保国的证言,证明 2006 年 10 月,吴英叫其与俞亚素等人合伙投资,一起开发商铺、地皮等。其到东阳去考察了她的公司,看到规模较大,都比较相信她。于是大家分别筹钱投资到吴英的公司,其个人投入 120 万元,统一交给俞亚素再给吴英,约定不参与经营,只管投资分红,期限 1 年,分红 100%。

9. 证人周海江的证言,证明 2006 年 9 月底,吴英同其说本色集团如何好,让其投点钱进去,1 年的回报率是 30%,期限 1 年。其就通过岳母俞亚素借给吴英 100 万元等事实。

10. 证人赵国夫的证言,证明 2005 年 6 月份的时候,吴英说投资到她那里,一季度 30% 分红,过了几天,其将 45 万元投资给吴英等事实。

11. 证人周巧的证言,证明其于 2006 年 6 月份到本色公司当出纳,吴英有资金进来,一般会先打电话或当面告诉其,义乌本票是对公户头的,其就存入义乌公司对公户头,本票是私人户头的,就转入吴英开在义乌银行的私人卡内,有时资金直接打入吴英在东阳的卡上。打入卡内的资金从何而来不知道,吴英称是以前借给别人还回来的钱。

12. 证人方鸿的证言,证明其到本色集团有限公司上班,吴英承诺年薪 200 万元。吴英让其到湖北荆门,准备收购荆门大酒店和京都大酒店,但当地市政府没有拍卖。吴英在荆门开办了荆门信义投资担保公司并以该公司的名义在豪景花园买了 10 间街面房和十几个套间,在紫竹苑买了两三个套间,花了 1000 来万。信义公司开出后没有正常营业过,刘军在那里负责,刘军说有生意吴英也不做。其回东阳后,吴英任命其为总经理,基本上也没做什么事,插不了手,只收购博大世纪花园 55% 股份,签合同时一起去。买家纺送彩电的事是亏的。资金往来情况其不清楚。

13. 证人金华芳的证言,证明 2006 年 10 月被吴英任命为本色集团董事长助理兼人事部监察总监,但平时没什么事做。吴英投资的都是亏本生意,其问吴英钱哪儿来的,吴英说以前借给别人还回来的。

14. 证人杜沈阳的证言,证明其是吴英的专职驾驶员,其曾帮吴英送、拿本票、汇票给骆华梅、林卫平、胡英萍等人。吴英还曾叫其把一些首饰送给一个姓陈的老板。

15. 证人吴吉的证言,证明2006年6月份到本色公司任财务总监,后任副总经理。其主要精力放在其他公司和集团的注册工作上。公司没有多少营业收入,进入公司的钱主要是银行电汇、汇票、本票或吴英私人卡转账,每笔数额从几十万元到上千万元不等。可看出资金大多是义乌来的。是什么钱吴英不肯多说,有时讲伙伴借去还回来,有时说亲戚朋友处借来周转。2006年8—9月前,其兼公司财务总监,那时公司还没有营业额,后来财务情况其就不是很清楚。公司所有注册手续都是其经手的,本色商贸公司先增资到5 000万元,增加的4 500万元是从吴英的私人卡里划到公司账上。公司股份里吴玲玲有10%股份,其实都是吴英的钱,吴玲玲只是挂名。

16. 证人刘安的证言,证明其于2006年4月份到本色公司当保安部长。本色集团除了酒店经营尚可外,其他的都亏本的。

17. 证人蒋辛幸的证言,证实吴英成立的公司,资金都是吴英一人筹集的。

18. 工商登记材料在卷,证实吴英开办公司的注册登记情况。

19. 被告人吴英供述,供认在2005年上半年开始,以投资的名义向俞亚素借款有1 400万元—1 500万元,向唐雅琴、夏瑶琴借款各有五六百万元,向竺航飞、葛保国等人借款都是几十万元。借钱是其让俞亚素去借的,其同俞亚素讲,如果她有亲戚朋友可以投资给其,可以拿分红,俞亚素就介绍其认识了唐雅琴等人,后来自己也和唐雅琴等人见面确认借款数额。当时向俞亚素等人借钱时没有进行过投资,只是做过超市,但没有赚钱。用于支付分红的钱是还俞亚素钱的时候,可以从毛夏娣那里借钱,就用这笔钱去还俞亚素的钱,再后来俞亚素有时不拿回本金只拿利息,又可以用俞亚素的钱去还毛夏娣的钱,也就是用后面借的钱去还前面那一个人的钱。向俞亚素等人借钱都有分红协议,一般都是按季度写的,一个季度分红分别为30%、60%、80%都有。2004年及2005年初从俞亚素、夏瑶琴等人处借来的钱主要用于购买挂靠义乌毛剑虹公司的十辆伊兰特小车,大概要一百三四十万元,还用于西街喜来登KTV开业一百多万元,十字街千足堂要二三百万元。公司成立前没有进行过可行性研究,公司成立了投资部,但该部门一直没有招到人。公司没有盈利,但自己认为,将公司建成连锁企业,收取加盟费,总会盈利的,会成功的,没有想到会失败。公司成立之前,都是以做生意欠钞票的名义向别人借的。公司成立之后,大多是以公司资金周转需要为由借的。公司其实是其个人的公司,吴玲玲只是挂名,什么事都是自己说了算,借给其个人和借给公司没有区别,钱都要其去还,其也分不清是公司还是个人。以前其认为公司是个人的,钱又是其去借的,就说是以个人名义借的。本色公司成立之后,所借的钱有些打入公司账号,有些打入私人户头,一般对方是公司,其也是公司账号,对方是私人,其也用私人账号,打入公司账号的,应该入过公司财务。还本付息也看对方的要求。借钱的名义是个人还是公司也看借钱人的要求,他们要其怎么写其就怎么写。走到今天最主要是借款的利息太高,经营公司不善造成。公司暂时没有赢利,目前只能靠这个人的钱去还另外一个人的钱。

2005年5月至2007年2月间,被告人吴英以高额利息为诱饵,以投资、资金周转等为名,先后从林卫平、杨卫陵、杨卫江等11人处非法集资人民币77 339.5万元,用于偿还本金、支付高额利息、购买房产、汽车及个人挥霍等,实际集资诈骗人民币38 426.5万元。具体事实如下:

一、从2006年3月至2007年1月份,被告人吴英以高息为诱饵,以公司注册需要等为名,先后从林卫平处非法集资人民币47 241万元。至案发时,被告人吴英已归还本金人民币9 855万元,支付利息人民币4 821万元,实际集资诈骗人民币32 565万元。

证明上述事实的证据有:

1. 证人林卫平的证言,证明吴英在2006年3月份开始,以公司注册需要等为名向其借款,约定利率为每万元每天40元,先后向其借款4个多亿。其借给吴英的钱除了部分系本人自有的资金,绝大部分系由其向他人借了后再转借给吴英。

2. 证人杨军的证言,证明吴英称要去广州投资白马服装城商铺缺少资金,问其是否认识做资金生意的,其通过骆华梅将吴英介绍给林卫平,向林卫平借钱,其收取介绍费。

3. 证人骆华梅的证言,证明吴英原不认识林卫平,吴英要借钱,其就介绍吴英认识了林卫平。其与杨军从林卫平处拿介绍费等事实。

4. 银行往来凭证、证人林卫平的笔记本在卷,证实双方资金往来的情况,同时证实林卫平借给吴英款项来源于胡启健、杨振、陈全寅、楼校武、义乌江帆针织有限公司、义乌市稠城艺苑工艺品商行等66个个人和单位。

5. 东阳市人民法院(2008)东刑初字第790号刑事判决书,证实林卫平因向吴延飞等71人及浙江一统实业有限公司非法吸收资金共计人民币86515万元,用于向吴英、陈镇等人放贷而犯非法吸收公众存款罪被判刑的事实。

6. 被告人吴英的供述,供认以到广州白马服装市场炒摊位、公司验资等需要向林卫平借款,约定利息每万元每天40元。经对林卫平笔记本和银行往来凭证进行核对,确认上述未归还的数额等事实。

二、2006年6月至11月间,被告人吴英以高息和给予固定投资回报为诱饵,以合伙炒铜期货及公司投资、资金周转需要等为名,先后从杨卫陵处非法集资人民币9600万元,已归还本息人民币8428万元,实际诈骗人民币1172万元。

证明上述事实的证据有:

1. 证人杨卫陵的证言,证明其于2006年3、4月份通过杨卫江介绍认识吴英后,吴英以合伙做铜期货及公司投资、资金周转需要等为名,约定每万元每天40元的利息,从其处大量借款,其中与吴英合伙做铜期货生意,其与刘晓龙、华伦慧共同出资3300万元,吴英承诺不需承担投资风险,给予固定回报,后吴英将投资款3300万元及1400万元利润归还给3人。现尚有1172万元未归还。

2. 银行往来凭证、杨卫陵记账本在卷,证实双方资金往来情况及杨卫陵借给吴英的集资款来源于陈金泉、王樟翠、谈美英、刘晓龙等22人及义乌万华服饰有限公司、浙江金太阳食品有限公司等单位的事实。

3. 东阳市人民法院(2008)东刑初字第790号刑事判决书,证实杨卫陵因向刘晓龙等30人非法吸收资金16567万元用于向吴英、马晓平等人放贷而犯非法吸收公众存款罪被判刑。

4. 被告人吴英供述,供认以到湖北荆门收购烂尾楼、本色集团增资、合伙做铜期货生意等为名,向杨卫陵借钱,约定利息每万元每天40元。与杨卫陵等人合伙做铜期货,杨卫陵等人一共投资3300万元,在做铜期货亏了近5000万元的情况下,还是骗说赚的,并支付给他们1400万元—1500万元的利润。经对杨卫陵笔记本和银行往来凭证进行核对,确认上述未归还的数额。

三、2006年1月至11月间,被告人吴英以高息为诱饵,以到广州白马市场炒商铺等为名,从杨志昂处非法集资人民币3130万元,已归还本金900万元,支付利息1095万元,实际诈骗人民币1135万元。

证明上述事实的证据有:

1. 证人杨志昂的证言,证明2005年通过他人介绍认识吴英后,吴英以到广州炒商铺等为名向其借款,约定利息为每万元每天50元,共借给吴英3000多万元,尚有1000多万元未归还。

2. 证人龚益峰、吴健红的证言,证明2006年1月底,二人与杨志昂一起借给吴英1000万元,其中龚益峰出资400万元,吴健红出资100万元。

3. 借条、银行往来凭证在卷,证实双方资金往来情况及杨志昂从他人处借款后转借给吴英。

4. 东阳市人民法院(2008)东刑初字第790号刑事判决书,证实杨志昂因向楼恒贞等9人非法吸收资金6635万元用于向吴英、张政建等人放贷而犯非法吸收公众存款罪被判刑。

5. 被告人吴英供述,供认以每万元每天50元、45元不等利息向杨志昂借款3000多万元,大部分本金已归还,利息基本按约定的时间打入杨志昂卡中。

四、2005年11月至2006年11月间,被告人吴英以高息为诱饵,以到广州白马市场炒商铺、公司资金周转等为名,从杨卫江处非法集资人民币8516万元,已归还本息人民币7840万元,实际集资诈骗人民币676万元。

证明上述事实的证据有:

1. 证人杨卫江的证言,证明从2005年1月份开始,吴英以合伙到广州炒商铺、资金周转等为名,向其借款8500余万元,约定利息每万元每天40元,已归还本金4800万元,支付利息2500余万元,其余未归还。

2. 证人胡英萍的陈述,证明吴英向杨卫江借款。

3. 投资协议、借条、借据、银行往来凭证在卷,证实双方的资金往来情况及杨卫江借给吴英的资金来源于朱启明、蒋成尧等12个个人和单位,经被告人吴英辨认,确认未归还的数额。

4. 东阳市人民法院(2008)东刑初字第790号刑事判决书,证实杨卫江因向朱启明等12人非法吸收存款7060万元用于向吴英、楼勇义等人放贷而犯非法吸收公众存款罪被判刑。

5. 被告人吴英的供述,供认向杨卫江借款8500余万元,约定利息每万元每天40元,已归还本金4800万元,支付利息3000余万元。

五、2006年8月25日,被告人吴英以高息为诱饵,从蒋辛幸处集资诈骗人民币250万元。

证明上述事实的证据有:

1. 证人蒋辛幸的证言,证明被告人吴英以投资100万元每月给付5万元分红为名,要求其向公司投资,其于2006年8月从徐滨滨和包明荣处筹得250万元投入本色集团公司,至今未归还。

2. 证人徐滨滨的证言,证明2006年8月份其通过蒋辛幸借给吴英100万元的事实。

3. 证人包明荣的证言,证明其于2006年9月24日存入蒋辛幸账户150万元。

4. 银行凭证、借条在卷,证实2006年8月25日,从蒋辛幸账户内提款存入吴英账户人民币250万。

5. 被告人吴英的供述,供认2006年6、7月份时,向蒋辛幸提出,如果有钱的可以放一点到其处,没有过多长时间,蒋辛幸就汇给其个人银行账上250万元,当时约定每万元每日20元利息。

六、2005年8月至2006年11月间,被告人吴英以做煤和其他生意、公司注册需要等为名,从周忠红处非法集资人民币2970万元,归还本息人民币2707.5万元,实际诈骗人民币262.5万元。

证明上述事实的证据有:

1. 证人周忠红的证言,证明自2005年8月份开始至2006年11月份,被告人吴英以千足堂要装修、做煤的生意、成立本色集团公司需要等为名,先后向其借款2970万元,并承诺公司发达后不会亏待其。

吴英先后归还其本息人民币2 707.5万元，尚有260余万元未归还。同时证实，到吴英公司上班后，通过办理他项权证，发现吴英很多房产已抵押他人，吴英不向银行借而向私人借款，吴英的资金周转出现问题了，其即不再借钱给吴英，而是向吴英催讨借款。

2. 借条、借还款清单、银行往来凭证、抵债书在卷，证实双方资金往来的情况，经被告人吴英辨认未归还的数额。

3. 被告人吴英的供述，供认在2005年的下半年开始向周忠红、杜云芳夫妇借钱，约定利息是4—5分月利率，记忆中借来1 800多万元，还欠200多万元未归还。

七、2006年1月至10月间，被告人吴英以高息为诱饵，从叶义生处非法集资人民币1 670万元，已归还本息人民币1 354.5万元，实际诈骗人民币315.5万元。

证明上述事实的证据有：

1. 证人叶义生的陈述，证明其通过他人介绍认识被告人吴英后，自2006年1月开始，吴英以资金周转等为名，约定利息为月息2—3分，其第一次试探性地借给吴英200万元，吴英很讲信用，按约归还了本金和利息，之后就陆续借钱给吴英，共计借给吴英1 670万元，已归还本息1 354.5万元，尚有315.5万元未归还。

2. 证人傅玲玲的证言，证明其系星联电子有限公司的财务人员，老板是叶义生。吴英还的钱其在笔记本上记过账，没有进公司账目，并提供了记录清单。

3. 借条、银行往来凭证、傅玲玲记账本复印件等书证在卷，证实双方的资金往来情况，经被告人吴英辨认，确认上述未归还的数额。

4. 被告人吴英的供述，供认自2006年1月开始向叶义生借款，共借了1 700万元左右，每月付息大概在130万元左右，一直到2006年的10月或11月份，如果将支付的利息算做本金，自己算算差不多了。

八、2006年1月至9月间，被告人吴英以高息为诱饵，从龚益峰处非法集资人民币2 100万元，归还本金人民币900万元，支付利息人民币962万元，实际诈骗人民币238万元。

证明上述事实的证据有：

1. 证人龚益峰的证言，证明2006年1月底与杨志昂、吴健红一起借给吴英1 000万元，约定利息为每万元每天45元。在第一次借款收回本息后,又多次借给吴英,连同与杨志昂、吴健红一起借给吴英的400万元,共计2900万元,收回本金900万元,利息900余万元。其中2006年9月底借给吴英一笔800万元。

2. 证人龚红星的证言,证明其于2006年上半年开了200万元的本票给龚益峰,龚益峰投资到本色集团。

3. 证人吴建红的证言,证明其与杨志昂、龚益峰共同出借给吴英共1000万元,其中100万元,约定利息为每万元每天50元。2006年4月底,吴英还以投资广州白马城为名向其借钱,其经考察后认为风险太大没有借给吴英。

4. 银行往来凭证在卷,证实双方资金往来的情况。

5. 被告人吴英的供述,供认以每万元每天45元高息向龚益峰借款,借款数额多少记不清了,只记得连本带利尚欠2000余万元,2006年9月底一笔800万元未借过。

九、2006年10月,被告人吴英以高息为诱饵,从任义勇处非法集资人民币800万元,已归还人民币50万元,实际诈骗人民币750万元。

证明上述事实的证据有:

1. 证人任义勇的证言,证明通过徐明介绍,于2006年10月9日、10月26日共借给吴英800万元,约定月息3分。借款到期后,经再三催讨,吴英于2007年1月中旬归还了50万的事实。

2. 借条、银行凭证在卷,证实双方资金往来的情况。

3. 被告人吴英的供述,供认2006年10月份向徐明借钱,徐明和任义勇把800万元本票送到其住处,约定利息为每万元每天45元,借期两三个月,后来付过50万元利息。

十、2005年5月至2006年11月间,被告人吴英以高额投资回报为诱饵,以做石油生意等为名,多次从毛夏娣处非法集资,实际诈骗人民币762.5万元。

证明上述事实的证据有:

1. 证人毛夏娣的证言,证明被告人吴英以投资期限3个月,利润为30%—50%不等为名,叫其投资。自2005年上半年开始,多次借给吴英和投资到吴英开办的公司,至案发止,尚有800万元左右未收回。

2. 收条在卷,证实被告人吴英分5次出具给毛夏娣共计800万元投资款收条。

3. 银行凭条、回执在卷,证实双方的资金往来情况。

4. 被告人吴英的供述,供认2005年上半年向毛夏娣借来的本金大概有300万元,还了500万元左右。这些钱还清了以后,其又向毛夏娣借钱,写有投资协议,记得到2006年11月份还欠毛夏娣五六百万元等事实。

十一、2006年11月份,被告人吴英以高息为诱饵,从龚苏平处非法集资诈骗人民币300万元。

证明上述事实的证据有:

1. 证人龚苏平的证言,证明2006年11月份,被告人吴英向其借款300万元,约定利息为每万元每日10元。

2. 借条、银行凭证在卷,证实吴英于2006年12月6日出具给龚苏平1张人民币400万元的借条,龚苏平于2006年11月8日开具1张金额为300万元的本票给吴英。

3. 被告人吴英的供述,供认2006年11月底,向龚苏平借款300万元,写过1张借条,将本息一起写成借款400万元。

另查明,(一)被告人吴英还用非法集资所得的资金购买的房产于2006年11月至2007年1月间向王香镯、宋国俊、卢小丰、王泽厚、陈庭秀抵押借款共计人民币6619万元,案发前已归还人民币1000万元,尚欠人民币5619万元。

证明上述事实的证据有:证人王香镯、宋国俊、卢小丰、王泽厚、陈庭秀、徐玉兰的证言,银行凭证、房屋他项权证,证实被告人吴英向5人借款6619万元,用房产和珠宝作抵押的事实。被告人吴英的供述在卷。

(二)被告人吴英开办的公司因装修、进货、发售洗衣卡、洗车卡等,相关的单位和个人向公安机关申报债权,总计人民币2034万余元。

证明上述事实的证据有债权申报单及相关的书证在卷。

(三)2006年10月,被告人吴英以做珠宝生意为名,从方黎波处购进了标价12037万元的珠宝,支付货款2381万元。除部分在案发前还存放在吴英办公室外,大部分珠宝被吴英用于抵押或送人。

证明上述事实的证据有,证人方黎波的证言及其提供的报案材料、珠宝清单、欠条、汇款凭证、购货协议、税收记账联和缴款书、确认函，证人陈全寅的证言及珠宝照片和扣押清单，证人王泽厚、吕忠民的证言和珠宝照片，证人梁骅的证言、扣押物品清单和照片，证人胡英萍、包俊杰、刘安的证言等证据所证实。被告人吴英的供述在卷。

2007年2月7日，公安机关在北京首都机场将被告人吴英抓获归案。

案发后，公安机关依法查封和冻结了被告人吴英及相关公司名下和相关人员名下的财产和银行存款。被告人吴英及其公司的财产经鉴定，总计价值人民币17 164万元。

证明上述事实的证据有：

1. 抓获经过，证实2007年2月7日，公安机关在北京首都机场将被告人吴英抓获归案。

2. 鉴定结论书，证实被告人吴英及其名下的相关公司的总资产价值人民币17 164万元。

3. 搜查笔录、扣押物品清单、冻结银行存款通知书等证据，证实案发后，公安机关依法扣押、查封、冻结了被告人吴英及相关公司和个人名下的房产、银行存款、现金等事实。

证明上述事实的综合证据还有：

1. 期货交易明细单，证实被告人吴英炒期货共计亏损4 740余万元。

2. 银行进账单、支付凭证、资金汇划补充凭证、保证金划转函、成交确认书、罚没票据，证实2006年10月24日，本色控股集团有限公司参与竞拍东阳市地产管理所、东阳市国土资源局联合出让的东阳市江北甘溪路A地块国有土地使用权，本色控股集团有限公司以6 110万元的价格竞得该块出让土地，交纳了保证金800万元，由于本色控股集团有限公司未按期支付余款，2007年1月5日东阳市国土资源局没收了本色控股集团有限公司的保证金人民币800万元。

3. 东阳市公安局出具的情况说明在卷，证实公安机关对扣押的车辆进行了拍卖，得成交款390万，对扣押的电视、空调、家纺、家具等物品拍卖，得成交款100余万元。吴英所购的法拉利轿车，由于没有找到相关的资料，无法进行估价。

4. 东阳明鉴会计师事务所、东阳荣东联合会计师事务所、东阳市众华联合会计师事务所各出具了1份情况说明,证明本色控股集团有限公司及其下属子公司由于账册、记账凭证、原始单据等会计资料不全,内外账无法分清,相关当事人无法询问,故无法进行审计。

5. 面值4900万元的中国工商银行汇票1张,经鉴定系假汇票。

6. 广东发展银行股份有限公司杭州分行业务专用章两枚、证人楼林盛、朱丽雅、杨卫陵、杨志昂的证言,公安机关调取证据通知书及被告人吴英的供述等证据,证实被告人吴英为了用银行存单质押贷款,私刻了两枚假银行印章,在承诺书上盖假印章。

7. 户籍证明,证实被告人吴英的身份情况。

8. 被告人吴英的供述,供认借来的钱:(1)购买房产:最早是购买博大置业的房产,花了2200万元左右;接着是通江花园,有两幢别墅和街面房等,花了将近3000万;再是现代投资公司的望宁公寓,花了5000多万元;入股博大花园,定金交了2600万元;购置稀宝广场房交了定金500万元;在湖北荆门白云大道买了街面房十几间,花了1400万元左右,3个套间70—80万元;在诸暨购买商务写字楼,花了将近300万元;为投标江北土地交了押金800万元;(以上共计15 880万元)。(2)购置公司的车辆及个人用的车辆,以公司名义买的车有30多辆,花了1500万元—1600万元购车费,还有上牌、缴税的一些费用,个人的车是法拉利跑车花了375万元。(以上共计2000万元左右)。(3)从方黎波处购买珠宝花了2300多万元。(4)装潢本色概念酒店用了3000万元左右。(5)汽车美容一项,买设备加装潢、房租等,花了200万元—300万元。(6)衣服干洗一项,买设备、加盟布兰奇、房租等,花了100多万元。(7)广告公司,用于东义路广告牌、集团总部的广告牌、房租、广告公司的装潢等,花了400万元—500万元。(8)商贸城一项,房租68万元,居家装潢及样品花了200多万元,办公室装潢、空调等花了200万元,五楼家具200万元,1—3楼的货物价值200—300万元,这样,商贸城总计花了1000万元左右。(9)网吧经营,房租及电脑设备共花了500万元—600万元。(10)建材城的装潢、广告及样品,花了多少记不清了,广告和装潢200万元是有的。(11)收购伊人婚纱店花了50万元。(12)仓库里还有一些库存,多少搞不清楚。(13)集团员工的工资,从2006年3月至12月共付了将近2000万元。(14)商贸城附近开了一个职工食堂,花了69万元。(15)聘请律师,付了50万元。

(16) 赞助费,西宅小学80万元,磐安50万元。(17) 装潢义乌小山宾馆500万元—600万元。(18) 赞助报刊杂志100多万元。(19) 湖北信义公司办公楼装潢40万元—50万元。(20) 诸暨信义公司装潢花了将近100万元。(21) 是公司正常经营的费用,如差旅费、招待费等,多少弄不清楚。(22) 经营期货亏了5000万元。(23) 个人花费有将近1000万元,买衣服、包、鞋、化妆品、手表等有400万元左右,坐飞机、吃饭请客、娱乐消费等600万元是有的。以上23项共计32910万元左右。

2006年12月份时,因其资金紧张,讨账的人很多,为应付讨账的人,通过上海的"朱总"搞到两张汇票,后发现是假的就未使用。后来又为了用存单质押的方式去贷款融资,私刻了两枚广东发展银行股份有限公司杭州分行业务专用章。

上述证据经庭审举证并经质证,被告人吴英对公诉机关指控向上述11人借款及未归还的数额无异议,其辩护人提出,对没有相关银行凭证的借款,只有债权人记录的,存在债权人夸大事实和包括利息的可能,故应当排除,但未就具体哪一笔提出意见。本院认为,上述事实,不仅有被害人的陈述、证人证言、银行往来凭证等证据所证实,被害人记录的借款时间、金额也经被告人吴英核对确认,故予以认定。鉴于公诉机关指控的数额有误,本院依有利于被告人的原则予以纠正。被告人及其辩护人提出,鉴定结论不客观,要求重新鉴定。本院经审查认为,出具鉴定结论的评估机构是法定的鉴定部门,且出具的鉴定结论与客观实际相符,具有法定的效力,予以采信,故被告人及其辩护人提出的意见无事实依据,本院不予采纳。被告人及其辩护人提出,要求对公司的财务进行司法审计。经查,公诉机关提供的3个会计师事务所出具的情况说明;均证明因会计资料不全等客观原因,无法审计,故不予采纳。

上述证据均经庭审举证、质证,所证明的内容客观真实,能相互印证,本院予以确认。

庭审中,被告人吴英的辩护人向本院提供了下列证据:

1. 证人蒋辛幸的证言,用以证明本色集团公司的宣传册是在2006年底印制,用于公司揽工程时给别人看,介绍公司的基本情况,没有用该宣传册向别人借钱,吴英也没有挥霍行为。吴英向其借钱时没有欺骗行为。

2. 证人吴吉的证言,用以证明本色公司的公章不是由吴英保管的,所以空白纸上的公章不是吴英盖的。吴英没有挥霍行为。

3. 证人徐滨滨的证言,证明本色公司的公章不是由吴英保管的。

4. 证人周巧的证言,证明本色公司的公章不是由吴英保管,吴英借来的钱都用于公司经营,没有挥霍行为。

5. 证人杜沈阳的证言,证明本色公司的公章不由吴英保管,吴英平时没有挥霍行为。

6. 证人徐玉兰的证言,证明吴英平时没有挥霍行为,借钱是为了能将公司发展起来。

7. 同时宣读了本案11名债权人的笔录,以证明吴英与11名债权人系朋友关系,不能认定为社会公众人物,吴英在向11名债权人借款时也没有使用欺骗手段,吴英在案发前仍在积极还款,并在债权人需要时能提前归还;吴英是个讲诚信的人。并据此提出,被告人吴英的行为属于正常的民间借贷,不符合集资诈骗的构成要件。

本院经审查认为,上述证人对吴英资金的来源与去向并不知情,亦与在侦查阶段所作的证言不相符,本院不予采信。

综合控辩双方争议的焦点,主要焦点在于:

1. 被告人吴英主观上是否具有非法占有他人财物的故意,其行为是否构成犯罪?
2. 关于本案属单位犯罪还是自然人犯罪?
3. 被告人吴英的行为是否构成集资诈骗罪?

现分别评判如下:

1. 关于被告人吴英主观上是否具有非法占有他人财物的故意,即其行为是否构成犯罪?

(1) 本身无经济基础,无力偿还巨额高息集资款。本案的证人俞亚素、唐雅琴、夏瑶琴、周忠红、徐玉兰等人的证言、现金账、借条、欠条、银行本票、汇票、工商登记材料、被告人吴英的供述等证据,证实吴英开办千足堂、汽车租赁等店时,已经向俞亚素、徐玉兰等人借款,且所集款均以高息或高分红投资回报为诱饵筹得(每万元每日35元、40元、50元)。其开办的美容店、千足堂等,注册资金也只是14万元。至2005年8—9月份时,吴英已负债上千万元。吴英明知汽车租赁等经营收入,根本无法支付约定的高息、高分红,在资不抵债、入不敷出的情况下,为资金链的延续,于2005年下半年开始,以高息和高额回报为诱饵,大量非法集资。

(2) 虚构事实,隐瞒真相,骗取巨额资金。本案证人证言、书证及被告人吴英的供述,均可证实,被告人吴英在实际并未投资白马服饰城商铺和收购湖北荆门酒店的情况下,却以炒商铺、收购烂尾楼需要等名义向他人大量集资。并在从事期货投资已造成近5 000万元巨额亏损的情况下,仍向他人支付所谓的高额利润。被告人吴英不仅对出借人隐瞒巨额负债的事实,且对公司的管理人员均隐瞒其资金来源和去向,并用非法集资所得的资金,注册成立多家公司,在社会上进行虚假宣传,其实质是为了掩盖巨额负债的事实,给社会公众造成其有雄厚经济实力的假象,以骗取更多的社会资金。

(3) 随意处置集资款。吴英在负债累累、无经济实力,且无经营管理能力的情况下,不计回报,虚假设立公司,挥霍集资款。其所设立的公司均无法在短期内产生效益,个别经营活动赢利极少,大多处于亏损的状况。在本身毫无经济实力的情况下,吴英为维持资金雄厚的假象,用集资款支付2 381万元,签订上亿元货款的珠宝合同,而所购的珠宝随意处置。其明知没有投资能力,不计后果签订开发博大新天地商品房,明知自己没有投资和经营能力,盲目投标江北甘溪路地块,造成定金、保证金1 400万元被没收。用集资款支付中间人巨额介绍费;用集资款捐赠达230万元;在无实际用途的情况下,花费近2 000万元购置大量汽车,其中为本人配置购价375万元的法拉利跑车;为所谓的拉关系随意给付他人钱财130万元;其本人一掷千金,肆意挥霍,其供认花400万元购买名衣、名表、化妆品,同时进行高档娱乐消费等花费达600万元。

(4) 巨额集资无账目。吴英供认:"其实前期的借款我都有记录过,我把记录的账本放在自己的包里。后来因我的包有五六次被偷被抢,里边的账本也被拿去了,我自己干脆就不记录了,就凭我脑袋瓜的记忆,再说借我款的人也有账记录的;我都相信他们的。"可见其本人对到底借了多少资金并不在意,对归还多少本金和利息亦十分随意。此外,东阳市3个会计师事务所均出具说明,证明其相关公司无法审计,足见其财务管理混乱的程度。

(5) 造成巨额资金无法追回。根据现有的证据,证实被告人吴英实际诈骗数额3.8亿多元,造成巨额资金无法归还。

(6) 虽然被告人吴英一再辩称,其主观上无非法占有的目的,想通过将公司做强做大后上市,再将借款归还。但根据其供述及其私刻假银行印章在承诺书上盖章等行为,足以证实,其系用汇票证明自身有经济实力,以应付他人催讨,拖延时间,继续骗取借款及意图从银行"融资",以后债归还前债的方法维持资金链的延续。

综上,本院认为,被告人吴英明知没有归还能力,仍虚构借款用途,以高息为诱饵,大肆向社会公众集资,并对取得的集资款恶意处分和挥霍,造成巨额资金不能返还,足以认定其主观上具有非法占有的故意。故被告人吴英及其辩护人提出被告人吴英的行为属于正常的民间借贷,不构成犯罪的意见与本院查明的事实及法律规定不符,不予采纳。

2. 关于本案属于单位犯罪还是自然人犯罪的问题

(1) 从本色集团有限公司设立的情况看,吴英成立公司注册资金都是非法集资和借款注册的,注册资金来源非法;公司的另一股东吴玲玲在未出资、且不知情的情况下,签名后成为挂名股东。本色集团有限公司违反了公司法关于设立有限责任公司的规定,不具备公司法上关于单位应当依法设立的特征,不具有单位资格,即实质上是吴英个人的公司,法律责任应由吴英个人承受。

(2) 从本色公司的经营状况看,本色集团有限公司除了用借款和非法集资的款项购置房地产、汽车、装潢等,实际的经营活动极少。公司的设立是给吴英非法集资提供幌子,其不断扩大公司规模、作虚假宣传,提高影响力,误导公众对其本身经济实力的认识,实质上是为掩盖其集资诈骗的事实,并为其继续集资诈骗提供便利。公司中资金流量和使用最频繁的就是有关非法集资的款项来往,即公司设立后,是以实施犯罪为主要活动,公司人格依法应予以否认。

(3) 从资金的取得看,均系吴英一人所为,且吴英对公司的任何人均隐瞒了资金的来源。

(4) 从对外集资的形式上看,吴英大多是以个人名义进行,而不是以本色集团公司的名义进行。正如吴英本人供认"我以个人名义就能借到钱,只是应对方要求在借条上写上本色集团为担保人"。大量资金是进入吴英的个人账号。

(5) 从非法集资的目的上看,吴英并非为了公司的利益。其所集资的资金虽有部分用于所谓的公司注册经营,但其公司经营的都是传统产业,利润较低,甚至亏损,根本无法承担应付的高额利息。而且吴英的集资行为并没有从公司利益出发,也并非为了让公司获取经营资金。公司成立前,被告人吴英已进行非法集资,公司成立后的非法集资行为只是公司成立之前行为的延续,公司设立前后的行为是一个整体,不能割裂开来看。

综上,吴英非法集资多以个人名义实施,公司亦用非法资金出资;将既无出资也不知内情的吴玲玲挂名为股东,虚假设立,故公司实质上是吴英的个人公司,不具有公司法意义上的实质内涵,不具有承担法律责任的公司人格。且公司财产均系高息集资的资金购置;其设立的公司经营活动极少,在集资过程中出具的借条中有公司名义的,也无非是吴英为应对出借人的要求,骗取他人的信任,即公司只是吴英犯罪的工具。根据最高人民法院《关于审理单位犯罪案件具体应用法律有关问题的解释》第2条"个人为进行犯罪活动而设立公司、企业、事业单位的,或者公司、企业、事业单位设立后,以实施犯罪为主要活动的,不能以单位犯罪论处"的规定,本案被告人吴英的行为不能以单位犯罪论处。故本院对辩护人提出吴英的行为系单位行为的意见不予采纳。

3. 被告人吴英的行为是否符合集资诈骗罪?

公诉机关指控的本案被害人虽然只有11人,但根据现有的证据,足以证实被告人吴英系通过虚假宣传,支付高额利息及所谓的高额投资回报等形式,误导社会公众,通过本案的11名被害人将款投资给吴英。而且被告人吴英明知林卫平、杨卫陵、杨卫江、杨志昂等人是做融资生意的,他们的资金也系非法吸存所得到。仅林卫平一人,所涉人员和单位就达66人。另吴英除了向本案11名被害人非法集资外,还向王香镯、宋国俊、卢小奉、王泽厚、陈庭秀、俞亚素、唐雅琴、夏瑶琴等人非法集资。被告人吴英除了本人非法集资外,还授意徐玉兰向他人非法集资,徐玉兰非法吸收公众存款所涉人员达14人。综上,吴英的行为完全符合集资诈骗罪的构成要件。

综上,本院认为,被告人吴英以非法占有为目的,隐瞒事实真相,虚构资金用途,以高额利息或高额投资回报为诱饵,骗取集资款人民币77339.5万元,实际集资诈骗人民币38426.5万元,数额特别巨大,其行为不仅侵犯了他人的财产所有权;而且破坏了国家的金融管理秩序,已构成集资诈骗罪。公诉机关指控罪名成立,本院予以支持。被告人吴英及其辩护人提出,被告人吴英的行为属正常的民间借贷,不构成集资诈骗罪的意见,与本院查明的事实及法律规定不符,本院不予采纳。鉴于被告人吴英集资诈骗数额特别巨大,给国家和人民利益造成了特别重大损失,犯罪情节特别严重,应依法予以严惩。为保护公民的财产不受非法侵犯,维护国家正常的金融管理秩序,依照《中华人民共和国刑法》第一百九十二条、第一百九十九条、第五十七条第一款、第六十四条之规定,判决如下:

一、被告人吴英犯集资诈骗罪,判处死刑,剥夺政治权利终身,并处没收其个人全部财产。

二、被告人吴英违法所得予以追缴,返还被害人。

如不服本判决,可在接到判决书的第二日起十日内,通过本院或者直接向浙江省高级人民法院提出上诉。书面上诉的,应当提交上诉状正本一份,副本二份。

审判长　赵群
审判员　张昌贵
代理审判员　于江
二〇〇九年十月二十九日
代书记员　何诗思

二、二审刑事裁定书

浙江省高级人民法院
刑事裁定书

(2010)浙刑二终字第27号

原公诉机关:浙江省金华市人民检察院。

上诉人(原审被告人):吴英。因本案于2007年2月7日被刑事拘留,同年3月16日被逮捕,现押浙江省金华市看守所。

辩护人:杨照东、张雁峰,北京市京都律师事务所律师。

浙江省金华市中级人民法院审理金华市人民检察院指控被告人吴英犯集资诈骗罪一案，于2009年10月29日作出(2009)浙金刑二初字第1号刑事判决。被告人吴英不服，提出上诉，本院依法组成合议庭，公开开庭审理了本案。浙江省人民检察院指派检察官戴贤义、代理检察员徐激浪出庭执行职务，被告人吴英及其二审辩护人杨照东、张雁峰到庭参加诉讼。本案现已审理终结。

原判认定，被告人吴英于2003年8月在浙江省东阳市开办东阳吴宁贵族美容美体沙龙；2005年3月开办东阳吴宁喜来登俱乐部，同年4月开办东阳市千足堂理发休闲屋，同年10月开办东阳韩品服饰店；2006年4月成立东阳市本色商贸有限公司，后注资人民币5000万元（下均为人民币）成立本色控股集团有限公司，同年7月成立东阳开发区本色汽车美容店、东阳开发区布兰奇洗衣店，同年8月先后成立浙江本色广告有限公司、东阳本色洗业管理服务有限公司、浙江本色酒店管理有限公司、东阳本色电脑网络有限公司、东阳本色装饰材料有限公司、东阳本色婚庆服务有限公司，同年9月成立东阳本色物流有限公司，同年10月组建本色控股集团，子公司为本色广告公司、本色酒店管理公司、本色洗业管理公司、本色电脑网络公司、本色婚庆公司、本色装饰材料公司、本色物流公司等。公司股东工商登记为吴英及其妹吴玲玲，但吴玲玲并未实际出资和参与经营。自2005年3月开始，被告人吴英就以合伙或投资等为名，向徐玉兰、俞亚素、唐雅琴、夏瑶琴、竺航飞、赵国夫等人高息集资。至2006年4月本色集团成立前，吴英已负债1400余万元。为能继续集资，吴英用非法集资款先后虚假注册了上述众多公司，成立后大都未实际经营或亏损经营，但吴英采用虚构事实、隐瞒真相、虚假宣传等方法，给社会造成其公司具有雄厚经济实力的假象，以骗取更多的社会资金。

2005年5月至2007年2月间，被告人吴英以高额利息为诱饵，以投资、借款、资金周转等名义，先后从林卫平、杨卫凌、杨志昂、杨卫江、蒋辛幸、周忠红、叶义生、龚益峰、任义勇、毛夏娣、龚卫平等11人处非法集资77339.5万元，用于偿还集资款本金、支付高额利息、购买房产、汽车及个人挥霍等，至案发尚有38426.5万元无法归还。

此外，被告人吴英还用非法集资所得资金购买的房产于2006年11月至2007年1月向王香镯、宋国俊、卢小丰、王泽厚、陈庭秀抵押借款共计6619万元，案发前已归还1000万元，尚欠5619万元。因公司装修、进货、发售洗衣卡、洗车卡等，由相关单位和个人向公安机关申报债权总计2034万余元。2006年10月，吴英以做珠宝生意为名从方黎波处购进标价12 037万元的珠宝，支付货款2 381万元，其中大部分珠宝被吴英直接送人或抵押借款。

案发后，公安机关依法查封和冻结了被告人吴英及相关公司和相关人员名下的财产和银行存款，经鉴定，总计价值17 164万元。

原审根据上述事实和相关法律规定，以集资诈骗罪，判处被告人吴英死刑，剥夺政治权利终身，并处没收个人全部财产；对被告人吴英违法所得予以追缴，返还给被害人。

被告人吴英上诉称，其没有非法占有的目的，主观上没有诈骗故意，所借资金大部分用于经营，没有肆意挥霍；客观上没有实施欺诈行为，没有用虚假宣传欺骗债权人；本案债权人不属于社会公众，自己也不是向社会非法集资；本色集团合法注册，非为犯罪成立，也不是以犯罪为主要活动，本案是单位借款行为，而非个人行为，要求宣告无罪。吴英的二审辩护人以相同的理由为其辩护，要求宣告吴英无罪。同时又称，吴英即使构成犯罪，也不属于犯罪情节特别恶劣，社会危害性极其严重，一审量刑显属不当；吴英检举揭发他人犯罪的行为，构成重大立功。吴英在本院二审开庭审理中又称自己的行为已构成非法吸收公众存款罪。

出庭检察员认为，被告人吴英集资诈骗的犯罪事实清楚，证据确实充分；吴英使用诈骗的方法面向社会公众非法集资，有非法占为己有的主观故意和随意处置、挥霍集资款的行为，其行为构成集资诈骗罪，且系个人犯罪，原判定罪准确、量刑适当；上诉理由和辩护人的辩护意见均不能成立，建议驳回上诉、维持原判。

本院二审开庭审理后，被告人吴英又提出书面申请，要求撤回上诉。

经审理查明，原判认定被告人吴英集资诈骗的事实，有被害人林卫平、杨卫凌、杨志昂、杨卫江、蒋辛幸、周忠红、叶义生、龚益峰、任义勇、毛夏娣、龚苏平的陈述，证人吴玲玲、徐玉兰、俞亚素、唐雅琴、夏瑶琴、竺航飞、应丰义、葛保国、周海江、赵国夫、周巧、方鸿、金华芳、杜沈阳、吴喆、刘安、杨军、骆华梅、胡英萍、徐滨滨、包明荣、傅玲玲、龚红星、吴建红等证言，本色控股集团及各公司的工商登记材料、银行往来凭证、借条、投资协议、抵债书、收条,记录资金往来的笔记本、记账本、借还款清单、期货交易明细单、银行进账单、支付凭证、资金汇划补充凭证、保证金划转函、成交确认书、罚没票据、搜查笔录、物品扣押清单、财物鉴定结论书,从吴英处提取经鉴定系假的面值为4900万元工行汇票一张和私刻的二枚广发银行杭州分行业务专用章等证据证实。被告人吴英亦供认在案,所供与上述证据反映情况相符。

  关于上诉理由和辩护意见,经查:(1)吴英自2006年4月成立本色控股集团公司前已负巨额债务,其后又不计条件、不计后果地大量高息集资,根本不考虑自身偿还能力,对巨额集资款又无账目、记录;同时,吴英将非法集资所得的资金除少部分用于注册传统微利行业的公司以掩盖真相外,绝大部分集资款未用于生产经营,而是用于支付前期集资款的本金和高额利息、大量购买高档轿车、珠宝及肆意挥霍;案发前吴英四处躲债,根本不具偿还能力,原判据此认定吴英的行为具有非法占有的目的并无不当。(2)在案的被害人陈述和吴英的供述证实,吴英均系以投资商铺、做煤和石油生意、合作开发酒店、资金周转等各种虚假的理由对外集资,同时,吴英为给社会公众造成其具有雄厚经济实力的假象,采用短时间大量虚假注册公司,并用这些公司装扮东阳市本色一条街;经常用集资款一次性向一个房产公司购买大批房产、签订大额购房协议;买断东义路广告位集中推出本色宣传广告,制作本色宣传册向社会公众虚假宣传;将骗购来的大量珠宝堆在办公室炫富;在做期货严重亏损情况下仍以赚了大钱为由用集资款进行高利分红,吴英的上述种种行为显系以虚构事实、隐瞒真相、向社会公众虚假宣传的欺骗方法集资。(3)吴英除了本人出面向社会公众筹资,还委托部分不明真相的人向社会公众集资,虽原判认定的直接受害人仅为11人,但其中林卫平、杨卫陵、杨志昂、杨卫江四人的集资对象就有120多人,受害人涉及浙江省东阳、义乌、奉化、丽水、杭州等地,大量的是普通群众,且吴英也明知这些人的款项是从社会公众吸收而来,吴英显属向不特定的社会公众非法集资,有公众性。(4)本色集团及各公司成立的注册资金均来自于非法集资,成立后大部分公司都未实际经营或亏损经营;吴英用非法集资来的资金注册众多公司的目的是为虚假宣传,给社会公众造成本色集团繁荣的假象,以骗得更多的社会资金。而且吴英大量集资均以其个人名义进行,大量资金进入的是其个人账户,用途也由其一人随意决定。故本色集团及所属各公司实质上是吴英非法集资的工具,原判认定本案为吴英个人犯罪准确。综上,吴英上诉及其二审辩护人辩称吴英没有非法占有的目的、主观上没有诈骗故意、客观上没有实施欺诈行为、没有用虚假宣传欺骗社会公众、本案属于单位犯罪等理由均不能成立,不予采信。原判认定的事实清楚,证据确实、充分。吴英所谓检举揭发他人犯罪,经查,均系其为了获取非法利益而向他人行贿,依法不构成重大立功。

本院认为,被告人吴英以非法占有为目的、采用虚构事实、隐瞒真相、向社会公众作虚假宣传等诈骗方法非法集资,其行为已构成集资诈骗罪。吴英在二审庭审中辩称其仅构成非法吸收公众存款罪,二审辩护人提出吴英的行为不构成犯罪及要求改判无罪的理由,均与查明的事实及法律规定不符,不予采纳。吴英集资诈骗数额特别巨大,并给国家和人民利益造成了特别重大损失,犯罪情节特别严重,应依法予以严惩。二审辩护人要求对吴英从轻改判的理由亦不能成立,不予采纳。出庭检察员的意见成立,应予采纳。根据最高人民法院、最高人民检察院《关于对死刑判决提出上诉的被告人在上诉期满后宣判前提出撤回上诉人民法院是否准许的批复》之规定,吴英在二审庭审之后要求撤回上诉的请求,依法不予准许。原判定罪和适用法律正确,量刑适当,审判程序合法。依照《中华人民共和国刑法》第一百九十二条、第一百九十九条、第五十七条第一款、第六十四条、《中华人民共和国刑事诉讼法》第一百八十九条第(一)项之规定,裁定如下:

驳回上诉,维持原判。

本裁定为终审裁定,根据《中华人民共和国刑事诉讼法》第一百九十九条之规定,对被告人吴英的死刑判决由本院依法报请最高人民法院核准。

审判长　沈晓鸣
审判员　金子明
代理审判员　刘建中
二〇一二年一月六日
书记员　钟晓韵

三、再审刑事判决书

浙江省高级人民法院
刑事判决书

(2012)浙刑二重字第1号

原公诉机关：浙江省金华市人民检察院。

上诉人(原审被告人)：吴英。因本案于2007年2月7日被刑事拘留，同年3月16日被逮捕。现押浙江省金华市看守所。

辩护人：吴谦，浙江百畅律师事务所律师。

浙江省金华市中级人民法院审理金华市人民检察院指控被告人吴英犯集资诈骗罪一案，于2009年10月29日作出(2009)浙金刑二初字第1号刑事判决，认定被告人吴英犯集资诈骗罪，判处死刑，剥夺政治权利终身，并处没收其个人全部财产；对被告人吴英违法所得予以追缴，返还给被害人。吴英不服，提出上诉。本院依法组成合议庭，经开庭公开审理，于2012年1月6日作出(2010)浙刑二终字第27号刑事裁定，驳回上诉，维持原判，对被告人吴英的死刑判决依法报请最高人民法院核准。最高人民法院经复核后认为，一审判决、二审裁定认定的事实清楚，证据确实、充分，定性准确，审判程序合法，唯量刑不当，依照最高人民法院《关于复核死刑案件若干问题的规定》第四条的规定，于2012年4月19日作出(2012)刑二复43120172号刑事裁定：(1)不核准浙江省高级人民法院(2010)浙刑二终字第27号维持第一审以集资诈骗罪判处被告人吴英死刑，剥夺政治权利终身，并处没收个人全部财产的刑事裁定；(2)撤销浙江省高级人民法院(2010)浙刑二终字第27号维持第一审以集资诈骗罪判处被告人吴英死刑，剥夺政治权利终身，并处没收个人全部财产的刑事裁定；(3)发回浙江省高级人民法院重新审判。本院据此依法重新审理了本案，现已审理终结。

经审理查明：2003年至2005年，被告人吴英先后开办了东阳吴宁贵族美容美体沙龙、东阳吴宁喜来登俱乐部、东阳千足堂理发休闲屋等，同时以合伙或投资名义，从俞亚素、唐雅琴、夏瑶琴、竺航飞、赵国夫、徐玉兰(另案处理)等人处高息集资，欠下巨额债务。为了还债，吴英继续非法集资。2005年5月至2007年1月,吴英以给付高额利息(多为每万元每天40—50元)为诱饵,采取隐瞒先期资金来源真相、虚假宣传经营状况、虚构投资项目等手段,先后从被害人林卫平、杨卫陵、杨志昂、杨卫江(均另案处理)及毛夏娣、任义勇、叶义生、龚苏平、周忠红、蒋辛幸、龚益峰等人处非法集资人民币77339.5万元(下均为人民币),用于偿付集资款本息、购买房产、汽车及个人挥霍等。至案发时,除已归还本息38913万元,实际诈骗金额为38426.5万元。具体事实如下:

1. 2006年3月至2007年1月,被告人吴英经杨军、骆华梅(均另案处理)介绍,以高额利息为诱饵,以投资广州白马市场商铺、注册公司及到上海银行办理4个亿贷款等需要资金为名,先后多次从林卫平处非法集资47241万元。至案发时,除已归还本息14676万元,实际诈骗32565万元。林卫平被骗资金又主要是从吴延飞等71人及浙江一统实业有限公司处非法吸收所得。

2. 2006年6月至同年11月,被告人吴英以高额回报或利息为诱饵,以炒铜期货、去湖北荆门收购烂尾楼及公司需要周转资金等为名,先后多次从杨卫陵处非法集资9600万元。至案发时,除已归还本息8428万元,实际诈骗1172万元。杨卫陵被骗资金又主要是从刘晓龙等30人处非法吸收所得。

3. 2006年1月至同年11月,被告人吴英以高息为诱饵,以投资广州白马市场商铺等为名,多次从杨志昂处非法集资3130万元。至案发时,除已归还本息1995万元,实际诈骗1135万元。杨志昂被骗资金又主要是从楼恒贞等9人处非法吸收所得。

4. 2005年5月至2006年11月,被告人吴英以高额投资回报为诱饵,以投资做石油生意为名,多次从毛夏娣处非法集资不予归还,共诈骗资金762.5万元。

5. 2006年10月,被告人吴英以高息为诱饵,从任义勇处非法集资800万元。至案发时,除已归还50万元,实际诈骗750万元。

6. 2005年11月至2006年11月,经杨军介绍,被告人吴英以高息为诱饵,以投资广州白马市场商铺、公司资金周转等为名,多次从杨卫江处非法集资8516万元。至案发时,除已归还本息7840万元,实际诈骗676万元。杨卫江被骗资金又主要是从朱启明等12人处非法吸收所得。

7. 2006年1月至10月,被告人吴英以高息为诱饵,经杨卫江介绍,多次从叶义生处非法集资1670万元。至案发时,除已归还本息1354.5万元,实际诈骗315.5万元。

8. 2006年11月28日,被告人吴英以高息为诱饵,以投资需要资金为名,从龚苏平处骗取资金300万元。

9. 2005年8月至2006年11月,被告人吴英以高息为诱饵,以做煤和其他生意、公司注册需要资金等为名,从周忠红、杜云芳夫妇处非法集资2970万元。至案发时,除已归还本息2707.5万元,实际诈骗262.5万元。周忠红被骗资金除自有资金外,还有部分系从其兄弟周忠卫、周忠云处筹得。

10. 2006年8月25日,被告人吴英以高息为诱饵,以投资需要资金为名,从蒋辛幸处骗取资金250万元未归还。蒋辛幸被骗资金系从徐滨滨和包明荣2人处筹得。

11. 2006年1月至9月间,被告人吴英以高息为诱饵,以投资广州白马市场商铺为名,多次从龚益峰处非法集资2100万元。至案发时,除已归还本息1862万元,实际诈骗238万元。

上述事实,有一、二审庭审质证确认的银行往来凭证、借条、资金往来记录、东阳市人民法院(2008)东刑初字第790号刑事判决书等书证,证人俞亚素、杨军等的证言,被害人林卫平、杨卫陵等的陈述等证据证实。被告人吴英亦供认在案,所供与上述证据反映的情况相符。本案事实清楚,证据确实、充分,并经最高人民法院复核确认。

重审过程中,被告人吴英提出本案系单位犯罪,认定其行为系集资诈骗罪有误,并要求重新审查一审证据和本案的全部诉讼程序。其辩护人提出:(1)吴英主观上没有非法占有的目的,客观上没有使用诈骗手段非法集资,借款人为特定对象,不符合面向社会不特定公众的要件,吴英的行为不构成集资诈骗罪;(2)吴英借款行为以公司名义进行,且用于公司经营,吴英的借款行为属于公司行为,而非吴英的个人行为;(3)即使吴英构成犯罪,应考虑本案受害人也存在一定过错,吴英有重大立功表现等从轻或减轻的量刑情节,要求对吴英在无期徒刑以下量刑。

经审查,(1)吴英主观上具有非法占有的目的。吴英在早期高息集资已形成巨额外债的情况下,明知必然无法归还,却使用欺骗手段继续以高息不断地从林卫平等人处非法集资;吴英将集资款部分用于偿付欠款和利息、部分用于购买房产、车辆和个人挥霍,还对部分集资款进行随意处置和捐赠。(2)吴英集资过程中使用了诈骗手段。为了进行集资,吴英隐瞒其资金均来源于高息集资并负有巨额债务的真相,并通过短时间内注册成立多家公司和签订大量购房合同等进行虚假宣传,为其塑造"亿万富姐"的虚假形象。集资时其向被害人编造欲投资收购商铺、烂尾楼和做煤、石油生意等"高回报项目",骗取被害人信任。(3)吴英非法集资对象为不特定公众。吴英委托杨某等人为其在社会上寻找"做资金生意"的人,事先并无特定对象,事实上,其非法集资的对象不仅包括林卫平等11名直接被害人,也包括向林卫平等人提供资金的100多名"下线",还包括俞亚素等数十名直接向吴英提供资金但没有按诈骗对象认定的人。在集资诈骗的11名受害人中,除蒋辛幸、周忠红2人在借钱之前认识吴英外,其余都是经中间人介绍为集资而认识的,并非所谓的"亲友"。林卫平等人向更大范围的公众筹集资金,吴英对此完全清楚。(4)本色集团及各公司成立的注册资金均来自于非法集资,成立后大部分公司都未实际经营或亏损经营;吴英用非法集资来的资金注册众多公司的目的是为虚假宣传,给社会公众造成本色集团繁荣的假象,以骗得更多的社会资金。而且吴英大量集资均以其个人名义进行,大量资金进入的是其个人账户,用途也由其一人随意决定。故本色集团及所属各公司实质上是吴英非法集资的工具,原判认定本案为吴英个人犯罪正确。(5)一审认定吴英构成集资诈骗罪的相关证据均曾经吴英核对签字确认,并经一、二审法庭出示、质证,本案的全部审判程序符合法律规定,并经最高人民法院复核确认,不存在程序违法现象。(6)吴英所谓检举揭发他人犯罪,均系其为了获取非法利益而向他人行贿,依法不构成立功。综上,吴英的辩解及其辩护人相关的辩护意见,均与查明的事实和相关法律规定不符,不予采纳。

本院认为,被告人吴英以非法占有为目的,以高额利息为诱饵,采取隐瞒真相、虚假宣传和虚构项目等欺骗手段面向社会公众非法集资,其行为已构成集资诈骗罪。吴英集资诈骗数额特别巨大,给国家和人民利益造成了特别重大损失,且其行为严重破坏国家的金融管理秩序，危害特别严重，应依法惩处。鉴于吴英归案后如实供述所犯罪行，并主动供述其贿赂多名公务人员的事实，其中已查证属实并追究刑事责任的有3人，综合考虑，对吴英判处死刑，可不立即执行。吴英及其辩护人相关改判的要求，予以采纳；但辩护人要求对吴英在无期徒刑以下量刑，与吴英的罪行不符，不予采纳。原判定罪正确，审判程序合法。唯量刑不当，应予变更。依照《中华人民共和国刑法》第一百九十二条、第一百九十九条、第四十八条、第五十七条第一款、第六十四条，《中华人民共和国刑事诉讼法》第一百八十九条第（二）项及根据《最高人民法院关于复核死刑案件若干问题的规定》第九条、第十一条之规定，判决如下：

一、撤销浙江省金华市中级人民法院（2009）浙金刑二初字第1号刑事判决中对被告人吴英的量刑部分，维持其余部分；

二、被告人吴英犯集资诈骗罪，判处死刑，缓期二年执行，剥夺政治权利终身，并处没收其个人全部财产。

本判决为终审判决。

审判长　沈晓鸣

审判员　金子明

代理审判员　刘建中

二〇一二年五月二十一日

书记员　钟晓韵

第三节　吴英案件评论

民间金融最活跃的浙江省，曾经是投机倒把罪的"重灾区"，现在依然是非法集资犯罪的"重灾区"。在浙江，5年来共判处了219个非法集资犯罪，追究了75人非法集资的刑事责任，其中有10个被告被以集资诈骗罪判处死刑或者死刑缓期执行（以下简称死缓）。

2009年，丽水杜益敏因集资诈骗7亿元被终审判处死刑，同年温州的高秋荷和郑存芬均因集资诈骗1亿多元被判处死刑。

2010年，绍兴赵婷芝因非法集资2.7亿元被判处死缓，台州王菊凤因非法集资4.7亿元被判处死刑，温州陈少雅因非法集资5亿元被判处死缓，杭州孙小明因集资诈骗1466万元被判处死缓，丽水吕伟强因集资诈骗2.6亿元被判处死缓。

2011年,丽水银泰非法集资55亿元,责任人季文华被判处死刑,季林青、季胜军被判处死缓。

2012年,温州永嘉青年妇女施晓洁因涉嫌非法集资7亿元、非法承兑汇票5亿元被逮捕。温州立人集团涉嫌非法集资22亿元,董事长董顺生被刑拘,企业被政府监管。

吴英案二审宣判后,网络舆论对吴英普遍持同情态度,多数网民认为吴英罪不至死。吴英案件不仅仅是个人的悲剧,它反映出的也是中国民间借贷市场面临的困境,目前这种民间集资的尴尬处境如果不能得到有效扭转,将来依然会是一个高危区域。

浙江省高级人民法院的法官朋友介绍,在吴英案之前,浙江省已经判处了10个集资诈骗罪犯死刑,法院基本上把握的标准是看集资诈骗金额有没有达到1个亿,达到1个亿,死刑立即执行。这样看来,吴英又是幸运的,如果没有社会舆论的高度关注,吴英执行死刑毫无悬念! 湖南省的曾成杰就没有那么幸运!

凤凰网财经频道所作调查显示,将近九成网友(87.8%)认为,吴英不应该判处死刑;超过一半网民(52.0%)认为,吴英倒下的原因是制度提供空子,吴英无知中套;也有超过一半的网民(52.9%)认为,在未来,民间集资将会合法化。

因为集资诈骗罪二审被裁定死刑的吴英案,在中国引发了一场罕见的讨论,舆论集中在当前中国正势图突破、但困难重重的金融体制改革上。法学家、经济学家和一些企业家认为,计划经济时代不会有"吴英案",完善的市场经济时代也不会有"吴英案","吴英案"是当前改革过渡期的产物,需要在改革中给予足够的重视并加以解决……专家们认为,企业对资本的渴求和现有资金供给体制的矛盾,已经成为当前经济领域的主要矛盾之一,判吴英死刑,似乎难以帮助解决这个矛盾。对"吴英案"议论的理性民意集中体现了对现行法律制度、金融制度的改革和社会公平的期盼。

一、吴英案是否构成集资诈骗罪?

《中华人民共和国刑法》第192条规定,所谓集资诈骗,是指以非法占有为目的,使用诈骗方法非法集资,数额较大的行为。据此,集资诈骗罪有四个基本构成要件:以非法占有为目的;使用诈骗方法;非法集资;数额较大。其中,"数额较大"根据集资的金额以及未能归还的金额确定,争议较少。争议的焦点是其余三个要件。

在这三个要件中,"非法集资"要件涉及资金来源的规制,"以非法占有为目的"涉及资金去向的规制,而"使用诈骗方法"要件,则涉及取得资金方法的规制。

(一)吴英的集资行为是否"以非法占有为目的"?

"以非法占有为目的"要件历来是学界争论的焦点。有人甚至主张,鉴于本要件的模糊性,不如直接取消本要件。核心的问题是,"以非法占有为目的"是主观目的,因而无法通过直接观察认定,而只能通过间接的客观证据来推定。既然是推定,推定的依据以及推定的准确性,就必然成为争论的焦点。我们可以检讨一下现有法规对推定依据的确定方法,然后再探讨吴英的集资行为是否构成本要件。

在最高人民法院《关于审理诈骗案件具体应用法律的若干问题的解释》(法发[1996]32号)中,最高人民法院列举了四种情形,认为可构成"以非法占有为目的":

(1)携带集资款逃跑的;

(2)挥霍集资款,致使集资款无法返还的;

(3)使用集资款进行违法犯罪活动,致使集资款无法返还的;

(4)具有其他欺诈行为,拒不返还集资款,或者致使集资款无法返还的。

很明显,最高人民法院法发[1996]32号文所确定的四种推断依据,存在不少问题,有可能导致错误的推断。

第一种情形,"携带集资款潜逃的",对携带的金额、潜逃的具体情形,都没有具体规定。在中国,携款潜逃的情形差异甚大,有的是取得集资款后马上潜逃,有的是发现无力还债后潜逃,有的是将全部集资款携带潜逃,有的是携带部分款项潜逃。如果一体对待这些不同情形,显然是不公平的,也是不妥当的。

第二种情形,也存在同样的问题,即挥霍金额与无法返还的金额可能并不对等,挥霍与无法返还的关系,未必全部存在因果关系。在吴英案中,法院认为吴英存在挥霍,就算这种认定成立,其挥霍金额也仅为5300万元,与集资全部金额以及未归还金额间相差巨大。因此,用5 300万元的挥霍去认定全部存在"以非法占有为目的",必然是有问题的。

第三种情形,实际上是用一种结果来代替推断。换言之,一旦使用集资款进行违法犯罪活动,并导致集资款不能返还,就直接认定为存在"非法占有的主观目的"。相对于其他情形,根据结果认定必然导致认定范围的扩张。这是因为,客观上不能归还,而主观上不存在以非法占有为目的的可能性,是完全存在的。用客观上不能归还来取代主观上的非法占有目的,实际上是利用法律解释权扩大了刑法的管制范围。通过这种扩张,同一行为将构成数罪,从而产生数罪并罚的问题。例如,利用集资款经营赌场,即同时构成了集资诈骗罪和开设赌场罪。

第四种情形,又将"非法占有目的"要件与"欺诈"要件混为一谈。如果债务人有返还能力,又"拒不返还集资款",实际上即通过拒绝还款直接表明了"非法占有的目的",因而无须重复规定"具有其他欺诈行为"。要求"具有其他欺诈行为",反而是不当地减缓了集资诈骗嫌疑人的责任。如果根据存在"其他欺诈行为,导致集资款无法返还",就直接认定为存在非法占有目的,又等于通过欺诈要件否定了"非法占有要件"存在的必要性。

五年之后,在最高人民法院《关于印发〈全国法院审理金融犯罪案件工作座谈会纪要〉的通知》(法[2001]8号)中,最高人民法院列举了七种情形,认为可以构成"以非法占有为目的":

(1)明知没有归还能力而大量骗取资金的;

(2)非法获取资金后逃跑的;

(3)肆意挥霍骗取资金的;

(4)使用骗取的资金进行违法犯罪活动的;

(5)抽逃、转移资金、隐匿财产,以逃避返还资金的;

(6)隐匿、销毁账目,或者搞假破产、假倒闭,以逃避返还资金的;

(7)其他非法占有资金、拒不返还的行为。但是,在处理具体案件的时候,对于有证据证明行为人不具有非法占有目的的,不能单纯以财产不能归还就按金融诈骗罪处罚。

在上述七种情形中,有些表述比1996年的表述更为精确,例如第二种情形,"非法获取资金后逃跑的",即能表明集资人获取资金即潜逃,从而能表明其无意再履行自己的清偿义务。第三种情形,"肆意挥霍骗取资金的","肆意"两字,颇值赞赏。第五、六项为新加项,同样可以很好地体现立法原意。第七项的表述,也比1996年的表述高明得多。然而,对于第四项,存在的问题仍然与1996年的表述相同,而新加的第一项,则存在明显的问题。"明知没有归还能力",本质上仍然要求对集资诈骗嫌疑人是否存在"明知"进行推定。换言之,本项用"明知"的推定取代"以非法占有为目的"的推定,但证明"明知没有归还能力",并不比证明"以非法占有为目的"更为容易。正如吴英案所显示的,在实际操作中,对"明知没有归还能力"的证明,将演变为以实际是否归还作为认定根据,导致客观归罪。其结果是,因为侥幸心理而借款的情形,都将被认定是诈骗罪。例如,借款去买股票,寄希望于股票价格翻番来归还欠款,结果因为熊市而血本无归,将被认为是诈骗罪。因此,本项同样构成刑法规制范围的不合理扩张。

最高人民法院《关于审理非法集资刑事案件具体应用法律若干问题的解释》法释[2010]18号规定,使用诈骗方法非法集资,具有下列情形之一的,可以认定为"以非法占有为目的":

(1)集资后不用于生产经营活动或者用于生产经营活动与筹集资金规模明显不成比例,致使集资款不能返还的;

(2)肆意挥霍集资款,致使集资款不能返还的……

从上述分析可以看出,要合理界定推定"以非法占有为目的"的依据,是相当困难的。而根据有效的推定依据对实际个案进行认定,则存在着更多问题。在吴英案中,公诉人所依赖的法律根据,是解释中的两项,即第1项"明知没有归还能力而大量骗取资金"和第2项"肆意挥霍骗取资金"。两项的认定,均存在问题。

1. 吴英的集资行为是否构成"明知没有归还能力而大量骗取资金"?

对吴英是否明知自己没有归还能力而集资的推定,公诉机关主要依赖于吴英给予的高利率。当利率最高甚至达到年利率400%时,一般人都会认为,这是不可持续的。据此,公诉机关和法院均认为,吴英明知自己客观上无法偿还高利率承诺的债务,因此,吴英的集资行为构成"以非法占有为目的"。

然而,因为此种融资模式不可持续而直接认定其构成"以非法占有为目的",就属于一种客观归罪,因为,一种不可持续的融资模式,必然导致部分款项不能归还,因款项不能归还而认定其构成"以非法占有为目的",毫无疑问就是客观归罪。最终,"以非法占有为目的"的认定,转变成为对一种融资模式可行性的认定,一旦融资模式是不可行的,就可以构成"以非法占有为目的"。这导致了"以非法占有目的"这个要件的认定方向出现偏差。

实际上,一种融资模式是否可行,取决于各种各样的条件。在事前,认定一种融资模式是否可行,难度相当大,甚至是不可能的。这是因为,商业运作和融资的具体方式总是不断创新的。很多成功的商业运作,都曾被认为是不可能的。因此,融资模式可行性的认定,最终只能转向事后认定模式。然而,事后认定模式本质上是遵循"成王败寇"的逻辑。这就演变为"因为你失败了,所以你当初也知道你自己必然失败",这样的逻辑是难以令人信服的。

2. 吴英是否"肆意挥霍骗取资金"?

对吴英是否"肆意挥霍骗取资金",其证明的难点是如何证明"肆意挥霍"的存在。用通常的语言来表达"肆意挥霍",就是"不拿钱当钱",不考虑花钱的必要性和妥当性。法院所认定的"肆意挥霍"行为,包括购买珠宝、购置汽车、给付他人钱财和高档娱乐消费。然而,吴英用集资款购买珠宝,并不能因此就证明其属于"肆意挥霍",如果物有所值,反而能证明其本意或在"精心投资"。同样,花近2000万元购置大量汽车,为所谓的拉关系随意给付他人钱财130万元,进行高档娱乐消费等花费达600万元,也必须根据具体情形加以认定。这些行为是否属于"随意"给付,需根据具体事实认定,而不能根据金额认定。例如,法院认为吴英为本人配置购价375万元的法拉利跑车,然而,媒体的报道却显示这辆跑车是为旗下的婚庆公司配备的。同样的,给付他人钱财,根据后续报道,又属于为拓展关系的给付行为,其固然可能构成行贿罪,但行贿无论如何都无法构成"肆意挥霍"。总之,迄今为止,并未找到足够的证据证明吴英毫不考虑花钱的妥当性和必要性,所谓"肆意挥霍",是不能成立的。

(二) 吴英的集资行为是否使用了诈骗方法?

在最高人民法院《关于审理诈骗案件具体应用法律的若干问题的解释》(法发[1996]32号)中,最高人民法院对"诈骗方法"进行了界定:行为人采取虚构集资用途,以虚假的证明文件和高回报率为诱饵,骗取集资款的手段。在这个界定中,"虚构集资用途""虚假的证明文件""以高回报率为诱饵"是其中的关键点。简言之,是集资人利用虚假的信息促使投资者作出错误的决策。

在吴英案中,公诉人如何证明吴英存在"虚构集资用途"、提供"虚假的证明文件""以高回报率为诱饵"呢?

法院所依赖的证明方式,包括如下几点:第一,"以高息为诱饵";第二,虚假注册多家公司;第三,用非法集资款购置房产、投资、捐款等方法,进行虚假宣传,给社会公众造成其有雄厚经济实力的假象,骗取社会资金。

显然,第一点不足以成立。高息仅能代表高回报,不能直接等同于"诱饵",换言之,不能仅仅因为其许诺高息,即认定其属于"以高息为诱饵"。吴英所吸引的是高利贷资金,这些资金提供方主动直接追求高回报率,换言之,不是吴英通过高息来引诱这些资金,而是这些资金提供方本来就以高息为条件才会给予,因此,高息是资金的供求双方达成一致的条件,而不是资金需求方特意设置的诈骗方法。

关于第二点,注册多家公司,也不能等同于欺诈。因为,注册公司本身是一个事实,换言之,吴英没有虚构事实。据此,欺诈并不存在。

关于第三点,用非法集资款购置房产、投资、捐款,本身并不构成欺诈,只要事实本身存在,就不能构成欺诈,同样也不能构成"虚假宣传"。只有依赖于不存在的事实,或者虚构事实,才能构成虚假宣传。而且,即使进行了这些虚假宣传,只要投资者并不依赖这些信息作为投资的决策,就仍然不能构成欺诈。

(三) 吴英的集资行为是否属于非法集资?

在最高人民法院《关于审理诈骗案件具体应用法律的若干问题的解释》(法发[1996]32号)中,"非法集资"是指"法人、其他组织或者个人,未经有权机关批准,向社会公众募集资金的行为"。何谓"向社会公众募集资金的行为"? 所谓社会公众,是指社会不特定对象。"社会不特定对象"概念所要表达的含义,不是指向人数,而是指向其获取资金的方式和范围。换言之,不特定对象这个概念所表达的含义,是指集资人属于一种敞开式的集资,即集资人设定条件,并向社会公开,符合条件者均可参与。依非法集资是否以证券发行的方式进行,可以分为"非法吸收公众存款"和"擅自发行股票、债券"。前者属于公开吸收存款;后者属于公开发行证券。在此两种情形下,都是以统一的条件向社会获取闲散资金。

但是,根据报道,吴英集资的对象全部只有11人,主要的资金提供者共7人,分别是林卫平、杨卫陵、杨卫江、杨志昂、徐玉兰、骆华梅、杨军。其中,仅林卫平放贷给吴英共计4.7亿元,占法院所认定的7.7亿元集资款的61%。这7人实际上是高利贷的经营者,都已被法院认定为构成非法吸收公众存款罪。部分证人证言显示,吴英从这些高利贷经营者中获取资金,并非以统一的条件,而是一一接触,有时要通过中间人介绍。简而言之,这是一种熟人融资模式,而非公开发行模式下显示的陌生人融资模式。

在三个关键的构成要件——以非法占有为目的;使用诈骗方法;非法集资——上,吴英的集资行为,都无法满足集资诈骗罪的认定条件,因此,这样的判决无法满足罪刑法定的要求。

当然,吴英案件之后,最高人民法院、最高人民检察院、公安部又颁布了非法集资犯罪司法解释,情况发生了变化,司法机关对非法集资犯罪再次进行了扩张解释,但是吴英案件发生在此之前,依据从旧兼从轻原则,该司法解释对吴英案件没有法律效力。

二、投机倒把罪与集资诈骗罪比较

在1979年《刑法》公布之前,投机倒把就已经被作为犯罪给予处罚了。1979年颁布的中国第一部《刑法》,更是明确地将投机倒把规定为犯罪。

改革开放初期,为了鼓励企业扩大生产,国家实行价格双轨制,即计划内的产品实行国家统配价,计划外的产品实行市场价。市场价往往比统配价高出一两倍,由此引发了以统配价套购产品然后以市场价出售牟取暴利的"倒爷"。一时间,投机倒把成风。于是国家进一步加重了对投机倒把的惩处力度。1981年国务院《关于加强市场管理打击投机倒把和走私活动的指示》,列举了12种投机倒把的表现形式。1982年因投机倒把被判处刑罚的有3万人。1983年由全国人大常委会公布的《关于严惩严重破坏经济的罪犯的决定》,把投机倒把罪的法定刑提高到了死刑。1987年,国务院又发布了《投机倒把行政处罚暂行条例》,该条例将"以牟取非法利润为目的,违反国家法规和政策,扰乱社会主义经济秩序的行为",界定为投机倒把,其中列举了11类具体的投机倒把行为。在1983年至1991年的数年间,有不少人因投机倒把被判刑入狱,甚至有人因此被判死刑。

1986年"温州抬会事件"的主角之一郑乐芬,在1991年成为中国最后一个因投机倒把罪被判处死刑的人。"抬会"是浙江南部对民间融资活动的一种称呼。20世纪80年代初,温州民间企业已十分发达,对资金需求迫在眉睫。由于他们无法从国营银行贷款,一种被称为"抬会"的地下钱庄应运而生。资料显示,1985年前后的温州,以这种方式流通的民间资金超过3亿元,成为当地私人企业发展最重要的资金动力。

"抬会"由规模不等的人员组成,一开始只是由几个人组成的互助会,各人出钱集资,需要用钱的人付给其他人高于银行的利息。但后来,"抬会"变成了一种传销式的集资套利。会员付给会主1.16万元的会费 并在今后的100个月里每月交费,总额为26.4万元。会主则在这100个月内逐月返还给会员一笔钱,总额为90万元。会主为了支付高额差价,几何级发展新会员,而新会员则被巨额利润冲昏头脑,疯狂要求加入。这个明显无法平衡的金钱游戏,在侥幸和暴利的狂热驱使下席卷温州。

郑乐芬在当时众多的"会主"之中,规模只能算是中等。她在"抬会"发展到427名会员、集资6200万元、牟利近190万元时,因资金链条断裂崩盘而潜逃。被捕后,尽管法律界对其定罪量刑多有争议,她最终还是以投机倒把罪被执行死刑。①

吴英案件与郑乐芬案件的异同之处在于:

(1)二者一、二审都被判处死刑。

(2)二者侵犯的客体都是国家的金融管理秩序。

(3)二者在客观方面都违反了国家金融管理法规,从事了民间金融活动。

(4)主体上二者都是成年公民,并且都是女性。但是吴英有自己的经济实体本色集团(尽管司法机关不认为是公司行为),而郑乐芬

---

① 来源于百度投机倒把罪词条案例。

没有。

（5）二者案发都是因为资金链断裂，不同的是，吴英在案发前一直都在归还集资款，而郑乐芬潜逃。

（6）两个案件争议部分都集中在主观故意的认定上。司法机关认为吴英有非法侵占资金所有权的主观故意，这是认定集资诈骗罪的关键！而吴英认为，"不抓我这些钱都可以还了"，不存在侵占集资款的故意。司法机关认为，郑乐芬主观上有追求非法利润的目的，这是认定投机倒把罪的关键，郑乐芬已经死去20多年，我们已经不知道她如何为自己辩护了。

附 录

附录 1 高被引论文简况表（1979—2012）

排名	被引次数	发表年份	论文题目	期刊名称	影响因子	作者姓名	职务职称	学位	作者单位	基金项目
1	796	2002	民间金融与中小企业发展：对温州的实证分析	经济研究	11.555	郭斌 刘曼路			浙江大学	
2	284	2004	民间金融理论：范畴、比较与制度变迁	金融研究	4.669	姜旭朝 丁昌锋	教授、博导 硕士生	博士	山东大学	
3	177	2000	农村民间金融发展现状与重点改革政策	金融研究	4.669	李丹红		博士	农业发展银行	
4	174	2001	制度扭曲环境中的金融制度安排：温州案例	经济理论与经济管理	2.075	史晋川 叶敏	教授、博导 硕士生		浙江大学	

(续表)

排名	被引次数	发表年份	论文题目	期刊名称	影响因子	作者姓名	职务职称	学位	作者单位	基金项目
5	150	2002	从民间借贷到民营金融:产业组织与交易规则	金融研究	4.669	张建军 袁中红 林平	副教授 经济师 高级经济师	博士 硕士 博士	人民银行广州分行	
6	144	2000	发展民间金融与金融体制改革	上海金融	1.390	樊纲			经济改革研究会	
7	137	2003	金融民营化与金融基础设施建设——兼论发展民营金融的定位	金融研究	4.669	钱小安	教授、博导研究员	博士	中央金融工委	
8	113	2004	信息成本、不完全契约与农村金融机构设置——从农户融资视角的分析	中国农村观察	2.750	周脉伏 徐进前			山东农业大学 北京语言大学	
9	109	2004	从"机构观"到"功能观":中国农村金融制度创新的路径选择	中国农村经济	3.417	罗来武 刘王平 卢宁荣			江西师范大学	
10	104	2006	不同成长阶段下中小企业融资方式选择研究	管理工程学报	1.770	陈晓红 刘剑	教授、博导、院长 教授		中南大学	国家杰出青年基金
11	92	2003	台湾民间金融的发展与演变	财贸经济	2.240	黄家骅 谢瑞巧	硕士生	博士	福建师范大学	

（续表）

排名	被引次数	发表年份	论文题目	期刊名称	影响因子	作者姓名	职务职称	学位	作者单位	基金项目
12	86	2008	民间金融法制化的界限与路径选择	中国法学	7.178	高晋康	教授、博导		西南财经大学	国家社科基金
13	75	2003	非制度信任与非制度金融：对民间金融的一个分析	财贸论丛	1.376	楼远	副教授		浙江财经学院	浙江社科基金
14	72	1999	农村工业化过程中的农村民间金融——温州市苍南县钱库镇调查	中国农村观察	2.750	王晓毅			中国社科院	德国诺曼基金
15	72	2007	民间金融扩张的内在机理、演进路径与未来趋势研究	金融研究	4.669	王曙光 邓一婷	副教授、博导 硕士生	博士	北京大学	国家社科基金
16	70	2005	民间金融合法化：一个制度视角	学习与探索	0.825	姜旭朝 邓蕊	教授、博导 硕士生	博士	山东大学	
17	65	2000	中国民间金融的发展及金融体系的变迁	上海经济研究	1.658	孙莉	博士生		上海财经大学	
18	60	2005	民间金融的利率期限结构和风险分析：来自目标会的检验	金融研究	4.669	郑振龙 林海	教授、博导 讲师	博士	厦门大学	教育部优秀青年老师基金等
19	59	2002	民间金融与中小企业融资	财经问题研究	1.567	王鹏涛	硕士生		东北财经大学	

(续表)

排名	被引次数	发表年份	论文题目	期刊名称	影响因子	作者姓名	职务职称	学位	作者单位	基金项目
20	59	2004	论我国农村民间金融的治理	中南财经政法大学学报	1.517	黄孝武	副教授	博士	中南财经政法大学	国家自然科学基金等
21	58	2003	正规金融机构退出后的信贷市场研究:广东省恩平市个案分析	金融研究	4.669	张建军		博士	人民银行广州分行	
22	53	2005	发展经济体中的合会金融:台湾的经验	中国农村观察	2.750	李晓佳			香港中文大学安徽省政府	中国社科院基金
23	51	2003	中小企业融资力差异与融资制度创新次序	财经研究	2.589	刘湘云 杜金岷 郑凌云	博士生 教授,博导 博士生		暨南大学	
24	50	2007	农村小额信贷利率及其需求弹性	中国农村经济	3.417	王卓			四川大学	国家社科基金
25	49	2003	我国地下金融发展状况及治理对策	中国农村经济	3.417	朱泽			中国农业经济学会	
26	48	2005	对我国民间金融及其发展前景的思考	宏观经济研究	1.625	陈时兴	教授	博士	浙江省委党校	
27	47	2003	国有商业银行从农村金融体系的退出与农村金融体系的重建	财贸经济	2.240	张余文	博士后研究人员	博士	中国社科院	

(续表)

排名	被引次数	发表年份	论文题目	期刊名称	影响因子	作者姓名	职务职称	学位	作者单位	基金项目
28	47	2006	民间金融与经济发展	金融研究	4.669	潘士远 罗德明	讲师 副教授	博士 博士	浙江大学	
29	44	2004	中国民间金融走势分析	经济理论与经济管理	2.075	程蕾	副教授 副院长		温州大学	
30	44	2009	略论我国村镇银行市场定位及发展	经济问题	0.995	程昆 吴庶 储昭东	教授	博士	华南农业大学	教育部人文社科基金等
31	43	2006	中国农户融资的现状分析与民间金融——来自江西省上饶市的个案调查与思考	中国农村经济	3.417	熊建国			华中科技大学 农发行上饶分行	
32	40	2005	发展我国社区银行的模式选择	金融研究	4.669	王爱俭	教授,博导	博士	天津财经大学	

说明:本表统计的论文被引次数截至2013年4月;论文作者的欠缺信息本可通过网络查明,但考虑到最新信息可能与发表文章时的信息不一致,故仅根据论文提供信息整理。

附录2 非企业借贷纠纷案例库一览表(1992—2012)

序号	案例名
1	赵林元与戴双根、陆丽明、朱永磊借贷纠纷案
2	龚文娟与叶青、严丽君借贷纠纷案
3	吴国军与陈晓富、王克祥、德清县中建房地产开发有限公司借贷纠纷案
4	胡志芬与徐美君借贷纠纷案
5	吴章友与俞晓峰、宋亚珠、宋孔彬借贷纠纷案
6	邵明辉与诉宁波亨丰汽配有限公司、芦雪成、陈玮、孙玪借贷纠纷案
7	王月欢与任杰娟借贷纠纷案
8	傅校英与弗兰克·阿尔弗雷德·汗借贷纠纷案
9	吴志定与新昌县福灵羊毛衫厂、刘昌勇借贷纠纷案
10	翁裕龙与石晓燕借贷纠纷案
11	丛淑敏与临西县氮肥有限责任公司、邢台联洋化工有限公司、临西县发展改革局借贷纠纷案
12	徐淑芳与上海谊林房地产实业有限公司借贷纠纷案
13	顾纲峰与丹徒建民化纤有限公司、美国建民投资公司、镇江市丹徒区高桥镇人民政府借贷纠纷案
14	西安市第三建筑公司与西安西工大制药有限公司、西北工业大学借贷纠纷案
15	姚建平与韩湧、青海省搏创工贸有限公司、青海省搏兴新型建材有限公司借贷纠纷案
16	蔡群利、高艺强与中国农业银行平和县支行、中国农业银行漳州市分行借贷纠纷案
17	吕忠义与孙戊寅借贷纠纷案
18	熊某与盛某、荣某借贷纠纷案
19	连振文与盛业虎、韦岩峰借贷纠纷案
20	辽宁省证券公司阜新分公司与刘心、阜新市医药综合经营公司、阜新市化工医药行业管理办公室借贷纠纷案
21	赵玉芹与王岩借贷纠纷案
22	陈金勇与胡永寿、陈玉英借贷纠纷案
23	杨春宁与韩英借贷纠纷案
24	张凤文与辽河油田隆盛实业公司、盘锦辽河油田恒业有限公司借贷纠纷案
25	时小丽、王玉胜与王洪基借贷纠纷案

(续表)

序号	案例名
26	北京市利发技术开发公司与王纪军、王泉利借贷纠纷案
27	吕爱叶与付景莲、鹤壁市石林粮管所面粉加工厂、鹤壁市山城区粮食局石林粮管所借贷纠纷案
28	牟庆玉与庞素英、王明靓借贷纠纷案
29	赵延贵与获嘉县黄堤镇安仪村村民委员会借贷纠纷案
30	刘庆、孟晓明与王参军借贷纠纷案
31	柏月林、柏克、柏丽与李学义、张桂兰、余彩霞借贷纠纷案
32	泌阳县下碑寺乡人民政府与刘效党、孙秀华借贷纠纷案
33	曹建设与彭四妮、曹喜成借贷纠纷案
34	梁宝昌与大庆市贵民经贸有限公司、大庆市贵民房地产开发有限公司借贷纠纷案
35	鹤壁市劳动就业服务处与邢燕飞、邢爱梅、河南省鹤壁市劳务输出公司借贷纠纷案
36	王书太与李梅、任付志、娄和平借贷纠纷案
37	马长福与王荣太借贷纠纷案
38	曾干光与张群香借贷纠纷案
39	李振峰与衣国双借贷纠纷案
40	焦作电厂综合加工厂与河南省淇县农机销售批发中心、夏风英、董利民等借贷纠纷案
41	济源市王屋山大酒店与成宇亮借贷纠纷案
42	张小争与济源市矿山机械有限责任公司借贷纠纷案
43	济源市梨林镇闫家庄村村民委员会与闫小庆借贷纠纷案
44	李小水与张化刚借贷纠纷案
45	杨眉娟、昆山留学生创业园建设开发有限公司与昆山太阳城娱乐有限公司、上海华联房地产有限公司借贷纠纷案
46	李迎军与济源市牧荣科技服务有限公司借贷纠纷案
47	杨爱民与李建新借贷纠纷案
48	博罗县粮食局与博罗县博泰饲料厂借贷纠纷案
49	郭安希与王者东、罗永库借贷纠纷案
50	松谷晓明与仲伟国借贷纠纷案
51	王桂荣与李文孝借贷纠纷案
52	李成与周淑芹借贷纠纷案
53	崔贵郡与翟万清借贷纠纷案
54	汪立宏与江苏省苏中建设集团股份有限公司大庆分公司借贷纠纷案

(续表)

序号	案例名
55	刘亚春与大庆市庆新建筑工程公司、刘殿峰借贷纠纷案
56	李玉娟与黄月华、黄发水借贷纠纷案
57	谭云生与石恒宇、孔泽民、赵有福等借贷纠纷案
58	杨万立与苏州金鼎建筑装饰工程有限公司借贷纠纷案
59	张某与王某借贷纠纷案
60	黄士义与陈国芹借贷纠纷案
61	李文建与王冰借贷纠纷案
62	商丘市梁园区棉麻总公司、商丘市梁园区棉麻总公司第一棉花加工厂与蒋福贞、袁爱花、刘祥等借贷纠纷案
63	牛凤兰与曹丽萍借贷纠纷案
64	济源市房地产开发公司与成天才借贷纠纷案
65	史平安与李书民借贷纠纷案
66	罗晓珑与梁月敏借贷纠纷案
67	盖迎生与张保明、张全记借贷纠纷案
68	龙门县永汉镇马星村民委员会车坡村民小组与陈广发借贷纠纷案
69	张月英与闫海亮借贷纠纷案
70	黄旭与惠东县盐洲镇海水养殖公司借贷纠纷案
71	陈丰积、海南永丰美食城有限公司与陈勇军借贷纠纷案
72	白承俊与郑志庆借贷纠纷案
73	叶火铁与厦门市千百丽商贸有限公司、叶炳、陈雪芬、沈志慧、沈芊芊借贷纠纷案
74	卫保国与任德义借贷纠纷案
75	乡宁县西交口乡人民政府与任世亮、张建国借贷纠纷案
76	张天恩与登封市白坪乡西白坪一三煤矿、梁云龙、梁少锋等借贷纠纷案
77	关武清与王晓钦借贷纠纷案
78	汝南县豫粮麻纺厂与杨平借贷纠纷案
79	山西省人民政府办公厅与韩昌旭、忻州鑫源旅游娱乐有限公司借贷纠纷案
80	李更女、陈义秀与王乾安借贷纠纷案
81	王长兴、张清莲与洛阳康乐贸易公司、洛阳市西工区审计局、洛阳市西工康乐园大酒店等借贷纠纷案
82	张景科与贾堂娃借贷纠纷案
83	勒绵远与周庆龙借贷纠纷案
84	吴锡琛与庄金森借贷纠纷案

(续表)

序号	案例名
85	刁明月与王后春、王昌云借贷纠纷案
86	孟凡祥、张志成、杜悦刚等与大庆侨星房地产开发有限公司、大庆市华侨实业有限责任公司借贷纠纷案
87	山西高际有色金属有限公司与石垣生、李长胜借贷纠纷案
88	林树存与陈信雄借贷纠纷案
89	赵斯友与徐寿江借贷纠纷案
90	吴清严与林诗雄借贷纠纷案
91	胡建发、郭凤州与仙桃市杨林尾镇教育组借贷纠纷案
92	李运能与苏家理借贷纠纷案
93	黎炳坤与惠州市惠信典当行借贷纠纷案
94	卢智斌与郭杰信借贷纠纷案
95	赵明堂与李丽荣借贷纠纷案
96	山西省宏图建设工程有限公司与张云台借贷纠纷案
97	邹树长与张乃云借贷纠纷案
98	尹泽沛与荆玉然借贷纠纷案
99	梁武魁与王贤惠、洪洞县左家沟乡西姚头村村民委员会借贷纠纷案
100	高丽英与梁忠借贷纠纷案
101	彭滔与三亚广电实业公司、三亚时运典当行借贷纠纷案
102	朱瑞祥与潘纯金、邓帆借贷纠纷案
103	黄聿福与何石丰借贷纠纷案
104	王亚孟、张少荣与苏亚结借贷纠纷案
105	郭贵忠与严军借贷纠纷案
106	三亚市羊栏供销社与彭瑞康借贷纠纷案
107	海南陵水金岳酒厂与曾洪英借贷纠纷案
108	高云富与梁瑞冰借贷纠纷案
109	许芝英与王运文借贷纠纷案
110	张秀芳与秦飞借贷纠纷案
111	林天合与庄迫利借贷纠纷案
112	洪劲松与陈运智借贷纠纷案
113	康明与海南海信(集团)投资有限公司借贷纠纷案
114	郑茂春与吴三女借贷纠纷案
115	陈飞与陈益清借贷纠纷案
116	王守善与韩文忠借贷纠纷案

(续表)

序号	案例名
117	长治市郊区天源焦化厂与田向东、长治市郊区马厂乡张庄村民委员会借贷纠纷案
118	卢焕耀、何春梅与云成借贷纠纷案
119	吴凤莲与王章借贷纠纷案
120	临高县临城镇第二小学与邓国权借贷纠纷案
121	郭秀利与郭玮、郭福珍借贷纠纷案
122	项城市城郊乡农村合作基金会与刘智德借贷纠纷案
123	王茂灵与琼山市永兴中学借贷纠纷案
124	曾家妹与吴清花借贷纠纷案
125	翼城县下高建筑安装队与石茂森、孙喜梅、王建明等借贷纠纷案
126	运城市育才汽车修理厂与肖选民、杨锁亭借贷纠纷案
127	熊克力与贵州证券公司上海武进路证券营业部、吴大林借贷纠纷案
128	郑赛宽与吴从强、梁栋借贷纠纷案
129	罗人惠、吉训忠与林安壮借贷纠纷案
130	范英与三亚港务局借贷纠纷案
131	上海对外建设公司与陈金云、上海哥德堡建筑安装工程有限公司借贷纠纷案
132	符定忠与王德成借贷纠纷案
133	袁黎萍与华国治借贷纠纷案
134	梁焕章、冒桂英与云南省楚雄州进出口公司借贷纠纷案
135	田祖德与杭州金丰铸造有限公司借贷纠纷案
136	张华祥与杨松英借贷纠纷案
137	夏百平与上海致兴科技有限公司借贷纠纷案
138	上海克劳塔罗实业发展有限公司阿甘美食城与林胜云借贷纠纷案
139	王玉芹与夏邑县总工会借贷纠纷案
140	曹忠与袁俊杰借贷纠纷案
141	上海协荣制衣有限公司与陆坚借贷纠纷案
142	长乐市潭头镇沙堤村农村合作经济基金会与陈民生、福建省长乐市三峰织造有限公司借贷纠纷案
143	上海龙马建筑安装公司与吴财宝、高庆祥借贷纠纷案
144	上海仕丹实业有限公司与李月娇借贷纠纷案
145	吴彩凤与章健康、王同仁借贷纠纷案
146	上海青年报社读者服务部与谢颖借贷纠纷案
147	西藏自治区对外贸易进出口公司与中华文学基金会借贷纠纷案

(续表)

序号	案例名
148	上海嘉定立雄五金厂与朱建刚借贷纠纷案
149	安溪县虎邱镇人民政府与林两辉借贷纠纷案
150	海南好景旅业发展有限公司与林尤训借贷纠纷案
151	范奎与魏尚朗、泗洪县耐磨件厂、泗洪县青阳镇人民政府借贷纠纷案
152	郭春美与张黎昌、蔡元德、刘海兴借贷纠纷案
153	黎春蓉与吴祥虎借贷纠纷案
154	黄秀芝与樊天秀借贷纠纷案
155	邓小毛与江汉荣、刘涛荣借贷纠纷案
156	上海泰理劳务服务部与上海青华印刷实业有限公司、黄红有借贷纠纷案
157	叶恩宜与林瑞钦借贷纠纷案
158	李秀芝与田世峰借贷纠纷案
159	福建省南安市诗山镇梧埔山经联社合作基金会与海南澳海房地产开发公司借贷纠纷案
160	杨永红与新沂市广汇商贸公司、新沂市建筑工程管理局借贷纠纷案
161	陈杏宝与季登富借贷纠纷案
162	长乐市金峰镇塔光村农村合作基金会与叶忠云、林惠琛借贷纠纷案
163	周生银与徐州市九里区宏达化工厂、徐州九里区拾屯镇刘马路村民委员会借贷纠纷案
164	甘湘波与湘阴县宏发装饰板材有限责任公司借贷纠纷案
165	王秀花与海南省医药总公司三亚医药公司、海南省医药总公司借贷纠纷案
166	张祥光与海南省医药总公司三亚医药公司、海南省医药总公司借贷纠纷案
167	陈川云与海南省医药总公司三亚医药公司、海南省医药总公司借贷纠纷案
168	陈金莺与海南省医药总公司三亚医药公司、海南省医药总公司借贷纠纷案
169	陈瑞娥与海南省医药总公司三亚医药公司、海南省医药总公司借贷纠纷案
170	史振兰与海南省医药总公司三亚医药公司、海南省医药总公司借贷纠纷案
171	陈文暂与海南省医药总公司三亚医药公司、海南省医药总公司借贷纠纷案
172	王兰香与刘良柳借贷纠纷案

(续表)

序号	案例名
173	徐慧瑛与中外运—欧西爱斯国际快递有限公司上海分公司、徐俊杰借贷纠纷案
174	冯雅韵与曾建强、上海市杨浦区科学技术协会、上海市杨浦区退(离)休科技工作者协会借贷纠纷案
175	上海五叶工贸商务中心与张培贤借贷纠纷案
176	周俊与上海市闸北区科学技术委员会、上海威尔发展有限公司借贷纠纷案
177	林英与陈来凤、林琼妹借贷纠纷案
178	王洪林与杨桂英借贷纠纷案
179	沈雅城与陈永康借贷纠纷案
180	肖丹与谢家忠借贷纠纷案
181	吴华与黄明崇借贷纠纷案
182	宾鸿英与王泽辉、李月兰借贷纠纷案
183	邱友川与邱爱珍、张秀芹、邱绍斌等借贷纠纷案
184	毛大发与曹桂荣借贷纠纷案
185	朱萍与林翳明借贷纠纷案
186	赵兰芳与闽侯县青口镇人民政府、福州康益实业有限公司借贷纠纷案
187	赵光波与湖北省石油总公司宜昌市公司借贷纠纷案
188	天津市华明涂料厂与刘文正、李志东借贷纠纷案
189	王长英与戴红妹借贷纠纷案
190	王菊英与郭兴传借贷纠纷案
191	何家禄与曾美英借贷纠纷案
192	钟垂岱、赵兰川与符强、张容元、文胜欣借贷纠纷案
193	符树养与魏河图借贷纠纷案
194	田兆林与盖州市第一运输公司留守处借贷纠纷案
195	杨建华与黄国金借贷纠纷案
196	陈威与吴晓茹借贷纠纷案
197	王光明、王光映与麦宜家借贷纠纷案
198	陈东文与钟松花借贷纠纷案
199	黎惠民与中国新兴工程建筑房地产开发总公司惠州分公司、惠州市东江典当行借贷纠纷案
200	曾宪云与李丽珠借贷纠纷案
201	许昌市城市信用合作社联合社与许昌市丰华农副日杂有限公司、许昌市盈通工贸实业公司借贷纠纷案

(续表)

序号	案例名
202	王德壮与冼汉新、陈科借贷纠纷案
203	周港顺与张成借贷纠纷案
204	三亚市农机供应公司与李周借贷纠纷案
205	海口市坡博实验学校与赵刚借贷纠纷案
206	霍占海与河南省富源泉贸易公司富源泉煤矿、孙小黑、高龙水借贷纠纷案
207	林丽贞与钱淑瑜借贷纠纷案
208	龙文新与长沙市雨花区博顺石油站借贷纠纷案
209	叶友泉、石维煌、陈树喜等与蔡述言、陈胜辉、林智渊等借贷纠纷案
210	胡传新与向阳借贷纠纷案
211	蒲县人民政府与王彦良、蒲县煤炭工业管理局借贷纠纷案
212	刘洪路与杜英勤借贷纠纷案
213	卓志俊与焦作市中站区王封乡人民政府借贷纠纷案
214	于桂华、王德璞与金满厚借贷纠纷案
215	文昌市宝郦有限公司与龙丁山借贷纠纷案
216	吴钟会与王天任借贷纠纷案
217	孙宏与朱晓丽借贷纠纷案
218	贾国红与平顶山市湛河区山庄煤矿借贷纠纷案
219	王世龙与姚世奋借贷纠纷案
220	隋忠仁与乌兰浩特市工商局借贷纠纷案
221	袁智亮与高庄乡岳村村民委员会借贷纠纷案
222	宋墨林与李攸才、胡冬莲、欧双后借贷纠纷案
223	上海弘民实业公司与顾妙德借贷纠纷案
224	蔡玉云与刘金龙借贷纠纷案
225	深圳市建设(集团)公司珠海西区工区、深圳市建设投资控股公司与苏宇宙借贷纠纷案
226	黄红华、黄飞与黄不团、陈国美、黄兰芬借贷纠纷案
227	李维茂与李宗文、李伟、李婉借贷纠纷案
228	王光范与临高县东英中学、潭日照、符振球借贷纠纷案
229	张清华与张国欣借贷纠纷案
230	黄德修与夏雪萍、王倬、丁守仁等借贷纠纷案
231	海南省昌江县物资天然气贮配厂与张永雕借贷纠纷案
232	青海省高原节能锅炉厂与刘军、柳仰义、王忠借贷纠纷案
233	刘征宇、刘必沪与徐淑仙借贷纠纷案

(续表)

序号	案例名
234	韩秀环与海南会海工业总公司、海口市秀英城市住宅发展公司借贷纠纷案
235	汝州市总工会职工送温暖工程互助总会第三服务部、陈广州与张卫华、靳书成借贷纠纷案
236	王娟美与朱玉仙借贷纠纷案
237	迟有利与兰州华欧房地产开发有限公司借贷纠纷案
238	谢章田与吴德兴借贷纠纷案
239	盛森与神栋林、镇江市振华房屋开发公司借贷纠纷案
240	赵淇与天水市永顺加油站借贷纠纷案
241	张健与欧百龙、欧玉普、刘志中借贷纠纷案
242	王胜利与李会生借贷纠纷案
243	屯昌县枫木供销社与吴菊借贷纠纷案
244	王瑞龙与郭吓桂、黄亚宝借贷纠纷案
245	车玉成与徐玉萍借贷纠纷案
246	王胜林与邓州市财政局借贷纠纷案
247	丹国胜与麻冬霞借贷纠纷案
248	王高升与高宪隆、襄汾县供销合作联社借贷纠纷案
249	叶绍琳与上海康姆司商用计算机有限公司借贷纠纷案
250	吴达经与许堂健借贷纠纷案
251	浙江奥托康制药集团股份有限公司与义乌市稠城镇城中农村合作基金会借贷纠纷案
252	邓州市城市园林管理处与李兆博借贷纠纷案
253	陈国荣与王俊博借贷纠纷案
254	袁利蓉、刘惠如、袁伟等与李中生借贷纠纷案
255	周洪仁与丛培义借贷纠纷案
256	刘文祥与林元铭、中国建筑第七工程局经三建设公司借贷纠纷案
257	庄子优与王锦伴借贷纠纷案
258	徐常在与保定商场集团有限公司借贷纠纷案
259	夏惠忠与罗永琼、夏永华、夏永梅借贷纠纷案
260	符秀红与苏权春借贷纠纷案
261	徐正凡与海口女人街物业公司借贷纠纷案
262	朱八义与王雄果借贷纠纷案
263	上海精艺不锈钢器皿厂与刘佩君借贷纠纷案
264	郭金顺与徐建功借贷纠纷案

(续表)

序号	案例名
265	泸县玄滩镇农村合作基金会与王泽玉、王怀碧、王怀明等借贷纠纷案
266	徐公贤与胡乐福、万广印借贷纠纷案
267	余新华与徐应研借贷纠纷案
268	柴树奎与延边老干部大学、高永田借贷纠纷案
269	钦州市地价评估事务所、钦州市中正房地产评估有限公司与梁俊崇、黄开鹏借贷纠纷案
270	陈黑女与唐月香借贷纠纷案
271	郑鸡仔与杨璇璇、郑伯新借贷纠纷案
272	徐发龙与陈凤明借贷纠纷案
273	宁化县生活用品总公司与梁国根借贷纠纷案
274	乌兰浩特肉类联合加工厂与杨人一借贷纠纷案
275	张诗兰与叶树雄借贷纠纷案
276	福建省南安市兴南工贸公司与海南澳海房地产开发公司、陈秋平、许玉鹏借贷纠纷案
277	钱明其与纪贵荣借贷纠纷案
278	林金城与揭阳市吉泰拆船有限公司、揭阳市外轮供应公司、揭东吉泰旧船交易中心借贷纠纷案
279	李金泉与李德康、李秀献借贷纠纷案
280	李波与吕家盛借贷纠纷案
281	欧曼与叶嘉借贷纠纷案
282	张殿堂、马扶增、赵启明等与张社会、张曼一、郝大栓等借贷纠纷案
283	长沙市市辖区农村合作基金会联合会与湖南长沙飞轮实业有限公司、李玮、宁豫借贷纠纷案
284	元江县治江镇合作基金会与元江县塔山经贸商行、元江县金矿借贷纠纷案
285	郭建海、王春梅与洪民、洪粒、刘友校借贷纠纷案
286	许不爱与苏才合借贷纠纷案
287	上海振海制服有限公司与施国华借贷纠纷案
288	任寿春与徐铁强借贷纠纷案
289	吴明汝与陈作风借贷纠纷案
290	叶章荣与上海全龙化工有限公司借贷纠纷案
291	西华县艾岗乡农村合作基金会与沈长收借贷纠纷案
292	周波明、郑世焕与吴好洪借贷纠纷案

(续表)

序号	案例名
293	胡汝禧、乐嫣嫣、胡上治与康志平、四川省建设信托投资公司上海武定路证券交易营业部借贷纠纷案
294	上海陆海建设公司与王益峰、葛延林借贷纠纷案
295	周华斌与周云波借贷纠纷案
296	陈功华与黄世福借贷纠纷案
297	王中华与刘文学、滕花叶借贷纠纷案
298	林明富与李阶贤借贷纠纷案
299	符飞雄与方海凤借贷纠纷案
300	郑国清与欧阳爱美借贷纠纷案
301	上海洛华实业有限公司与梁伟平借贷纠纷案
302	钟哲科与陵水黎族自治县粮食局陵城粮油加工厂借贷纠纷案
303	居斌与龙兆基、孙素珍、谈斌借贷纠纷案
304	上海中桥影视公司与温举琪、李世林借贷纠纷案
305	郸城县卫生防疫站与王超杰借贷纠纷案
306	方雪霞与周建辉借贷纠纷案
307	王道华与李丽荣、关克洪借贷纠纷案
308	曾建华与黄志兴、福建省建宁县荔德兴淡水养殖公司、建宁县利民城市信用社等借贷纠纷案
309	张展茂与张满贤、安仁县平背乡台岗村村民委员会、安仁县农村救灾扶贫互助储金会台岗站借贷纠纷案
310	张向峰与苏惠英借贷纠纷案
311	朱秀英与张树亮借贷纠纷案
312	蔡培如与林阳借贷纠纷案
313	陈诗春与林玉兰借贷纠纷案
314	建水县曲江镇西山农村合作基金会与李素芳、张汉明、李红英借贷纠纷案
315	泉州市金爵房地产开发有限公司与陈建良借贷纠纷案
316	颜细美与陈细福借贷纠纷案
317	戴居一、戴矢一与万会和、芦晓波借贷纠纷案
318	嘉定视听音像销售商社与张建忠借贷纠纷案
319	铁道部第十六工程局第二工程处与张树芬、谢岩军借贷纠纷案
320	徐小平与焦作矿山机器厂借贷纠纷案
321	杨文绍与薛显才、温木周借贷纠纷案
322	林金明与洪祖宏借贷纠纷案
323	张明奇与陈连真借贷纠纷案

(续表)

序号	案例名
324	游友武、游文泉与杨开荣、杨海波、游文财等借贷纠纷案
325	海南中基投资公司与赵福兴借贷纠纷案
326	奚珉与上海惠而浦水仙有限公司借贷纠纷案
327	天津师范大学天然色素厂与张国强借贷纠纷案
328	驻马店地区奥仔饮品有限公司与吴海波借贷纠纷案
329	海口市振东区海府街道龙歧村股份经济合作联社与王春熙借贷纠纷案
330	何厚煌与海南三海房地产开发有限公司借贷纠纷案
331	卿凤英、唐夏峦与盘绍通借贷纠纷案
332	谢文栋与李友盛借贷纠纷案
333	王来喜与杨绍礼、杨老六、杨喜民借贷纠纷案
334	郭凤武与陈章嘉借贷纠纷案
335	何文博与梅象树、魏宗宽借贷纠纷案
336	林波、吴梅燕与方仁英、陈雄高借贷纠纷案
337	李杰成与李和益、陈仰新借贷纠纷案
338	李红霞、宋思俊与闫红、黄金巾借贷纠纷案
339	苗玉友与刘杰借贷纠纷案
340	顾成国与华万锋借贷纠纷案
341	阎海峰与汪洪奎借贷纠纷案
342	张梦运与平舆县甲鱼养殖示范场、平舆县科学技术协会借贷纠纷案
343	济源市农村合作基金会联合会四营部、李永领与李兴瑞、李孔亮借贷纠纷案
344	徐恒连与方建岗、上海粤海电脑复印机经营公司借贷纠纷案
345	沈家震与江辅赓、季义芳借贷纠纷案
346	顾子全与北京红星五环门窗厂借贷纠纷案
347	上海市建筑材料供应总公司与季威妮、上海建东预拌混凝土有限公司借贷纠纷案
348	姚建中与薛淦洪、上海新金池俱乐部有限公司借贷纠纷案
349	朱顺良与孙根福借贷纠纷案
350	边金海与徐雪兰、梁春生借贷纠纷案
351	周国柱与汪磊借贷纠纷案
352	杨庆财与李玉永借贷纠纷案
353	韩双群与孙玉峰、孙国利借贷纠纷案
354	南召县残疾人福利互助会与牛同荣、牛春生借贷纠纷案
355	乔建立与史喜强、孔留记借贷纠纷案

(续表)

序号	案例名
356	黄文达与夏伟光、殷鸣放借贷纠纷案
357	刘立山与董学峰借贷纠纷案
358	郭仲虎与姜应先借贷纠纷案
359	杨元锋与王振华借贷纠纷案
360	南阳市卧龙区民政局与牛德林、刘夭丰、南阳市卧龙区城区金属材料公司清算小组借贷纠纷案
361	姚学海与吕华借贷纠纷案
362	马新民与吕振义借贷纠纷案
363	张丽娟与盖州市太阳升镇张大寨、殷兆洪借贷纠纷案
364	沈丘县北杨集乡农村合作基金会与孙凤学借贷纠纷案
365	吕志美与龚少才、陈承华借贷纠纷案
366	李新波与王守义、侯宝举、汪大瑞借贷纠纷案
367	天津市河北区国红五金经营部与张素萍借贷纠纷案
368	何剑忠与上海正昌通用设备厂、上海吉利新型钢模制造公司借贷纠纷案
369	中国银行天津红桥支行与天津市津工实业公司、王冷西、天津开发区盛津工贸公司等借贷纠纷案
370	刘荣喜与王锁平借贷纠纷案
371	刘兴军与张振宇、李喜德借贷纠纷案
372	潢川县城建局劳服城建商场与严森借贷纠纷案
373	刘福刚与张世峰借贷纠纷案
374	查振与王兆坤借贷纠纷案
375	林明良与陈寿涛借贷纠纷案
376	上海财政证券公司南汇营业部与张志仁、汤惠明、张志萍等借贷纠纷案
377	上海财政证券公司南汇营业部与严亚芬、上海九通液化气供应站借贷纠纷案
378	上海财政证券公司南汇营业部与吴玲娣、林能叶、吴玲妹等借贷纠纷案
379	上海财政证券公司南汇营业部与俞露露、袁秀英、俞玉凤等借贷纠纷案
380	上海财政证券公司南汇营业部与王宝泉、王琼、王瑛等借贷纠纷案
381	上海财政证券公司南汇营业部与王美金、胡桂芳、王得时等借贷纠纷案
382	张卫东与黄爱华借贷纠纷案
383	管红艳与戴威荣借贷纠纷案
384	上海都林建筑装饰有限公司与王阿宝、王颖借贷纠纷案
385	上海九星实业有限公司与上海德康典当拍卖公司、上海盈信物业管理有限公司、毕顺等借贷纠纷案

(续表)

序号	案例名
386	李彬彬与唐艳萍借贷纠纷案
387	福建亚联建设开发有限公司与杜丽娟借贷纠纷案
388	范顺良与上海标准件公司职工技术服务部借贷纠纷案
389	上海徐汇区荣鸿贸易商行与吴俊发、藏荣借贷纠纷案
390	于庆安与大连保税区大西洋国际贸易公司借贷纠纷案
391	成都金牛蜀星典当拍卖商行与钟朝智借贷纠纷案
392	韩栓柱与李福生借贷纠纷案
393	云浮市大地纸业有限公司与黄祝怀、广东省云浮市造纸厂借贷纠纷案
394	黄正华与上海浦东爱斯迪建筑装潢工程公司借贷纠纷案
395	吕瑞华与张振远、涂六顺、江苏省万世达广场有限责任公司借贷纠纷案
396	任红兴与河南省嵩县工艺厂借贷纠纷案
397	吴守烘与何荣钱、漳平市汽车配件公司借贷纠纷案
398	吕玉妹与上海鸿昶时装有限公司、王朝山借贷纠纷案
399	吴耀瑞与潢川县卜塔集镇马湖村村委会、陈更国借贷纠纷案
400	吴翰生与广西梧州机场娱乐城有限公司借贷纠纷案
401	罗愈朋与黎启中、胡家敏借贷纠纷案
402	江达兴与清新县环发科技服务公司借贷纠纷案
403	周保玉与易明友借贷纠纷案
404	邓州市食品厂与王青山、张彩虹、王大文借贷纠纷案
405	杜文仁与厦门运轩工艺品有限公司借贷纠纷案
406	嘉禾县石羔乡农村合作基金会与欧水良、胡土成借贷纠纷案
407	刘斌与徐家丽、徐家匀、徐家梁等借贷纠纷案
408	上海沪东起动电机厂与陆华平借贷纠纷案
409	薛清须与李更五借贷纠纷案
410	张宏顺与李爱国、南京莫愁电器设备厂、南京联力工贸总公司等借贷纠纷案
411	陈飞与长乐闽发食品水产有限公司借贷纠纷案
412	绍兴县东浦农工商公司与胡茂祥、胡茂芳借贷纠纷案
413	董普连与沁阳市崇义供销社借贷纠纷案
414	马晓伟与乌鲁木齐市工艺美术装潢总公司乾坤贸易公司、李生军借贷纠纷案
415	邓炽章与加拿大威廉工业有限公司借贷纠纷案
416	黄继石与周昭美借贷纠纷案

(续表)

序号	案例名
417	唐洪祥、王瑞平、刘景珍与遮山乡杨庄村村民委员会、左清林、张玉顺等借贷纠纷案
418	华侨大学华鑫工贸公司与泉州惠新海峡商行、程一新、张美辉等借贷纠纷案
419	重庆南岸金鑫合作基金会与重庆市南岸区第五建筑工程公司、重庆市南岸区房地产管理分局借贷纠纷案
420	林明月与林贻造借贷纠纷案
421	王鸿梁与黄世民借贷纠纷案
422	杨雅新与福建九州集团股份有限公司、吴仲鸣借贷纠纷案
423	徐宝山、徐宝安与宋振和借贷纠纷案
424	曹时中与杨洪飞借贷纠纷案
425	董建新与任美中、黎兴凤借贷纠纷案
426	朱木庆与罗春龙、朱雷生、宦富荣借贷纠纷案
427	杨侠、苏璇贞等9人与立基投资公司、深圳粤航装饰设计工程公司借贷纠纷案
428	王振吉、赵桂芬与任世广借贷纠纷案
429	李书达与张忠志、夏津县个体劳动者协会借贷纠纷案
430	四川省广安区广福镇合作基金会与夏志国借贷纠纷案
431	王野明与上海南汇县下沙建筑装饰有限公司、上海沙厦房地产有限公司借贷纠纷案
432	上海义衡生航运贸易有限公司与陈跃良借贷纠纷案
433	张国际与奉贤县洪庙镇洪南村村民委员会借贷纠纷案
434	张俊林与上海蓝天汽车修理总厂借贷纠纷案
435	张根源与陆建荣借贷纠纷案
436	曹剑中与尹春云借贷纠纷案
437	上海葆生服饰有限公司与叶朝霞借贷纠纷案
438	吴建与陈云飞、上海佳效进口汽车维修中心、钱祖培借贷纠纷案
439	上海好运娱乐城有限公司银华保龄球馆与李明华、上海好运娱乐城有限公司借贷纠纷案
440	黄灿莹与上海华江招待所、顾凤芳、王民忠等借贷纠纷案
441	上海金瑞大酒店有限公司与刘文卿借贷纠纷案
442	上海市大地文化进修学院与柏云森借贷纠纷案
443	上海中包经济发展公司与林海虹借贷纠纷案
444	左洪林与上海华璐胶粘制品有限公司、张善华、王亦国等借贷纠纷案

(续表)

序号	案例名
445	胡卫明与吴彩娟、上海依帆服饰有限公司借贷纠纷案
446	卓文川与上海长乐酒家有限公司、戚台珍借贷纠纷案
447	上海泾南投资发展有限公司与孙崇兴、上海连兴食品有限公司借贷纠纷案
448	中国包装物资(集团)总公司与胡惠珠借贷纠纷案
449	周立军与东海县驼峰乡曹浦村村民委员会、陈兴宽借贷纠纷案
450	刘庆光与刘志春、赵贵强借贷纠纷案
451	海安县种禽公司与南通汉成渔业有限公司借贷纠纷案
452	赵秀芳与惠七过借贷纠纷案
453	陈树德与王兴良、王杰夫借贷纠纷案
454	王某与某化学工业集团有限责任公司借贷纠纷案
455	从化市农村合作基金联合会与庾伟成借贷纠纷案
456	邱为庆与江苏澳港光学眼镜有限公司借贷纠纷案
457	邓建龙与黄志振借贷纠纷案
458	常德市源江木材贸易总公司与黄宝平借贷纠纷案
459	张曲与陈适、吴洋英借贷纠纷案
460	王有才与孙吴县第一建筑工程公司、王希水借贷纠纷案
461	严富和合浦县工商行政管理局借贷纠纷案
462	冯亮与中国银行股份有限公司深圳太宁路支行、深圳市华浩源投资有限公司、中国宝安集团股份有限公司借贷纠纷案
463	徐景文与沈炳云、付启星借贷纠纷案

附录3 企业借贷纠纷案例库一览表

序号	案例名
1	海南广业房地产有限公司与北京银行股份有限公司借贷纠纷案
2	广晟投资发展有限公司与中国恒基伟业集团有限公司、北京北大青鸟有限责任公司、香港青鸟科技发展有限公司借贷纠纷案
3	中国节能投资公司与峰峰集团有限公司借贷纠纷案
4	江苏德邦化工工业集团有限公司与上海统宏进出口有限公司、上海明佳商贸有限公司、孙瑞根、陈霄、上海华城会计师事务所借贷纠纷案
5	青海宾馆汽车维修中心与青海宾馆有限责任公司借贷纠纷案

(续表)

序号	案例名
6	北京中贸融生典当有限责任公司与新疆金垦实业国际投资集团有限公司、中国农业发展银行张家港市支行、新翠天池番茄制品有限公司借贷纠纷案
7	虎丘实业集团公司与苏州市双马电器有限公司、苏州市新塘厨房设备厂借贷纠纷案
8	安徽省皖北矿务局百善煤矿与深圳市深发贸易公司、深圳市建设集团借贷纠纷案
9	海口民间旅行社有限公司与丹阳中国旅行社、谢伟力借贷纠纷案
10	北京杰诺仕有限责任公司与深圳市卢堡工贸有限公司、卢堡中国集团有限公司、中国沿海物业发展有限公司、卢堡投资（深圳）有限公司借贷纠纷案
11	上海保税生产资料市场中国通信产品交易中心与上海宝安企业有限公司、上海申星洗涤设备有限公司、上海华龙企业集团投资发展有限公司等借贷纠纷案
12	四川省德阳市第十建筑工程公司西藏分公司与西藏拉萨市运输总公司借贷纠纷案
13	京都期货经纪有限公司与张庆光借贷纠纷案
14	大庆市让胡路区华庆石油设备配件厂与大庆油田井田实业公司借贷纠纷案
15	海南海阳租赁公司、海南盛兴租赁公司、关闭海南发展银行清算组与海南津航港建公司、海南青龙船务实业总公司、天津航道局等借贷纠纷案
16	惠州市农业资源开发公司与绿雅（惠州）有限公司、惠州市绿金实业总公司借贷纠纷案
17	厦门艾德进出口有限公司与厦门市金得达实业发展有限公司、陈晓雯、黄征平等借贷纠纷案
18	洛阳洛玻中空玻璃有限公司与洛阳市财政局技改资金管理处、中国洛阳浮法玻璃集团有限责任公司借贷纠纷案
19	浙江富厦建筑装饰工程有限公司与中国石油天然气股份有限公司西藏销售分公司、西藏申鸿经贸有限公司借贷纠纷案
20	大庆石油管理局与七台河市煤矸石热电厂借贷纠纷案
21	任丘市鸿基石化有限公司与荣驰集团有限公司借贷纠纷案
22	青冈县人民政府与孙忠志、青冈县经济信息中心借贷纠纷案
23	山西省盐业公司侯马分公司与山西省临汾地区供销合作社侯马运销公司、山西省襄汾县永固铁厂借贷纠纷案

(续表)

序号	案例名
24	新乡市农副产品综合开发公司与新乡市新华综合服务公司、新乡市新华区商业贸易局、新乡市新华区人民政府借贷纠纷案
25	大庆高新技术产业开发区高科技开发总公司与大庆市龙庆投资有限公司借贷纠纷案
26	金边焗油有限公司与北京金粤装饰工程有限责任公司借贷纠纷案
27	上海中健实业有限公司与上海雅时制衣厂借贷纠纷案
28	龙门县财政局与龙门龙兴竹木制品有限公司、龙门县密溪林场、黄广云借贷纠纷案
29	湖北省工业建筑总承包集团第三工程公司宜昌经理部与宜昌美联电力发展有限公司借贷纠纷案
30	中国石油天燃气股份有限公司东北销售哈尔滨分公司与海南天龙物业公司借贷纠纷案
31	北京法政实业有限公司与保国华阳金融租赁有限责任公司清算组、中汽财务有限责任公司借贷纠纷案
32	中国华融资产管理公司海口办事处与海南欣安磁记录材料有限公司、海南欣安实业总公司借贷纠纷案
33	娄烦山庄头煤矿与娄烦县农村信用合作社联合社、娄烦县信用合作联社劳动服务公司借贷纠纷案
34	王晨光与莆田县粮油综合有限公司、香港振兴贸易有限公司借贷纠纷案
35	黎北树与张华山、三亚市滨海实业发展总公司借贷纠纷案
36	中国华融资产管理公司海口办事处与三亚市第二华侨特需商品供应公司借贷纠纷案
37	中国化工建设总公司与中国化工建设海南公司借贷纠纷案
38	吕东洁与马心华借贷纠纷案
39	山西省经贸资产经营有限责任公司与山西省太原橡胶厂借贷纠纷案
40	深圳石化油库有限公司与海南昌盛石油开发有限公司、叶关胜借贷纠纷案
41	三亚唐南宾馆有限公司与海南淮南煤矿工贸公司借贷纠纷案
42	展航国际货运有限公司与江西省弋阳县金融系统实业公司上海公司清算小组借贷纠纷案
43	海国投工业开发股份有限公司与联大集团有限公司借贷纠纷案
44	海南天裕实业发展有限公司与海南新世界发展有限公司、海南勇飞商业有限公司、瞿勇借贷纠纷案
45	山西台基实业发展有限公司与山西省土产畜产进出口公司借贷纠纷案

(续表)

序号	案例名
46	绵阳市农村合作基金会资产管理办公室与华西证券有限责任公司绵阳安昌路营业部、华西证券有限责任公司借贷纠纷案
47	广东粤发实业公司与阳江市漠阳江经济发展总公司、广东省阳江市地方税务局借贷纠纷案
48	湖南红太阳娱乐有限公司与海口市鸿运典当行借贷纠纷案
49	深圳蔚深投资有限公司、广西南宁特种玻璃厂与南宁金融市场证券交易中心、南宁金融市场、中国人民银行南宁中心支行借贷纠纷案
50	山西省运城鑫峰实业有限公司与山西省运城地区解州铝厂借贷纠纷案
51	海南机场台亚实业公司与北京建工集团总公司海南公司、海口辰龙商贸有限公司借贷纠纷案
52	上海第一开关厂与上海华东电器厂借贷纠纷案
53	太原市商业银行尖草坪支行与阳泉市供销社家用电器公司借贷纠纷案
54	岁宝集团(深圳)实业有限公司与深圳市城市建设开发(集团)公司、岁宝集团有限公司借贷纠纷案
55	海南贝迪房地产有限公司与海南东泰实业发展公司借贷纠纷案
56	上海申视实业股份有限公司与上海华鹰燃气用具有限公司、上海市松江区财政局借贷纠纷案
57	扬中市新坝线厂与扬中市康尔医疗器械有限公司借贷纠纷案
58	上海崇明老白酒酿造有限公司与上海意盛建筑装饰有限公司、张洪德借贷纠纷案
59	鞍山市财政局与鞍山房屋建设开发股份有限总公司、鞍山市信托投资股份有限公司借贷纠纷案
60	上海中煤实业总公司与西安市化工进出口公司借贷纠纷案
61	上海众源房地产有限公司与上海海明运输队借贷纠纷案
62	北京市大发畜产公司与北京经济发展投资公司、北京高特实业公司借贷纠纷案
63	永安市华福工贸有限公司与龙岩国际旅行社借贷纠纷案
64	湖南省进出口集团通联有限公司与湖南省安化县结晶硅厂借贷纠纷案
65	中国长城工业总公司与中国光大银行借贷纠纷案
66	中国电子租赁有限公司与北京强基实业发展有限责任公司、广州协兴房产建设有限公司借贷纠纷案
67	上海天原(集团)有限公司与百合发展(乐山大佛)实业有限公司、姚氏(集团)有限公司、百合发展有限公司借贷纠纷案

(续表)

序号	案例名
68	海南寰岛实业股份有限公司与琼海市人民政府、琼海市财政局、海南寰岛万泉河罐头厂借贷纠纷案
69	深圳三顺制药有限公司与上海市医药保健品进出口公司借贷纠纷案
70	上海江城机电设备成套公司与上海振华化工厂借贷纠纷案
71	上海长宁燃料有限公司与上海东华物资工贸有限公司、上海钟山物资供销公司借贷纠纷案
72	海口市物资总公司与海南恒志国际有限公司借贷纠纷案
73	冶金工业部北京钢铁设计研究总院与北京市海湖物资经营公司、本溪北营炼钢股份有限公司借贷纠纷案
74	金华县人民检察院与金华市供销社机关工会委员会借贷纠纷案
75	海口美兰机场有限责任公司与海南南亚实业投资有限公司借贷纠纷案
76	张春华与怀化市华兴冶炼厂借贷纠纷案
77	浙江省宝丰实业公司与桐乡市财金国际物业租赁有限责任公司、浙江省地方经济发展有限公司借贷纠纷案
78	海南耀如实业投资有限公司与南洋航运集团股份有限公司借贷纠纷案
79	武汉中南铁道物资公司与湖北万顺(物资)公司、湖北锦鹰贸易有限责任公司借贷纠纷案
80	汕头市通汇经贸发展公司与上海冠大实业发展公司借贷纠纷案
81	中国人寿保险公司琼山市支公司与林科深、占女不妹、李秀琴借贷纠纷案
82	楚雄市永兴有限责任公司与楚雄金穗服务公司、中国农业银行楚雄州分行借贷纠纷案
83	上海四通电力设备有限公司与福建中利房地产有限公司、石川方正借贷纠纷案
84	红塔区大营街供销合作社与中国农业银行玉溪市分行大营街营业所借贷纠纷案
85	福建省泉州市对外贸易公司与晋江威盛制衣有限公司借贷纠纷案
86	铁岭市粮食储备中转库与海南琼联贸易有限公司、海南首利集团公司借贷纠纷案
87	宜良县财政局与昆明神宇通生物有限公司、宜良县乡镇企业管理局借贷纠纷案
88	洋浦双洋实业发展有限公司与湖南省乡镇企业(集团)公司、海南省乡镇企业管理局借贷纠纷案
89	石家庄市物融餐厅与中国工商银行承德分行、承德市宏盛商贸公司、中国工商银行承德分行房地产信贷部借贷纠纷案

(续表)

序号	案例名
90	洛阳市申延物资有限公司清算组与洛阳晶鑫陶瓷有限公司借贷纠纷案
91	甘肃土地综合开发总公司与马清雄借贷纠纷案
92	三亚银岛旅业发展公司与海南神银实业贸易开发公司、海南三信实业贸易公司借贷纠纷案
93	香港建设房产开发(海南)有限公司与香港建设(海南)有限公司借贷纠纷案
94	中国建设银行丽水地区中山支行、陈根海、吴家平与浙江新华期货经纪有限公司、姚丽华、贾建荣等借贷纠纷案
95	三亚凤凰国际机场总公司与海南太平洋石油实业股份有限公司借贷纠纷案
96	上海市民办申浦中学与上海超华广告影视公司借贷纠纷案
97	福建建龙达房地产开发有限公司与聚龙实业(中国)有限公司借贷纠纷案
98	浙江省东海工程建设总承包公司与上海中远国际贸易经营部、泉州市晋江中远发展有限公司借贷纠纷案
99	海南公路服务公司与海南国防科工进出口有限公司、海口恒山旅业发展有限公司、海口恒山旅业发展有限公司南虹国际大酒店借贷纠纷案
100	陈晓萍与成都铁路分局资金调度中心、德阳金龙超硬材料工具厂借贷纠纷案
101	珠海经济特区万信房地产开发公司与台山市财政局、台山市银宫酒店借贷纠纷案
102	上海十三冶金建设有限公司与江苏南通三建集团公司借贷纠纷案
103	东方双吉水泥厂与阳泉煤业集团有限责任公司借贷纠纷案
104	郑州矿务局王庄煤矿与新密市长城水泥有限公司借贷纠纷案
105	上海德基大酒店有限公司与建湖县建阳建筑工程公司借贷纠纷案
106	海南教苑大厦与海南鸢都化工经贸公司、何启雄借贷纠纷案
107	福建省晋江市农房公司购销处与海南兰海房地产开发公司借贷纠纷案
108	中保财产保险有限公司白沙县支公司与海南金海物业投资开发公司借贷纠纷案
109	上海市长宁区工商联实业公司与上海弈围工贸实业公司借贷纠纷案
110	光大资产托管有限责任公司汕头分公司与珠海市城实业公司借贷纠纷案
111	吴能贵、林斌正、汤郑华等与中国航空港建议思公司、福州怡华实业有限公司借贷纠纷案
112	沈杰、张垂坤与曾仁锦借贷纠纷案
113	北京拓扑毛纺有限公司与北京嘉林房地产开发有限公司借贷纠纷案

(续表)

序号	案例名
114	柳州地区羽绒厂与柳州地区外贸土畜产公司借贷纠纷案
115	福州榕湘建筑工程公司与福建闽闻房地产开发有限公司借贷纠纷案
116	上海市住益建设发展总公司与上海淀山湖经济城、上海金勤贸易有限公司、宁波保税区金达莱国际贸易有限公司借贷纠纷案
117	海南三富计算机网络工程有限公司与海南中电防水防腐工程有限公司借贷纠纷案
118	向延洁与海南洋浦达盛实业开发公司、罗永光借贷纠纷案
119	上海安暨建筑工程公司与上海通强设备安装有限公司借贷纠纷案
120	广西南宁西江财经职业学校与南宁市银苑劳动服务公司、广西银行学校借贷纠纷案
121	三亚中亚信托投资公司与黄河证券有限责任公司借贷纠纷案
122	汉江综合开发公司与海南华信物业有限公司、海南华信集团有限公司借贷纠纷案
123	北海银宏经济发展公司与海南利辉房地产开发有限公司借贷纠纷案
124	上海金景酒家与上海新艺纺织制品厂、上海振宇工贸总公司借贷纠纷案
125	中国农业银行北京市海淀区支行与北京爱诺商业公司、北京丹侬企业集团借贷纠纷案
126	四川省开江油脂化工有限公司与达县华夏大厦借贷纠纷案
127	广西壮族自治区第二建筑工程公司厦门公司与厦门市三井实业有限公司借贷纠纷案
128	崇明县对外贸易公司与上海宜川商务中心、上海建材（集团）建设发展有限公司、上海沪北会计师事务所借贷纠纷案
129	上海望春花（集团）股份有限公司与 HELFRACES.A 借贷纠纷案
130	上海前晋房地产发展有限公司与仙乐世界贸易（上海）有限公司借贷纠纷案
131	南通市工艺品进出口有限公司与上海电力实业总公司借贷纠纷案
132	上海美天便利连锁有限公司与上海太平洋食品厂、上海大东华酒家借贷纠纷案
133	上海永乐股份有限公司与上海金钟达实业有限公司借贷纠纷案
134	上海工业技术创业有限公司与上海安沪实业有限公司、中国京安进出口公司、上海华能联合开发贸易有限责任公司借贷纠纷案
135	秦伟华与荥阳市矿产资源煤炭管理局借贷纠纷案
136	上海帕尔实业总公司与上海强民实业总公司借贷纠纷案
137	上海纵横电子公司与中国教学仪器设备上海公司借贷纠纷案

(续表)

序号	案例名
138	上海嘉士德华海集团有限公司与晖捷有限公司借贷纠纷案
139	平顶山市湛河区民营企业合作基金会与张振华、洛阳铁路分局宝丰车务段、平顶山市通用机械厂借贷纠纷案
140	宁波经济技术开发区新兴工贸公司与上海市农工商浦东总公司、上海市农垦农工商综合商社股份有限公司、上海华南房地产开发公司等借贷纠纷案
141	中信深圳公司与美顿贸易（上海）有限公司借贷纠纷案
142	上海金惠实业公司与上海亚洲毛巾总厂借贷纠纷案
143	镇江中国旅行社与韦金芳、延昇借贷纠纷案
144	上海马桥电缆厂与上海美鑫食品有限公司、上海星源皮革制品有限公司、上海九联科工贸实业发展公司借贷纠纷案
145	烟台市人民政府接待处培训中心与山东省烟台黄金设计研究院借贷纠纷案
146	向金龙与伍安支、周金兰借贷纠纷案
147	方琦玉与长汀县第二建筑工程总公司、陈销辉、陈销华借贷纠纷案
148	上海纺织财务技术投资公司与中国华诚财务公司上海办事处借贷纠纷案
149	上海文化发展工贸公司嘉顺音响电器行、上海文化发展工贸公司与上海莲中工贸有限公司借贷纠纷案
150	上海铁城工程实业公司与上海农工商集团星火总公司、上海市农工商（集团）总公司借贷纠纷案
151	上海浦东新区永久市政工程基础公司与上海解放塑料制品厂借贷纠纷案
152	上海对外建设公司与上海伟利工贸有限公司、上海申纬轮胎制造有限公司借贷纠纷案
153	亿山木业（上海）上限公司与上海松江国际大酒店借贷纠纷案
154	新疆维吾尔自治区文化厅与新疆欣丰纺织品有限公司、新疆维吾尔自治区演出管理中心借贷纠纷案
155	上海樱花保龄球馆有限公司与中国建设银行上海市分行松江县支行借贷纠纷案
156	陕西信托投资有限公司与刘明周、朱西萍、西安市启明节能材料厂借贷纠纷案
157	海口辽河建行光达实业公司与海南创宇实业总公司、陈美丹借贷纠纷案
158	泉州市洛江区科技局与泉州市新型防火材料装饰板厂借贷纠纷案
159	高邮市天宝商贸有限责任公司与高邮市新光化工厂借贷纠纷案

(续表)

序号	案例名
160	庄松新与惠州市松裕工贸有限公司、广东友和惠东船务有限公司借贷纠纷案
161	衡南县三塘农村合作基金会与肖伟、吴康平借贷纠纷案
162	云浮市第三建筑工程公司与云浮市建材工业总公司借贷纠纷案
163	山东省丝绸进出口公司深圳分公司与青岛四方侨联商贸公司借贷纠纷案
164	上海宝章镀锌铁丝有限公司与上海爱尔发实业公司借贷纠纷案
165	天津市工银典当商行与天津万德房地产开发有限公司、天津市宝坻县外贸畜产公司借贷纠纷案
166	青岛市拍卖行开发区经营部与青岛市人民政府机关服务中心物业管理有限公司、青岛市裕宁房地产开发有限公司借贷纠纷案
167	交通银行无锡分行与江苏金三角建材集团公司、江阴市纺织皮件厂借贷纠纷案
168	中国包装进出口总公司与烟台中国纸张纸浆批发交易市场借贷纠纷案
169	福建华兴信托投资公司与福州伊贝思健康饮品有限公司、福州市经济技术开发区国有资产经营开发公司借贷纠纷案
170	帝河有限公司与福建闽闻房地产开发有限公司、福建田报社借贷纠纷案
171	泰州市隆发兴业公司与泰州市泰华经贸公司、泰州市海陵区东郊乡智堡村经济合作联社、泰州市江海建筑装潢材料经营部等借贷纠纷案
172	湖北省随州市水产公司与中国工商银行湖北省随州市支行劳动服务公司借贷纠纷案
173	海南斯迈克贸易实业有限公司与胡卫民借贷纠纷案
174	上海华意贸易公司与上海现代国际展览公司、上海海城实业公司借贷纠纷案
175	福建省国际旅游航空服务公司与福建必得福轻纺实业有限公司借贷纠纷案
176	安徽省证券登记公司与辽宁国发(集团)股份有限公司、江西省证券公司、武汉证券交易中心借贷纠纷案
177	海南西北国际投资有限公司与海南银海工贸发展公司、海南龙产业联合总公司借贷纠纷案
178	山东财政学院与济南市房地产开发总公司借贷纠纷案
179	海南省信托投资公司与海南宇航电光技术开发有限公司借贷纠纷案
180	华闽集团适年有限公司与邵武轮胎厂借贷纠纷案
181	江苏省国际信托投资公司与淮阴和高计时有限公司清算委员会、淮阴市计划委员会、淮阴市清浦区财政局借贷纠纷案

(续表)

序号	案例名
182	福建华兴信托投资公司与福建德美股份有限公司、福建晋江华强防火涂料厂借贷纠纷案
183	上海闵星实业有限公司与蔡桂芳、蔡梅芬、上海远东变压器厂等借贷纠纷案
184	上海市演艺总公司与上海幸福经济发展有限公司、上海市演艺总公司藩藩餐馆借贷纠纷案
185	上海久远工程承包有限公司与上海亿恒实业有限公司借贷纠纷案
186	上海雄风房地产开发经营公司与上海新金电子有限公司办事处借贷纠纷案
187	上海敏涛实业发展有限公司与上海焦化有限公司工会职工技术协会、上海华坪电器厂借贷纠纷案
188	上海东青房地产开发有限公司与上海舒陆装卸储运有限公司借贷纠纷案
189	上海永利商业开发公司与上海针织机械一厂借贷纠纷案
190	上海吉汇建筑工程有限公司与上海兴都房地产公司借贷纠纷案
191	金山区枫泾镇新春村村民委员会与上海江南春农贸公司借贷纠纷案
192	上海三荣体育用品有限公司与上海声光仪器厂借贷纠纷案
193	赵兴成、上海信岭机械制造厂与上海申信工业(集团)有限公司借贷纠纷案
194	上海华教房地产公司与红康实业总公司借贷纠纷案
195	上海龙威建筑装潢实业公司与上海市闵行区莘庄镇人民政府借贷纠纷案
196	北京博华通讯电缆有限公司与上海汽车集团财务有限责任公司、通达汽车租赁有限公司借贷纠纷案
197	毛森尧与上海中鑫实业有限公司、上海紫城工贸实业总公司借贷纠纷案
198	上海永乐电影电视(集团)公司、上海电视台与谈凌强借贷纠纷案
199	上海石化海阳物资发展有限公司与上海龙宇工贸有限公司借贷纠纷案
200	连云港市云台区财贸劳动服务公司与江苏省盐业公司云台运销公司借贷纠纷案
201	徐州市供销总社外贸公司与连云港溢隆金属工业有限公司、中国农业银行赣榆县支行借贷纠纷案
202	连云港市农业机械总公司与响水县响常物资公司、响水县驻常熟市办事处、江苏省响水县人民政府等借贷纠纷案
203	天津新技术产业园区开发总公司与天津光电通信公司借贷纠纷案
204	北京凤凰城娱乐有限公司与北京大都市汽车服务有限公司借贷纠纷案
205	黑龙江天菊有限公司与黑龙江东方天菊食品有限公司借贷纠纷案

(续表)

序号	案例名
206	江西省靖安县物资总公司与广西进出口贸易股份有限公司、广西合浦县物资供销公司、广西合浦县物资局化建公司借贷纠纷案
207	中国烟草总公司天津市公司与天津恒达发展有限公司福临门大酒楼、天津恒达发展有限公司借贷纠纷案
208	中国金谷国际信托投资有限责任公司与天津市冶金供销运输总公司、北京泰宏国际投资服务有限责任公司借贷纠纷案
209	重庆渝开发股份有限公司与西南经济区协作大厦重庆股份有限公司、重庆市财政局借贷纠纷案
210	海南洋蒲华洋科技发展有限公司与泰阳证券有限责任公司、湖南日升物资贸易有限公司、湖南大盛实业投资有限公司、湖南金信丰商贸有限公司等借贷纠纷案
211	中国长城资产管理公司南京办事处与江苏省建筑材料供销总公司、江苏中联建材有限公司、中国江苏国际经济技术合作公司借贷纠纷案
212	北京地鑫房地产开发有限责任公司与中国华融资产管理公司北京办事处、中国机床总公司、中国轻工集团公司等借贷纠纷案
213	上海高氏建筑装饰工程有限公司与上海吴泾时装厂借贷纠纷案
214	连云港市货代公司与连云港市新浦永兴物资公司、连云港市新浦区民建街居委会借贷纠纷案
215	广东省珠海经济特区发展公司与辽宁省辽阳刘二堡经济特区证达实业股份有限公司、广东省珠海经济特区发展公司进出口(集团)公司借贷纠纷案

附录4 民间金融相关法律法规库一览表

序号	名称	颁布年份	颁布机构
1	最高人民法院关于解放前私营行庄存款及保险公司保险金的偿付问题的复函[有效]	1951	最高人民法院
2	最高人民法院关于城市借贷超过几分为高利贷的解答[有效]	1952	最高人民法院
3	最高人民法院转发中财委复本院东北分院关于私营企业破产后偿还无抵押品的银行贷款的程序问题的公函的函[有效]	1954	最高人民法院

(续表)

序号	名称	颁布年份	颁布机构
4	批转人民银行关于调整银行存款贷款利率的报告的通知[有效]	1981	国务院
5	关于农村借贷问题的报告[有效]	1981	国务院
6	关于银行地位问题的通知[有效]	1982	国务院
7	国务院关于中国银行地位问题的通知[有效]	1982	国务院
8	中共中央、国务院关于严格制止外汇方面违法乱纪行为的决定[有效]	1982	国务院 中共中央
9	国务院批转国家进出口委等单位关于修订出口商品外汇留成试行办法的报告的通知[有效]	1982	国务院
10	最高人民法院转发财政部关于银行被抢、被盗、被骗等追回款项处理问题的复函[有效]	1982	最高人民法院
11	国务院批转中国人民银行各专业银行发放固定资产贷款分工问题的报告的通知[有效]	1984	国务院
12	批转人民银行各专业银行发放固定资产贷款分工问题的报告的通知[有效]	1984	国务院
13	国务院办公厅转发劳动人事部关于企业合理使用奖励基金的若干意见的通知[有效]	1984	国务院
14	关于暂不发行地方政府债券的通知[有效]	1985	国务院办公厅
15	国务院批转中国人民银行关于调整储蓄存款利率和固定资产贷款利率的报告的通知[有效]	1985	国务院
16	关于加强银行金融信贷管理工作的通知[有效]	1985	国务院
17	国务院批转中国人民银行关于调整部分存款、贷款利率的报告的通知[有效]	1985	国务院
18	关于加强外汇管理的决定[有效]	1985	国务院
19	国务院关于使用国际商业贷款自建旅游饭店有关问题的通知[有效]	1986	国务院
20	国务院批转国家计委关于利用国外贷款工作分工意见的通知[有效]	1986	国务院

(续表)

序号	名称	颁布年份	颁布机构
21	关于鼓励出口商品生产扩大出口创汇的通知[有效]	1986	国务院
22	批转人民银行关于办理留成外汇调剂的几项规定的通知[有效]	1986	国务院
23	最高人民检察院办公厅印发中办通报第25期"关于单位企业违法买卖外汇问题的几点处理意见"的通知[有效]	1986	最高人民检察院办公厅
24	中共中央纪律检查委员会、中共中央政法委员会、最高人民法院、最高人民检察院、国家外汇管理局关于单位、企业违法买卖外汇问题的几点处理意见[有效]	1986	国家外汇管理局 最高人民法院 最高人民检察院 中共中央纪律检查委员会 中共中央政法委员会
25	关于加强股票、债券管理的通知[有效]	1987	国务院
26	国务院批转国家计委关于发行一九八七年电力建设债券报告的通知[有效]	1987	国务院
27	关于发行国家重点建设债券和重点企业债券的通知[有效]	1987	国务院
28	关于建立农业发展基金增加农业资金投入的通知[有效]	1988	国务院
29	关于按自筹投资一定比例购买重点企业债券的通知[有效]	1988	国务院
30	国务院关于自筹投资一定比例购买重点企业债券的通知[有效]	1988	国务院
31	最高人民法院经济审判庭关于甘肃省工艺美术公司控告中国农业银行临洮县支行八里铺营业所错转信汇索赔纠纷一案的电话答复[有效]	1988	最高人民法院
32	最高人民法院经济审判庭关于九江市信托投资公司诉庐山对外开发贸易中心借款合同纠纷案处理意见的复函[有效]	1988	最高人民法院
33	最高人民法院经济审判庭关于无效借款合同造成贷款损失银行能否共同承担责任问题的电话答复[有效]	1988	最高人民法院

(续表)

序号	名称	颁布年份	颁布机构
34	农业发展基金管理办法[有效]	1989	国务院
35	国务院办公厅转发国家计委《关于发行一九八九年重点企业债券的报告》的通知[有效]	1989	国务院办公厅
36	关于加强企业内部债券管理的通知[有效]	1989	国务院
37	国务院办公厅关于加强保险事业管理的通知[有效]	1989	国务院办公厅
38	关于加强借用国际商业贷款管理的通知[有效]	1989	国务院
39	关于抓紧完成1990年重点企业债券认购任务的紧急通知[有效]	1990	国务院
40	关于发行1990年转换债的通知[有效]	1990	国务院
41	最高人民法院关于广东省连县工贸总公司诉怀化市工商银行侵权一案的复函[有效]	1990	最高人民法院
42	最高人民法院经济审判庭关于银行票据结算合同纠纷上诉案的电话答复[有效]	1990	最高人民法院
43	最高人民法院关于国营九三四四厂诉九江市甘棠工商企业贸易经理部购销钢材合同预付货款纠纷一案应将九江市农行列为当事人问题的复函[有效]	1990	最高人民法院
44	最高人民法院关于中国人民解放军河南省军区诉郑州市花园路城市信用合作社借贷担保合同纠纷一案的法律适用和担保协议效力问题的复函[有效]	1990	最高人民法院
45	最高人民法院关于银行扣款侵权问题的复函[有效]	1990	最高人民法院
46	关于发行1991年转换债的通知[有效]	1991	国务院
47	最高人民法院关于金融机构不履行其义务是否应承担责任问题的复函[有效]	1991	最高人民法院
48	储蓄管理条例[有效]	1992	国务院
49	中华人民共和国国库券条例(1992年)[有效]	1992	国务院
50	关于进一步加强证券市场宏观管理的通知[有效]	1992	国务院

(续表)

序号	名称	颁布年份	颁布机构
51	国务院办公厅关于中国太平洋保险公司和中国平安保险公司业务范围的复函[有效]	1992	国务院办公厅
52	企业债券管理条例[有效]	1993	国务院
53	股票发行与交易管理暂行条例[有效]	1993	国务院
54	关于金融体制改革的决定[有效]	1993	国务院
55	关于坚决制止期货市场盲目发展的通知[有效]	1993	国务院
56	关于进一步改革外汇管理体制的通知[有效]	1993	国务院
57	国务院批转财政部等部门粮食风险基金管理暂行办法的通知[有效]	1993	国务院
58	证券委关于授权证监会查处证券违法违章行为的通知[有效]	1993	国务院
59	关于坚决制止乱集资和加强债券发行管理的通知[有效]	1993	国务院
60	最高人民法院关于四川省汽车运输成都公司为与四川省农村信托投资公司因贷款纠纷申请再审如何处理的复函[有效]	1993	最高人民法院
61	最高人民法院关于对私营客车保险期满后发生的车祸事故保险公司应否承担保险责任的请示的复函[有效]	1993	最高人民法院
62	最高人民法院关于个人或合伙开办信用社撤销或无力支付储户存款其成立批准机关是否承担责任问题的复函[有效]	1993	最高人民法院
63	国务院办公厅转发国家体改委等部门《关于简化境外募集股份并上市股份有限公司有关人员出国（境）审批手续的意见》的通知[有效]	1994	国务院办公厅
64	国务院批转中国人民银行关于加强金融机构监管工作意见的通知[有效]	1994	国务院
65	国务院办公厅转发中国人民银行、国家计委《关于企业债券到期不能兑付问题的处理意见》的通知[有效]	1994	国务院办公厅

(续表)

序号	名称	颁布年份	颁布机构
66	国务院办公厅转发财政部、中国人民银行、国家税务总局、海关总署关于抓紧清理企业欠税紧急请示的通知[有效]	1994	国务院办公厅
67	国务院办公厅转发国务院证券委员会《关于坚决制止期货市场盲目发展若干意见的请示》的通知[有效]	1994	国务院办公厅
68	国务院办公厅转发国务院证券委员会《关于停止钢材、食糖、煤炭期货交易的请示》的通知[有效]	1994	国务院办公厅
69	最高人民法院经济审判庭关于银行承兑汇票能否部分金额贴现、部分用于抵押贷款的复函[有效]	1994	最高人民法院
70	最高人民法院经济审判庭关于代理发行企业债券的金融机构应否承担企业债券发行人债务责任问题的复函[有效]	1994	最高人民法院
71	最高人民法院关于开展打击伪造、倒卖、盗窃发票专项斗争的通知[有效]	1994	最高人民法院
72	最高人民法院关于银行、信用社扣划预付货款收贷应否退还问题的批复[有效]	1994	最高人民法院
73	中华人民共和国保险法(1995年)[已修正]	1995	全国人民代表大会常务委员会
74	中华人民共和国商业银行法(1995年)[已修正]	1995	全国人民代表大会常务委员会
75	中华人民共和国票据法(1995年)[已修正]	1995	全国人民代表大会常务委员会
76	中华人民共和国中国人民银行法(1995年)[已修正]	1995	全国人民代表大会常务委员会
77	全国人民代表大会常务委员会关于惩治破坏金融秩序犯罪的决定[有效]	1995	全国人民代表大会常务委员会
78	关于进一步加强借用国际商业贷款宏观管理的通知[有效]	1995	国务院
79	关于组建城市合作银行的通知[有效]	1995	国务院
80	国务院关于批转国务院证券委员会1995年证券期货工作安排意见的通知[有效]	1995	国务院

(续表)

序号	名称	颁布年份	颁布机构
81	国务院批转中国人民银行关于中国工商银行等四家银行与所属信托投资公司脱钩意见的通知[有效]	1995	国务院
82	国务院办公厅转发财政部、审计署、中国人民银行关于清理检查"小金库"意见的通知[有效]	1995	国务院办公厅
83	国务院办公厅转发财政部、审计署、监察部对各种基金进行清理登记意见的通知[有效]	1995	国务院办公厅
84	国务院办公厅转发《中国人民银行关于10家金融机构违反"约法三章"处理情况的通报》的通知[有效]	1995	国务院办公厅
85	关于进一步加强现金管理控制现金投放的紧急通知[有效]	1995	国务院办公厅
86	最高人民法院关于宁波市外海航运公司申请海事赔偿责任限制设立基金有关问题的复函[有效]	1995	最高人民法院
87	最高人民法院关于武汉证券公司与大连连通公司债券兑付纠纷一案如何确定管辖权问题的复函[有效]	1995	最高人民法院
88	最高人民法院关于呼和浩特市中级人民法院重复受理湖南凤凰园经济开发区丰景贸易公司与内蒙古工商银行华银公司钢材购销合同纠纷一案问题的函[有效]	1995	最高人民法院
89	最高人民法院印发《关于审理期货纠纷案件座谈会纪要》的通知[有效]	1995	最高人民法院
90	国务院办公厅关于证监会对期货市场违规行为进行行政处罚有关问题的复函[有效]	1996	国务院办公厅
91	关于浙江省兰溪市非法成立金融机构并引发挤兑事件的通报[有效]	1996	国务院办公厅
92	国务院办公厅批转1996年证券期货工作安排意见[有效]	1996	国务院办公厅
93	国务院办公厅转发国务院证券委员会《关于1996年全国证券期货工作安排意见》的通知[有效]	1996	国务院办公厅

(续表)

序号	名称	颁布年份	颁布机构
94	关于农村金融体制改革的决定[有效]	1996	国务院
95	国务院批转中国人民银行关于进一步做好证券回购债务清偿工作请示的通知[有效]	1996	国务院
96	国务院批转国务院证券委员会、中国证券监督管理委员会关于进一步加强期货市场监管工作请示的通知[有效]	1996	国务院
97	关于坚决打击骗取出口退税严厉惩治金融和财税领域违法乱纪行为的决定[有效]	1996	国务院
98	最高人民法院关于印发《审理证券回购纠纷案件座谈会纪要》的通知[有效]	1996	最高人民法院
99	最高人民法院关于适用《全国人民代表大会常务委员会关于惩治虚开、伪造和非法出售增值税专用发票犯罪的决定》的若干问题的解释[有效]	1996	最高人民法院
100	最高人民法院关于如何确定证券回购合同履行地问题的批复[有效]	1996	最高人民法院
101	最高人民法院关于如何确定委托贷款协议纠纷诉讼主体资格的批复[有效]	1996	最高人民法院
102	最高人民法院关于江苏省南通市信托投资公司与深圳市光华实业公司、中国银行深圳国际信托咨询公司借款合同纠纷案件指定管辖的通知[有效]	1996	最高人民法院
103	关于进一步加强在境外发行股票和上市管理的通知[有效]	1997	国务院
104	国务院批转国务院证券委、中国人民银行、国家经贸委《关于严禁国有企业和上市公司炒作股票的规定》的通知[有效]	1997	国务院
105	关于调整金融保险业税收政策有关问题的通知[有效]	1997	国务院
106	最高人民法院关于审理存单纠纷案件的若干规定[有效]	1997	最高人民法院
107	最高人民法院关于人民法院能否对信用证开证保证金采取冻结和扣划措施问题的规定[有效]	1997	最高人民法院

(续表)

序号	名称	颁布年份	颁布机构
108	国务院办公厅转发中国人民银行关于进一步做好农村信用合作社改革整顿规范管理工作意见的通知[有效]	1998	国务院办公厅
109	国务院办公厅转发中国人民银行整顿城市信用合作社工作方案的通知[有效]	1998	国务院办公厅
110	国务院办公厅转发中国人民银行整顿乱集资乱批设金融机构和乱办金融业务实施方案的通知[有效]	1998	国务院办公厅
111	关于进一步整顿和规范期货市场的通知[有效]	1998	国务院
112	关于《非法金融机构和非法金融业务活动取缔办法》第二十九条有关问题的紧急通知[有效]	1998	国务院
113	非法金融机构和非法金融业务活动取缔办法[有效]	1998	国务院
114	关于调整证券(股票)交易印花税税率的通知[有效]	1998	国务院
115	关于在国有中小企业和集体企业改制过程中加强金融债权管理的通知[有效]	1998	国务院
116	国务院办公厅转发中国证券监督管理委员会清理整顿证券经营机构方案[有效]	1998	国务院办公厅
117	国务院办公厅转发财政部、中国农业发展银行关于完善粮食风险基金管理办法的通知[有效]	1998	国务院办公厅
118	关于组建城市商业银行工作中城市信用合作社公共积累归属问题的通知[有效]	1998	国务院办公厅
119	最高人民法院关于中止审理、中止执行已编入全国证券回购机构间债务清欠链条的证券回购经济纠纷案件的通知[有效]	1998	最高人民法院
120	最高人民法院关于中止审理、中止执行涉及场外非法股票交易经济纠纷案件的通知[有效]	1998	最高人民法院

(续表)

序号	名称	颁布年份	颁布机构
121	最高人民法院关于对涉及广东国际信托投资公司经济纠纷案件中止审理和中止执行问题的通知[有效]	1998	最高人民法院
122	最高人民法院关于恢复审理和执行涉及原中国新技术创业投资公司原海南发展银行经济纠纷案件的通知[有效]	1998	最高人民法院
123	最高人民法院关于审理骗购外汇、非法买卖外汇刑事案件具体应用法律若干问题的解释[有效]	1998	最高人民法院
124	最高人民法院关于如何确定委托贷款合同履行地问题的答复[有效]	1998	最高人民法院
125	最高人民法院关于人民法院贯彻落实《关于深化金融改革,整顿金融秩序,防范金融风险的通知》有关问题的通知[有效]	1998	最高人民法院
126	国务院办公厅转发中国人民银行、财政部、证监会关于组建中国华融资产管理公司、中国长城资产管理公司和中国东方资产管理公司意见的通知[有效]	1999	国务院办公厅
127	国务院办公厅转发《科学技术部、财政部关于科技型中小企业技术创新基金的暂行规定》的通知[有效]	1999	国务院办公厅
128	金融违法行为处罚办法[有效]	1999	国务院
129	国务院办公厅转发中国人民银行整顿信托投资公司方案的通知[有效]	1999	国务院办公厅
130	最高人民法院关于认真学习正确实施《中华人民共和国证券法》的通知[有效]	1999	最高人民法院
131	关于印发《办理骗汇、逃汇犯罪案件联席会议纪要》的通知[有效]	1999	公安部 最高人民法院 最高人民检察院
132	最高人民法院关于中国农业银行汝州市支行与中国建设银行汝州市支行债券兑付纠纷案的复函[有效]	1999	最高人民法院

(续表)

序号	名称	颁布年份	颁布机构
133	最高人民法院关于海口鲁银实业公司典当拍卖行与海南飞驰实业有限公司、海南万锡房地产开发有限公司、海南内江房地产开发公司抵押贷款合同纠纷一案的复函[有效]	1999	最高人民法院
134	最高人民检察院关于认真贯彻执行《全国人大常委会关于惩治骗购外汇、逃汇和非法买卖外汇犯罪的决定》的通知[有效]	1999	最高人民检察院
135	金融资产管理公司条例[有效]	2000	国务院
136	国有重点金融机构监事会暂行条例[有效]	2000	国务院
137	国务院办公厅转发国家计委、中国人民银行《关于进一步加强对外发债管理意见》的通知[有效]	2000	国务院办公厅
138	最高人民法院关于审理票据纠纷案件若干问题的规定[有效]	2000	最高人民法院
139	最高人民法院、中国人民银行关于依法规范人民法院执行和金融机构协助执行的通知[有效]	2000	中国人民银行 最高人民法院
140	最高人民法院关于农村信用社县(市)联社与中国农业银行"脱钩"前开办贷款业务的效力问题的复函[有效]	2000	最高人民法院
141	最高人民法院关于恢复受理、审理和执行已经编入全国证券回购机构间债务清欠链条的证券回购经济纠纷案件的通知[有效]	2000	最高人民法院
142	最高人民法院关于农村合作基金会从业人员犯罪如何定性问题的批复[有效]	2000	最高人民法院
143	最高人民法院关于恢复审理和执行涉及原北海市大业城市信用合作社等十四家城市信用合作社和原广东省恩平市农村信用合作社联合社等二十家城乡信用合作社经济纠纷案[有效]	2000	最高人民法院
144	最高人民法院关于在审理和执行民事、经济纠纷案件时不得查封、冻结和扣划社会保险基金的通知[有效]	2000	最高人民法院

(续表)

序号	名称	颁布年份	颁布机构
145	最高人民法院关于上海东府贸易有限公司与中国建设银行湖南省分行国际业务部、湖南省华隆进出口光裕有限公司返还财产纠纷一案的答复[有效]	2000	最高人民法院
146	最高人民法院关于中国人民银行郑州分行与济南市电信局侵权损害赔偿一案的复函[有效]	2000	最高人民法院
147	最高人民法院关于执行《封闭贷款管理暂行办法》和《外经贸企业封闭贷款管理暂行办法》中应注意的几个问题的通知[有效]	2000	最高人民法院
148	中华人民共和国信托法[有效]	2001	全国人民代表大会常务委员会
149	国务院办公厅转发人民银行关于企业逃废金融债务有关情况报告的通知[有效]	2001	国务院办公厅
150	最高人民法院关于人民法院在审理企业破产和改制案件中切实防止债务人逃废债务的紧急通知[有效]	2001	最高人民法院
151	关于在金融系统共同开展预防职务犯罪工作的通知[有效]	2001	中国保险监督管理委员会 中国人民银行 最高人民检察院 中国证券监督管理委员会 中央金融工作委员会
152	最高人民法院关于上海水仙电器股份有限公司股票终止上市后引发的诉讼应否受理等问题的复函[有效]	2001	最高人民法院
153	最高人民法院关于严格执行对证券或者期货交易机构的账号资金采取诉讼保全或者执行措施规定的通知[有效]	2001	最高人民法院
154	最高人民法院关于常州证券有限责任公司与常州星港幕墙装饰有限公司工程款纠纷案的复函[有效]	2001	最高人民法院

（续表）

序号	名称	颁布年份	颁布机构
155	最高人民检察院办公厅关于在金融证券等八个行业和领域开展系统预防工作的通知[有效]	2001	最高人民检察院办公厅
156	最高人民法院关于保险船舶发生保险事故后造成第三者船舶沉没而引起的清理航道费用是否属于直接损失的复函[有效]	2001	最高人民法院
157	最高人民法院关于印发《全国法院审理金融犯罪案件工作座谈会纪要》的通知[有效]	2001	最高人民法院
158	最高人民法院关于中国上海抽纱进出口公司与中国太平洋保险公司上海分公司海上货物运输保险合同纠纷请示的复函[有效]	2001	最高人民法院
159	最高人民法院关于金融机构为企业出具不实或者虚假验资报告资金证明如何承担民事责任问题的通知[有效]	2002	最高人民法院
160	最高人民法院关于受理证券市场因虚假陈述引发的民事侵权纠纷案件有关问题的通知[有效]	2002	最高人民法院
161	中华人民共和国中国人民银行法（2003年）[有效]	2003	全国人民代表大会常务委员会
162	中华人民共和国银行业监督管理法（2003年）[已修正]	2003	全国人民代表大会常务委员会
163	中华人民共和国商业银行法（2003年）[有效]	2003	全国人民代表大会常务委员会
164	中华人民共和国证券投资基金法[有效]	2003	全国人民代表大会常务委员会
165	全国人民代表大会常务委员会关于中国银行业监督管理委员会履行原由中国人民银行履行的监督管理职责的决定[有效]	2003	全国人民代表大会常务委员会
166	全国人民代表大会常务委员会关于修改《中华人民共和国中国人民银行法》的决定[有效]	2003	全国人民代表大会常务委员会

(续表)

序号	名称	颁布年份	颁布机构
167	全国人民代表大会常务委员会关于修改《中华人民共和国商业银行法》的决定[有效]	2003	全国人民代表大会常务委员会
168	深化农村信用社改革试点方案[有效]	2003	国务院
169	最高人民法院关于严禁随意止付信用证项下款项的通知[有效]	2003	最高人民法院
170	最高人民法院关于审理期货纠纷案件若干问题的规定[有效]	2003	最高人民法院
171	最高人民法院关于审理证券市场因虚假陈述引发的民事赔偿案件的若干规定[有效]	2003	最高人民法院
172	中华人民共和国证券法(2004年)[已修正]	2004	全国人民代表大会常务委员会
173	中华人民共和国票据法(2004年)[有效]	2004	全国人民代表大会常务委员会
174	全国人民代表大会常务委员会关于修改《中华人民共和国证券法》的决定[有效]	2004	全国人民代表大会常务委员会
175	全国人民代表大会常务委员会关于修改《中华人民共和国票据法》的决定[有效]	2004	全国人民代表大会常务委员会
176	全国人民代表大会常务委员会关于《中华人民共和国刑法》有关信用卡规定的解释[有效]	2004	全国人民代表大会常务委员会
177	国务院关于证券投资基金管理公司有关问题的批复[有效]	2004	国务院
178	中华人民共和国个人所得税法(2005年)[已修正]	2005	全国人民代表大会常务委员会
179	中华人民共和国外国中央银行财产司法强制措施豁免法[有效]	2005	全国人民代表大会常务委员会
180	中共中央、国务院关于推进社会主义新农村建设的若干意见[有效]	2005	中共中央 国务院
181	国务院办公厅关于做好贯彻实施修订后的公司法和证券法有关工作的通知[有效]	2005	国务院办公厅
182	中华人民共和国个人所得税法实施条例(2005年修订)[已修正]	2005	国务院

(续表)

序号	名称	颁布年份	颁布机构
183	国务院关于发布实施《促进产业结构调整暂行规定》的决定[有效]	2005	国务院
184	国务院关于2005年深化经济体制改革的意见[有效]	2005	国务院
185	国务院办公厅关于印发2005年全国整顿和规范市场经济秩序工作要点的通知[有效]	2005	国务院办公厅
186	国务院办公厅转发商务部等部门关于促进国家级经济技术开发区进一步提高发展水平若干意见的通知[有效]	2005	国务院办公厅
187	国务院关于鼓励支持和引导个体私营等非公有制经济发展的若干意见[有效]	2005	国务院
188	国务院办公厅关于落实中共中央国务院关于进一步加强农村工作提高农业综合生产能力若干政策意见有关政策措施的通知[有效]	2005	国务院办公厅
189	国务院办公厅关于加快电子商务发展的若干意见[有效]	2005	国务院
190	最高人民法院关于金融资产管理公司收购、处置银行不良资产有关问题的补充通知[有效]	2005	最高人民法院
191	最高人民法院关于充分发挥审判职能作用积极参与整顿和规范市场经济秩序工作的通知[有效]	2005	最高人民法院
192	最高人民法院关于在民事审判和执行工作中依法保护金融债权防止国有资产流失问题的通知[有效]	2005	最高人民法院
193	中华人民共和国农民专业合作社法[有效]	2006	全国人民代表大会常务委员会
194	中华人民共和国审计法（2006年）[有效]	2006	全国人民代表大会常务委员会
195	全国人民代表大会常务委员会关于修改《中华人民共和国银行业监督管理法》的决定[有效]	2006	全国人民代表大会常务委员会

(续表)

序号	名称	颁布年份	颁布机构
196	全国人民代表大会常务委员会关于修改《中华人民共和国审计法》的决定[有效]	2006	全国人民代表大会常务委员会
197	中共中央、国务院关于积极发展现代农业扎实推进社会主义新农村建设的若干意见[有效]	2006	中共中央 国务院
198	国务院办公厅关于严厉打击非法发行股票和非法经营证券业务有关问题的通知[有效]	2006	国务院办公厅
199	国务院办公厅转发发展改革委等部门关于加强中小企业信用担保体系建设意见的通知[有效]	2006	国务院办公厅
200	中华人民共和国外资银行管理条例[有效]	2006	国务院
201	国务院办公厅关于落实中共中央国务院关于推进社会主义新农村建设若干意见有关政策措施的通知[有效]	2006	国务院办公厅
202	最高人民法院关于工商部门对农村信用合作社的不正当竞争行为是否有权查处问题的答复[有效]	2006	最高人民法院
203	关于修改《中华人民共和国个人所得税法》的决定[有效]	2007	全国人民代表大会常务委员会
204	关于切实加强农业基础建设进一步促进农业发展农民增收的若干意见[有效]	2007	国务院 中共中央
205	关于严格执行有关农村集体建设用地法律和政策的通知[有效]	2007	国务院
206	中华人民共和国企业所得税法实施条例[有效]	2007	国务院
207	国务院办公厅关于依法惩处非法集资有关问题的通知[有效]	2007	国务院办公厅
208	对储蓄存款利息所得征收个人所得税的实施办法(2007年)[有效]	2007	国务院
209	国务院办公厅转发发展改革委关于2007年深化经济体制改革工作意见的通知[有效]	2007	国务院办公厅
210	期货交易管理条例[已修正]	2007	国务院

(续表)

序号	名称	颁布年份	颁布机构
211	国务院办公厅关于落实中共中央、国务院关于积极发展现代农业扎实推进社会主义新农村建设若干意见有关政策措施的通知[有效]	2007	国务院办公厅
212	国务院关于同意建立处置非法集资部际联席会议制度的批复[有效]	2007	国务院
213	最高人民法院关于审理企业破产案件指定管理人的规定[有效]	2007	最高人民法院
214	中华人民共和国企业国有资产法[有效]	2008	全国人民代表大会常务委员会
215	中共中央、国务院关于2009年促进农业稳定发展农民持续增收的若干意见[有效]	2008	中共中央 国务院
216	证券公司风险处置条例[有效]	2008	国务院
217	证券公司监督管理条例[有效]	2008	国务院
218	关于整治非法证券活动有关问题的通知[有效]	2008	公安部 中国证券监督管理委员会 最高人民法院 最高人民检察院
219	中共中央、国务院关于加大统筹城乡发展力度进一步夯实农业农村发展基础的若干意见[有效]	2009	中共中央 国务院
220	国务院批转发展改革委等部门《关于抑制部分行业产能过剩和重复建设引导产业健康发展若干意见》的通知[有效]	2009	国务院
221	最高人民法院、最高人民检察院关于办理妨害信用卡管理刑事案件具体应用法律若干问题的解释[有效]	2009	最高人民法院 最高人民检察院
222	最高人民法院印发《关于当前形势下进一步做好涉农民事案件审判工作的指导意见》的通知[有效]	2009	最高人民法院
223	最高人民法院关于正确审理企业破产案件为维护市场经济秩序提供司法保障若干问题的意见[有效]	2009	最高人民法院

（续表）

序号	名称	颁布年份	颁布机构
224	最高人民法院印发《关于审理涉及金融不良债权转让案件工作座谈会纪要》的通知[有效]	2009	最高人民法院
225	最高人民法院关于审理非法集资刑事案件具体应用法律若干问题的解释[有效]	2010	最高人民法院
226	最高人民法院关于依法妥善审理民间借贷纠纷案件促进经济发展维护社会稳定的通知[有效]	2011	最高人民法院
227	最高人民法院印发《关于人民法院为防范化解金融风险和推进金融改革发展提供司法保障的指导意见》的通知[有效]	2012	最高人民法院

附 件

1. 全国人大常委会《关于惩治破坏金融秩序犯罪的决定》(1995)
2. 《中华人民共和国刑法》(1997)关于非法集资犯罪的相关条款
3. 国务院办公厅《关于依法惩处非法集资有关问题的通知》(2007)
4. 国务院《关于同意建立处置非法集资部际联席会议制度的批复》(2007)
5. 最高人民法院《关于审理非法集资刑事案件具体应用法律若干问题的解释》(2010)
6. 最高人民法院《关于依法妥善审理民间借贷纠纷案件促进经济发展维护社会稳定的通知》(2011)
7. 最高人民法院、最高人民检察院、公安部联合下发《关于办理非法集资刑事案件适用法律若干问题的意见》(2014)
8. 国务院《关于鼓励和引导民间投资健康发展的若干意见》(2010)
9. 浙江省人民政府办公厅《关于加强和改进民间融资管理的若干意见》(试行)
10. 温州市国家金融改革试验区系列文件

附件1 全国人民代表大会常务委员会《关于惩治破坏金融秩序犯罪的决定》(1995)

(1995年6月30日第八届全国人民代表大会常务委员会第十四次会议通过 1995年6月30日中华人民共和国主席令第五十二号公布 自公布之日起施行)

为了惩治伪造货币和金融票据诈骗、信用证诈骗、非法集资诈骗

等破坏金融秩序的犯罪,特作如下决定:

一、伪造货币的,处三年以上十年以下有期徒刑,并处五万元以上五十万元以下罚金。有下列情形之一的,处十年以上有期徒刑、无期徒刑或者死刑,并处没收财产:

(一)伪造货币集团的首要分子;

(二)伪造货币数额特别巨大的;

(三)有其他特别严重情节的。

二、出售、购买伪造的货币或者明知是伪造的货币而运输,数额较大的,处三年以下有期徒刑或者拘役,并处二万元以上二十万元以下罚金;数额巨大的,处三年以上十年以下有期徒刑,并处五万元以上五十万元以下罚金;数额特别巨大的,处十年以上有期徒刑或者无期徒刑,并处没收财产。

银行或者其他金融机构的工作人员购买伪造的货币或者利用职务上的便利,以伪造的货币换取货币的,处三年以上十年以下有期徒刑,并处二万元以上二十万元以下罚金;数额巨大或者有其他严重情节的,处十年以上有期徒刑或者无期徒刑,并处没收财产;情节较轻的,处三年以下有期徒刑或者拘役,并处或者单处一万元以上十万元以下罚金。

伪造货币并出售或者运输伪造的货币的,依照第一条的规定从重处罚。

三、走私伪造的货币的,依照《全国人民代表大会常务委员会关于惩治走私罪的补充规定》的有关规定处罚。

四、明知是伪造的货币而持有、使用,数额较大的,处三年以下有期徒刑或者拘役,并处一万元以上十万元以下罚金;数额巨大的,处三年以上十年以下有期徒刑,并处二万元以上二十万元以下罚金;数额特别巨大的,处十年以上有期徒刑,并处五万元以上五十万元以下罚金或者没收财产。

五、变造货币,数额较大的,处三年以下有期徒刑或者拘役,并处一万元以上十万元以下罚金;数额巨大的,处三年以上十年以下有期徒刑,并处二万元以上二十万元以下罚金。

六、未经中国人民银行批准,擅自设立商业银行或者其他金融机构的,处三年以下有期徒刑或者拘役,并处或者单处二万元以上二十万元以下罚金;情节严重的,处三年以上十年以下有期徒刑,并处五万元以上五十万元以下罚金。

伪造、变造、转让商业银行或者其他金融机构经营许可证的,依照前款的规定处罚。

单位犯前两款罪的,对单位判处罚金,并对直接负责的主管人员和其他直接责任人员,依照第一款的规定处罚。

七、非法吸收公众存款或者变相吸收公众存款,扰乱金融秩序的,处三年以下有期徒刑或者拘役,并处或者单处二万元以上二十万元以下罚金;数额巨大或者有其他严重情节的,处三年以上十年以下有期徒刑,并处五万元以上五十万元以下罚金。

单位犯前款罪的,对单位判处罚金,并对直接负责的主管人员和其他直接责任人员,依照前款的规定处罚。

八、以非法占有为目的,使用诈骗方法非法集资的,处三年以下有期徒刑或者拘役,并处二万元以上二十万元以下罚金;数额巨大或者有其他严重情节的,处三年以上十年以下有期徒刑,并处五万元以上五十万元以下罚金;数额特别巨大或者有其他特别严重情节的,处十年以上有期徒刑、无期徒刑或者死刑,并处没收财产。

单位犯前款罪的,对单位判处罚金,并对直接负责的主管人员和其他直接责任人员,依照前款的规定处罚。

九、银行或者其他金融机构的工作人员违反法律、行政法规规定,向关系人发放信用贷款或者发放担保贷款的条件优于其他借款人同类贷款的条件,造成较大损失的,处五年以下有期徒刑或者拘役,并处一万元以上十万元以下罚金;造成重大损失的,处五年以上有期徒刑,并处二万元以上二十万元以下罚金。

银行或者其他金融机构的工作人员违反法律、行政法规规定,玩忽职守或者滥用职权,向关系人以外的其他人发放贷款,造成重大损失的,处五年以下有期徒刑或者拘役,并处一万元以上十万元以下罚金;造成特别重大损失的,处五年以上有期徒刑,并处二万元以上二十万元以下罚金。

单位犯前两款罪的,对单位判处罚金,并对直接负责的主管人员和其他直接责任人员,依照前两款的规定处罚。

十、有下列情形之一,以非法占有为目的,诈骗银行或者其他金融机构的贷款,数额较大的,处五年以下有期徒刑或者拘役,并处二万元以上二十万元以下罚金;数额巨大或者有其他严重情节的,处五年以上十年以下有期徒刑,并处五万元以上五十万元以下罚金;数额特别巨大或者有其他特别严重情节的,处十年以上有期徒刑或者无期徒刑,并处没收财产:

(一)编造引进资金、项目等虚假理由的;

(二)使用虚假的经济合同的;

(三)使用虚假的证明文件的;

(四)使用虚假的产权证明作担保的;

(五)以其他方法诈骗贷款的。

十一、有下列情形之一,伪造、变造金融票证的,处五年以下有期徒刑或者拘役,并处二万元以上二十万元以下罚金;情节严重的,处五年以上十年以下有期徒刑,并处五万元以上五十万元以下罚金;情节特别严重的,处十年以上有期徒刑或者无期徒刑,并处没收财产:

(一)伪造、变造汇票、本票、支票的;

(二)伪造、变造委托收款凭证、汇款凭证、银行存单等其他银行结算凭证的;

(三)伪造、变造信用证或者附随的单据、文件的;

(四)伪造信用卡的。

单位犯前款罪的,对单位判处罚金,并对直接负责的主管人员和其他责任人员,依照前款的规定处罚。

十二、有下列情形之一,进行金融票据诈骗活动,数额较大的,处五年以下有期徒刑或者拘役,并处二万元以上二十万元以下罚金;数额巨大或者有其他严重情节的,处五年以上十年以下有期徒刑,并处五万元以上五十万元以下罚金;数额特别巨大或者有其他特别严重情节的,处十年以上有期徒刑、无期徒刑或者死刑,并处没收财产:

(一)明知是伪造、变造的汇票、本票、支票而使用的;

(二)明知是作废的汇票、本票、支票而使用的;

(三)冒用他人的汇票、本票、支票的;

(四)签发空头支票或者与其预留印鉴不符的支票,骗取财物的;

(五)汇票、本票的出票人签发无资金保证的汇票、本票或者在出票时作虚假记载,骗取财物的。

使用伪造、变造的委托收款凭证、汇款凭证、银行存单等其他银行结算凭证的,依照前款的规定处罚。

单位犯前两款罪的,对单位判处罚金,并对直接负责的主管人员和其他直接责任人员,依照第一款的规定处罚。

十三、有下列情形之一,进行信用证诈骗活动的,处五年以下有期徒刑或者拘役,并处二万元以上二十万元以下罚金;数额巨大或者有其他严重情节的,处五年以上十年以下有期徒刑,并处五万元以上五十万元以下罚金;数额特别巨大或者有其他特别严重情节的,处十年以上有期徒刑、无期徒刑或者死刑,并处没收财产:

(一) 使用伪造、变造的信用证或者附随的单据、文件的;

(二) 使用作废的信用证的;

(三) 骗取信用证的;

(四) 以其他方法进行信用证诈骗活动的。

单位犯前款罪的,对单位判处罚金,并对直接负责的主管人员和其他直接责任人员,依照前款的规定处罚。

十四、有下列情形之一,进行信用卡诈骗活动,数额较大的,处五年以下有期徒刑或者拘役,并处二万元以上二十万元以下罚金;数额巨大或者有其他严重情节的,处五年以上十年以下有期徒刑,并处五万元以上五十万元以下罚金;数额特别巨大或者有其他特别严重情节的,处十年以上有期徒刑或者无期徒刑,并处没收财产:

(一) 使用伪造的信用卡的;

(二) 使用作废的信用卡的;

(三) 冒用他人信用卡的;

(四) 恶意透支的。

盗窃信用卡并使用的,依照刑法关于盗窃罪的规定处罚。

十五、银行或者其他金融机构的工作人员违反规定为他人出具信用证或者其他保函、票据、资信证明,造成较大损失的,处五年以下有期徒刑或者拘役;造成重大损失的,处五年以上有期徒刑。

单位犯前款罪的,对单位判处罚金,并对直接负责的主管人员和其他直接负责人员,依照前款的规定处罚。

十六、有下列情形之一,进行保险诈骗活动,数额较大的,处五年以下有期徒刑或者拘役,并处一万元以上十万元以下罚金;数额巨大或者有其他严重情节的,处五年以上十年以下有期徒刑,并处二万元以上二十万元以下罚金;数额特别巨大或者有其他特别严重情节的,处十年以上有期徒刑,并处没收财产:

（一）投保人故意虚构保险标的,骗取保险金的;

（二）投保人、被保险人或者受益人对发生的保险事故编造虚假的原因或者夸大损失的程度,骗取保险金的;

（三）投保人、被保险人或者受益人编造未曾发生的保险事故,骗取保险金的;

（四）投保人、被保险人故意造成财产损失的保险事故,骗取保险金的;

（五）投保人、受益人故意造成被保险人死亡、伤残或者疾病,骗取保险金的。

有前款第(四)项、第(五)项所列行为,同时构成其他犯罪的,依照刑法数罪并罚的规定处罚。

保险事故的鉴定人、证明人、财产评估人故意提供虚假的证明文件,为他人诈骗提供条件的,以保险诈骗的共犯论处。

单位犯第一款罪的,对单位判处罚金,并对直接负责的主管人员和其他直接责任人员,依照第一款的规定处罚。

十七、保险公司的工作人员利用职务上的便利,故意编造未曾发生的保险事故进行虚假理赔,骗取保险金的,分别依照《全国人民代表大会常务委员会关于惩治贪污罪贿赂罪的补充规定》和《关于惩治违反公司法的犯罪的决定》的有关规定处罚。

十八、银行或者其他金融机构的工作人员在金融业务活动中索取、收受贿赂,或者违反国家规定收受各种名义的回扣、手续费的,分别依照全国人民代表大会常务委员会《关于惩治贪污罪贿赂罪的补充规定》和《关于惩治违反公司法的犯罪的决定》的有关规定处罚。

十九、银行或者其他金融机构的工作人员利用职务上的便利,挪用单位或者客户资金的,分别依照全国人民代表大会常务委员会《关于惩治贪污罪贿赂罪的补充规定》和《关于惩治违反公司法的犯罪的决定》的有关规定处罚。

二十、银行或者其他金融机构的工作人员,与本决定规定的进行金融诈骗活动的犯罪分子串通,为其诈骗活动提供帮助的,以共犯论处。

二十一、有本决定第二条、第四条、第五条、第十一条、第十二条、第十四条、第十六条规定的行为,情节轻微不构成犯罪的,可以由公安机关处十五日以下拘留、五千元以下罚款。

二十二、犯本决定规定之罪的违法所得应当予以追缴或者责令退赔被害人;供犯罪使用的财物一律没收。

伪造、变造的货币,伪造、变造、作废的票据、信用证、信用卡或者其他银行结算凭证一律收缴,上交中国人民银行统一销毁。

收缴伪造、变造的货币的具体办法由中国人民银行制定。

二十三、本决定所称的货币是指人民币和外币。

二十四、本决定自公布之日起施行。

附件2 《中华人民共和国刑法》(1997)关于非法集资犯罪的相关条款

第一百七十六条 非法吸收公众存款或者变相吸收公众存款,扰乱金融秩序的,处三年以下有期徒刑或者拘役,并处或者单处二万元以上二十万元以下罚金;数额巨大或者有其他严重情节的,处三年以上十年以下有期徒刑,并处五万元以上五十万元以下罚金。

单位犯前款罪的,对单位判处罚金,并对其直接负责的主管人员和其他直接责任人员,依照前款的规定处罚。

第一百七十九条 未经国家有关主管部门批准,擅自发行股票或者公司、企业债券,数额巨大、后果严重或者有其他严重情节的,处五年以下有期徒刑或者拘役,并处或者单处非法募集资金金额百分之一以上百分之五以下罚金。

单位犯前款罪的,对单位判处罚金,并对其直接负责的主管人员和其他直接责任人员,处五年以下有期徒刑或者拘役。

第一百九十二条 以非法占有为目的,使用诈骗方法非法集资,数额较大的,处五年以下有期徒刑或者拘役,并处二万元以上二十万元以下罚金;数额巨大或者有其他严重情节的,处五年以上十年以下有期徒刑,并处五万元以上五十万元以下罚金;数额特别巨大或者有其他特别严重情节的,处十年以上有期徒刑或者无期徒刑,并处五万元以上五十万元以下罚金或者没收财产。

第二百二十二条 广告主、广告经营者、广告发布者违反国家规定,利用广告对商品或者服务作虚假宣传,情节严重的,处二年以下有期徒刑或者拘役,并处或者单处罚金。

第二百二十五条 违反国家规定,有下列非法经营行为之一,扰乱市场秩序,情节严重的,处五年以下有期徒刑或者拘役,并处或者单处违法所得一倍以上五倍以下罚金;情节特别严重的,处五年以上有期徒刑,并处违法所得一倍以上五倍以下罚金或者没收财产:

(一)未经许可经营法律、行政法规规定的专营、专卖物品或者其他限制买卖的物品的;

(二)买卖进出口许可证、进出口原产地证明以及其他法律、行政法规规定的经营许可证或者批准文件的;

(三)其他严重扰乱市场秩序的非法经营行为。

附件3 国务院办公厅《关于依法惩处非法集资有关问题的通知》(2007)

各省、自治区、直辖市人民政府,国务院各部委、各直属机构:

近年来,非法集资在我国许多地区重新抬头,并向多领域和职业化发展。2006年,全国公安机关立案侦查的非法集资案件1 999起,涉案总价值296亿元。2007年1至3月,仅非法吸收公众存款、集资诈骗两类案件就立案342起,涉案总价值59.8亿元,分别较去年同期上升101.2%和482.3%。若不采取切实有效措施予以治理整顿,势必造成更大的社会危害。为了维护正常的经济社会秩序,保护人民群众的合法权益,促进国民经济又好又快发展,经国务院同意,现就依法惩处非法集资有关问题通知如下:

一、充分认识非法集资的社会危害性,坚决遏制非法集资案件高发势头

非法集资涉及面广,危害极大。一是扰乱了社会主义市场经济秩序。非法集资活动以高回报为诱饵,以骗取资金为目的,破坏了金融

秩序,影响金融市场的健康发展。二是严重损害群众利益,影响社会稳定。非法集资有很强的欺骗性,容易蔓延,犯罪分子骗取群众资金后,往往大肆挥霍或迅速转移、隐匿,使受害者(多数是下岗工人、离退休人员)损失惨重,极易引发群体事件,甚至危害社会稳定。三是损害了政府的声誉和形象。非法集资活动往往以"响应国家林业政策"、"支持生态环境保护"等为名,行违法犯罪之实,既影响了国家政策的贯彻执行,又严重损害了政府的声誉和形象。

为切实做好依法惩处非法集资工作,国务院批准建立了由银监会牵头的"处置非法集资部际联席会议"(以下简称"联席会议")制度。地方各级人民政府、有关部门务必统一思想,提高认识,共同做好工作。要把思想和行动统一到国务院的部署和要求上来,统一到维护国家经济安全、社会稳定与构建和谐社会的大局上来,充分认识非法集资的危害性,加强组织领导,周密部署,果断处置,有效遏制非法集资案件高发势头。

二、当前非法集资的主要形式和特征

非法集资情况复杂,表现形式多样。有的打着"支持地方经济发展"、"倡导绿色、健康消费"等旗号,有的引用产权式返租、电子商务、电子黄金、投资基金等新概念,手段隐蔽,欺骗性很强。从目前案发情况看,非法集资大致可划分为债权、股权、商品营销、生产经营等四大类。2006年,以生产经营合作为名的非法集资涉案价值占全部非法集资案件涉案价值的60%以上,需要引起高度关注。

非法集资的主要特征:一是未经有关监管部门依法批准,违规向社会(尤其是向不特定对象)筹集资金。如未经批准吸收社会资金;未经批准公开、非公开发行股票、债券等。二是承诺在一定期限内给予出资人货币、实物、股权等形式的投资回报。有的犯罪分子以提供种苗等形式吸收资金,承诺以收购或包销产品等方式支付回报;有的则以商品销售的方式吸收资金,以承诺返租、回购、转让等方式给予回报。三是以合法形式掩盖非法集资目的。为掩饰其非法目的,犯罪分子往往与受害者签订合同,伪装成正常的生产经营活动,最大限度地实现其骗取资金的最终目的。

三、地方人民政府要切实担负起依法惩处非法集资的责任,确保社会稳定

省级人民政府要把依法惩处非法集资列入重要工作议程,加快建

立健全本地区依法惩处非法集资的工作机制和工作制度,做好相关工作。一是加强监测预警。要对本地区的非法集资问题保持高度警惕,进行全程监测,主动排查风险,做到早发现,早预警,防患于未然。二是及时调查取证。发现问题后,要组织当地银监、公安、工商等部门提前介入,开展调查取证工作。对社会影响大、性质恶劣的非法集资案件,要采取适当预防措施,控制涉案人员和资产,保护证据,防止事态扩大和失控。同时,要制定风险处置预案,防止引发群体性事件。三是果断处置。对于事实清楚且可以定性的非法集资,要果断采取措施,依法妥善处置;难以定性的,要及时上报"联席会议"组织认定。涉及多个地区的,有关省级人民政府之间要加强沟通协调,共同做好相关工作。省级人民政府要及时总结经验,依据国家法律法规,参照各行业主管、监管部门的政策规定,制定本地区相关规章,为依法惩处非法集资工作提供法制保障。

四、有关部门要加强协调,认真做好依法惩处非法集资工作

依法惩处非法集资工作政策性强,情况复杂,有关方面要加强协调,齐抓共管。有关部门要逐步建立健全反应灵敏、配合密切、应对有力的工作机制,增强工作的针对性和有效性。行业主管、监管部门要将防控本行业非法集资作为监督管理的重要内容,指定专门机构和人员负责,建立日常信息沟通渠道和工作协调机制,认真做好非法集资情况的监测预警工作。一旦发现非法集资苗头,应及时商省级人民政府依法妥善处置,并通报"联席会议"。要抓紧制定和完善本行业防范、监控和处置非法集资的规章及行业标准。"联席会议"要加大工作力度,对近年来非法集资案件进行深入分析,集中力量查处典型案件,严惩首恶,教育协从,维护人民群众的权益。银监会作为"联席会议"的牵头部门,要主动与有关部门和地方人民政府加强沟通,切实做好组织协调工作。

要坚持预防为主的方针,加大工作力度,加强宣传教育,改善金融服务,逐步构建疏堵并举、防治结合的综合治理长效机制。对于近年来非法集资案件多发的行业,要主动开展风险排查,防止风险进一步积聚。有关行业主管、监管部门要尽快公布举报电话、信箱和电子邮箱,通过有奖举报等方式鼓励公众参与,在门户网站上开辟专门的投资者教育园地,探索建立风险提示和预警的长效机制。要加强对广告

的监督管理,依法落实广告审查制度,加强监督检查,对检查发现、群众举报、媒体披露的线索要及时调查核实,对发布非法集资广告的当事人和有关责任人要严肃查处。

五、加强舆论引导和法制宣传,提高公众对非法集资的识别能力

银监会要牵头制订宣传教育规划,充分利用报刊、电视、广播、互联网等传媒手段,宣传依法惩处非法集资的法律法规,通报非法集资的新形式和新特点,提示风险,提高社会公众的风险意识和识别能力,引导其远离非法集资。要加大对典型案件的公开报道力度,以专栏文章、专题节目等方式揭露犯罪分子的惯用伎俩,震慑犯罪分子,形成对非法集资的强大舆论攻势。要在广大农村、城市街道、社区、车站等公共场所设置宣传栏,张贴宣传画,扩大覆盖面,强化宣传效果。要按照国务院的统一部署,组织协调相关部门开展宣传教育活动,正确引导社会舆论。地方人民政府要进一步根据本地区的特点,加强舆论引导和法制宣传。

国务院办公厅
二〇〇七年七月二十五日

附件4 国务院《关于同意建立处置非法集资部际联席会议制度的批复》(2007)

银监会:

你会《关于审定印发处置非法集资部际联席会议制度和工作机制的请示》(银监字〔2006〕183号)收悉。现批复如下:

同意建立由银监会牵头的处置非法集资部际联席会议制度。请按照国务院有关文件精神认真组织开展工作。

附件:1. 处置非法集资部际联席会议制度
  2. 处置非法集资部际联席会议工作机制

国务院
二〇〇七年一月八日

附件4-1 处置非法集资部际联席会议制度

为切实做好处置非法集资相关工作,加强有关方面的协调配合,提高工作效率,经国务院同意,制定处置非法集资部际联席会议(以下简称联席会议)制度。

一、主要职责

(一)在国务院的领导下,会同有关部门和省级人民政府,建立"疏堵并举、防治结合"的综合治理长效机制,切实有效地贯彻落实党中央、国务院处置非法集资的方针和政策。

(二)研究处置非法集资的相关法律法规,提出起草、修改建议,为及时、准确、有效地预防、认定和处置非法集资提供保障。

(三)制定处置非法集资的工作制度和工作程序,建立"反应灵敏、配合密切、应对有力"的工作机制、上下联动的宣传教育体系、齐抓共管的监测预警体系、准确有效的性质认定体系、稳妥有力的处置善后体系和及时灵敏的信息汇总报告体系。

(四)组织有关部门对涉嫌非法集资案件进行性质认定,由有关部门依法作出认定结论。重大案件的认定意见按程序报批。

(五)指导、配合省级人民政府建立处置非法集资组织协调机制,提示、督促省级人民政府和有关部门按照处置非法集资工作机制和工作程序要求,做好相关工作。

(六)汇总各部门、省级人民政府报送的处置非法集资工作情况,并及时上报国务院。

(七)国务院交办的其他工作。

二、会议成员

联席会议由银监会牵头,发展改革委、公安部、监察部、财政部、建设部、农业部、商务部、人民银行、工商总局、林业局、法制办、新闻办、证监会、保监会,以及邀请中央宣传部、高法院、高检院等有关部门和单位参加。联席会议可根据工作需要,通知相关部门参加。联席会议召集人由银监会负责人担任,各成员单位有关负责人为联席会议成员。联席会议成员因工作变动需调整的,由所在单位提出,联席会议审核,按程序报备。

联席会议下设办公室,承担日常工作,落实联席会议的有关决定。

联席会议办公室设联络员,由成员单位有关司局负责人担任。

三、工作规则

联席会议不定期召开,由召集人负责召集。根据工作需要,可以召集全体会议或部分成员单位会议。

(一)研究重要政策事项、工作机制、立法建议,以及重大非法集资案件时,召集全体会议。

(二)研究非法集资处置事项时,视具体情况召集有关部门成员参加会议。

联席会议议定的事项,以联席会议纪要形式印发有关方面,并抄报国务院;对议定的重大事项,按程序报批。

四、工作要求

各成员单位要按照职责分工,主动研究处置非法集资工作,切实履行本部门职责;要积极参加联席会议,认真落实联席会议议定事项;要互通信息,互相配合,齐抓共管,形成合力,充分发挥联席会议的作用。

各成员单位提出的议题,需提前报联席会议办公室,并根据需要做好保密工作。

处置非法集资部际联席会议成员名单

召集人:刘明康　银监会主席

成　员:唐双宁　银监会副主席

　　　　李东生　中央宣传部副部长

　　　　朱之鑫　发展改革委副主任

　　　　孙永波　公安部部长助理

　　　　李玉赋　监察部副部长

　　　　李　勇　财政部副部长

　　　　刘志峰　建设部副部长

　　　　危朝安　农业部副部长

　　　　黄　海　商务部部长助理

　　　　刘士余　人民银行副行长

　　　　钟攸平　工商总局副局长

　　　　张建龙　林业局副局长

　　　　宋大涵　法制办副主任

王国庆　新闻办副主任
桂敏杰　证监会副主席
陈新权　保监会纪委书记
熊选国　高法院副院长
朱孝清　高检院副检察长

附件4-2　处置非法集资部际联席会议工作机制

为充分发挥处置非法集资部际联席会议的作用，加强国务院各有关部门和省级人民政府的协调配合，对非法集资实施综合治理，加大打击力度，维护正常的经济金融秩序，经国务院同意，制定处置非法集资部际联席会议工作机制。

一、建立健全监测预警体系

省级人民政府和行业主管、监管部门负责对本地区、本行业非法集资的监测预警。要建立本地区、本行业处置非法集资监测预警制度和防范预警体系，指定相关机构和专门人员，通过建立健全群众举报、新闻监督、监管和查处等信息采集渠道，加强日常监管，把好一线关，尽早发现问题，及时作出处理。一旦发现非法集资苗头，行业主管、监管部门要及时通报有关省级人民政府和联席会议。省级人民政府要做好前期调查取证工作，对社会影响较大、性质恶劣的，应先行采取必要措施，防止事态进一步扩大。

对监测预警中发现的跨地区非法集资案件，由联席会议负责协调确定主办地区。其他有关地区应在主办地区省级人民政府的组织协调下，负责本地区案件调查取证及相关处置工作。

二、及时准确认定案件性质

各有关部门和省级人民政府对政策界限清楚的非法集资案件，要果断处置，做到防微杜渐；对认定存在困难的，按程序报联席会议。

（一）对涉嫌非法集资案件性质的认定，按照以下分工进行：

1. 事实清楚、证据确凿、政策界限清晰的，由案发地省级人民政府组织当地银监、公安、行业主管或监管等部门进行认定。性质认定后，由当地省级人民政府组织进行查处和后续处置。

2. 重大案件，跨省（区、市）且达到一定规模的案件，前期调查取证事实清楚且证据确凿、但因现行法律法规界定不清而难以定性的，由省级人民政府提出初步认定意见后按要求上报,由联席会议组织认定,由有关部门依法作出认定结论。

3. 经公安部门立案侦查,事实清楚、证据确凿且触犯刑法的案件,可直接进入刑事诉讼程序。

(二)对省级人民政府上报的案件,按照以下程序处理:

1. 省级人民政府提出案件性质认定申请,连同初步认定意见、处置预案和有关调查取证材料,报联席会议。

2. 联席会议对省级人民政府上报案件进行初步审查。初审不符合有关要求的,应补充完善后重新上报。初审符合要求的,联席会议组织相关部门对案件进行认定,由有关部门依法作出认定结论,并及时将认定意见反馈省级人民政府。重大案件的认定意见按程序报批。

公安部专项立案侦查的案件,需要由联席会议组织性质认定的,按照省级人民政府上报案件性质认定程序进行。

三、稳妥做好处置善后工作

非法集资一经认定,省级人民政府要负责做好本地区处置非法集资案件的组织查处和债权债务清理清退等处置善后与维护稳定工作,联席会议及有关行业主管、监管部门要积极配合、协调和监督指导。

省级人民政府要建立有效的后续处置工作机制,坚持公平、公开、公正、透明的原则,做好处置善后工作。非法集资案件有行业主管、监管部门、组建单位或批准单位的,由省级人民政府会同行业主管、监管部门、组建单位或批准单位负责债权债务清理清退等工作;没有行业主管、监管部门、组建单位或批准单位的,由省级人民政府组织工商等有关部门负责债权债务清理清退等工作。对跨省(区、市)的非法集资案件,公司注册地在涉案地区的,由公司注册地省级人民政府牵头负责;公司注册地不在涉案地区的,由涉案金额最多的省级人民政府牵头负责,相关省级人民政府积极配合并负责做好本地区工作。牵头省级人民政府要组织协调其他涉案地区,制定统一的债权债务清理清退原则和方案,保证处置工作顺利进行。其他情形的跨省(区、市)案件,由涉案金额最多的省(区、市)牵头,按照统一的原则和方案做好处置善后工作。

为加强信息互通与共享,确保国务院全面掌握全国处置非法集资工作情况,联席会议建立处置非法集资信息汇总报告制度,各成员单位和省级人民政府要建立本部门、本地区日常报告制度。联席会议负责督促各成员单位和省级人民政府做好信息报告工作,并负责向国务院提交处置非法集资工作的年度报告。

四、完善法律法规

围绕综合治理的目标,要进一步完善处置非法集资的法律法规体系,为依法、有效地打击非法集资提供保障。

根据处置非法集资工作实际,加紧建立和完善包括相关法律、行政法规、地方性法规、部门规章和地方政府规章在内的法律法规体系。通过对现行有关法律法规、司法解释和规章进行梳理、补充和完善,进一步明确认定标准,规范处置原则和程序。

联席会议要及时组织对有关法律法规进行评估,并根据工作需要提出起草、修改、补充的建议。行业主管、监管部门要根据国家法律法规的规定,结合本行业实际,制定本行业防范、监控和打击非法集资的部门规章以及行业技术标准。省级人民政府可结合本地区实际,制定处置非法集资的地方政府规章。

联席会议组织建立打击非法集资法规信息系统,实现法规信息的互通与共享。行业主管、监管部门和省级人民政府要及时将制定的部门规章、地方政府规章和行业技术标准通报联席会议。

五、加强对社会公众的宣传教育

要加强宣传教育,引导社会公众增强法律意识和识别能力,自觉远离非法集资,从源头遏制非法集资蔓延。

联席会议负责制定、组织实施打击非法集资的宣传教育规划,对成员单位和地方人民政府开展此项工作进行督促和指导,并负责组织协调新闻单位开展全国范围内的宣传教育活动。要广泛利用报纸、电视、广播、互联网等媒体,多方位、多角度地宣传非法集资的表现形式和特点,剖析典型案例,增强公民的风险意识和辨别能力。省级人民政府要按照宣传教育规划,结合本地实际,制订相应的宣传教育计划,并具体落实。

对省级人民政府和行业主管、监管部门发现并通报的涉嫌非法集资的案件,联席会议应及时通报宣传主管部门。宣传主管部门要积极采取有效措施,正确引导社会舆论,防止虚假宣传误导社会公众。

附件5 最高人民法院《关于审理非法集资刑事案件具体应用法律若干问题的解释》(2010)

为依法惩治非法吸收公众存款、集资诈骗等非法集资犯罪活动,根据刑法有关规定,现就审理此类刑事案件具体应用法律的若干问题解释如下:

第一条 违反国家金融管理法律规定,向社会公众(包括单位和个人)吸收资金的行为,同时具备下列四个条件的,除刑法另有规定的以外,应当认定为刑法第一百七十六条规定的"非法吸收公众存款或者变相吸收公众存款":

(一)未经有关部门依法批准或者借用合法经营的形式吸收资金;

(二)通过媒体、推介会、传单、手机短信等途径向社会公开宣传;

(三)承诺在一定期限内以货币、实物、股权等方式还本付息或者给付回报;

(四)向社会公众即社会不特定对象吸收资金。

未向社会公开宣传,在亲友或者单位内部针对特定对象吸收资金的,不属于非法吸收或者变相吸收公众存款。

第二条 实施下列行为之一,符合本解释第一条第一款规定的条件的,应当依照刑法第一百七十六条的规定,以非法吸收公众存款罪定罪处罚:

(一)不具有房产销售的真实内容或者不以房产销售为主要目的,以返本销售、售后包租、约定回购、销售房产份额等方式非法吸收资金的;

(二)以转让林权并代为管护等方式非法吸收资金的;

(三)以代种植(养殖)、租种植(养殖)、联合种植(养殖)等方式非法吸收资金的;

(四)不具有销售商品、提供服务的真实内容或者不以销售商品、提供服务为主要目的,以商品回购、寄存代售等方式非法吸收资金的;

（五）不具有发行股票、债券的真实内容，以虚假转让股权、发售虚构债券等方式非法吸收资金的；

（六）不具有募集基金的真实内容，以假借境外基金、发售虚构基金等方式非法吸收资金的；

（七）不具有销售保险的真实内容，以假冒保险公司、伪造保险单据等方式非法吸收资金的；

（八）以投资入股的方式非法吸收资金的；

（九）以委托理财的方式非法吸收资金的；

（十）利用民间"会"、"社"等组织非法吸收资金的；

（十一）其他非法吸收资金的行为。

第三条 非法吸收或者变相吸收公众存款，具有下列情形之一的，应当依法追究刑事责任：

（一）个人非法吸收或者变相吸收公众存款，数额在20万元以上的，单位非法吸收或者变相吸收公众存款，数额在100万元以上的；

（二）个人非法吸收或者变相吸收公众存款对象30人以上的，单位非法吸收或者变相吸收公众存款对象150人以上的；

（三）个人非法吸收或者变相吸收公众存款，给存款人造成直接经济损失数额在10万元以上的，单位非法吸收或者变相吸收公众存款，给存款人造成直接经济损失数额在50万元以上的；

（四）造成恶劣社会影响或者其他严重后果的。

具有下列情形之一的，属于刑法第一百七十六条规定的"数额巨大或者有其他严重情节"：

（一）个人非法吸收或者变相吸收公众存款，数额在100万元以上的，单位非法吸收或者变相吸收公众存款，数额在500万元以上的；

（二）个人非法吸收或者变相吸收公众存款对象100人以上的，单位非法吸收或者变相吸收公众存款对象500人以上的；

（三）个人非法吸收或者变相吸收公众存款，给存款人造成直接经济损失数额在50万元以上的，单位非法吸收或者变相吸收公众存款，给存款人造成直接经济损失数额在250万元以上的；

（四）造成特别恶劣社会影响或者其他特别严重后果的。

非法吸收或者变相吸收公众存款的数额，以行为人所吸收的资金全额计算。案发前后已归还的数额，可以作为量刑情节酌情考虑。

非法吸收或者变相吸收公众存款,主要用于正常的生产经营活动,能够及时清退所吸收资金,可以免予刑事处罚;情节显著轻微的,不作为犯罪处理。

第四条 以非法占有为目的,使用诈骗方法实施本解释第二条规定所列行为的,应当依照刑法第一百九十二条的规定,以集资诈骗罪定罪处罚。

使用诈骗方法非法集资,具有下列情形之一的,可以认定为"以非法占有为目的":

(一)集资后不用于生产经营活动或者用于生产经营活动与筹集资金规模明显不成比例,致使集资款不能返还的;

(二)肆意挥霍集资款,致使集资款不能返还的;

(三)携带集资款逃匿的;

(四)将集资款用于违法犯罪活动的;

(五)抽逃、转移资金、隐匿财产,逃避返还资金的;

(六)隐匿、销毁账目,或者搞假破产、假倒闭,逃避返还资金的;

(七)拒不交代资金去向,逃避返还资金的;

(八)其他可以认定非法占有目的的情形。

集资诈骗罪中的非法占有目的,应当区分情形进行具体认定。行为人部分非法集资行为具有非法占有目的的,对该部分非法集资行为所涉集资款以集资诈骗罪定罪处罚;非法集资共同犯罪中部分行为人具有非法占有目的,其他行为人没有非法占有集资款的共同故意和行为的,对具有非法占有目的的行为人以集资诈骗罪定罪处罚。

第五条 个人进行集资诈骗,数额在10万元以上的,应当认定为"数额较大";数额在30万元以上的,应当认定为"数额巨大";数额在100万元以上的,应当认定为"数额特别巨大"。

单位进行集资诈骗,数额在50万元以上的,应当认定为"数额较大";数额在150万元以上的,应当认定为"数额巨大";数额在500万元以上的,应当认定为"数额特别巨大"。

集资诈骗的数额以行为人实际骗取的数额计算,案发前已归还的数额应予扣除。行为人为实施集资诈骗活动而支付的广告费、中介费、手续费、回扣,或者用于行贿、赠与等费用,不予扣除。行为人为实施集资诈骗活动而支付的利息,除本金未归还可予折抵本金以外,应当计入诈骗数额。

第六条 未经国家有关主管部门批准,向社会不特定对象发行、以转让股权等方式变相发行股票或者公司、企业债券,或者向特定对象发行、变相发行股票或者公司、企业债券累计超过200人的,应当认定为刑法第一百七十九条规定的"擅自发行股票、公司、企业债券"。构成犯罪的,以擅自发行股票、公司、企业债券罪定罪处罚。

第七条 违反国家规定,未经依法核准擅自发行基金份额募集基金,情节严重的,依照刑法第二百二十五条的规定,以非法经营罪定罪处罚。

第八条 广告经营者、广告发布者违反国家规定,利用广告为非法集资活动相关的商品或者服务作虚假宣传,具有下列情形之一的,依照刑法第二百二十二条的规定,以虚假广告罪定罪处罚:

(一)违法所得数额在10万元以上的;
(二)造成严重危害后果或者恶劣社会影响的;
(三)二年内利用广告作虚假宣传,受过行政处罚二次以上的;
(四)其他情节严重的情形。

明知他人从事欺诈发行股票、债券,非法吸收公众存款,擅自发行股票、债券,集资诈骗或者组织、领导传销活动等集资犯罪活动,为其提供广告等宣传的,以相关犯罪的共犯论处。

第九条 此前发布的司法解释与本解释不一致的,以本解释为准。

附件6 最高人民法院《关于依法妥善审理民间借贷纠纷案件促进经济发展维护社会稳定的通知》(2011)

各省、自治区、直辖市高级人民法院,解放军军事法院,新疆维吾尔自治区高级人民法院生产建设兵团分院:

当前我国经济保持平稳较快发展,整体形势良好,但是受国际国内经济形势变化等多种因素的影响,一些地方出现了与民间借贷相关的债务不能及时清偿、债务人出逃、中小企业倒闭等事件,对当地经济发展和社会稳定造成了较大冲击,相关纠纷案件在短期内大量增加。为践行能动司法理念,充分发挥审判职能作用,妥善化解民间借贷纠纷,促进经济发展,维护社会稳定,现将有关事项通知如下:

一、高度重视民间借贷纠纷案件的审判执行工作。民间借贷客观上拓宽了中小企业的融资渠道,一定程度上解决了部分社会融资需求,增强了经济运行的自我调整和适应能力,促进了多层次信贷市场的形成和发展,但实践中民间借贷也存在着交易隐蔽、风险不易监控等特点,容易引发高利贷、中小企业资金链断裂甚至破产以及非法集资、暴力催收导致人身伤害等违法犯罪问题,对金融秩序乃至经济发展、社会稳定造成不利影响,也使得人民法院妥善化解民间借贷纠纷的难度增加。因此,人民法院应当高度重视民间借贷纠纷案件的审判执行工作,将其作为"为大局服务,为人民司法"的重要工作内容,作为深入推进三项重点工作的重要切入点,通过依法妥善审理民间借贷纠纷,规范和引导民间借贷健康有序发展,切实维护社会和谐稳定。

二、做好民间借贷纠纷案件的立案受理工作。当事人就民间借贷纠纷起诉的,人民法院要依据民事诉讼法的有关规定做好立案受理工作。立案时要认真进行审查,对于涉嫌非法集资等经济犯罪的案件,依法移送有关部门处理;对于可能影响社会稳定的案件,及时与政府及有关部门沟通协调,积极配合做好相关预案工作,切实防范可能引发的群体性、突发性事件。

三、依法惩治与民间借贷相关的刑事犯罪。人民法院在审理与民间借贷相关的非法集资等经济犯罪案件时,要依照《最高人民法院关于在审理经济纠纷案件中涉及经济犯罪嫌疑若干问题的规定》的有关规定,根据具体情况分别处理。对于非法集资等经济犯罪案件,要依法及时审判,切实维护金融秩序。对于与民间借贷相关的黑社会性质的组织犯罪及其他暴力性犯罪,要依法从严惩处,切实维护人民群众人身财产安全。要严格贯彻宽严相济的刑事政策,注意区分性质不同的违法犯罪行为,真正做到罚当其罪。

四、依法妥善审理民间借贷纠纷案件。人民法院在审理民间借贷纠纷案件时,要严格适用民法通则、合同法等有关法律法规和司法解释的规定,同时注意把握国家经济政策精神,努力做到依法公正与妥善合理的有机统一。要依法认定民间借贷的合同效力,保护合法借贷关系,切实维护当事人的合法权益,确保案件处理取得良好的法律效果和社会效果。对于因赌博、吸毒等违法犯罪活动而形成的借贷关系或者出借人明知借款人是为了进行上述违法犯罪活动的借贷关系,依法不予保护。

五、加大对民间借贷纠纷案件的调解力度。人民法院审理民间借贷纠纷案件,要深入贯彻"调解优先、调判结合"工作原则。对于涉及众多出借人或者借款人的案件、可能引发工人讨薪等群体性事件的案件、出借人与借款人之间情绪严重对立的案件以及判决后难以执行的案件等,要先行调解,重点调解,努力促成当事人和解。要充分借助政府部门、行业组织、社会团体等各方面力量,加强与人民调解、行政调解的程序对接,形成化解矛盾的最大合力,共同维护社会和谐稳定。

六、依法保护合法的借贷利息。人民法院在审理民间借贷纠纷案件时,要依法保护合法的借贷利息,依法遏制高利贷化倾向。出借人依照合同约定请求支付借款利息的,人民法院应当依据合同法和《最高人民法院关于人民法院审理借贷案件的若干意见》第6条、第7条的规定处理。出借人将利息预先在本金中扣除的,应当按照实际借款数额返还借款并计算利息。当事人仅约定借期内利率,未约定逾期利率,出借人以借期内的利率主张逾期还款利息的,依法予以支持。当事人既未约定借期内利率,也未约定逾期利率的,出借人参照中国人民银行同期同类贷款基准利率,主张自逾期还款之日起的利息损失的,依法予以支持。

七、注意防范、制裁虚假诉讼。人民法院在审理民间借贷纠纷案件过程中,要依法全面、客观地审核双方当事人提交的全部证据,从各证据与案件事实的关联程度、各证据之间的联系等方面进行综合审查判断。对形式有瑕疵的"欠条"或者"收条",要结合其他证据认定是否存在借贷关系;对现金交付的借贷,可根据交付凭证、支付能力、交易习惯、借贷金额的大小、当事人间关系以及当事人陈述的交易细节经过等因素综合判断。发现有虚假诉讼嫌疑的,要及时依职权或者提请有关部门调查取证,查清事实真相。经查证确属虚假诉讼的,驳回其诉讼请求,并对其妨害民事诉讼的行为依法予以制裁;对于以骗取财物、逃废债务为目的实施虚假诉讼，构成犯罪的，依法追究刑事责任。

八、妥善适用有关司法措施。对于暂时资金周转困难但仍在正常经营的借款人，在不损害出借人合法权益的前提下，灵活适用诉讼保全措施，尽量使该借款人度过暂时的债务危机。对于出借人举报的有转移财产、逃避债务可能的借款人，要依法视情加大诉讼保全力度，切实维护债权人的合法权益。在审理因民间借贷债务而引发的企业破产案件时，对于符合国家产业政策且具有挽救价值和希望的负债中小企业，要积极适用重整、和解程序，尽快实现企业再生；对没有挽救希望，必须通过破产清算退出市场的中小企业，要制定综合预案，统筹协调，稳步推进，切实将企业退市引发的不良影响降到最低。

九、积极促进建立健全民间借贷纠纷防范和解决机制。人民法院在化解民间借贷纠纷的工作中，要紧紧围绕党和国家工作大局，紧紧依靠党委领导和政府支持，积极采取司法应对措施，全力维护社会和谐稳定。要加强与政府有关职能部门的沟通协调，充分发挥联动效能。要建立和完善系列案件审判执行统一协调机制，避免因裁判标准不一致或者执行工作简单化而激化社会矛盾。要结合民间借贷纠纷案件审判工作实际，及时提出司法建议，为有关部门依法采取有效措施提供参考。要加强法制宣传，特别是对典型案件的宣传，引导各类民间借贷主体增强风险防范意识，倡导守法诚信的社会风尚。

十、加强对民间借贷纠纷案件新情况新问题的调查研究。人民法院在民间借贷纠纷案件的审判工作中，要认真总结审判经验，密切关注各类敏感疑难问题和典型案件，对审理民间借贷纠纷案件过程中出现的新情况新问题，要认真分析研究成因，尽早提出对策，必要时及时层报最高人民法院。

中华人民共和国最高人民法院
二○一一年十二月二日

附件7 最高人民法院、最高人民检察院、公安部联合下发《关于办理非法集资刑事案件适用法律若干问题的意见》(2014)

各省、自治区、直辖市高级人民法院,人民检察院,公安厅、局,解放军军事法院、军事检察院,新疆维吾尔自治区高级人民法院生产建设兵团分院,新疆生产建设兵团人民检察院、公安局:

为解决近年来公安机关、人民检察院、人民法院在办理非法集资刑事案件中遇到的问题,依法惩治非法吸收公众存款、集资诈骗等犯罪,根据刑法、刑事诉讼法的规定,结合司法实践,现就办理非法集资刑事案件适用法律问题提出以下意见:

一、关于行政认定的问题

行政部门对于非法集资的性质认定,不是非法集资刑事案件进入刑事诉讼程序的必经程序。行政部门未对非法集资作出性质认定的,不影响非法集资刑事案件的侦查、起诉和审判。

公安机关、人民检察院、人民法院应当依法认定案件事实的性质,对于案情复杂、性质认定疑难的案件,可参考有关部门的认定意见,根据案件事实和法律规定作出性质认定。

二、关于"向社会公开宣传"的认定问题

《最高人民法院关于审理非法集资刑事案件具体应用法律若干问题的解释》第一条第一款第二项中的"向社会公开宣传",包括以各种途径向社会公众传播吸收资金的信息,以及明知吸收资金的信息向社会公众扩散而予以放任等情形。

三、关于"社会公众"的认定问题

下列情形不属于《最高人民法院关于审理非法集资刑事案件具体应用法律若干问题的解释》第一条第二款规定的"针对特定对象吸收资金"的行为,应当认定为向社会公众吸收资金:

(一)在向亲友或者单位内部人员吸收资金的过程中,明知亲友或者单位内部人员向不特定对象吸收资金而予以放任的;

(二)以吸收资金为目的,将社会人员吸收为单位内部人员,并向其吸收资金的。

四、关于共同犯罪的处理问题

为他人向社会公众非法吸收资金提供帮助,从中收取代理费、好处费、返点费、佣金、提成等费用,构成非法集资共同犯罪的,应当依法追究刑事责任。能够及时退缴上述费用的,可依法从轻处罚;其中情节轻微的,可以免除处罚;情节显著轻微、危害不大的,不作为犯罪处理。

五、关于涉案财物的追缴和处置问题

向社会公众非法吸收的资金属于违法所得。以吸收的资金向集资参与人支付的利息、分红等回报,以及向帮助吸收资金人员支付的代理费、好处费、返点费、佣金、提成等费用,应当依法追缴。集资参与人本金尚未归还的,所支付的回报可予折抵本金。

将非法吸收的资金及其转换财物用于清偿债务或者转让给他人,有下列情形之一的,应当依法追缴:

（一）他人明知是上述资金及财物而收取的;

（二）他人无偿取得上述资金及财物的;

（三）他人以明显低于市场的价格取得上述资金及财物的;

（四）他人取得上述资金及财物系源于非法债务或者违法犯罪活动的;

（五）其他依法应当追缴的情形。

查封、扣押、冻结的易贬值及保管、养护成本较高的涉案财物,可以在诉讼终结前依照有关规定变卖、拍卖。所得价款由查封、扣押、冻结机关予以保管,待诉讼终结后一并处置。

查封、扣押、冻结的涉案财物,一般应在诉讼终结后,返还集资参与人。涉案财物不足全部返还的,按照集资参与人的集资额比例返还。

六、关于证据的收集问题

办理非法集资刑事案件中,确因客观条件的限制无法逐一收集集资参与人的言词证据的,可结合已收集的集资参与人的言词证据和依法收集并查证属实的书面合同、银行账户交易记录、会计凭证及会计账簿、资金收付凭证、审计报告、互联网电子数据等证据,综合认定非法集资对象人数和吸收资金数额等犯罪事实。

七、关于涉及民事案件的处理问题

对于公安机关、人民检察院、人民法院正在侦查、起诉、审理的非法集资刑事案件,有关单位或者个人就同一事实向人民法院提起民事诉讼或者申请执行涉案财物的,人民法院应当不予受理,并将有关材料移送公安机关或者检察机关。

人民法院在审理民事案件或者执行过程中,发现有非法集资犯罪嫌疑的,应当裁定驳回起诉或者中止执行,并及时将有关材料移送公安机关或者检察机关。

公安机关、人民检察院、人民法院在侦查、起诉、审理非法集资刑事案件中,发现与人民法院正在审理的民事案件属同一事实,或者被申请执行的财物属于涉案财物的,应当及时通报相关人民法院。人民法院经审查认为确属涉嫌犯罪的,依照前款规定处理。

八、关于跨区域案件的处理问题

跨区域非法集资刑事案件,在查清犯罪事实的基础上,可以由不同地区的公安机关、人民检察院、人民法院分别处理。

对于分别处理的跨区域非法集资刑事案件,应当按照统一制定的方案处置涉案财物。

国家机关工作人员违反规定处置涉案财物,构成渎职等犯罪的,应当依法追究刑事责任。

最高人民法院 最高人民检察院 公安部
2014年3月25日

附件8 国务院《关于鼓励和引导民间投资健康发展的若干意见》(2010)

各省、自治区、直辖市人民政府,国务院各部委、各直属机构:

改革开放以来,我国民间投资不断发展壮大,已经成为促进经济发展、调整产业结构、繁荣城乡市场、扩大社会就业的重要力量。在毫不动摇地巩固和发展公有制经济的同时,毫不动摇地鼓励、支持和引导非公有制经济发展,进一步鼓励和引导民间投资,有利于坚持和完善我国社会主义初级阶段基本经济制度,以现代产权制度为基础发展混合所有制经济,推动各种所有制经济平等竞争、共同发展;有利于完善社会主义市场经济体制,充分发挥市场配置资源的基础性作用,建立公平竞争的市场环境;有利于激发经济增长的内生动力,稳固可持续发展的基础,促进经济长期平稳较快发展;有利于扩大社会就业,增加居民收入,拉动国内消费,促进社会和谐稳定。为此,提出以下意见:

一、进一步拓宽民间投资的领域和范围

(一)深入贯彻落实《国务院关于鼓励支持和引导个体私营等非公有制经济发展的若干意见》[国发(2005)3号]等一系列政策措施,鼓励和引导民间资本进入法律法规未明确禁止准入的行业和领域。规范设置投资准入门槛,创造公平竞争、平等准入的市场环境。市场准入标准和优惠扶持政策要公开透明,对各类投资主体同等对待,不得单对民间资本设置附加条件。

(二)明确界定政府投资范围。政府投资主要用于关系国家安全、市场不能有效配置资源的经济和社会领域。对于可以实行市场化运作的基础设施、市政工程和其他公共服务领域,应鼓励和支持民间资本进入。

(三)进一步调整国有经济布局和结构。国有资本要把投资重点放在不断加强和巩固关系国民经济命脉的重要行业和关键领域,在一般竞争性领域,要为民间资本营造更广阔的市场空间。

(四)积极推进医疗、教育等社会事业领域改革。将民办社会事业作为社会公共事业发展的重要补充,统筹规划,合理布局,加快培育形成政府投入为主、民间投资为辅的公共服务体系。

二、鼓励和引导民间资本进入基础产业和基础设施领域

(五)鼓励民间资本参与交通运输建设。鼓励民间资本以独资、控股、参股等方式投资建设公路、水运、港口码头、民用机场、通用航空设施等项目。抓紧研究制定铁路体制改革方案,引入市场竞争,推进投资主体多元化,鼓励民间资本参与铁路干线、铁路支线、铁路轮渡以及站场设施的建设,允许民间资本参股建设煤运通道、客运专线、城际轨道交通等项目。探索建立铁路产业投资基金,积极支持铁路企业加快股改上市,拓宽民间资本进入铁路建设领域的渠道和途径。

(六)鼓励民间资本参与水利工程建设。建立收费补偿机制,实

行政府补贴,通过业主招标、承包租赁等方式,吸引民间资本投资建设农田水利、跨流域调水、水资源综合利用、水土保持等水利项目。

（七）鼓励民间资本参与电力建设。鼓励民间资本参与风能、太阳能、地热能、生物质能等新能源产业建设。支持民间资本以独资、控股或参股形式参与水电站、火电站建设,参股建设核电站。进一步放开电力市场,积极推进电价改革,加快推行竞价上网,推行项目业主招标,完善电力监管制度,为民营发电企业平等参与竞争创造良好环境。

（八）鼓励民间资本参与石油天然气建设。支持民间资本进入油气勘探开发领域,与国有石油企业合作开展油气勘探开发。支持民间资本参股建设原油、天然气、成品油的储运和管道输送设施及网络。

（九）鼓励民间资本参与电信建设。鼓励民间资本以参股方式进入基础电信运营市场。支持民间资本开展增值电信业务。加强对电信领域垄断和不正当竞争行为的监管,促进公平竞争,推动资源共享。

（十）鼓励民间资本参与土地整治和矿产资源勘探开发。积极引导民间资本通过招标投标形式参与土地整理、复垦等工程建设,鼓励和引导民间资本投资矿山地质环境恢复治理,坚持矿业权市场全面向民间资本开放。

三、鼓励和引导民间资本进入市政公用事业和政策性住房建设领域

（十一）鼓励民间资本参与市政公用事业建设。支持民间资本进入城市供水、供气、供热、污水和垃圾处理、公共交通、城市园林绿化等领域。鼓励民间资本积极参与市政公用企事业单位的改组改制,具备条件的市政公用事业项目可以采取市场化的经营方式,向民间资本转让产权或经营权。

（十二）进一步深化市政公用事业体制改革。积极引入市场竞争机制,大力推行市政公用事业的投资主体、运营主体招标制度,建立健全市政公用事业特许经营制度。改进和完善政府采购制度,建立规范的政府监管和财政补贴机制,加快推进市政公用产品价格和收费制度改革,为鼓励和引导民间资本进入市政公用事业领域创造良好的制度环境。

（十三）鼓励民间资本参与政策性住房建设。支持和引导民间资本投资建设经济适用住房、公共租赁住房等政策性住房,参与棚户区

改造,享受相应的政策性住房建设政策。

四、鼓励和引导民间资本进入社会事业领域

(十四)鼓励民间资本参与发展医疗事业。支持民间资本兴办各类医院、社区卫生服务机构、疗养院、门诊部、诊所、卫生所(室)等医疗机构,参与公立医院转制改组。支持民营医疗机构承担公共卫生服务、基本医疗服务和医疗保险定点服务。切实落实非营利性医疗机构的税收政策。鼓励医疗人才资源向民营医疗机构合理流动,确保民营医疗机构在人才引进、职称评定、科研课题等方面与公立医院享受平等待遇。从医疗质量、医疗行为、收费标准等方面对各类医疗机构加强监管,促进民营医疗机构健康发展。

(十五)鼓励民间资本参与发展教育和社会培训事业。支持民间资本兴办高等学校、中小学校、幼儿园、职业教育等各类教育和社会培训机构。修改完善《中华人民共和国民办教育促进法实施条例》,落实对民办学校的人才鼓励政策和公共财政资助政策,加快制定和完善促进民办教育发展的金融、产权和社保等政策,研究建立民办学校的退出机制。

(十六)鼓励民间资本参与发展社会福利事业。通过用地保障、信贷支持和政府采购等多种形式,鼓励民间资本投资建设专业化的服务设施,兴办养(托)老服务和残疾人康复、托养服务等各类社会福利机构。

(十七)鼓励民间资本参与发展文化、旅游和体育产业。鼓励民间资本从事广告、印刷、演艺、娱乐、文化创意、文化会展、影视制作、网络文化、动漫游戏、出版物发行、文化产品数字制作与相关服务等活动,建设博物馆、图书馆、文化馆、电影院等文化设施。鼓励民间资本合理开发旅游资源,建设旅游设施,从事各种旅游休闲活动。鼓励民间资本投资生产体育用品,建设各类体育场馆及健身设施,从事体育健身、竞赛表演等活动。

五、鼓励和引导民间资本进入金融服务领域

(十八)允许民间资本兴办金融机构。在加强有效监管、促进规范经营、防范金融风险的前提下,放宽对金融机构的股比限制。支持民间资本以入股方式参与商业银行的增资扩股,参与农村信用社、城市信用社的改制工作。鼓励民间资本发起或参与设立村镇银行、贷款公司、农村资金互助社等金融机构,放宽村镇银行或社区银行中法人银行最低出资比例的限制。落实中小企业贷款税前全额拨备损失准备金政策,简化中小金融机构呆账核销审核程序。适当放宽小额贷款公司单一投资者持股比例限制,对小额贷款公司的涉农业务实行与村镇银行同等的财政补贴政策。支持民间资本发起设立信用担保公司,完善信用担保公司的风险补偿机制和风险分担机制。鼓励民间资本发起设立金融中介服务机构,参与证券、保险等金融机构的改组改制。

六、鼓励和引导民间资本进入商贸流通领域

(十九)鼓励民间资本进入商品批发零售、现代物流领域。支持民营批发、零售企业发展,鼓励民间资本投资连锁经营、电子商务等新型流通业态。引导民间资本投资第三方物流服务领域,为民营物流企业承接传统制造业、商贸业的物流业务外包创造条件,支持中小型民营商贸流通企业协作发展共同配送。加快物流业管理体制改革,鼓励物流基础设施的资源整合和充分利用,促进物流企业网络化经营,搭建便捷高效的融资平台,创造公平、规范的市场竞争环境,推进物流服务的社会化和资源利用的市场化。

七、鼓励和引导民间资本进入国防科技工业领域

(二十)鼓励民间资本进入国防科技工业投资建设领域。引导和支持民营企业有序参与军工企业的改组改制,鼓励民营企业参与军民两用高技术开发和产业化,允许民营企业按有关规定参与承担军工生产和科研任务。

八、鼓励和引导民间资本重组联合和参与国有企业改革

(二十一)引导和鼓励民营企业利用产权市场组合民间资本,促进产权合理流动,开展跨地区、跨行业兼并重组。鼓励和支持民间资本在国内合理流动,实现产业有序梯度转移,参与西部大开发、东北地区等老工业基地振兴、中部地区崛起以及新农村建设和扶贫开发。支持有条件的民营企业通过联合重组等方式做大做强,发展成为特色突出、市场竞争力强的集团化公司。

(二十二)鼓励和引导民营企业通过参股、控股、资产收购等多种形式,参与国有企业的改制重组。合理降低国有控股企业中的国有资本比例。民营企业在参与国有企业改制重组过程中,要认真执行国家有关资产处置、债务处理和社会保障等方面的政策要求,依法妥善安

置职工,保证企业职工的正当权益。

九、推动民营企业加强自主创新和转型升级

(二十三)贯彻落实鼓励企业增加研发投入的税收优惠政策,鼓励民营企业增加研发投入,提高自主创新能力,掌握拥有自主知识产权的核心技术。帮助民营企业建立工程技术研究中心、技术开发中心,增加技术储备,搞好技术人才培训。支持民营企业参与国家重大科技计划项目和技术攻关,不断提高企业技术水平和研发能力。

(二十四)加快实施促进科技成果转化的鼓励政策,积极发展技术市场,完善科技成果登记制度,方便民营企业转让和购买先进技术。加快分析测试、检验检测、创业孵化、科技评估、科技咨询等科技服务机构的建设和机制创新,为民营企业的自主创新提供服务平台。积极推动信息服务外包、知识产权、技术转移和成果转化等高技术服务领域的市场竞争,支持民营企业开展技术服务活动。

(二十五)鼓励民营企业加大新产品开发力度,实现产品更新换代。开发新产品发生的研究开发费用可按规定享受加计扣除优惠政策。鼓励民营企业实施品牌发展战略,争创名牌产品,提高产品质量和服务水平。通过加速固定资产折旧等方式鼓励民营企业进行技术改造,淘汰落后产能,加快技术升级。

(二十六)鼓励和引导民营企业发展战略性新兴产业。广泛应用信息技术等高新技术改造提升传统产业,大力发展循环经济、绿色经济,投资建设节能减排、节水降耗、生物医药、信息网络、新能源、新材料、环境保护、资源综合利用等具有发展潜力的新兴产业。

十、鼓励和引导民营企业积极参与国际竞争

(二十七)鼓励民营企业"走出去",积极参与国际竞争。支持民营企业在研发、生产、营销等方面开展国际化经营,开发战略资源,建立国际销售网络。支持民营企业利用自有品牌、自主知识产权和自主营销,开拓国际市场,加快培育跨国企业和国际知名品牌。支持民营企业之间、民营企业与国有企业之间组成联合体,发挥各自优势,共同开展多种形式的境外投资。

(二十八)完善境外投资促进和保障体系。与有关国家建立鼓励和促进民间资本国际流动的政策磋商机制,开展多种形式的对话交流,发展长期稳定、互惠互利的合作关系。通过签订双边民间投资合作协定、利用多边协定体系等,为民营企业"走出去"争取有利的投资、贸易环境和更多优惠政策。健全和完善境外投资鼓励政策,在资金支持、金融保险、外汇管理、质检通关等方面,民营企业与其他企业享受同等待遇。

十一、为民间投资创造良好环境

(二十九)清理和修改不利于民间投资发展的法规政策规定,切实保护民间投资的合法权益,培育和维护平等竞争的投资环境。在制订涉及民间投资的法律、法规和政策时,要听取有关商会和民营企业的意见和建议,充分反映民营企业的合理要求。

(三十)各级人民政府有关部门安排的政府性资金,包括财政预算内投资、专项建设资金、创业投资引导资金,以及国际金融组织贷款和外国政府贷款等,要明确规则、统一标准,对包括民间投资在内的各类投资主体同等对待。支持民营企业的产品和服务进入政府采购目录。

(三十一)各类金融机构要在防范风险的基础上,创新和灵活运用多种金融工具,加大对民间投资的融资支持,加强对民间投资的金融服务。各级人民政府及有关监管部门要不断完善民间投资的融资担保制度,健全创业投资机制,发展股权投资基金,继续支持民营企业通过股票、债券市场进行融资。

(三十二)全面清理整合涉及民间投资管理的行政审批事项,简化环节、缩短时限,进一步推动管理内容、标准和程序的公开化、规范化,提高行政服务效率。进一步清理和规范涉企收费,切实减轻民营企业负担。

十二、加强对民间投资的服务、指导和规范管理

(三十三)统计部门要加强对民间投资的统计工作,准确反映民间投资的进展和分布情况。投资主管部门、行业管理部门及行业协会要切实做好民间投资的监测和分析工作,及时把握民间投资动态,合理引导民间投资。要加强投资信息平台建设,及时向社会公开发布国家产业政策、发展建设规划、市场准入标准、国内外行业动态等信息,引导民间投资者正确判断形势,减少盲目投资。

(三十四)建立健全民间投资服务体系。充分发挥商会、行业协会等自律性组织的作用,积极培育和发展为民间投资提供法律、政策、

咨询、财务、金融、技术、管理和市场信息等服务的中介组织。

（三十五）在放宽市场准入的同时,切实加强监管。各级人民政府有关部门要依照有关法律法规要求,切实督促民间投资主体履行投资建设手续,严格遵守国家产业政策和环保、用地、节能以及质量、安全等规定。要建立完善企业信用体系,指导民营企业建立规范的产权、财务、用工等制度,依法经营。民间投资主体要不断提高自身素质和能力,树立诚信意识和责任意识,积极创造条件满足市场准入要求,并主动承担相应的社会责任。

（三十六）营造有利于民间投资健康发展的良好舆论氛围。大力宣传党中央、国务院关于鼓励、支持和引导非公有制经济发展的方针、政策和措施。客观、公正宣传报道民间投资在促进经济发展、调整产业结构、繁荣城乡市场和扩大社会就业等方面的积极作用。积极宣传依法经营、诚实守信、认真履行社会责任、积极参与社会公益事业的民营企业家的先进事迹。

各地区、各部门要把鼓励和引导民间投资健康发展工作摆在更加重要的位置,进一步解放思想,转变观念,深化改革,创新求实,根据本意见要求,抓紧研究制定具体实施办法,尽快将有关政策措施落到实处,努力营造有利于民间投资健康发展的政策环境和舆论氛围,切实促进民间投资持续健康发展,促进投资合理增长、结构优化、效益提高和经济社会又好又快发展。

国务院
二〇一〇年五月七日

附件9　浙江省人民政府办公厅《关于加强和改进民间融资管理的若干意见》（试行）

各市、县(市、区)人民政府,省政府直属各单位：

为加强对民间融资的引导与规范,发挥民间融资积极作用,改善中小企业融资环境,防范和打击非法集资,维护我省经济金融秩序和社会稳定,根据国家有关法律法规以及加强和创新社会管理的总体要

求,经省政府同意,现就加强和改进民间融资管理提出如下意见:

一、充分认识加强和改进民间融资管理的重要意义

民间融资是指在依法批准设立的金融机构以外的自然人、法人以及其他经济主体之间,以货币资金为标的的价值转移及本息支付的融资行为。民间融资在我省创业创新、中小企业成长以及"三农"发展中发挥了积极作用,在一定程度上缓解了中小企业融资难问题。但是,民间融资活动隐蔽性强、参与主体复杂、涉及面广,加上法律制度尚不完善、监管缺位,存在很大的风险隐患。一旦融资主体发生资金链断裂或非法集资行为,容易引发群体性事件,也易诱发暴力讨债、非法拘禁、恶意逃债、哄抢物资等恶性案件,严重影响经济社会和谐稳定。因此,各地、各部门必须高度重视,既要看到民间融资所起的积极作用,也要看到民间融资无序发展所带来的负面影响。在当前中小企业尤其是小微企业融资困难、经营压力加大的情况下,更需要加强和改进对民间融资的管理,引导民间融资阳光化、规范化发展,切实缓解中小企业融资难和民间资金投资难问题,促进经济转型升级。

二、准确把握民间融资管理的基本原则

按照"引导发展、创新管理、防范风险"的原则,以改善中小企业和"三农"融资环境为出发点,以引导规范和创新管理为重点,倡导发展合法融资,探索有效监管途径,严厉打击非法集资,有效遏制高利放贷,切实防范潜在风险,确保区域经济金融安全。

三、积极拓宽民间资金投资渠道,合理引导民间资金流向

深入贯彻落实《国务院关于鼓励和引导民间投资健康发展的若干意见》[国发(2010)13号]等一系列政策措施,鼓励和引导民间资金进入基础产业和基础设施、市政公用事业、政策性住房建设、医疗卫生和教育文化等社会事业、金融服务和商贸流通等法律法规未明确禁止准入的行业和领域。鼓励和引导民间资本投向我省海洋经济、现代服务业和战略性新兴产业等重点领域。鼓励和引导企业、投资机构通过多种途径集聚民间资金参与省内重大项目建设和国有企业改制重组。

四、大力发展专业资产管理机构,推进民间资金集约化管理

充分发挥我省民间资金丰裕、投资者积极性高、承担风险能力较强等优势,通过设立政府引导基金和各类股权投资基金,引进国内外高端人才,营造宽松发展环境,大力培育发展专业资产管理和投资管

理机构,以集约化管理方式,吸引更多的民间资金通过股权、债权投资方式有序流入实体经济和成长型骨干企业。

五、加快地方金融机构发展步伐,吸引更多民间资金参与地方金融机构改革

支持民间资金参与地方商业银行、农村信用社以及其他非银行金融机构的改制和增资扩股;支持民间资金参与小额贷款公司设立和增资扩股,参与村镇银行、农村资金互助社等新型农村金融组织试点扩面。鼓励和支持小金融机构开发更多的适合民间资金投资需求的金融产品和服务。

六、开展民间融资监管试点,探索民间融资有效监管途径

选择温州市、省级金融创新示范县(市、区)以及部分民间融资活跃的市、县(市、区),率先开展民间融资监管试点工作,摸索经验,逐步推广。试点市、县(市、区)要探索建立民间融资备案管理制度,引导融资主体特别是法人实体进行民间融资备案登记。将民间融资的备案登记资料作为依法保护民间融资双方的合法权益、处理民间融资纠纷以及打击和处置非法集资案件的重要依据。鼓励试点市、县(市、区)建立民间融资服务机构,承担民间融资备案登记、信用建设以及民间融资中介组织运行情况监测等工作。试点市、县(市、区)要探索培育民间融资中介类服务机构,开展自然人、法人以及其他经济主体之间的民间融资信息中介服务试点,引导资金供需双方对接,降低民间融资成本,优化民间资金的行业和区域配置。加强对民间融资中介服务机构的指导和监督管理,异地企业来我省开展大额民间融资或民间融资中介服务的,应在省内设立一定规模的子公司或独立企业,并到其注册地或融资所在地政府金融工作部门备案登记。

七、加强对从事民间融资相关业务行为的监管

各地、各部门要按照"属地管理"和"谁主管、谁负责"的原则,强化对担保公司、典当行、寄售行、调剂行、投资类机构以及网络贷款服务机构等主体从事民间融资相关业务行为的检查与监督,防止其借用各类名义从事吸收公众存款、高利放贷等非法金融业务活动。

八、严厉打击非法集资等违法行为

依法打击非法吸收公众存款、集资诈骗、高利转贷等违法行为和资金掮客的违法活动,以及假借公司股票上市、项目投资等名义进行

非法集资或资本传销活动。加大对非法集资案件特别是大案要案的处置力度。坚决取缔"台会"、"标会"等扰乱地方金融秩序的各种非法金融组织。引导和警示企业谨慎使用高息融资,对涉足民间高利借贷尤其是通过高利借贷进行固定资产投资或超过一定期限流动资金周转的,要及时予以劝导和制止。依法依规从严处理参与高利放贷、转贷的国家公务员和金融机构工作人员。

九、维护民间融资秩序,切实保护债权人合法权益

民间融资利率由融资双方参考市场资金价格水平协商确定,超过央行公布的同期同档次银行贷款基准利率四倍的超出部分利息不受法律保护。按照市场原则加强对服务小微企业的民间融资管理,降低市场风险和道德风险。在处理重大民间融资纠纷和非法集资案件时,要做好资产保全、财产处置及主要责任人财产的持续追究工作,切实防止"假破产"等案件发生。对暴力讨债、逼债、哄抢财物等严重影响企业正常生产经营和社会秩序的违法行为,要依法依规打击。加强民间融资宣传引导和风险提示,增强民间融资活动参与者的法律意识,提高企业和群众对非法民间融资活动的识别能力。

十、加强监测预警,强化对民间融资风险和非法集资案件的处置

充分发挥民间借贷利率监测体系的作用,先行在试点市、县(市、区)建立健全民间融资监测体系和工作机制,逐步完善民间融资规模和利率监测体系,加强民间融资动态跟踪和风险预警。当前特别要跟踪掌握涉及高利借贷的重点骨干企业的生产经营情况、财务状况及风险。对发现的问题和风险隐患,要及时采取应对措施,更多地运用市场化方式化解风险。鼓励和引导省内外行业龙头企业参与危困企业重组,促进企业转型升级。对重大民间融资事件和非法集资案件,要按照"属地管理、分业管理"原则做好应急响应、善后处置和应急保障工作。建立重大民间融资风险事件和非法集资大案要案督办制度。

十一、加强组织领导,切实强化民间融资管理工作责任

各市、县(市、区)要切实加强对民间融资管理工作的领导,制定民间融资管理实施办法,建立民间融资管理工作机制,形成市、县(市、区)政府负责、部门协调配合的民间融资管理工作体系。省政府金融工作部门要牵头做好民间融资管理和试点组织协调工作,制定民间融资中介机构和备案登记管理办法,并及时总结完善。有关部门要按照

职责分工,密切配合,加强部门和区域协作,加强工作信息和监测信息资源共享。省政府将民间融资管理工作纳入对各市、各部门年度工作考核内容,对不履职或履职失误造成严重后果的要实行问责。

二〇一一年十一月二十八日

附件 10　温州国家金融改革试验区法律性文件

中共温州市委、温州市人民政府
关于进一步加快温州地方金融业创新发展的意见

金融业是一项战略性产业,也是当前我市提高资源要素配置效率、促进经济转型升级、推动城乡统筹发展、增加城乡居民收入,建设现代化国际性大都市的支柱产业。为深化温州金融改革创新,提高地方金融业的发展水平和综合竞争力,增强金融集聚和辐射功能,提升金融业服务地方经济的能力,进一步推进温州经济社会转型发展,现就加快我市地方金融业创新发展提出如下意见。

一、指导思想和总体目标

(一)指导思想:坚持以科学发展观为指导,紧紧围绕打造服务民营经济的区域性专业金融中心的总体要求,充分发挥金融综合改革试验区先发优势,深化改革,先行先试,积极探索利率市场化,着力健全地方金融组织体系,着力推进地方金融创新发展,着力优化地方金融生态环境,着力维护地方金融稳定,实现金融与经济、社会的互动和谐发展。

(二)总体目标:力争到 2015 年底,全市基本形成具有一定比较优势的地方金融组织框架,实现地方金融机构在创新能力、机构类型、服务网络、管理水平和综合实力等方面的全面发展,实现地方金融业发展水平和金融服务创新能力的明显提高,实现民间金融规范健康发展,努力将我市打造成为地方金融改革创新试验区、民间金融规范发展先行区、中小企业金融服务示范区,形成民间资本集散的"资本之都",使我市地方金融业的规模、质量和效益保持"全省领先、全国一流"水平。

"十二五"期末,温州金融增加值达到 720 亿元,年均增长 21%,

金融业增加值占 GDP 的比重达到 15%，占第三产业增加值的比重达到 30%；银行业本外币存款和贷款分别超过 16 000 亿元和 13 000 亿元；银行业不良贷款率维持在 1% 以下；保险业保费收入超过 180 亿元；企业上市数量超过 30 家；金融业对地方的税收贡献率达到 8%。

二、主要任务

（一）打造资本集散的"资本之都"。建立内外联动机制，发挥民间资本的集聚和辐射效应。通过出台优惠政策、搭建信息平台等多种方式，引导温州辖区内外资本、人才和技术集聚。充分利用商会、协会等民间组织的桥梁纽带功能，畅通政府、企业、市场的沟通渠道。从 2012 年起在温州举办"资本之都"高端论坛，实现资本与项目、资本与企业、资本与市场、资本与资本的对接，将理论引导与实际操作相结合，逐步形成民间资本的集散中心。

（二）推进新型金融组织创新发展。大力推进小额贷款公司、村镇银行、农村资金互助社在我市试点工作。完善规划布局，建立准入制度，健全监管机制，积极向上争取试点指标，力争 2013 年末小额贷款公司控制发展到 100 家，注册资本总额 800 亿元左右，实现中心镇和功能区全覆盖；全市新型农村金融机构及其分支机构（村镇银行、农村资金互助社、贷款公司）总数达到 30 家。探索组建小额贷款公司联合体，设立以行业龙头企业为发起人的行业性小额贷款公司。争取融资比例、融资渠道、业务创新等方面在全国先行先试，争取提高小额贷款公司自然人参股比例，放宽单一投资者持股比例限制。改善村镇银行外部结算环境和社会公信力，加快村镇银行设立分支机构步伐，积极探索符合温州地方实际和市场规律的村镇银行发展新模式，支持本市优质民营企业投资入股村镇银行。积极探索适合温州实际的农村资金互助社试点模式。积极申报设立侨资民营银行和温州信托投资公司、融资租赁公司、消费金融公司等地方性金融组织，逐步形成不同类型、不同规模、互补性较强的金融组织体系和多层次、差异化的金融服务体系，更好地为我市经济社会发展提供金融服务保障。

（三）促进农村合作金融可持续发展。积极稳妥地推进农村合作金融机构股份制改革，努力实现农村合作金融机构由地方性金融机构向区域性金融机构跨越、由传统型金融机构向创新型金融机构跨越。探索管理体制改革，创新发展模式。2011 年开始通过增资扩股全面推进农村合作银行改制为股份制农村商业银行,2年内完成全市农村合作金融机构全部改制为股份制农村商业银行的目标。将市区农村合作银行构建成资本充足、内控严密、运营安全、服务优质、效益良好、具有创新能力和竞争力的现代股份制农村商业银行。增强县域农村合作金融机构服务"三农"和支持小企业的功能。

（四）进一步做大做强温州银行。加快温州银行战略投资者引入步伐,在管理理念、产品研发、市场拓展、盈利模式、企业文化、人才培育等领域进行对接,增强核心竞争力。继续推进上市计划,支持温州银行通过发行次级债、混合资本债等长期债务工具,以及定向增发、配股等股权工具补充资本。支持温州银行通过引入战略投资者扩大和调整股本结构,增强核心资本充足率,继续完善公司治理,深化风险管控,提升经营管理水平和整体发展质量。在银行优化服务、加大对地方经济支持的前提下,适度倾斜地方资源,支持温州银行扩大业务量,扶持温州银行做大做强。"十二五"期间有序推进跨区域经营,争取新设分行3至5家,牵头发起组建村镇银行3至5家。力争"十二五"期末存贷款余额超2 000亿元,资产总额超1 500亿元,综合实力及核心竞争力跻身全国同类城市城商行第一梯队。

（五）打造特色化的地方金融服务。坚持差异化发展,大力推进产品创新和业务创新,努力打造特色化的金融服务。温州银行、农村合作金融机构、村镇银行和小额贷款公司要积极研发和引入多样化的适合温州地方经济发展需求的金融产品,加快推进对农村住房和涉农承包权、经营权抵押贷款、知识产权质押融资、林权抵押贷款、海域使用权抵押贷款试点工作,探索开展中小企业小额信用贷款、中小企业和农户联保贷款、设备按揭贷款、弱势群体创业贷款和其他创新融资业务。鼓励地方金融机构采取信贷员包村服务、金融辅导员制度、"贷款^技术"等方式,推动信贷服务方式创新。支持地方金融机构开展农房抵押贷款业务,探索更大区域内的农房流转制度,推进涉农担保创新。发展信托业务,发挥信托工具的功能优势,为基础设施和重点项目提供金融服务。

（六）切实深化保险业的功能作用。以保险创新示范区建设为契机,全面推进与温州民营经济综合配套改革相衔接的政保合作试点,加快将温州打造成浙南保险中心城市。大力发展涉农保险,以完善政策性农业保险和农房保险为重点,逐步建立多层次体系、多渠道支持、多主体经营的农业保险体系。积极开展医疗责任险、火灾公共责任险和自然灾害公众责任保险试点,扩大责任保险在公共场所和高危行业等领域的覆盖面。加快推进企业贷款履约保证保险,积极开展城乡小额贷款保证保险、借款人意外伤害保险等险种试点,探索中小企业贷款与保证保险、意外保险相结合的金融解决方案。研究探索巨灾风险保障机制,争取台风巨灾和农业巨灾保险等险种先行先试,在全省率先建立巨灾风险保障基金。鼓励和引导保险资金投向重大基础设施建设。

（七）争取开展深化利率市场化改革。遵循"立足温州、率先试点,重点突破、循序渐进,秩序稳定、风险可控,服务三农、助推发展"的原则,争取率先在温州范围的地方法人金融机构中开展利率市场化改革试点,有限度地放开银行机构存贷款利率,缩小正规金融与民间金融之间的利率双轨制差距。指导新型金融组织实施规范的市场化利率。各类贷款利率在中国人民银行公布的法定贷款利率4倍内可以自由浮动,由借贷双方自行议定。以地方法人金融机构规范的市场利率和新型金融组织灵活的市场化利率,引导民间借贷利率,影响国有银行、股份制商业银行利率,逐步迈出利率市场化步伐。加强民间借贷利率监测,构建更具代表性的温州民间借贷市场综合利率监测体系。扩大监测范围,增加监测网点,提高监测数据真实性。

（八）努力完善地方融资担保体系。支持民间资本发起设立融资性担保公司,支持各类担保机构采用购并联合、引进嫁接、借梯登高等形式,与国内外实力强的担保机构合资合作,做大做强,向集团化发展。重点支持业绩优良的担保企业做大做强,探索建立全市性的中小企业再担保体系。鼓励融资性担保公司相互开展分保、联保和再担保等业务合作,支持担保公司创新担保产品和担保服务,建立多层次、多方面、多功能的担保服务体系。认真落实《浙江省融资性担保公司管理试行办法》,加强对融资性担保公司的规范化管理和监督。建立健全担保公司的信用评级和征信管理体系,推动建立银行业金融机构与融资性担保公司的信息共享机制和风险分担机制。

（九）引导民间金融健康发展。贯彻落实国务院关于鼓励和引导民间投资健康发展的若干意见,鼓励和引导民资进入实体经济、基础设施建设、新兴战略行业等领域。在经济中等发达、民间资本活跃、正规金融机构服务不足、有一定的规模经济辐射效应的地区开展民间资本管理公司试点,规范和加强民间资本的有序投资与管理,有效引导民间资本健康合理流动。2011年在2至4个已设立金融工作机构的县(市、区),各选择功能区或乡镇(街道)先行开展试点工作。争取在条件成熟的县(市、区)先行开展民间借贷登记服务中心试点,为民间借贷双方提供供求信息汇集发布、借贷合约公证和登记、交易款项结算、资产评估登记和法律咨询等综合服务。制定加强各类融资性中介机构管理意见,指导、协调各类融资性中介服务公司的风险控制和处置,规范发展典当、投资公司、寄售等行业,实施高管资格审查制度,提高准入门槛,严格外部审计制度。坚决取缔非法金融机构和非法金融活动,严厉打击非法集资及非法吸收公众存款行为,防范区域金融风险。

(十)推进企业多渠道融资。完善推进企业上市政策,加大培育和扶持力度,给予拟上市企业用地、财政补助、人才引进等方面更多的支持,对企业上市融资的有关事项,简化手续,特事特办。坚持境内与境外并举,IPO与借壳同行,全力推进企业多渠道上市融资。5年内全市在境内外上市公司数量超过30家,融资总额超过300亿元。积极发掘有潜力的企业,培育和扩大优质上市后备资源。支持上市公司发展壮大,增强再融资能力,推动并购重组,加强规范运作指导。发展债券市场,支持符合条件企业发行企业债券、公司债券、短期融资券、中小企业集合票据等,拓展多元化融资渠道。推动政府融资平台公司、民营企业落实申请发行企业债的各项要求,充分利用资本市场筹集发展资金,参与基础设施建设,夯实企业发展后劲。

(十一)促进股权投资业发展。制定出台促进股权投资业发展的政策,鼓励本土创业投资基金、风险投资基金、产业投资基金和成长型企业股权投资基金的设立、发展,大力推动创业投资企业进入备案管理系统,发挥市场对资金配置的基础性作用,促进股权投资管理机构集聚,吸引境内外优质的股权投资企业落户温州。组建股权投资行业协会,通过政府引导、行业运作,将温州充裕的民间资本转化为产业资本,积极打造民间资本转化示范区。设立温州市级产业投资基金,重点引导支持温州产业集聚区、功能区建设,支持传统优势产业加快发展。组建温州人股权投资基金,"十二五"期间完成温州人股权投资基金募集资金30亿元。完善创业投资引导基金运作模式,按照"政府引导、民间参与、市场运作、管理规范"的原则,发挥政府财政性引导基金作用,引导民间资本进入战略性新兴产业、创业创新活动和地方金融产业等领域,实现资本与产业良性互动。

(十二)打造区域性产权交易中心。积极推进区域性产权交易平台的规范和创新发展。发挥民间投资服务平台作用,支持和推动股权营运中心做大做强,引导民间资本服务中心拓展服务功能,支持风险投资研究院创新发展,提高资本配置效率。制定出台扶持股权营运中心发展的政策措施,完善股权交易相关税收政策,强化产权交易平台的融资功能、资本配置功能和价格发现功能。鼓励和支持企业改制为股份有限公司,鼓励和引导非上市公司在股权营运中心平台挂牌,开展融资和股份流转;推动股权质押登记和企业并购重组服务平台建设,为各类股权投资基金提供投资机会和退出通道;强化信息报告制度,形成上市公司后备资源筛选机制。增强股权营运中心功能,探索组建温州金融资产交易所,改善信贷资产的流动性,实现民间资金有效对接。

(十三)加快温州金融集聚区建设。按照"十二五"金融业发展规划和金融集聚区建设规划编制,分解落实规划目标任务,确保落实到位。大力推进金融集聚区总部大楼建设和车站大道金融机构服务网点落实,促进金融业发展空间的合理布局,"十二五"期间金融集聚区初步形成规模。2011年启动建设首批进驻的金融机构大楼;分批次推进各类金融机构大楼的落地和项目对接工作。大力吸引银行、证券、保险、投资、担保、基金等各类金融要素集聚。同时,加强融合杭甬,对接福厦,促进区域间资源优化配置,实现长三角地区和海西经济区之间的联动对接,发挥集聚和辐射效应。

三、保障措施

(一)加强组织领导。建立温州市地方金融监管服务中心,加强对温州地方金融业发展的组织协调,推进地方金融业改革创新,培育和发展地方金融机构,做大做强地方金融业。各县(市、区)均要建立和完善独立的地方金融协调机构和金融监管分中心机构。建立健全地方金融改革发展和金融安全多方协调机制,强化地方金融管理部门与国家金融管理（监管）部门之间的沟通协调，建立协同管理、共促发展的组织协调机制，完善日常工作合作机制与重大突发事件预警、处理机制，建立条块结合、分工协作的监管协调机制，防范系统性、交叉性风险，防止出现监管真空。

（二）加强政策扶持。加强和完善市级银行机构年度绩效考评奖励制度，完善对金融机构和金融管理（监管）部门的考核制度。完善农业贷款风险补偿机制、小企业贷款风险补偿机制和中小企业信用担保财政补助机制。对运行情况良好、主动让利，积极支持"三农"、小企业发展的小额贷款公司、村镇银行、资金互助社等组织实行政策扶持。加快推动企业上市进程，对拟上市企业，给予土地政策、股权变更等方面的便利，对企业上市过程中遇到的涉税和行政性收费事项，给予适当的政策支持。给予在温注册的股权投资企业和股权投资管理企业相应的财税扶持政策。完善和加大对担保企业的财政支持力度。将温州市民营经济改革创新试验区金融发展重大问题研究项目转化为成果，积极指导实践。

（三）推进信用体系建设。加强征信信息采集工作，进一步完善和推动部门沟通协作，努力扩大企业和个人非银行信息的采集，增强征信系统信息的覆盖面。积极推进中小企业和农村信用体系建设，扩大和完善中小企业信用信息征集工作，加快农户信用档案电子化建设进程，完善信用信息征集和更新的长效机制。按照市场原则培育合格的社会征信服务机构，规范信用评级制度，发展针对商业承兑汇票重点推广企业、信用担保机构的信用评级市场。

（四）强化金融人才支撑。创新金融人才引进政策和模式，大力引进各类金融高端人才服务于温州地方金融业。建立温州金融研究院，完善地方金融人才培养机制。充分利用本市金融教育资源，大力开展系统性的金融管理和专业人才培训。强化金融人才使用、激励、配套服务机制，加强地方金融与国家、国内金融的联系和合作，吸引高层次人才落户温州。对急需的金融机构中高级管理人员，给予生活、工作等方面优惠待遇。实施支持金融人才创业的投融资政策。

中共温州市委
温州市人民政府
2011年11月4日

附件10-1 关于开展民间资本管理公司试点工作的指导意见(试行)

为进一步规范和加强我市民间资本的有序投资和管理,扶持温州资本运作服务市场健康发展,维护温州经济金融安全稳定,促进温州经济社会转型发展,根据《国务院关于鼓励和引导民间投资健康发展的若干意见》(国发[2010]13号)、《温州市人民政府关于鼓励和引导民间投资健康发展的实施意见》(温政发[2010]74号)精神和有关法律法规,现就引导开展民间资本管理公司试点提出如下指导意见:

一、现实意义

温州民间资本充裕,民间投融资行为历来非常活跃,在正规金融体系之外,民间资本在民营经济的发展中扮演了拾遗补缺的重要角色。但是由于缺乏有效的监管和引导,不少民间投资行为存在无序和投机化倾向,甚至存在违规违法开展地下融资现象,扰乱了金融市场秩序和社会治安秩序,潜伏着较大的金融风险。积极开展民间资本管理公司试点,探索创新必要的引导和约束手段,将部分民间"地下"投资的资金引上"地面",规范和加强民间资金有序流动和有效管理,对防范地方金融风险,维护社会安全稳定,推动区域间的经济互补发展,促进温州经济转型升级等方面都具有重要意义。

二、性质和原则

民间资本管理公司是经批准在一定区域范围内开展资本投资咨询、资本管理、项目投资等服务的股份有限公司。民间资本管理公司应在法律、法规规定的范围内开展业务,其合法的经营活动受法律保护,不受任何单位和个人的干涉。

开展民间资本管理公司试点应遵循下列原则:

(一)投资自愿,共享收益,共担风险。

(二)依法合规经营,接受监督管理。

(三)以服务地方经济为宗旨。

(四)资金来源特定,进入退出需要核准。

按照市政府统一部署,民间资本管理公司试点工作在各县(市、区)有条件、分步骤地推进。试点初期,原则上在2至4个已设立金融办机构的县(市、区)先行开展。

三、组织领导

民间资本管理公司是引导规范民间资本的创新举措,各级党委、政府和各相关部门应予以大力支持,并积极稳妥有序地加以推进,不断探索总结试点经验。

(一)市人民政府金融工作领导小组牵头负责全市民间资本管理公司试点工作的组织、协调、规范和推进工作。市金融办会同市公安局、市财政局、市工商局、市级金融管理部门等建立联席会议制度,其主要职责为:

1. 共同制定试点工作指导意见及相关的管理办法。

2. 指导县(市、区)做好试点方案的审核和实施。

3. 沟通信息,指导县(市、区)政府及相关部门做好监督管理与风险处置工作。

(二)明确县(市、区)政府的权责。按照"市政府统一领导,县级政府具体组织实施"的工作思路,各试点县(市、区)建立相应的组织领导体系。县(市、区)政府负责民间资本管理公司试点的具体实施工作,确定试点对象,审定组建方案,做好申报材料的审核工作。工商部门做好企业登记事项的监督管理,公安、财政、金融管理等职能部门做好资金运作的监督管理,严厉打击金融违规违法活动。县(市、区)金融办作为民间资本管理公司的业务主管部门,承担日常监管职能。

四、申报设立

(一)民间资本管理公司限在县域范围内,以发起方式设立,其名称由所在地行政区划、字号、行业和组织形式依次组成,如:××县(市、区)××(字号)民间资本管理服务股份有限公司。

发起设立民间资本管理公司应符合以下条件:

1. 有10名以上的发起人,发起人应符合的条件为:具备一定经济实力、具有完全民事行为能力、诚实守信、声誉良好的本县域内的企业法人、自然人或其他经济组织。

2. 推荐1名具有一定组织能力,在当地有一定声望的发起人作为主发起人,组建民间资本管理公司筹建工作小组,负责各项筹备工作。

(二)民间资本管理公司组织形式是股份有限公司,其注册资金不低于500万元。试点期间,注册资金上限不超过1亿元。民间资本管理公司的主发起人持股比例不超过20%,其他单个自然人、企业法人、其他经济组织及其关联方持股比例不得超过注册资本总额的10%,也不得低于注册资本总额的5‰。励吸引当地信誉优良、经营稳健的现行资本运作类机构通过重组或参股形式,参与民间资本管理公司的筹建。

(三)民间资本管理公司的筹建工作小组要对当地经济基本情况、组建民间资本管理公司的可行性和必要性、未来业务发展规划、风险控制能力等进行分析研究,拟定可行性研究报告。

拟定具体筹建工作方案,对组织架构、注册资本、股本结构、股权设置、股金认购、从业人员配置、机构选址、管理制度制定和时间安排等事项作出组织和安排。

筹建工作小组结合当地实际,按照《公司法》有关规定和要求,制定民间资本管理公司章程草案,内容应包括总则、业务范围、股权管理、组织机构、业务管理、财务管理,合并、分离、解散和清算以及附则等方面。与章程相配套,以防范风险为核心,研究制定严格的业务和财务管理、收益分配、风险管理等一系列规章制度。

筹建工作小组到工商部门办理相关注册登记事项,并将拟定的可行性研究报告、筹建工作方案、公司章程、主要管理制度以及筹建请示报县(市、区)政府,由县(市、区)政府组织相关部门进行审核,上报市试点联席会议复审,工商部门在受理登记时应征求市级主管部门意见。

(四)召开设立股东(代表)大会,选举产生董事会、监事会。召开股东(代表)大会,审议通过筹建工作报告、章程草案、主要管理制度,并按照章程规定行使大会职权。选举产生董事会、监事会。经过法定程序产生的董事长、监事长、总经理人选须经县(市、区)政府主管部门审核,报市金融办核准通过。

董事长、监事长、总经理等主要管理层应具有从事相关经济工作5年以上,或者从事金融方面工作2年以上经历,具备高中以上(含中专)学历。董事长应具备一定经济实力、有信用、讲诚信、有一定金融知识和社会责任感。

(五)民间资本管理公司在试点初期为保持相对稳定,股东的退出、增加和资金规模的扩大等重大事项变动,需经县(市、区)政府审核并报市试点联席会议核准。原则上股东的股金自公司成立之日起两年内或入股时间不足两年的不得退出,董事、总经理等参与管理人员的股金,在任职期内也不得退出。股东数量和资金规模原则上要试点运行1年以上方可进行变更。

五、合规经营

(一)资金来源。民间资本管理公司以股东的资本金,股东额外增加的投资资金和以私募方式向特定对象募集所得的私募资金作为主要资金来源,必须是货币形式的自有资金,由银行审定资金来源合法合规并出具相关证明。民间资本管理公司也可接受社会捐赠和其他补助资金等。

(二)资金投放。民间资本管理公司的资金主要用于对县辖范围内的企业法人、自然人或其他经济组织及其项目进行投资。试点期间,用于短期财务性投资的项目资金总额不得超过民间资本管理公司资本净额的20%。

(三)投资回报。民间资本管理公司以投资方式投放的资金可以根据被投资项目的盈亏情况按比例共担风险、共享收益,也可以约定固定回报率的方式获取回报。采用固定回报率方式的投资,原则上投资期限在3个月以内的,回报率不超过同期银行贷款基准利率的4倍;期限在3个月至6个月的,不超过同期银行贷款基准利率的3.5倍;期限超过6个月的,不超过同期银行贷款基准利率的3倍。

(四)私募资金的进入与退出。民间资本管理公司在用足资本金和股东额外增加的投资资金外,由于业务扩大需要,可以向外通过私募形式筹集资金。根据不同项目、不同期限、不同风险状况拟定私募协议,在县辖范围内寻找有意愿出资的企业法人、自然人或其他经济组织,原则上单个企业法人、自然人或其他经济组织出资不得超过资本净额的10%,出资期限一般不低于3个月,协议期间资金不得退出,但是可以在县域范围内进行转让。

(五)资金运作管理。民间资本管理公司的项目投资实行市场化审慎经营原则。必须体现分散、审慎的原则,实行项目投资限额管理制度,对单一投资对象的投资总额不得超过资本净额的5%。设立投资决策委员会,完善决策议事机制,由总经理负责,接受董事会的监督,对投资项目进行论证分析决策,并承担相应风险责任。试点期间,股东额外增加的投资资金以及向特定对象募集的私募资金总和不得超过原始资本净额的4倍。

（六）资金结算管理。民间资本管理公司只能在1家商业银行开立账户。向特定对象募集资金、股东额外增加投资额、进行项目投资等日常经营活动都必须通过该合作银行结算，由该合作银行为其办理结算户或银行卡进行账户管理，并负责私募资金的账户托管。投资结算、项目回报以及收益分红均通过银行账户转账处理，原则上不允许进行现金结算，以接受监管部门的监督。

（七）企业会计制度。民间资本管理公司应加强内部控制，参照企业财务会计制度对公司经营活动的账目进行核算管理，并按规定缴纳各项税赋。

（八）分红规定。对民间资本管理公司的资金在经营过程中产生的收益，要按年度进行财务决算。除接受社会捐赠或其他补助的资金及其产生的收益不得进行分红外，年度资金运作的税后利润按以下顺序进行分配:1.弥补本公司以前年度积累的亏损;2.按规定提取各项公积金;3.可分配盈余部分由股东大会（股东代表大会）决定是否向股东分配红利，但最高不超过可分配盈余的40%。

（九）信息披露制度。民间资本管理公司应定期向公司股东、县级政府主管部门、合作银行等披露由会计师事务所审计的财务报表及年度经营成果、投资信息、重大事项等内容。按月将相关财务数据报送县级政府主管部门以及金融管理等单位，将募集的资金总额、投资用途、投资回报率、投资回报等情况向所有股东列表公布1次。

（十）民间资本管理公司不得进行任何形式的非法集资，不得非法吸收或变相吸收公众资金，不得开展经营范围以外的业务，不得在核定的行政区域外从事投资等经营活动，不得进入资本市场从事股票、债券等金融交易，不得以企业的资产为其他单位或个人提供担保。

六、风险防范

（一）县（市、区）政府是民间资本管理公司风险防范与化解的第一责任主体，承担监督管理和风险处置责任。市级有关部门要指导和督促县（市、区）政府加强对民间资本管理公司的监管，建立民间资本管理公司动态监测系统，及时识别、预警和防范风险，指导县（市、区）政府处置和防范风险。

（二）县（市、区）金融办要拟订具体的操作规程和监管细则，牵头做好本辖区试点工作的协调、规范和推进工作,切实加强日常监管。定期做好审计稽查工作,原则上前两年每半年1次,两年后可减为每年1次。

(三)县(市、区)工商局做好准入把关工作,加强对登记事项的监督管理;县(市、区)财政局加强财务制度执行及风险监管,促进民间资本管理公司的规范经营和发展;金融管理部门要加强对资金流向、投资回报率的监测指导和账户结算监管,及时认定非法集资行为,加强政策宣传、监测分析,防范民间资本管理公司的风险。

(四)开户银行应按账户管理规定协助监管部门对民间资本管理公司的账户资金往来进行监督,并承担托管银行的相关责任。

(五)其他相关部门根据自身职能,依法加强监管,做好民间资本管理公司的风险防范工作。

七、处置程序

(一)县(市、区)金融办等有关单位接到民间资本管理公司的风险报告后,应立即启动处置预案,责成公司实施风险处置方案,同时根据实际情况,进一步提出具体化解措施,并监督实施。

(二)在处置过程中,要按照统一、及时、准确、全面的要求对外发布信息。对处置风险过程中引发的投资风险或违法违规行为,及时上报属地县(市、区)政府。

(三)在经营过程中若有非法集资、变相吸收公众资金等严重违法违规行为,由县(市、区)政府组织相关职能部门负责查处,取消其试点资格,吊销营业执照,并追究该企业主要负责人的法律责任。

(四)民间资本管理公司有下列情形之一的,应当解散:

1. 公司章程规定的营业限制届满或者公司章程规定的其他解散事由出现时;

2. 股东会决议解散;

3. 因公司合并或者分立需要解散的;

4. 法律、行政法规规定的其他原因。

(五)要求解散的民间资本管理公司必须在业务主管单位及其他相关部门的指导下,确定清算人,完成清算工作。清算期间,公司存续,但不得开展与清算无关的经营活动。

(六)清算人自确定之日起,负责制定清算方案,清理公司财产,分别编制资产负债表和财产清单,处理与清算有关未了结业务,清缴所欠税款,清理债权、债务,处理清偿债务后的剩余财产,代表公司参与诉讼、仲裁或者其他法律事宜。清算结束后由清算人编制清算报告,经全体股东签名、盖章后,在十五日内向企业登记机关报送清算报告,申请办理注销登记。

八、政策扶持

(一)为体现引导和规范民间资本、促进地方经济发展的政策导向,对"三农"、小企业等项目投资并主动让利力度较大的民间资本管理公司,由当地县(市、区)政府视情况给予适当补助激励。

(二)联席会议成员每年对民间资本管理公司进行分类评价,对依法合规经营、对地方经济建设贡献突出的公司,其当年所缴纳的各项税费的地方留成部分,3年内可以实行适当奖补政策进行扶持。

(三)接受社会捐赠或其他补助的资金只能专项用于对纯农户、种养殖业或小企业等弱势群体项目进行让利帮扶。

九、其他

(一)本指导意见由市金融办负责解释,修改时亦同。

(二)本指导意见自下发之日起施行。

附件10-2 加快小额贷款公司发展三年行动计划(2011—2013年)

为加大我市小额贷款公司发展力度,进一步做大做强小额贷款公司规模,现制定如下行动计划。

一、总体要求

(一)指导思想。小额贷款公司试点是我市金融改革创新的重要举措,也是我市集聚民间资本、服务地方经济发展的一个有益探索。今后3年,紧紧围绕打造全国民间资本集散中心的总体要求,充分发挥温州金融综合改革试验区先发优势,实行总量控制(全市100—120家)、统一监管的原则,坚持"服务三农"根本宗旨,强化监督管理,创新机制体制,加强政策扶持,努力把小额贷款公司办成经营管理规范、资产质量优良、社会经济效益良好,深受农户和中小企业欢迎的新型地方金融组织。

(二)总体目标。力争经过3年的努力,建立起与我市经济社会发展水平相适应的小额贷款公司发展新格局,有效解决"三农"和中小企业发展资金需求问题。形成试点进程全省领先、经营业绩全国一流的"温州小额贷款公司板块"。

——到 2011 年底力争全市小额贷款公司机构总量(含筹建)达到 50 家。

——到 2012 年底,力争小额贷款公司机构总数发展控制在 100 家以内。

——小额贷款公司设立重点向我市各县(市、区)中心城区、中心镇、各功能区等发展。

——公司资本净额总量实行三年倍增计划,2011 年达到 150—200 亿元,2012 年达到 400 亿元,力争于 2013 年达到 800 亿元。

——将全市小额贷款公司的监管工作统一纳入温州市地方金融监管服务中心,形成监管统一步骤、部门分工负责、防范风险到位的监管体系。

二、主要任务

(一)统一规划稳健发展,扩大服务覆盖面

1. 统筹规划布局。争取省政府下达新增小额贷款公司总体发展任务书,在核定总数范围内将审核权下放到我市,由我市分批公开向社会招投标确定主发起人,报省金融办核准。根据各县(市、区)民间金融需求情况、地方金融办机构建设情况和试点扶持政策落实情况,科学规划,合理布局,积极扩大小额贷款公司服务覆盖范围。市区范围内,2 至 3 年内控制发展到 50 至 60 家,县域控制发展到 40 至 50 家。新增小额贷款公司必须设立在未开展试点工作的中心镇和街道。争取省政府年内下达新增 15 家小额贷款公司的发展任务书,推进我市公开向全社会进行小额贷款公司主发起人招投标顺利启动。

2. 扩大服务范围。鼓励小额贷款公司向本县(市、区)辖区内未设立机构的街道和乡镇延伸服务网点。允许开业 1 年以上,增资扩股 1 次以上且年度考评为优秀的小额贷款公司,经县(市、区)政府批准,并报备市金融办后,可在本县(市、区)尚未设立小额贷款公司的空白乡镇(街道)设立服务网点,允许在相邻县(市、区)适度开展跨区域金融服务。

(二)创新筹建机构机制,挖掘民间资本潜力

1. 引入招投标竞争机制。推行市场化运作,鼓励全市优秀骨干

企业参与竞争,构建开放格局。筹建名额委托市公共资源交易中心进行公开招投标,各县(市、区)、各功能区根据招标准入条件初步筛选竞标企业,向市公共资源交易中心报送竞标名单。为鼓励和促进我市总部经济发展,拿出一定比例的筹建名额向在外温商企业招投标,引导温商企业将总部迁回温州市区及各县。具体办法另行制定。

2. 放宽准入条件。小额贷款公司注册资本金不再设上限,允许在外温商总部迁回温州的企业和中外合资中资绝对控股的企业参与主发起人招投标。主发起人及其关联股东首次入股比例上限扩大到30%,主发起人的工商信用等级由 AAA 调整为 AA 以上。欠发达地区可提高引进县外股东出资比例到 49%,提高自然人股东出资比例到 49%。

(三)大力扩张资本规模,增强经营能力

1. 鼓励增资扩股。鼓励小额贷款公司积极增资扩股,鼓励小额贷款公司将未分配利润注入注册资金。现有 22 家小额贷款公司在 2011 年内完成 1 次增资扩股,全市小额贷款公司资本净额达到 100 亿元,争取未来两年内,每年完成 1 次增资扩股。新设立的公司,在符合相关条件后,每年应完成 1 次增资扩股。

2. 提高融资比例。对小额贷款公司融资比例实行与增资扩股情况相挂钩政策。年度考核优秀、增资扩股达到目标要求的小额贷款公司,融资比例可提高到资本净额的 100%。资金来源渠道:一是可向多家银行业金融机构融资;二是经批准向有自有资金的发起股东定向借款;三是经批准在本市范围内小额贷款公司之间进行资金调剂拆借。

3. 支持业务创新。支持考评优秀且增资扩股 1 次以上的小额贷款公司开展资产转让、票据贴现等业务。支持增资扩股 1 次以上且上一年度考评优秀的小额贷款公司联合发行中小企业债。支持符合条件的我市小额贷款公司探索通过私募基金方式吸引民间资本参与增资扩股,探索通过温州市金融资产交易所进行信贷资产交易,实现资产证券化。

(四)坚持经营定位,培育特色业务

1. 坚持业务特色。小额贷款公司必须坚持"小额、分散"的原则,确保纯农业和 100 万元以下占全部贷款余额的比重不低于 70%。鼓励和支持小额贷款公司进村入户、全员营销,把贷款业务做精、做细、做优,发挥小额贷款公司业务特色,不断提高在小额贷款领域的信贷技术,成为面向"三农"和中小企业的专业化信贷机构。

2. 引导借贷利率回归理性。坚持经济效益和社会效益相兼顾的原则,对小额贷款公司的平均贷款利率、最高贷款利率按不同地区实际进行指导监管。对"三农"、小企业等新兴培育的主体,要体现让利优惠政策。在确保合理收益回报的基础上,发挥扶持政策引导作用,引导民间资本价格回归合理水平。

(五)理顺监管体制,提高监管效率

1. 实施联合监管体制。将小额贷款公司纳入温州市地方金融监管服务中心统一监管。金融办与工商、人行、银监、财政、公安等职能部门相互配合,细化考核方案,明确各自职责,建立协作机制,既要避免职能交叉又要形成相互衔接,防止监管出现空白和灰色地带。温州市地方金融监管服务中心每年划出专项监管资金,重点做好小额贷款公司的监管工作。

2. 建立自律组织。在省金融办指导下,组建以行业服务、行业协调、行业自律、维护会员及行业合法权益和行业监督为基本职能的小额贷款公司行业协会,为我市小额贷款公司发展搭建信息与合作的交流平台。

三、保障措施

(一)加强组织领导。完善小额贷款公司联席会议机制,定期召开会议。市金融办要加强对行动计划的统筹协调,根据总体规划和统一部署,认真组织实施。各县(市、区)成立相应的组织机构,进一步加强管理,金融办配备必要的人员,切实履行小额贷款公司管理和风险防范职责,确保三年计划顺利完成。

(二)争取先行先试。争取将浙江省关于小额贷款公司发展布局、拓宽资金来源、创新业务模式、加大政策扶持等方面的创新举措在我市先行先试,逐步形成小额贷款公司在体制机制上的先发优势,使我市小额贷款公司的发展水平走在全省前列、达到全国一流。

(三)加强风险管理。既要严格防控小额贷款公司的政策风险,严防吸收和变相吸收公众存款、暴力收贷、违规放贷、账外经营、抽逃资本金等违法违规行为,又要高度关注经营风险,加强贷款集中度、股东贷款比例的控制管理,加强贷款发放与使用合规性、真实性检查。

严禁变相提高贷款利率,不得在合同利率之外以任何名义收取手续费、咨询费或账外经营。发现有重大违法违规行为的,县(市、区)政府要组织有关职能部门严肃查处,责令其停业整顿,并追究公司主要负责人的法律责任。

(四)加大政策扶持。各地、各有关部门要认真落实《浙江省人民政府办公厅关于促进小额贷款公司健康发展的若干意见》(浙政办发〔2009〕71号)精神,确保各项优惠政策落实到位。对营业期满3年的小额贷款公司,在今后3年的发展过程中,应给予适当的政策扶持。

(五)加强考核监督。制定各县(市、区)小额贷款公司设立和增资扩股情况定期通报制度,及时总结进展情况,强化各县(市、区)三年行动计划相关工作任务的督促和落实。进一步完善小额贷款公司年度考评办法,依据年度考评情况,在融资比例和业务创新等方面,对各小额贷款公司实行区别对待、分类管理。具体监管考核办法另行制定。

附件10-3 关于促进温州股权投资业发展的意见(试行)

为促进我市股权投资业发展,优化资源配置,加快经济转型升级,把温州打造成为我省股权投资机构汇聚的多元化民间资本转化创新示范区,根据《浙江省人民政府办公厅关于促进股权投资基金发展的若干意见》(浙政办发〔2009〕57号)和《温州市人民政府关于加快温州金融业改革发展的意见》(温政发〔2008〕70号)精神,提出如下意见。

一、确定适用对象

(一)本意见所指股权投资企业是指依法设立并以股权投资为主要经营业务的企业。股权投资管理企业是指受股权投资企业委托,以股权投资管理为主要经营业务的企业。股权投资企业、股权投资管理企业可以依法采取公司制、合伙制等企业组织形式。

(二)股权投资企业的注册资本(出资金额)不低于人民币1亿元,且出资方式限于货币形式,首期到位资金不低于人民币5 000万元,缴清注册资本出资金额的年限为3年。股东或合伙人应当以自己的名义出资。其中单个自然人股东(合伙人)的出资额不低于人民币500万元。以有限责任公司、合伙企业形式成立的,股东(合伙人)人数应不多于50人;以非上市股份有限公司形式成立的,股东人数应不多于200人。

（三）股权投资管理企业以股份有限公司形式设立的，注册资本应不低于人民币1 000万元；以有限责任公司形式设立的，其实收资本应不低于人民币500万元。

二、规范工商登记

国家法律、行政法规规定的境内自然人、法人和其他组织以及境外的自然人、法人和其他组织，可以作为股权投资企业和股权投资管理企业的投资者。

各级工商行政管理部门依法对从事股权投资和股权投资管理的企业进行注册登记。股权投资企业、股权投资管理企业名称中的行业可以分别表述为"股权投资"、"股权投资管理"，如"某某股权投资有限公司"、"某某股权投资管理有限公司"等。

三、明确税收政策

（一）合伙制股权投资企业和合伙制股权投资管理企业不作为所得税纳税主体，采取"先分后税"方式，由合伙人分别缴纳个人所得税或企业所得税。

（二）以有限合伙制形式设立的股权投资企业和股权投资管理企业中，执行有限合伙企业合伙事务的自然人普通合伙人，按照《中华人民共和国个人所得税法》及其实施条例的规定，按"个体工商户的生产经营所得"应税项目，适用5%—35%的五级超额累进税率，计算缴纳个人所得税。

不执行有限合伙企业合伙事务的自然人有限合伙人，其从有限合伙企业取得的股权投资收益，依照有关规定计算缴纳个人所得税。

（三）合伙制股权投资企业从被投资企业获得的股息、红利等投资性收益，属于已缴纳企业所得税的税后收益，该收益可按照合伙协议约定直接分配给法人合伙人，其企业所得税按有关政策执行。

（四）股权投资管理企业自缴纳第一笔营业税之日起，前两年由同级财政部门全额奖励营业税地方留成部分，后三年减半奖励。股权投资管理企业自获利年度起，前两年由同级财政部门全额奖励企业所得税地方留成部分，后三年减半奖励。

四、加大支持力度

（一）股权投资企业投资于本市的企业或项目，由财政部门按项目退出或获得收益后形成的所得税地方分享部分的60%给予一次性奖励,奖励金额最高不超过300万元。

(二)股权投资管理企业缴纳房产税、城镇土地使用税确有困难的,报经地税部门批准后,可酌情给予减免。新引进的市外股权投资管理企业,其受托管理资金超过10亿元(含)且资金所属股权投资企业纳税地在温州市的,自设立起3年内,报经地税部门批准后,可免征房产税。

(三)对符合条件的股权投资企业、股权投资管理企业因业务发展需要新购置自用办公用房(不包括附属和配套用房,下同),以办公用途部分建筑面积的一定比例计算,按购房价格的1.5%给予一次性补贴,但最高补贴金额不超过150万元。享受补贴的办公用房10年内不得对外租售。具体办法另行制定。

(四)对符合条件的股权投资企业、股权投资管理企业新租赁自用办公用房的,给予一定比例面积连续3年的租房补贴,补贴标准为房屋租金市场指导价的30%,补贴总额不超过100万元。具体办法另行制定。

(五)股权投资企业、股权投资管理企业的高级管理人员,经市人力社保部门认定符合条件的,可享受我市关于人才引进、人才奖励、配偶就业、子女教育、医疗保障等方面的相关政策。

(六)支持在本市注册的股权投资企业在温州市股权营运中心进行项目对接、股权转让。

(七)支持在本市注册的股权投资企业免费分享政府拟上市企业数据信息。本市优秀拟上市企业优先推荐给在温注册的股权投资企业。对股权投资企业投资的本市企业,优先列入本市重点上市后备企业培育计划,支持其在国内外资本市场上市。

五、推动健康发展

要充分发挥市发展股权投资基金联席会议作用,市发展改革、财政、科技、金融、税务、工商等部门要按照职责分工,研究制订并完善促进股权投资业发展的政策措施和管理制度,规范管理,强化服务,严防风险。市金融办具体负责股权投资业发展的综合协调工作,并指导股权投资管理企业组建行业协会。市有关部门要积极支持、引导行业协会开展工作,促进股权投资管理企业加强自律管理。鼓励和支持有条件的县(市、区)设立股权投资引导基金。

六、其他

本意见自发布之日起实施。实施过程中遇到的问题,由市金融办会同市政府有关部门负责解释。

附件10-4　关于做强做大温州市股权营运中心的实施意见

为进一步规范我市未上市股份公司、有限责任公司和股份合作制公司的股权管理工作,提高我市未上市公司质量,依法维护股东合法权益,建立和完善区域资本市场,按照《中华人民共和国公司法》、《中华人民共和国证券法》的相关规定及国家大力发展资本市场的战略决策和部署,全面落实国务院关于建立多层次资本市场的要求,根据浙江省未上市公司股份转让试点方案的相关精神,现就我市推进股权托管登记交易等工作提出如下实施意见:

一、充分认识推进股权托管登记交易工作的重要意义

(一)开展股权登记托管工作,是明晰企业股权,提高企业股权管理公信力,促进股权有序流动的重要基础。对未上市的股份公司,通过利用股权登记托管机构提供的专业化服务和市场化监督管理,有利于建立规范的法人治理结构,降低财务成本,提高管理水平,提高经济效益,建立归属清晰、流转顺畅的股权管理制度,培养上市公司后备资源。

(二)开展未上市公司股权交易工作,是增强企业股权的流动性,规范股权转让的有效途径。以产权交易方式进行未上市公司股份合理流动,可以为企业融资开辟新的渠道。由于股权登记管理集中、股权转让信息集中,规范的交易行为、公允的交易价格、广阔的选择空间,会驱使各方投资资金汇集,形成集中统一市场,为政府规范股权交易创造条件,有利于充分发挥市场机制优化配置社会资源的作用。

(三)股权登记管理集中、股权转让信息集中,是引导社会资金进入金融服务领域的重要渠道。股权营运中心作为股权转让平台,利用托管机构的信息网络发布资源整合的专业能力和公信力,为丰富充裕的民间资本提供投资渠道,有利于加快经济结构调整优化的步伐,为建立区域性资本市场,利用当地经济资源持续促进经济发展积累经验,打好基础,创造条件。

二、开展股权托管登记交易工作的原则与参与主体

股权登记托管转让工作,要坚持有别于证券市场,按初级资本市场定位和运作的原则;坚持政府主导,统一交易规则,统一信息披露,统一市场监管的原则;坚持统一协调,权责明确,稳步发展,逐次推进的原则;坚持积极稳妥,处理好改革、发展和稳定关系的原则。

股权业务开展的对象是温州市未上市股份有限公司等。温州市股权营运中心为市政府批准依法设立的专门从事股权相关业务的服务机构。为规范股权业务的开展,指定温州市股权营运中心为唯一的市级股权托管交易平台,承办非上市股份有限公司、有限责任公司的股权托管、交易等业务。

三、加大股权托管登记交易工作的力度

(一)股权登记、托管工作是发展区域资本市场,开展股权交易工作的基础。具体落实以下几项工作:

1. 股份有限公司和上规模的有限责任公司集中登记托管。在我市范围内依法注册设立的未上市股份有限公司纳入股权营运中心托管登记的范围。为保证股权托管工作的顺利完成,凡规定须在温州市股权营运中心登记托管的企业必须到温州市股权营运中心办理托管登记手续后参加年检。

2. 新设立的股份有限公司自成立之日起30日内,应到股权营运中心办理股权托管登记手续;现已注册成立的未上市股份有限公司,自本通知下发之日起3个月内,应到股权营运中心补办股权托管登记手续。

3. 鼓励上规模的有限责任公司(企业规模参照国统字(2003)17号文件)到股权营运中心进行托管登记,以及拟上市企业在上市的过程中剥离的非主营业务的子公司到股权营运中心进行托管登记。

4. 在我市范围内依法注册设立的小额贷款公司、未完成股改的我市拟上市企业,应当到股权登记托管机构办理股权托管登记手续。

5. 股权营运中心统一实施股份有限公司股权变更登记。按照现行有关规定,股份有限公司股权变更须报工商管理部门备案。为规范股份有限公司股权交易行为,股权营运中心股权登记作为工商部门对股份有限公司股权变更备案的补充,即对股份有限公司成立后的股东变更先由股权营运中心登记,然后报工商备案。企业在办理工商登记

变更和股权变动手续要提供股权营运中心出具的股权托管登记鉴证单、股权转让鉴证单。

6. 积极开展企业股权质押贷款工作,帮助企业解决融资难问题。申请股权质押贷款的未上市股份有限公司,在工商出质登记之前须到股权登记托管机构办理股权托管登记手续,并由市股权营运中心有限公司出具相关股权凭证。有限责任公司股权办理股权质押融资,也可到温州市股权营运中心办理股权登记托管,托管的相关问题参照非上市股份有限公司办理。

7. 在我市范围内依法注册成立的股权投资企业进场登记、托管、质押、交易。

(二)提升纳税服务支持股权交易工作。为鼓励股权统一进场交易,提高股权交易的积极性,股权业务中涉及税收问题的,财政、国税、地税等部门应当给予积极的支持,为股权交易工作的开展创造良好的环境。进入股权营运中心交易平台交易的股权,给予在交易完成之后返还税收地方留成部分的政策优惠。

(三)进场登记企业享受相关优惠政策。鼓励符合条件的股份有限公司进入全省未上市公司股份转让平台。重点培育和扶持进场公司创造条件上市,对公司股权进中心登记的公司优先列入上市后备重点企业名单。对未列入拟上市企业名单但在温州市股权营运中心挂牌并实现交易的市区未上市公司,可享受拟上市企业奖励政策的50%;通过股权登记托管机构提供的改制、申请上市等配套服务并已进入上市实质性程序的市区企业,享受《温州市人民政府关于进一步加强企业上市工作的意见》(温政发(2011)20号)规定的各项鼓励政策。各县(市)可参照执行。

四、推进股权托管登记交易工作要求

(一)市金融办、市工商局和市公共资源交易管委办在各自职能范围内配合做好全市企业股权登记托管工作。各有关部门要高度重视,切实加强对股权登记托管交易工作的领导,积极支持和推动股权登记托管工作,研究和解决股权登记托管交易中出现的新情况、新问题。

(二)股权登记托管机构要强化服务功能,规范开展股权融资业务,拓宽企业融资渠道;加强与全国各地的产权交易所的合作,实现企业信息共享,促成市内外优质企业和项目与温州的资金对接,引导温州的民间资本进入专业化、规范化、国际化的投资运作渠道。

(三)市有关部门和各新闻媒体要充分利用新闻媒介的作用,切实做好宣传、推荐,引导企业积极主动在股权营运中心平台挂牌,开展融资和股份流转。

附件10-5 关于开展民间借贷登记服务中心试点的实施意见(暂行)

根据《国务院关于鼓励和引导民间投资健康发展的若干意见》(国发〔2010〕13号)、《温州市人民政府关于鼓励和引导民间投资健康发展的实施意见》(温政发〔2010〕74号)精神和有关法律法规,积极引导和规范我市民间借贷行为,切实保护民间融资双方的合法权益,培育和维护竞争有序的民间融资环境,现就开展民间借贷登记服务中心试点工作,提出如下意见:

一、重要意义

民间融资是温州中小企业和农户的重要融资渠道,在一定程度上促进了地方经济的发展,但没有得到监管部门监管的部分民间金融活动也蕴含了大量的金融风险。因此,通过政府引导、市场运作、交易自愿,开展民间借贷登记服务中心试点,不仅能够及时了解和掌握民间资金动向,防范和化解民间金融风险,促进民间借贷行为向公开化、规范化和阳光化发展,而且对缓解中小企业和农户融资难,发挥温州充裕而活跃的民间资本优势,推进温州经济转型升级,打造温州民间资本之都具有重要意义。

二、性质和原则

民间借贷登记服务中心是经核准在一定区域范围内为民间借贷双方提供中介、登记等综合性服务的有限责任公司或股份有限公司。民间借贷登记服务中心在法律、法规规定的范围内开展借贷供求信息发布、资产评估和登记、公证、结算、法律咨询等配套业务,其合法的经营活动受法律保护,不受任何单位和个人的干涉。

开展民间借贷登记服务中心试点应遵循下列原则:

(一)规避非法集资,实行借贷双方直接对接。借贷双方在公平、合理、自愿的情况下,实行一对一的直接对接活动,避免非法金融传销和非法集资活动。

（二）杜绝高利贷，规范民间借贷利率操作。严格按照国家规定的利率政策由借贷双方直接协商融资利息，避免中介机构从中抬高利率，获取暴利。降低民间借贷融资成本，引导民间借贷规范化、阳光化，从源头上杜绝高利贷产生。

（三）把控风险，执行完善的民间借贷流程。民间借贷登记服务中心引入公证处、会计师事务所、律师事务所、担保机构、银行结算等服务机构，借助专业团队就民间借贷的合法性和风险把控形成强有力的配套服务体系，减少借贷双方法律纠纷和借贷风险。

（四）坚守两条底线，秉承中介职守。借贷双方的资金流直接结算，杜绝第三方服务中介户头代理结算；借贷双方风险自担，服务中心不承担民间借贷坏账的连带责任。

按照市政府统一部署，民间借贷登记服务中心试点工作在各县（市、区）有条件、分步骤地稳妥有序推进。初期选择在市区和瑞安、乐清两市先行开展试点。

三、试点内容

（一）组建设立。

1. 组建方式：可以采取国有公司主导组建或当地优质民营企业发起组建两种模式，以行政区域加字号冠名，通过工商登记设立独立核算企业，具有1 000平方米以上的经营场所。

2. 经营模式：通过实体平台和虚拟平台实现中小企业和民间借贷的融资对接，以向会员机构和进场机构收取一定的服务手续费为盈利模式。

3. 人员管理：民间借贷登记服务中心工作人员必须具备相应的专业知识和从业经验，高级管理人员实行核准制。

（二）进驻机构。

1. 试点初期，由依法登记注册，从事民间借贷撮合的投资（咨询）公司等中介机构先行进驻，积极引导依法登记注册并从事中介业务的非融资性担保公司、寄售行、旧物调剂行等机构入场进行登记管理。通过试点运行，逐步引导从事民间借贷的一般法人、自然人和其他组织等进场登记管理。

2. 邀请公证处、资产评估公司、资产登记机构、律师事务所、会计师事务所、融资性担保公司以及银行等服务机构入驻，为民间借贷打造完整的配套服务体系。

（三）职能分工。

1. 民间借贷登记服务中心为民间借贷中介机构和相关配套服务机构提供场地、综合信息汇总及发布、借贷登记等综合服务，并通过相应的进驻机构为个人、机构、企业提供资金供需撮合以及融资信息、第三方鉴证、资信评价、信用管理、金融产品经纪代理、融资担保等专项服务。

2. 投资(咨询)公司和个体工商户等中介机构为民间借贷双方提供资金供求信息的登记和发布服务，安排民间借贷双方见面和洽谈，撮合资金供求双方达成资金借贷交易。

3. 融资性担保公司为借款人提供融资咨询、融资担保服务。

4. 公证、评估、登记、法律咨询等机构为民间借贷双方提供合约公证、资产评估、资产登记、法律咨询等服务。

5. 银行机构为民间借贷交易提供结算服务。

（四）服务流程。

1. 建立资金供求信息库，提供中小企业融资需求信息和提供民间资金供给信息。

2. 通过信息服务系统实体与虚拟平台进行信息配对与对接。

3. 安排资金供给方和需求方一对一面谈。

4. 协助资金供给方、需求方办理借款手续并登记备案。

5. 为借贷双方整理资料、归档，向主管部门备案。

四、风险控制

（一）严格控制进驻机构的中介行为。由民间借贷登记服务中心对进驻的中介机构加强日常监督，防止中介机构违规操作，降低中介机构自身经营风险。中介机构在协助或委托代理业务过程中，要恪尽职守、不越职、不违规。做好民间借贷双方的信息收集与对接，协助或受托代理借贷手续，严禁直接接受出资人资金办理借贷业务。

（二）防范资金来源政策风险。资金供给方所出资金必须为自有资金并提供相关证明，严禁非法集资或变相吸收公众存款。

（三）严禁高利借贷行为。中介机构必须严格执行国家政策规定以内的民间借贷利率，在同期银行贷款基准利率的4倍以内，由借贷双方直接协商借贷利息。

（四）降低借贷双方风险。中介机构依托中心服务体系，为借贷双方提供各类信息，实事求是地对借贷双方信息进行登记，并协助资金供给方对资金需求方进行必要的资格审查，防止借款用途违法违规。尽量做到信息对称，降低借贷双方的风险。

（五）做好信息发布。民间借贷登记服务中心应不断升级信息服务系统，完善借贷供求信息库，及时更新和发布民间借贷供求信息，由借贷双方在自愿、公平、合理的情况下，自行或委托服务中心完成对接业务，服务中心不承担资金风险。中介机构应定期梳理信用不良企业及自然人名单上报民间借贷登记服务中心，由民间借贷登记服务中心统一公布。

五、监督管理

由温州市地方金融监管服务中心依照国家法律、法规，对民间借贷登记服务中心的组建设立进行审查核准，对民间借贷登记服务中心以及进入场内的机构和个人行为进行监督管理。民间借贷登记服务中心要配合市地方金融监管服务中心对场内市场主体行为进行日常管理，维护正常市场秩序。

1. 进场资格管理。制定进场机构和个人的执业资格标准并监督实施。

2. 业务范围管理。及时发现场内各主体非法吸存或变相吸收公众存款以及其他超出业务范围的行为。

3. 资金交易利率管理。监控资金交易的利率，及时发现利率违规行为。

4. 违章处理。监管过程中发现问题，及时提交相关部门依法依规处理。

六、政策扶持

（一）组织领导。市政府金融工作办公室牵头负责全市民间借贷登记服务中心试点工作的组织、协调工作。市人行、温州银监分局、市公安局、市财政局、市工商局等部门协同配合，共同商讨试点的规范内容和推进工作。各县(市、区)遵照组建并负责辖内的试点工作。

（二）争取支持。民间借贷登记服务中心是探索民间借贷交易阳光化新途径的一项新生事物。试点过程中可能会出现意想不到的困难和问题，也可能会面临各方面的质疑，因此要加强领导，循序渐进，低调试点,注重实效,依法处理好试点工作中出现的各种困难和问题。同时主动向省政府及有关部门进行汇报沟通,争取理解和支持。

(三)税费优惠。针对资金供求各方对进场登记交易会增加税负的顾虑,可以出台对借贷双方及进场中介机构提供税费减免、先征后奖、租金减免等优惠政策,并根据中介机构的考核评价给予适当奖励,对自行申报纳税的资金供给人提供减免政策。试点初期,民间借贷登记服务中心不收取借贷双方交易手续费,以保证资金供给方借贷阳光化后的合理收益水平。

(四)做好宣传。通过有效途径,让社会民众了解民间借贷登记服务中心的性质和功能,使借贷双方正确理解民间借贷登记服务中心的运行规则和自己的权利义务,综合平衡投资的风险和收益,维护自身合法权益。可以采取警示标语提醒广大客户,并实行违规举报制度。

附件10-6 温州银行发展规划

温州银行经过12年多的艰苦创业,现已初步发展成为一家公司治理规范、市场定位清晰、资产质地优良、业务特色鲜明、经营效益良好的区域性股份制商业银行。截至2011年6月末,全行各项存款余额478.14亿元,贷款余额332.29亿元,资产总额568.70亿元,分别是建行初的13.25倍、14.19倍和13.29倍。截至2010年末累计实现利润26.71亿元,累计缴纳税收13.51亿元;资本充足率达到12.70%,核心资本充足率10.66%,不良贷款率0.87%,拨备覆盖率161.02%,各项监管指标全面达标并持续优化,2007年、2008年、2009年连续3年监管评级被中国银监会评为二级行。

今后5年温州银行将贯彻落实科学发展要求,严格执行货币信贷政策,认真履行企业社会责任,紧紧围绕"公众上市银行、区域领先银行、管控优良银行、温商服务银行、品牌知名银行"这一发展目标,走特色化差异化发展道路,提升管理效率、优化盈利模式、创新金融产品,全力推进转型升级,力争使温州银行建设成为温州金融业的"金名片",打造城商行中的"温州品牌"。

一、增资扩股和引进战投联动,做实资本补充渠道

根据规划,2015年末温州银行资产总额将达1 500亿元,力争

2 000亿元。据此估算,按照10%的资本充足率要求,"十二五"期末温州银行资本总额需达160亿元左右。根据审慎性原则,今后5年需补充资本约120亿元。为满足规划期内业务持续增长对资本的刚性需求,一是通过发行次级债券补充附属资本。根据长期次级债务不高于核心资本30%的规定,分期在银行间债券市场以公募形式发行次级债券,募集资金用于补充附属资本。二是引进战略投资者2家,其他作为一般股东,募集5亿股,发行价格以市场竞价方式确定,设保留价,全额用于补充核心资本,该项工作力争在2011年末或2012年上半年完成。三是定向增发。在完成发债和引入战投后,适时启动定向增发工作,向法人股东配售股份,包括在册法人股东、境内优质法人企业。此外,还将通过自身经营积累、择机IPO公开上市等方式多渠道补充资本。同时,做好"引资"与"引智"的结合文章,注重引进战略投资者后在管理理念、产品服务等方面的嫁接和导入,实现股权结构多元化,发挥资源协同效应,完善法人治理结构,强化风险管控能力,有效提升核心竞争力。

二、提升金融综合服务能力,做大业务经营规模

根据规划,"十二五"期末温州银行各项存款余额将达1 260亿元,力争1 400亿元;各项贷款余额达900亿元,力争1 000亿元;资产总额1 500亿元,力争2 000亿元;比2010年末增长200%以上。为确保上述规划目标的实现,一是将充分发挥地方银行优势,深度介入地方经济建设。在大力支持我市"双十大项目"和重点工程建设,扶持中小企业发展的同时,积极争取财政性、社保类、公积金存款,并为国企改革提供配套金融服务,实现与地方经济社会发展的良性互动。二是抓住经济结构调整和宏观调控收紧的政策机遇,大力拓展传统业务。当前,我国的利率管理体制为商业银行提供了稳定的盈利模式,宏观调控步入加息周期又提高了商业银行的议价能力。温州银行将牢牢把握这一契机,突出一级法人机制活、决策快、效率高的比较优势,进一步加大对存贷款等传统业务的拓展力度,迅速扩大经营规模和市场份额。三是继续支持中小企业发展。依托在小企业贷款"六项机制"建设方面的良好基础和优势,进一步简化流程、丰富产品,继续扮演好"中小企业主办银行"这一重要角色,集中有限资源保障中小企业信贷投放,确保小企业贷款增长率不低于全部贷款增幅。四是强化产品和

服务创新,完善金融综合服务功能。推进包括理念创新、体制创新、机制创新、岗位创新、产品创新、服务创新、管理创新、科技创新等在内的创新能力的全面提高,制订业务发展战略和市场竞争策略、业务中长期发展规划和年度发展计划,根据业务发展战略和市场状况制定有效的新产品研发计划,完善产品服务功能体系和售后服务。

三、深化跨区域发展战略,做宽机构辐射地域

规划期内,温州银行将以长三角区域和海西经济区为依托,以中西部温商集聚、具有区位发展优势的重点城市为努力目标,争取在省内外增设分行3至5家,设立村镇银行3至5家,努力将温州银行打造成为长三角区域、海西经济区和浙江省内较有影响力的金融企业。一是力争建成覆盖全省的总行、分行、支行三级组织机构体系和业务网络,使温州银行成为我省较有影响力和代表性的金融企业。二是以温州银行总行和上海分行为支点,在长三角重要城市合理密集布点,规划期内力争在长三角区域设立分行3至5个。三是努力做好设立北京分行的前期工作,立足中国金融业的前沿阵地,引进国内外先进的理念、制度、管理、技术、产品以及高端人才,并发挥金融改革研究咨询的重要功能。四是积极推进村镇银行建设步伐,规划期内力争作为主发起人发起设立村镇银行3至5家。五是适应跨区域步伐加快和管理半径扩大的实际,进一步加强总部管理能力建设,整合优化总行内部机构设置;同时积极争取支持,在取得建设用地的前提下,启动并积极推进新总部大厦建设工程。同时,拟在省内丽水、台州设立分行,并继续完善分行辖属服务网络体系,在上海、杭州、宁波、衢州地区的4家分行下各增设支行1至2家,在泰顺村镇银行顺利开办的基础上拟增设1至2家村镇银行。

四、严格落实从严治行,做强内控合规防线

认真汲取教训,巩固案防成果,加强合规教育,落实从严治行,强化审计、检辅、考核等监督措施,在全行形成依法合规的经营氛围。一是继续完善全面风险管理架构,加强风险管控队伍建设,总行向分行和管辖行派驻信用风险执行官,提高分支机构的风险监督和处置能力。二是完善业务条线的自律监管机制,建立合规工作责任制,明确岗位职责设定,合规考核突出合规执行情况,将合规责任落实到具体单位和每个员工。三是建立制度执行不到位的责任追究机制,加大违

规行为问责力度,严厉惩治违纪违法人员。四是加强员工合规教育培训,营造良好的合规氛围,夯实合规文化基础,采用科学方法对员工的执行力、执行结果以及综合素质进行全面监测、考核和评价,提高全行整体执行效率。五是加快信息化建设进程,完成数据中心建设项目,充分发挥科技在风管、内控领域的先导和保障作用。

五、走差异化、特色化发展道路,做响温州银行品牌

积极响应监管部门对城商行差异化、特色化发展的有关要求,努力探索适应自身特点、定位和优势的发展道路。一是进一步加快管理、业务、结构"三转型",全力做好公司治理、内部管理、队伍素质、核心竞争力、服务水平"五提升"。利用国家经济快速发展、城商行跨区经营准入政策、国家鼓励中小企业发展等有利因素,做大做强传统业务,做深做精创新业务,稳步提升自身的财务实力和持续发展能力。积极改进经营模式,掌握好业务发展与内部管理之间的动态平衡和稳定,逐步向以结构调整、机制优化为基础的集约型经营模式转变。二是结合经济环境、监管政策和资源禀赋,充分发挥比较优势,打好"温州、温行、温商、温州人"四张牌,形成以"追随温商、服务温州人"为特色,以中小企业、城乡居民为主要客户群体的经营模式,努力把温州银行建设成为温州金融业的一张"金名片"。

附件10-7　温州农村合作金融机构股份制改革总体推进方案

为全面加快我市辖区内农村合作金融机构股份制改革进程,促进农村合作金融可持续发展,更好地发挥金融支农主渠道和服务农民的桥梁纽带作用,特制定以下总体推进方案。

一、工作目标

加快进度,按照股份制改革要求,全面取消资格股,稳步提升法人股比例,规范股权管理,健全流转机制,用两年时间将辖区内农村合作金融机构改制为产权关系明晰、股权结构合理、公司治理完善的股份制金融企业,有效提升我市农村金融品牌,增强社会形象和信誉度,进而提高竞争力,更好地服务地方经济,服务"三农"事业。

二、工作原则

坚持全面股份制改造。全面启动辖区内11家农村合作金融机构股改工作,明确资本属性,强化股权约束。

坚持完全市场化运作。按照诚信、自愿、公平、公开要求实施股权转换,健全市场化的股权定价和流转机制,促进股权有序合理流转。

坚持实施分类指导。结合不同县域、不同机构的实际,采取分阶段、差别化的工作措施,确保股权改造工作平稳有序推进。

坚持维护中小股东权益。在优化股权结构的前提下,完善中小股东利益保护制度,充分发挥中小股东的监督制约作用。

三、工作重点

根据中国银监会关于农村合作金融股权结构优化的有关要求,所有农村合作金融机构要将职工持股比例压缩至20%以内;城区农村合作金融机构法人股比例应高于50%,县域机构法人股比例应高于35%,单家机构应有3至5家持股比例5%以上的法人股东。股份制改革将重点做好以下几项工作:

(一)按期完成职工持股比例达标。根据中国银监会要求,辖内职工持股比例超过20%的机构(瓯海、龙湾、瑞安、乐清农村合作银行,平阳、文成信用联社),采取增资扩股、依法转让等多种方式,2011年底前必须完成规范工作,同时加快推进泰顺、洞头信用联社职工持股比例的规范工作。

(二)加快资格股改造。除龙湾农村合作银行外,加快完成鹿城、平阳、瓯海、乐清、苍南、瑞安、永嘉、文成、泰顺、洞头等10家机构的资格股改造工作,确保进度符合股份制改革筹建要求。鹿城农村合作银行应加快完成清产核资、增资扩股、股权结构调整,包括引进战略投资者、消除资格股等,并于2011年11月底前上报农村商业银行筹建申请材料。2011年底前,完成瓯海、乐清、苍南、瑞安、永嘉等5家农村合作银行和平阳农村信用联社取消资格股的改革工作。同时加快推进文成、泰顺、洞头信用联社取消资格股工作。

(三)优化法人股结构。根据"分类指导、股权多元"原则,经银监部门批准,龙湾、鹿城、瓯海等3家农村合作银行拟引入省级、市级、区级国有企业各占总股本的5%—9.9%,其他8家县域机构实行市、县两级国有企业参股各占总股本的5%—9.9%。在省级国有企业未成立前,可由市级国有企业代持股份,并委托省联社管理。可以通过受让原股东释出股份或定向增发形式再增持农村合作金融机构股份形式,逐步达到相对并列第一股东目标。积极吸引优质民营企业参与入股,实现股权结构多元化,完善法人治理结构,提高风险管控能力,有效提升核心竞争力。2011年底前,鹿城、瓯海、龙湾、瑞安、乐清等5家农村合作银行和平阳信用联社,应通过增资扩股或依法转让,完成股权结构调整,法人股增至规定比例。同时加快推进永嘉、苍南农村合作银行和文成、泰顺、洞头信用联社股权结构达标。

(四)强化资本金监管。根据中国银监会对资本充足率的最低要求8%、好银行标准11.5%的规定,按照资本与资产规模相互匹配、适度超前的原则,为确保金融机构业务持续增长对资本的刚性需求,结合温州实际和各机构盈利水平,实行"分类指导、区别对待"原则,使辖区内机构资本金达到监管规定要求。一是三区两市、苍南等6家合作银行增资扩股总额近期为5亿元以上,两年内达到20亿元。二是永嘉、平阳等两家机构的增资扩股总额近期为2亿元以上,两年内达到10亿元。三是文成信用联社的增资扩股总额近期为1亿元以上,两年内达到5亿元。四是泰顺、洞头等两家机构的增资扩股总额近期为5 000万元以上,两年内达到2亿元。

四、加大推进力度

(一)加强计划考核。各有关机构须于每月后3个工作日内,向当地监管部门报告改革工作进度。建立股权改造考核通报制度,按照各机构计划进行按月考核。各地监管部门要结合本方案和机构上报的工作计划,加强对辖区内机构股份制改革工作的督导。

(二)加强准入挂钩。对法人机构推进不力的,将与机构监管评级、高管履职评价、市场准入等严格挂钩,对于表现消极的机构,全面停止市场准入。

(三)加强行业联动。省联社温州办事处要处理好行业自律管理组织与基层法人机构的关系,加强上下沟通,帮助基层机构制定改制规划,支持县级法人机构改革,促进县级法人机构加快机制转换。建立重点事项报告制度,省联社温州办事处要于每月后5个工作日内报告全市改革工作进展情况。

附件10-8 温州市地方金融监管服务中心主要职责

为加强对创新类地方金融组织的监管,培育和发展地方金融业,防范和处置地方金融风险,决定成立温州市地方金融监管领导小组,成员包括市经信委、市公安局、市财政(地税)局、市商务局、市金融办、市工商局、市人行、温州银监分局等部门负责人。领导小组办公室设在市金融办。设置市地方金融监管服务中心(以下简称监管服务中心),机构规格相似正县级,为承担行政职能的事业单位,归口市金融办管理。监管服务中心承担地方金融组织监管和检查工作。

一、主要职责

负责股权投资公司、民间资本管理公司、寄售行和其他各类投资公司的监督和管理;负责小额贷款公司、融资性担保公司、典当商行等由地方政府管理的各类新兴金融行业的专项检查;配合相关金融监管和其他管理部门开展对地方金融机构的专项管理;聘请第三方组织对相关民间金融组织的业务活动及其风险状况进行现场检查;统计、分析地方金融组织的相关数据、信息。

二、内设机构

根据以上职责,监管服务中心设3个职能处室:

(一)监管服务一处。负责股权投资公司、民间资本管理公司、寄售行和其他各类投资公司等的监督和管理;协调其风险防范和处置工作。

(二)监管服务二处。负责小额贷款公司、融资性担保公司、典当行等民间金融组织的专项检查;配合相关金融监管和其他管理部门开展对地方金融机构的管理,协调其风险防范和处置工作。指导和监督市担保行业协会。

(三)综合统计处。负责处理机关日常工作;汇总掌握和综合分析地方金融组织的运行情况;组织开展地方金融业重点课题调研。

三、人员编制

监管服务中心编制15名。其中主任1名(由市金融办主任兼任),副主任2名,中层领导职数6名。监管服务中心的党组织、人事、财务、纪检、监察等事项由市金融办承担。

四、其他

(一)监管服务中心日常运营经费由市财政全额拨款。

(二)提取地方金融组织上缴各县(市、区)税收地方留存部分的一定比例作为监管服务中心的专项检查经费。专项经费用于服务中心各项外部审计检查费用和考核奖励活动等。

（三）经市政府核准收取各类地方金融组织的服务管理费。

（四）建立风险补偿基金，用于应对地方金融组织可能出现的风险处置损失。

五、附则

本规定由市机构编制委员会办公室负责解释，其调整由市机构编制委员会办公室按规定程序办理。

本书案例索引表

序号	案例名	页码
1	福建省福茗优茶叶有限责任公司擅自发行股票案	78
2	李晓光擅自设立金融机构案	83
3	涂汉江、胡敏非法经营案	90
4	民权县农村信用合作联社高息揽储案	101
5	美盛公司非法吸收公众存款案	103
6	山西璞真灵芝酒业有限公司等非法吸收公众存款案	104
7	商丘市睢阳区博亿奶牛养殖技术服务农民专业合作社非法吸收公众存款案	106
8	郑德利等非法吸收公众存款案	107
9	穆进宝、梁志坚非法吸收公众存款案	112
10	何世德、雷继尧非法吸收公众存款案	113
11	陈某某非法吸收公众存款案	118
12	吴志雄非法吸收公众存款案	119
13	苍南县龙港镇池浦村村民委员会、赵典飞、彭传象非法吸收公众存款案	121
14	谢云非法吸收公众存款案	122
15	民权县农村信用合作联社、秦海军等非法吸收公众存款案	126
16	曹桂玲非法吸收公众存款案	126
17	王春英非法吸收公众存款案	127
18	伍佑祥、黄甲英非法吸收公众存款案	129
19	刘祖献、湘西自治州金凤凰大酒店商贸有限责任公司非法吸收公众存款案	138
20	邱明辉、邱剑非法吸收公众存款案	144
21	胡某某诈骗、付某某非法吸收公众存款案	154
22	高远集资诈骗改判案	165

后　　记

　　本书写作起因毫无疑问是因为吴英案件，浙江省高级法院二审判决吴英死刑后，我专门写过一篇长微博，并且在上海政法学院民营经济法治研究院召开过民间金融法治研讨会，之后仍然意犹未尽！

　　在吴英案中，不少支持吴英的知识精英中经济学人居多，法律人偏少；法律人之中法理学居多刑法学偏少，更没有看到从立法学角度分析民间金融法治问题的文章。司法问题大多是立法问题！不从立法学角度研究深层次的立法背景、立法动机、立法体制、社会结构、社会转型，就无法解释普通司法案件何以会成为法治事件，并触动每一个人的神经！

　　本书写作要感谢法学实证研究的权威——北京大学的白建军教授，是他提出可以对民间金融研究作出研究，即所谓对研究的研究。当然本书实际研究水平未能达到当初设想的理想状态，应该由我们自己负责。本书第一、二、五、六章以及前言后记与统稿由胡戎恩完成，第三、四章由赵兴洪完成。

　　本书出版还要感谢民营经济法治研究院的研究助理陈磊，是他协助搜集案例、整理资料与校对文稿。

　　希望本书的出版，能够引起更多的人思考当代中国民间金融的法治问题，希望对民间金融法治进步有所帮助，希望对民间金融法治的立法有所借鉴，希望类似于吴英之类的悲剧不再重演！希望千千万万的中国民营企业家能够早日插上金融翅膀，自由飞翔于蓝天之上！

胡戎恩甲午年大暑于温州未名草堂